SAS EM 14.1

데이터마이닝 기초와 활용

김병수 · 배화수 · 석경하 · 조대현 · 최국렬 지음

KYOWOO

머리말

컴퓨터와 정보기술의 급속한 발전은 데이터를 수집하고 정제하여 활용하는데 드는 시간과 비용을 획기적으로 줄어들게 하였다. 데이터마이닝은 금광에서 금을 채굴하듯이 방대한 양의 자료에 데이터분석 모델링과 통계적 학습방법을 적용시켜 유용한 정보를 찾아내는 구조화된 작업의 모습으로 출현하였다. 최근, 회자되고 있는 빅데이터도 결국은 데이터마이닝으로부터 시작되었다고 볼 수 있다. 데이터마이닝에 대한 관심이 정보기술과 지식경영 관련자 뿐 만 아니라 다양한 분야로 확산됨에 따라 대학에서의 데이터마이닝을 강의하기 위한 적절한 수준의 교재를 개발하게 되었다.

이 교재는 전체 10개의 장으로 구성되어있다. 1장에서 3장까지는 데이터마이닝과 SAS Enterprise Miner 14.1에 대한 소개 및 활용방법에 대해 소개하였고, 4장에서 9장까지는 데이터마이닝의 모형화에 있어서 중요한 역할을 하는 분석방법들에 대해 설명하고, 마지막 10장에는 모형의 비교방법을 다루었다. 학부생을 대상으로 한 학기 강의용으로 활용할 수 있도록 데이터마이닝의 기본적인 이론을 다루었고 SAS Enterprise Miner 14.1을 활용하여 예제자료의 실습을 병행하도록 구성되어 있어서 통계학을 전공하는 학생이나 기본적인 통계학 지식을 갖춘 비전공 학생들이라면 본 교재의 내용을 학습하는데 큰 어려움은 없으리라 본다. 예제 자료는 인터넷으로 접근 가능한 자료를 많이 활용하였으며 이를 통하여 데이터마이닝의 개념을 이해하고 사용법을 익혀 둔다면 다양한 분야의 자료에도 쉽게 적용할 수 있으리라 믿는다. 교재에 사용된 자료는 교우사 홈페이지(www.kyowoo.co.kr) 자료실에서 내려 받을 수 있다.

끝으로 이 책이 출판되도록 수고해 주신 교우사의 여러분께 감사드리고 원고 교정에 도움을 준 대학원생들에게도 고마움을 전한다.

2018년 1월

저자 일동

Contents

Ⅰ. 서 론 ······ 1

1.1 데이터마이닝의 출현배경 ······ 2

1.2 데이터마이닝의 정의 ······ 2

1.3 데이터마이닝의 역할 ······ 4

1.4 데이터마이닝 기법 ······ 6

1.5 데이터마이닝의 적용분야 ······ 8

Ⅱ. SAS Enterprise Miner 14.1 ······ 11

2.1 SAS Enterprise Miner 14.1 소개 ······ 12

2.2 Enterprise Miner 14.1의 기본 구성요소와 노드 ······ 14

Ⅲ. SAS Enterprise Miner 14.1의 기본활용 ······ 21

3.1 소 개 ······ 22

3.2 SAS E-Miner 작업환경 생성 ······ 22

3.3 데이터소스 ······ 28

3.4 자료 탐색 ······ 40

Ⅳ. 연관성분석 ······ 63

4.1 연관성분석의 개념 ······ 64

4.2 연관성분석의 원리 ······ 66

4.3 연관성분석의 특성 ······ 76

4.4 사례분석 ······ 80

Ⅴ. 군집분석 ······ 97

5.1 군집분석의 개념 ······ 98

5.2 유사성, 연관성 및 거리 ······ 99

5.3 계층적 군집분석 ······ 102
5.4 비계층적 군집방법 ······ 109
5.5 가중치와 군집평가 ······ 113
5.6 군집분석의 장점과 단점 ······ 115
5.7 사례분석 ······ 116

Ⅵ. 의사결정나무분석 ······ 133
6.1 의사결정나무의 정의 ······ 134
6.2 의사결정나무의 구성요소 ······ 134
6.3 의사결정나무의 원리 ······ 136
6.4 원자료의 분할 및 효율성평가 ······ 137
6.5 노드의 분리기준 및 가지치기 ······ 139
6.6 의사결정나무 알고리즘 ······ 147
6.7 의사결정나무의 장점과 단점 ······ 151
6.8 사례분석 ······ 153

Ⅶ. 회귀모형 ······ 185
7.1 단순선형회귀모형 ······ 186
7.2 다중선형회귀모형 ······ 191
7.3 로지스틱회귀모형 ······ 196
7.4 회귀분석의 장점과 단점 ······ 201
7.5 사례분석 ······ 202

Ⅷ. 인공신경망 ······ 233
8.1 신경망의 개요 및 배경 ······ 234
8.2 신경망의 예 ······ 236
8.3 신경망 구조 ······ 237
8.4 모형선택 ······ 244
8.5 최적화 ······ 250
8.6 분석용자료의 선택 ······ 256

8.7 자료의 변환 ···· 257
8.8 결과 해석 ···· 261
8.9 사례분석 ···· 262

Ⅸ. k-최근접 이웃분류법 ···· 283
9.1 k-최근접 이웃분류법 ···· 284
9.2 German Credit 데이터를 이용한 k-NN분석 ···· 286

Ⅹ. 모형 평가 및 비교 ···· 293
10.1 모형 평가 및 비교의 개념 ···· 294
10.2 목표변수가 구간형인 경우 ···· 295
10.3 목표변수가 이진형인 경우 ···· 296
10.4 사례분석 ···· 304

부록. 실습 데이터 ···· 319
1. Boston Housing 데이터 ···· 320
2. Fatty Liver(지방간) 데이터 ···· 321
3. German Credit 데이터 ···· 322
4. High Speed 데이터 ···· 324
5. Home Price 데이터 ···· 325
6. KOSPI200 데이터 ···· 326
7. Microsoft 홈페이지 방문 데이터 ···· 327
8. Organics 데이터 ···· 328
9. PVA97NK 데이터 ···· 329
10. Transactions 데이터 ···· 330

찾아보기 ···· 331

I

서 론

데이터마이닝의 기본개념, 역할, 기법 그리고 적용되는 사례에 대해 알아보자.

1.1 데이터마이닝의 출현배경

정보기술의 급속한 발전은 빠른 속도로 쏟아지고 있는 많은 양의 자료를 컴퓨터 시스템에 저장하는 것을 가능하게 만들었다. 인터넷과 전자상거래가 발달하면서 소비자들의 구매에 관련된 자료가 실시간으로 컴퓨터에 저장됨에 따라 과거엔 상상할 수 없을 정도의 방대한 자료를 우리 주변에서 쉽게 얻을 수 있게 되었다.

예전에는 은행의 고객거래에 대한 자료, 백화점이나 유통업체에서의 고객 거래에 대한 자료, 카드사의 고객 사용실적에 대한 자료, 병원의 환자진료 및 입원에 대한 자료 등 많은 자료들이 문서보관 처리규정에 따라 일정한 시간이 지나면 폐기되었지만 이제는 시간과 공간의 제한을 받지 않고 자료를 축적하고 보관하는 것이 가능해졌다. 또한, 이들 자료를 활용하여 얻어진 정보는 각 기업의 수익창출을 위한 전략이나 국가기관의 합리적인 정책을 수립하는데 있어서 매우 중요한 위치를 차지하고 있다. 빠른 속도로 수집되고 축적되는 자료의 양이 기하급수적으로 늘어나게 되면서 대용량자료로부터 정보를 창출할 수 있는 능력을 지닌 전문화된 인력에 대한 수요 또한 지속적으로 늘어나고 있다. 이러한 흐름은 대용량 자료를 잘 처리하고 분석하여 유용한 정보를 창출하는 방법에 대한 연구를 활발하게 하도록 하였는데 데이터마이닝(data mining)은 그 필요를 충족시키기 위한 학문의 하나로 출현하여 지식경영을 원하는 현대사회의 관심을 끌고 있다.

1.2 데이터마이닝의 정의

"채굴 및 채광하다"의 의미를 지닌 "mine"을 사용하여 만든 데이터마이닝은 방대한 양의 자료로부터 정보를 채굴하는 작업으로 해석할 수 있다. 잡석을 제거하여 금은 등의 유용한 광물을 채굴하는 과정처럼 데이터마이닝은 대용량의 자료를 분석하여 그들 사이에 숨겨진 패턴이나 관계를 찾아내어 유용한 정보로 환원시키는 일련의 과정이라 할 수 있다.

즉, 데이터마이닝은 대용량의 자료를 컴퓨터 중심기법으로 축적하고 처리하여 다차원적 기법 및 경험적 방법으로 분석, 평가 및 일반화시키고, 새로운 자료에 대한 예측에 적용할 수 있는 유용한 정보로 만들어, 그 적용결과를 분석하고 이로부터 새로운 정보를 재창출하는 과정으로 정의된다.

[그림 1-1]은 유용한 정보의 창출을 목적으로 하는 데이터마이닝의 효율적인 진행과정을 보여주고 있다. 그림에서 나타난 바와 같이 데이터마이닝은 대용량 자료를 수집하는 과정(data collection), 탐색 및 변환을 통해 자료정제 과정(data cleansing), 정제된 자료를 적절한 기법을 이용하여 분석하는 모형화 과정(modeling), 얻어진 모형에 대해 평가하는 과정(assessment)를 거쳐 일반화시킨 정보를 활용하는 동시에 얻어진 정보는 또 다른 분석에 대한 동기를 제공하는 피드백(feedback)을 주는 일련의 순환과정으로 볼 수 있다. 데이터마이닝으로부터 얻어진 정보는 각 분야에서 지식으로 전환되어 그 분야에 적합한 용도로 사용되며, 실제 분야에 적용한 후에는 그 결과를 분석하여 문제점을 찾고, 이 문제점에 대한 정보를 재창출하기 위한 또 다른 데이터마이닝의 과정으로 들어가는 과정을 끊임없이 순환하면서 더 나은 방향으로의 발전을 위한 정보를 얻게 된다.

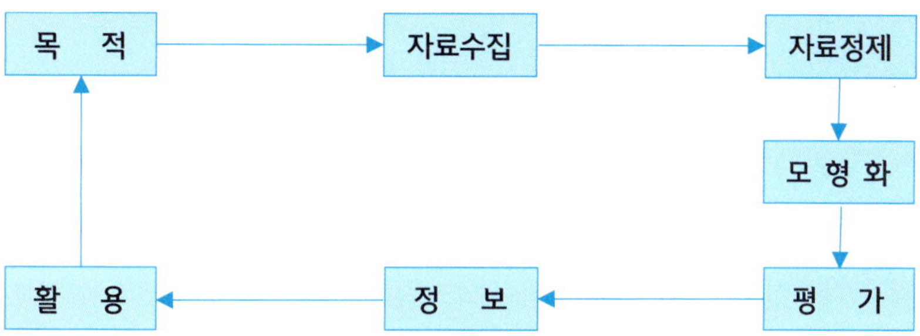

[그림 1-1] 데이터마이닝의 과정

데이터마이닝이 활용되는 분야의 예를 들어보기로 하자.

(1) 백화점에서는 데이터마이닝을 적용하여 고객의 자료를 분석하고 그들의 동선(動線)을 고려하여 구매를 유도하도록 적절하게 물건을 진열한다. 또, 고객의 구매 자료에 숨어있는 구매패턴을 분석하여 구매 가능한 물건을 미리 예측해서 그에 대한 쿠폰을 발행하여 판매를 촉진하는 정책을 개발한다. 이렇게 만들어진 판매정책을 고객들에게 적용한 후에는 자료를 분석하여 판매에 도움이 되었는지, 문제점들이 있었는지를 확인하여 이를 근거로 고객을 유도하고 판매를 촉진시킬 수 있는 새로운 방법을 고안해내게 된다.

(2) 보험 회사에서는 고객이 다른 회사로 옮기는 것을 방지하고 고객의 위험성에 따라 고객을 분류하여 그에 따라 보험료를 차별화하기 위한 고객자료의 분석에 데이터마이닝을 적용할 수 있다.

(3) 전자상거래를 위한 웹 서버인 경우에는 소비자가 방문한 웹 페이지, 구매한 물건 및 소비자의 특징을 보관하고 있기 때문에 데이터마이닝을 적용해서 자료를 분석하면 사용자에 맞는 웹 페이지를 동적으로 실시간에 생성해서 로그인했을 때 제공해줄 수 있다.

(4) 웹 엑세스의 다차원 웹 로그분석을 이용한 경향 분석을 통해 웹에서 어떤 일이 일어나고 있는지에 대해서 대략적인 정보를 제공해줄 수 있는데, 데이터마이닝을 적용하여 모든 소비자에게 동일한 웹 페이지를 제공하는 것이 아니라 소비자의 관심에 따라 다른 웹 페이지를 동적으로 만들어 제공하는 개인화 서비스를 가능하게 할 수 있다.

(5) 네트워크 분야에서는 네트워크에 이상이 생기기 전에 과거의 네트워크에 관련된 자료를 이용해 앞으로 몇 시간 안에 네트워크에 생길지도 모르는 문제를 데이터마이닝을 적용하여 미리 예측해낼 수 있다.

1.3 데이터마이닝의 역할

데이터마이닝 기법이 적용되는 분야는 다양하지만 분석목적에 따라 적용되는 데이터마이닝 기법의 영역은 다음의 다섯 영역으로 구분할 수 있는데 이에 대해 간단히 살펴보기로 한다.

- 분류(classification)
- 추정(estimation)
- 예측(prediction)
- 유사 집단화(affinity grouping)
- 군집화(clustering)

(1) 분류

분류는 데이터마이닝에서 가장 일반적인 작업으로 어떤 새로운 사물이나 대상의 특징을 파악하여 미리 정의되어 있는 분류코드에 따라 개체를 어느 한 범주에 할당하거나 나누는 것을 의미한다. 분류란 잘 정의된 분류코드나 분류가 된 사례들로 이루어진 분석용자료를 이용하여 분류변수를 만들고 이를 분류되지 않은 새로운 개체에 적용하여 분류할 수 있는 모형을 구축하는 것을 말한다. 분류작업을 필요로 하는 사례로는 키워드에 따른 뉴스 기사의 분류, 신용카드 신청자에 대한 신용등급의 분류, 보험 청구에 대한 정상적인 청구와 허위 청구에 대한 분류 등을 들 수 있다. 분류작업을 위해서 많이 사용되는 데이터마이닝 기법으로는 의사결정나무분석(decision tree analysis)을 들 수 있다.

(2) 추정

추정은 주어진 입력변수로부터 목표변수에 대한 값을 예측하는 작업을 의미하는데, 추정에서의 예측 결과는 분류작업에 활용될 수 있는 정보를 제공하기도 한다. 카드요금 청구서를 넣은 봉투 겉면에 스키부츠 광고를 싣는 예를 들어보자. 고객자료를 이용하여 카드고객이 스키를 타는지 타지 않는지에 대한 추정을 하거나, 스키에 대한 성향 점수를 추정하여 고객을 분류한 후, 고객에게 적절한 광고를 싣게 되면 더 좋은 결과를 얻을 수 있을 것이다. 추정작업에 사용되는 대표적인 방법으로 신경망(neural network)과 회귀분석을 들 수 있다.

(3) 예측

"어떤 특정한 개체가 미래에는 어디로 분류될까?" 혹은 "앞으로 우리의 고객이 될 확률은 얼마일까?"와 같이 단지 미래에 대한 것이라는 것만 제외하면 예측은 분류나 추정과 근본적으로는 같다고 할 수 있다. 예측이란 분류와 추정에 사용되는 방법을 이용하여 시간 순서로 정리된 과거와 현재의 자료를 이용하여 미래를 예측하는 모형을 만드는 것이라 할 수 있다.

슈퍼마켓에서 함께 구입되는 품목을 분석하는 장바구니분석(market basket analysis)도 과거와 현재의 자료를 통해 미래의 구입품목과 성향을 분석하는 방법으로 예측에 사용될 수가 있다. 예측작업에 관한 예를 더 알아보면, 고객의 이탈여부에 대한 예측, 전화의 유료서비스를 사용하게 될 고객에 대한 예측, 그리고 신용카드 결제 계좌를 바꾸게 될 고객에 대한 예측 등으로 장바구니분석, 의사결정나무분석, 회귀분석, 신경망 등이 예측에 많이 사용되는 기법들이다.

(4) 유사집단화

유사집단화란 유사한 성격을 갖는 사물이나 물건들을 함께 묶어주는 작업을 말한다. 이 작업의 가장 전형적인 예로는 슈퍼마켓에서 고객의 장바구니에 함께 담겨있는 물건을 분석하는 것에서 찾을 수 있는데, 이를 장바구니분석이라고 한다. 카탈로그나 혹은 매장의 진열대에 어떠한 품목을 같이 진열할 것인가를 계획할 때 장바구니분석을 통한 유사집단화를 활용하여 함께 구매되어지는 물건은 같은 진열대, 혹은 같은 장소에서 찾을 수 있도록 진열한다. 또한 이 작업은 끼워 팔기의 기회를 제공하고 고객의 구매를 유도할 수 있는 매력적인 상품 꾸러미나 서비스 패키지를 계획하는데도 이용된다.

(5) 군집화

군집화란 이질적인 원소로 구성되어 있는 모집단을 여러 개의 동질적인 집단 혹은 군집으로 나누어 세분화하는 것을 말한다. 군집화에서는 개체들 간의 유사성에 따라 여러 개의 동질적인 군집으로 나누게 되는데, 군집화를 통하여 나누어진 각각의 집단에 대해서는 분석자가 군집의 의미를 잘 부여하여 해석할 수 있어야 된다. 예를 들어 환자의 증상에 따라 나누어진 군집들은 각기 서로 다른 질병 군으로 해석을 할 수 있고, 나뭇잎이나 줄기의 속성에 따라 나누어진 군집들은 나무의 종류로 군집을 설명할 수 있을 것이다. 군집화와 분류는 모집단을 나눈다는 점에서는 비슷하나 군집화는 미리 정의된 소속집단이 없이 특성에 따라 몇 개의 집단으로 나누는 것인 반면, 분류는 소속 집단에 명시되어있는 자료를 근거로 모형을 개발하고 이를 적용하여 새로운 개체를 미리 정의된 집단에 다시 할당하는 방법이므로 분류와 군집화는 차이가 있다.

군집화는 가끔 다른 데이터마이닝이나 모형화의 선행 작업으로도 활용될 수 있다. 어떤 판촉활동이나 홍보 전략을 고객들에게 적용시킬 경우, 모든 고객에게 일률적으로 적용시키는 것보다 구매습관에 따라 고객의 집단을 몇 개의 군집으로 나누고 각 집단의 특징을 파악한 후, 각 집단에 적절한 판촉활동을 적용하는 것이 더 좋은 결과를 가져오게 할 수도 있다.

이상에서 기술한 바와 같이 수행하는 업무에 따라 사용되는 기법은 다르지만 데이터마이닝에 주로 사용되는 기법으로는 장바구니분석, 군집분석, 의사결정나무분석, 회귀분석, 신경망 등이 있다.

1.4 데이터마이닝 기법

1.3절에서 언급된 대표적인 기법들에 대하여 간단하게 살펴보면 다음과 같다.

(1) 연관성분석

연관성분석은 자료에 존재하는 품목 간의 연관규칙을 발견하는 과정이다. 연관규칙은 상품을 구매하거나 서비스를 받는 등의 일련의 거래나 사건들의 연관성에 대한 규칙으로 마케팅에서는 손님의 장바구니에 들어있는 품목간의 관계를 알아본다는 의미에서 장바구니분석이라고도 한다.

(2) 의사결정나무분석

의사결정나무는 분류와 예측을 하는데 있어서 많이 쓰이는 데이터마이닝 기법으로 신경망이나 판별분석 등에 의한 방법과 달리 규칙을 명확하게 표현할 수 있다. 의사결정나무분석의 결과로 얻어진 규칙은 우리들이 쉽게 이해할 수 있는 말이나 SQL과 같은 데이터베이스 언어로 표현되어 특정한 범주에 들어오는 자료들의 검색을 가능하게 해준다. 의사결정나무분석에는 CART(Classification and Regression Tree)와 CHAID(Chi-squared Automatic Interaction Detection), 그리고 C4.5가 많이 사용된다.

(3) 군집분석

군집분석은 모집단 또는 범주에 대한 사전정보가 없는 경우, 주어진 관측 값(레코드, 개체)들 사이의 거리 또는 유사성을 이용하여 전체를 몇 개의 집단으로 그룹화하고, 각 집단의 성격을 파악함으로써 자료 전체의 구조에 대한 이해를 돕고자 적용하는 분석방법이다. 자료가 실제로는 몇 개의 군집으로 이루어져 있다고 짐작할 수는 있지만, 그 군집들을 정의할 방법을 모르는 경우에 군집분석을 사용하게 된다. 군집을 형성할 때는 동일한 군집의 관측치들은 유사한 성격을 갖게 하고 서로 다른 군집에 속한 관측치들 끼리는 최대한 서로 다른 성격을 갖도록 해야 한다.

(4) 회귀분석

종속변수가 설명변수들에 의해서 어떻게 설명되고 예측되는가를 알아보기 위해 적절한 함수식을 추정하여 분석하는 통계적 방법을 회귀분석이라 한다. 회귀분석은 설명변수의 수가 하나인 단순회귀분석과 설명변수의 수가 둘이상인 다중회귀분석으로 분류된다. 종속변수가 이산적인 값을 갖는 경우에는 로지스틱회귀분석으로 분석한다.

(5) 신경망분석

신경망은 인간 두뇌의 신경세포를 모방한 개념으로 마디(node)와 고리(link)로 구성된 망구조를 모형화하고, 의사결정나무와 마찬가지로 과거에 수집된 자료로부터 반복적인 학습과정을 거쳐 자료에 내재되어 있는 패턴을 찾아내는 모형화기법이다. 신경망은 분류, 군집, 연관규칙 발견 등과 같은 작업에 널리 사용되는 데이터마이닝기법으로 신용평가, 카드도용패턴 분석, 수요 및 판매 예측, 고객세분화, 패턴인식, 문자인식, 음성분석 그리고 로봇공학 등의 다양한 산업분야에 폭넓게 적용되고 있다.

1.5 데이터마이닝의 적용분야

데이터마이닝은 대용량의 자료를 다루는 모든 분야에 적용할 수 있지만 여러 분야 중 몇 분야의 예를 들어보자.

(1) 마케팅

데이터마이닝이 가장 많이 활용되는 분야로 기업이 가지고 있는 고객정보의 데이터베이스를 중심으로 데이터마이닝 기법을 사용하여 CRM(Customer Relationship Management)에 다음과 같이 응용되고 있다.

첫째, 고객의 인구통계자료나 구매패턴의 정보를 기반으로 고객을 세분화하고 그 특성을 요약하여, 그 결과를 바탕으로 마케팅에 활용함으로써 적은 비용으로 최대의 효과를 얻는데 활용한다.

둘째, 고객들의 성향을 파악하여, 경쟁 업체로의 전환 가능성이 있는 고객 혹은 더 이상 해당기업의 제품이나 서비스를 이용하지 않는 고객들을 분류하여 고객 유지율을 향상시키고 이탈한 고객들을 다시 고객으로 되돌릴 수 있는 방안을 모색함으로써 고객과의 지속적인 관계를 유지해나가는데 이용한다.

셋째, 현재 고객들의 자료를 토대로 고객들의 순위를 부여하고 이를 이용하여 우수한 신규 고객을 유치한다.

이 외에도, 고객들에게 보낸 우편응답을 분석하여 경제적이고 효율적인 우편광고에 이용하는 등 여러 가지 마케팅활동의 결과에 대한 효과를 분석하여 데이터베이스마케팅에 활용한다.

(2) 유통업

상품들의 각 구매시점을 이용하여 상품간의 연관성을 찾아내고, 이익을 극대화하기 위한 전략을 세우는데 활용된다. 기저귀 심부름을 간 아빠들이 맥주를 함께 사오는 경향이 높다는 것이 편의점 자료의 연관성 분석에서 밝혀져 기저귀와 맥주를 함께 진열하였다는 재미있는 사례가 있다. 또한, 일시적인 유행이나 구매 행동을 읽을 수 있는 순차적인 패턴을 탐지하여 판매 전략을 세울 수 있는데, 어떤 남성이 정장을 구입하였을 때, 함께 구입할 가능성이 높은 품목에 대한 정보를 알아내어 관련 상품의 구입을 권유함으로써 수익을 높일 수 있다.

(3) 금융업

금융업 전반에 걸쳐 데이터마이닝 기법은 두루 사용되고 있는데, 잠재된 신용카드의 도용패턴에 대한 탐색이나 이자율이나 유통시장에서의 환율변동 예측에 데이터마이닝이 활용된다. 또한, 주식과 채권의 포트폴리오 관리에도 응용이 되고 있으며, 신용위험관리와 기업대출에 있어서 해당기업에 대한 파산여부에 대한 예측에 있어서도 데이터마이닝기법을 사용하여 좋은 결과를 얻고 있다.

(4) 제조업

공정 환경의 복잡함, 작업의 효율성 및 품질의 우수성 등을 동시에 요구하는 현대 제조분야에서의 공정제어, 공정과정의 최적화, 에너지 소비의 최소화, 품질관리와 자동화된 검사에서 데이터마이닝기법이 사용되고 있다.

(5) 보건의학

환자나 병원 측의 보험사기에 대한 검색과 가장 경제적인 의료를 제공하는 병원을 판별하거나, 암이나 심장마비 등 각종 병에 대한 자동진단을 하는데 데이터마이닝을 사용하고 있다.

(6) 에너지

데이터마이닝을 이용하여 에너지 수요량을 예측하고 날씨의 변화와 정전에 신속하게 대비할 수 있으며, 또한 원유 탐사에 있어서 지층의 변화를 분석할 수 있다.

(7) 농업

GPS 기술을 결합하여 토양 판별에 대한 정보를 주거나, 수확량의 예측 및 수확된 농작물에 대한 가격을 예측하는데 데이터마이닝을 사용할 수 있다.

(8) 스포츠

프로구단에 속해있는 선수들의 경기패턴에 대한 자료를 분석하여 선수별 가능한 부상에 대해 예측하고 이에 대한 예방책을 마련하는데 데이터마이닝을 사용한다면 선수들에게 많은 투자를 하는 구단으로선 손해를 줄일 수 있게 된다.

Ⅱ

SAS Enterprise Miner 14.1

SAS Enterprise Miner 14.1에 대한 소개, 기본 구성요소 및 노드에 대해 알아보자.

2.1 SAS Enterprise Miner 14.1 소개

1장에서 소개한 바와 같이 데이터마이닝이란 대용량의 자료에 숨겨져 있는 관계나 패턴을 탐색하고 모형화하여 업무에 활용할 수 있는 의미 있는 정보를 창출하는 일련의 과정이다. SAS Enterprise Miner(이하 E-Miner)는 데이터마이닝을 적용하는 과정을 GUI(Graphic User Interface) 환경에서 매우 효과적으로 수행할 수 있도록 지원하는 제품이다. 사용자는 다이어그램에 기능별 노드(node)를 드래그 앤 드롭(drag & drop)방식에 의하여 작업의 순서와 동일하게 늘어놓음으로써 작업의 전 과정을 한 화면에서 관리하고 이들을 하나의 프로젝트에 담아서 의미 있는 정보를 얻을 수 있게 된다.

SAS E-Miner는 데이터마이닝 전체과정을 SEMMA라는 절차에 의해 지원하는데, SEMMA의 단계는 표본추출(Sample), 탐색(Explore), 수정(Modify), 모형화(Model), 평가(Assess)의 5단계로 이루어진다.

표본추출단계는 효과적인 모형화를 위하여 전체자료를 분석용자료, 평가용자료, 검증용자료로 나누는 분할 과정을 효율적으로 지원하는 단계다. 이를 이용하면 적절한 표본추출방법을 쉽게 선택할 수 있어서 시간을 절약할 수 있다.

탐색단계는 자료에 대한 분포나 특성을 쉽게 파악할 수 있도록 다양한 그래픽 기능과 통계수치를 제공하여 탐색적자료분석을 수행하도록 만들어진 단계다.

수정단계에서는 분석하기에 적합하지 않은 형태로 존재하는 자료에 대한 정제 기능으로 변수제거, 결측값 처리, 변수변환, 값 대체 기능 등을 제공한다. 모형화 단계에서는 자료정제를 거쳐 들어온 자료를 이용하여 모형화할 수 있는 도구를 지원한다. 이 과정에서는 사용자가 주어진 자료의 특성에 맞는 모형을 선택하고 필요한 각종 옵션을 선택할 수 있다.

평가단계는 주어진 자료나 문제에 대한 가장 적합한 모델을 찾도록 지원하는 과정이다. '어떤 알고리즘에서 어떤 조건의 모형이 가장 우수한가?' 혹은 여러 모형들 중 '어느 것이 가장 우수한 예측력을 제공하고 있는가?' 등을 비교하고, 분석할 수 있게 해 준다.

SEMMA의 단계는 피드백에 의해 반복되면서 분석목적에 맞는 최적의 모형을 찾아서 가장 유용한 정보를 창출하도록 지원해주도록 구성되어있는데 [그림 2-1]은 SEMMA의 과정을 나타내고 있다.

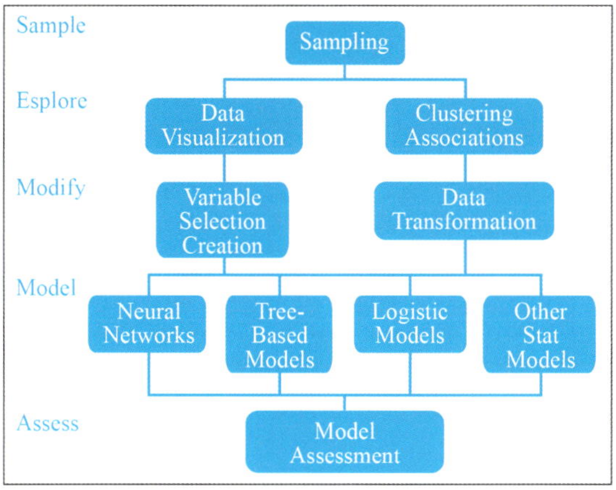

[그림 2-1] SEMMA 단계 흐름도

- 표본추출
  - 전체 자료를 분석용자료(training data), 평가용자료(validation data), 검증용자료(test data)로 분할할 때 샘플링을 수행하는 노드가 있어 사용자가 샘플의 비율 혹은 크기만 정해 주면 샘플링을 자동으로 수행하여 분석용, 평가용, 검증용으로 저장하여 준다.
  - 가장 흔히 쓰이는 단순임의추출법(simple random sampling)외에도 층화추출법(stratified sampling), 집락추출법(cluster sampling) 등 다양한 형태의 자료 구조에 맞는 샘플링 기법들을 지원한다.

- 탐색
  - 자료의 분포에 대한 시각화를 구현할 수 있으며 최대 3차원까지 지원한다. 또한 이상치와 함께, 대화식으로 자료탐색과 분석이 가능하다.
  - 카이제곱 검정 또는 R^2를 이용하여 원하는 변수를 선택하고 연관이 적은 변수나 결측치가 많은 변수를 제거하고 관측치 간의 연관성분석도 가능하다.

- 수정
  - 분석에 적합한 형태가 아닌 원시자료(raw data)에 대한 정제 및 변환 작업을 지원한다.
  - SAS E-Miner는 이상치 제거, log변환, 가감승제에 의한 변환과 같이 분석에 자주 이용되는 변환을 모두 포인트 앤 클릭(point & click) 방식으로 지원하고 그 외의 복잡한 변환은 프로그램 방식으로 언제든지 마이닝 프로세스 내에 포함시킬 수 있다.
  - SAS E-Miner는 자료에 관한 다양한 변환 작업을 유연하게 수행할 수 있다.

• 모형화
  – 의사결정나무분석, 신경망분석, 회귀분석, 장바구니분석, 군집분석 등 다양한 모형화 기법을 지원한다.

• 평가
  – 모형평가를 위한 이익(gain)차트를 제공한다. 모형의 평가 기능으로서의 이익차트는 모형의 예측력을 검증할 수 있는 한 방법으로 다음과 같은 절차를 거친 후 생성된다.
    ① 각각의 개체들에 대한 반응확률(점수)을 모형의 식에 근거하여 산출하고, 큰 값부터 작은 값 순으로 나열한다.
    ② 순서대로 나열된 자료들을 똑같은 크기의 10개의 그룹으로 묶은 다음, 반응점수가 높은 그룹 순으로 나열한다.
    ③ 각 그룹 안에서 실제로 반응한 개체의 비율을 계산한다.
    ④ ③에서 얻은 비율을 각 그룹별로 막대그래프를 이용하여 표현한다.
  – 모형이 생성될 때마다 자동적으로 평가기능이 수행되며, 다양한 방법으로 생성된 여러 가지 모형이 동시에 평가될 수도 있다.

2.2 Enterprise Miner 14.1의 기본 구성요소와 노드

2.2.1 Enterprise Miner 14.1의 기본 구성요소

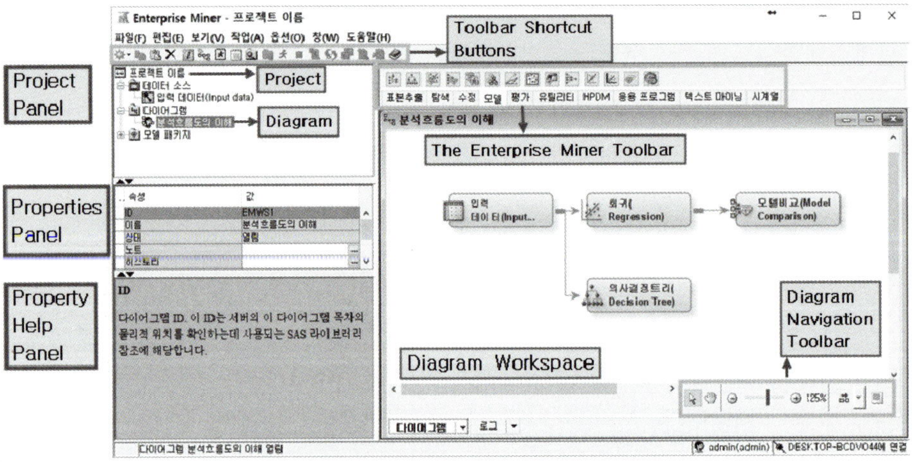

[그림 2-2] SAS E-Miner 14.1의 초기화면

SAS E-Miner를 실행시키면 [그림 2-2]와 같은 초기 화면이 나타난다. 자료의 생성 및 추출, 변형, 탐색, 모형화, 평가 등으로 이루어지는 일련의 과정을 E-Miner에서는 프로젝트(project)라 하고 하나의 프로젝트에 속하는 기능별 노드에 의해 만들어진 분석흐름도를 다이어그램(diagram)이라고 한다.

- Project Panel: 원시자료, 도표, 결과, 다이어그램, 그리고 프로젝트 사용자를 관리하고 볼 수 있다. 특히 다이어그램은 현재의 프로젝트와 이 프로젝트와 관련된 여러 가지 다이어그램의 리스트를 보여주며 Project Panel에서 선택된 다이어그램이 다이어그램 작업공간(diagram workspace)에 나타나게 된다.
- Properties Panel: 원시자료, 도표, 노드, 결과 및 사용자의 설정을 편집할 수 있다.
- Property Help Panel: 속성 패널에서 선택하는 옵션의 간단한 설명을 표시한다. 확장된 도움말은 도움말 메인 메뉴에서 찾을 수 있다.
- Diagram Workspace: 분석흐름도를 생성, 수정, 수행, 그리고 저장시킬 수 있으며, 자료를 분석할 때 쓰이는 기능별 노드의 생성, 명령을 순서대로 그림에 의해 알기 쉽도록 나타내준다.
- E-Miner Toolbar
  - 다이어그램 작업공간에 분석 흐름도를 생성시키기 위해 사용되는 모든 노드들이 아이콘으로 등록되어 있다.
  - SEMMA와 Utility에 따른 노드가 기능별로 그룹 지어져 있다.
- Toolbar Shortcut Buttons: 일반적인 컴퓨터 기능과 자주 사용하는 작업을 수행하고자 할 때 설정할 수 있다.

2.2.2 노드의 종류와 기능

- Sample 노드

	추가	데이터셋을 추가한다.
	데이터분할	전체자료를 모형구축을 위한 분석용자료와 분석용자료로 생성된 모델과 비교하기 위한 평가용자료, 그리고 모형의 검증을 위한 검증용자료로 분할하여 이후의 분석에서 사용한다.

File Import	파일 가져오기	외부파일을 가져온다.
Filter	필터링	기준에 따라 자료의 관측치를 삭제한다.
Input Data	입력데이터	데이터마이닝에 대한 입력으로 사용되는 변수에 대한 자세한 내용을 제공한다.
Merge	병합	데이터셋의 열들을 결합하여 새로운 데이터셋이나 뷰를 생성한다.
Sample	표본추출	단순임의추출법을 비롯한 여러 가지 표본추출 방법을 제공한다.

• Explore 노드

Association	연관성분석	연관성분석 및 순차발견을 수행한다.
Cluster	클러스터링	데이터베이스를 세분화하는 데 사용할 수 있는 관측치 클러스터링을 수행한다.
DMDB	DMDB	DMDB 프로시저를 사용하여 요약통계량을 계산한다.
Graph Explore	그래픽탐색	그래프 리포트와 대화식 그래프를 생성한다.
Link Analysis	링크분석	링크분석을 수행한다.
Market Basket	장바구니분석	자료에 대한 장바구니분석을 수행한다.
MultiPlot	멀티플롯	목표변수와 입력변수의 관계를 막대도표나 산점도 형식으로 나타냄으로써 필요한 입력변수의 탐색에 도움을 준다.
Path Analysis	경로분석	사전 처리된 웹 로그 자료를 분석한다.
SOM/Kohonen	SOM/ Kohonen	Nadaraya-Watson 또는 로컬-선형 평활로 Kohonen vector quantization(VQ), Kohonen self-organizing maps(SOMs) 또는 Batch SOMs를 사용하여 비지도학습을 수행한다.
StatExplore	통계량탐색	요약 및 연관 통계량을 생성한다.
Variable Clustering	변수클러스터링	입력변수집합을 상호배반인 집합이나 계층 클러스터로 나눈다.
Variable Selection	변수선택	R^2, χ^2 등의 선택기준을 사용하여 입력변수를 선택할 수 있는 도구를 제공한다.

- Modify 노드

노드	기능	설명
Drop	제거	선행분석경로에서 변수를 제거한다.
Impute	결측값 처리	결측값을 채워 넣거나, 오류로 판단되는 관측치를 대체할 수 있는 여러 가지 방법들을 제공한다.
Interactive Binning	대화식 구간생성	연속형 변수의 관측값을 예측모형화의 입력으로 사용할 수 있는 범주(구간)로 구간화한다.
Principal Components	주성분분석	후행노드에 대한 입력 값으로 사용되는 주성분을 생성한다.
Replacement	값의 대체	특정자료 값과 클래스 변수에 대한 알 수 없는 레벨을 대체한다.
Rules Builder	규칙생성	SAS 문법을 이용하여 사용자가 수작업으로 "if-then-else" 규칙을 생성한다.
Transform Variables	변수변환	데이터셋 변수에 변환을 적용한다.

- Model 노드

노드	기능	설명
AutoNeural	자동신경망	자동신경망노드는 신경망모델을 최적으로 구성하는 데 도움을 주는 자동화된 도구이다.
Decision Tree	의사결정나무	의사결정나무분석을 하기 위한 노드로 CHAID, CART, C4.5를 사용할 수 있다.
Dmine Regression	Dmine 회귀분석	전진단계별(forward stepwise) 최소제곱회귀모형을 계산한다. 각 단계에서 독립변수가 선택된다.
DMNeural	DM 신경망	버킷화된 주성분을 예측변수로 사용해서 이진형 또는 연속형 목표변수를 예측하기 위해서 추가적인 비선형모형을 제공한다.
Ensemble	앙상블	여러 모델에서 얻은 사후확률(이산형 목표변수)이나 예측값(연속형 목표변수)을 결합하여 새로운 모델을 생성한다.
Gradient Boosting	그래디언트 부스팅	파티셔닝(partioning) 알고리즘을 사용하여 단일 대상 변수에 대한 데이터의 최적 파티션을 검색한다. 트리 부스팅은 단일 예측 모델을 형성하는 일련의 의사결정트리를 생성한다.
LARS	LARS	변수선택 및 모형적합 작업을 모두 수행할 수 있다. 변수선택을 위해 사용될 때는, 연속적으로 변수를 선택하며, 각 선택된 변수의 계수는 0에서 변수의 최소제곱추정치까지 증가한다.
MBR	메모리기반 추론	이진형 및 명목형 목표변수에 대해 분석용 데이터셋의 k nearest neighbors에 기반하는 모델을 생성한다.
Model Import	모델 가져오기	E-Miner 모형화노드로 생성되지 않은 모형을 가져오고, 평가할 수 있다.
Neural Network	신경망	multi-layer, feed-forward neural network를 구성, 분석 및 검증한다. 기본적으로 신경망노드는 3개의 뉴런으로 구성된 하나의 은닉층이 있는 네트워크를 자동으로 생성한다.

Partial Least Squares	부분최소제곱법	잠재변수(latent variable)를 사용한 여러 예측 모형화 기법을 제공한다.
Regression	회귀분석	선형회귀분석과 로지스틱 회귀분석을 수행한다.
Rule Induction	규칙추론	목표변수의 희귀이벤트에 대한 분류를 증진시키기 위해 분류모델을 구성한다.
TwoStage	Two-Stage Model	예측변수들로부터 interval target을 예측하고, 그를 기반으로 class target을 예측하는 two-stage model을 제공한다.

• Assessment 노드

Cutoff	임계치	이진형 목표변수를 가진 모형에서 의사결정을 위해 적절한 확률 임계치를 결정하는데 도움을 주는 표나 그래픽 정보를 제공한다.
Decisions	의사결정	최적의 결정을 내리는 목표변수에 대한 프로파일을 정의한다. 의사결정은 사용자가 정의한 의사결정행렬과 후속적인 모형화의 결과를 사용하여 수행된다.
Model Comparison	모형비교	모형의 유용성을 설명하는 차트를 생성해주고 모형을 구현함으로써 예상되는 실제 이익 또는 손실을 기준으로 여러 모형을 비교할 수 있다.
Score	스코어	선행분석경로의 스코어코드를 SCORE역할 데이터셋에 적용한다.
Segment Profile	세그먼트 프로파일링	세그먼트화 또는 클러스터화된 자료를 평가하고 모집단에서 데이터 세그먼트를 차별화하는 요인을 확인할 수 있다.

• Utility 노드

Control Point	컨트롤 포인트	분석흐름도상에서 노드들 간의 연결선을 줄이고, 간편하게 작성할 수 있도록 한다.
End Groups	그룹 종료	그룹 프로세싱의 종료점을 구성한다. 그룹 시작노드와 함께 사용해야한다.
Ext Demo	Ext Demo	다양한 UI 요소를 확장노드에서 사용할 수 있는 설명도구이다.
Metadata	메타데이터	변수에 대한 칼럼 메타데이터를 수정할 수 있다.
Open Source Integration	오픈소스 통합	오픈소스 언어로 작성된 프로그램을 실행한다.
Register Model	모델 등록	SAS Metadata Server에 모델을 등록한다.
Reporter	리포트 생성	프로세스 플로우상에 있는 노드들에 대한 문서를 생성한다.
SAS Code	SAS 코드	SAS data 단계나 SAS procedure 단계에서 사용되는 SAS프로그램을 이용하여 분석을 수행할 수 있다
Save Data	데이터 저장	자료를 SAS 데이터셋이나 다른 출력형식으로 지정된 위치에 저장한다.

Score Code Export	스코어 코드 내보내기	스코어 코드와 스코어 메타데이터를 폴더로 추출한다. 이 노드는 스코어 노드 뒤에 와야 한다.
Start Groups	그룹 시작	관측치 또는 변수의 여러 그룹에 대해 플로우를 실행할 수 있다. 그룹종료노드와 함께 사용해야 한다.

• HPDM(High-Performance Data Mining) 노드

HP BN Classifier	HP BN 분류기	HP환경에서 베이즈네트워크를 사용한 분류모델이다.
HP Cluster	HP 클러스터	HP환경에서 클러스터링을 수행한다.
HP Data Partition	HP 데이터 분할	HP환경에서 분석 또는 평가를 위해 사용될 관측치를 식별하는 식별자 변수를 생성한다.
HP Explore	HP 탐색	HP환경에서 요약통계량을 계산한다.
HP Forest	HP Forest	HP환경에서 RF(Random Forest) 모델을 생성한다.
HP GLM	HP GLM	HP환경에서 일반선형모형을 생성한다.
HP Impute	HP 결측값 처리	HP프로시저를 사용하여 결측값을 처리한다.
HP Neural	HP 신경망	HP환경에서 신경망모형을 생성한다.
HP Principal Components	HP 주성분분석	HP환경에서 후행노드에 대한 입력값으로 사용되는 주성분을 생성한다.
HP Regression	HP 회귀	HP환경에서 고성능선형 및 로지스틱회귀모형을 사용한다.
HP SVM	HP SVM	HP환경에서 Support Vector Machine 모형을 생성한다.
HP Text Miner	HP 텍스트마이너	HP환경에서 텍스트마이닝을 실행한다.
HP Transform	HP 변환	HP 환경에서 고성능 프로시저를 사용하여 변환변수를 생성한다.
HP Tree	HP 트리	HP환경에서 트리모형을 생성한다.
HP Variable Selection	HP 변수선택	HP프로시저를 사용하여 변수를 선택한다.

• Applications 노드

Incremental Response	증분응답	최대투자수익(ROI)을 위한 고객 타겟팅을 최적화하기 위한 처리의점진적 영향을 모형화한다.
Survival	생존	고객에 관한 데이터마이닝 문제에 생존분석을 적용하는 생존 데이터마이닝을 실행한다.

- Text mining 노드

Text Cluster	텍스트 클러스터	문서 컬렉션에서 클러스터링 분석을 수행하는데 사용된다. 텍스트 파싱 및 텍스트 필터 노드 다음에 와야 하고 텍스트 토픽 노드 뒤에도 올 수 있다.
Text Filter	텍스트 필터	필터를 적용하여 텍스트 분석에 포함된 용어나 문서 개수를 줄인다. 텍스트 파싱 노드 다음에 사용되며, 텍스트 토픽 노드 다음에 사용될 수도 있다.
Text Import	텍스트 가져오기	디렉터리에 포함된 문서에서 텍스트를 추출하여 결과 데이터셋을 생성한다. 텍스트 가져오기 노드는 특정 URL에서 시작하여 웹을 크롤링(crawling)하고 발견한 웹페이지를 탐색한다.
Text Parsing	텍스트 파싱	문서 컬렉션에서 텍스트를 파싱한다.
Text Profile	텍스트 프로파일	문서에서 찾을 수 있는 용어를 사용하여 목표변수를 프로파일한다.
Text Rule Builder	텍스트 규칙 빌더	목표변수를 설명하고 예측하는데 유용한 순서화 된 규칙집합을 생성한다. 텍스트 파싱 노드와 텍스트 필터 노드 다음에 사용되어야 한다.
Text Topic	텍스트 토픽	문서 컬렉션에서 토픽을 생성하는데 사용된다. 생성된 각 토픽에 대해, 노드가 내보낸 분석용 테이블에 변수가 추가된다. 텍스트 파싱 노드 다음에 사용되며, 텍스트 필터 노드 다음에 사용될 수도 있다.

- Time Series 노드

Time Series Correlation	TS 상관	시계열자료에 대한 자기상관 및 교차상관을 분석한다.
TS Data Preparation	TS 데이터준비	시계열자료에 대해 클리닝, 요약화, 변환, 전치 등을 제공한다.
TS Dimension Reduction	TS 차원축약	시계열자료에 대해 DWT(Discrete Wacelet Transform), DFT(Disxrete Fourier Transform), SVD(Singular Value Decomposition) 또는 LSA(Line Segment Approximation)를 사용하여 차원을 축약한다.
TS Exponential Smoothing	TS 지수평활	시계열자료에 대해 최적화된 평활가중치를 포함한 지수평활모델을 사용하여 예측을 생성한다.
TS Decomposition	TS 분해	시계열자료에 대해 고전적 계절성(seasonality) 분해를 계산한다.
TS Similarity	TS 유사성	시계열자료와 연관된 유사성측도를 계산한다.

III

SAS Enterprise Miner 14.1의 기본활용

SAS Enterprise Miner 14.1을 이용하여 프로젝트를 진행하는 과정과 결과를 예제 자료를 통해 살펴보도록 하자.

3.1 소개

SAS E-Miner에서의 작업은 프로젝트(Project)를 정의하면서 시작되는데 프로젝트는 E-Miner에서 일련의 분석과정인 자료 가져오기, 변수변환, 분석 및 평가 등을 하나의 이름으로 묶어서 지칭하는 말이다. 프로젝트를 정의하고 나면, 프로젝트 디렉터리 내에 자동으로 하위 디렉터리인 데이터소스, 보고서, 시스템, 작업 공간 등이 생성된다. 프로젝트의 정의가 완성되면 SAS 라이브러리로부터 분석에 사용할 소스데이터를 지정한 후, 다이어그램 작업공간에 각 노드에 해당하는 단축 아이콘을 끌어다 다이어그램을 완성한다.

SAS E-Miner에서 분석과정은 작업공간에 작성된 다이어그램의 흐름도에 따라 진행된다. 즉, 사용자 인터페이스에서 화살표로 연결된 작업이나 노드의 순서를 따른다. 다이어그램에서의 각 노드는 다이어그램 디렉터리에 있는 별도의 하위 디렉터리에 해당하며 한 처리과정에서의 정보는 두 가지 처리과정을 화살표로 연결함으로써 서로 보낼 수 있다.

3.2 SAS E-Miner 작업환경 생성

SAS E-Miner에서 작업을 하기 위해서 첫 번째로 해야 할 일은 프로젝트, 라이브러리, 다이어그램을 생성하는 것이다. 이러한 작업은 때에 따라 SAS 관리자(또는 이전 분석에서 만들어진 것을 재사용)에 의해 설정되기도 하지만 SAS E-Miner를 배우기 위해서는 이러한 항목들을 스스로 설정하고 생성하는 방법을 아는 것이 필수적이라 할 수 있다.

3.2.1 프로젝트 생성

프로젝트는 특정 분석 작업과 관련된 자료를 포함하고 있을 뿐만 아니라 분석 처리 절차, 중간 분석 데이터 셋 및 분석 결과를 모두 포함한다.

프로젝트를 정의하기 위해서는 프로젝트 이름과 SAS Server 디렉터리에 해당하는 프로젝트의 위치를 지정하여야 한다. 다음과 같은 SAS E-Miner 초기화면에서 새로운 프로젝트를 생성하여 보자.

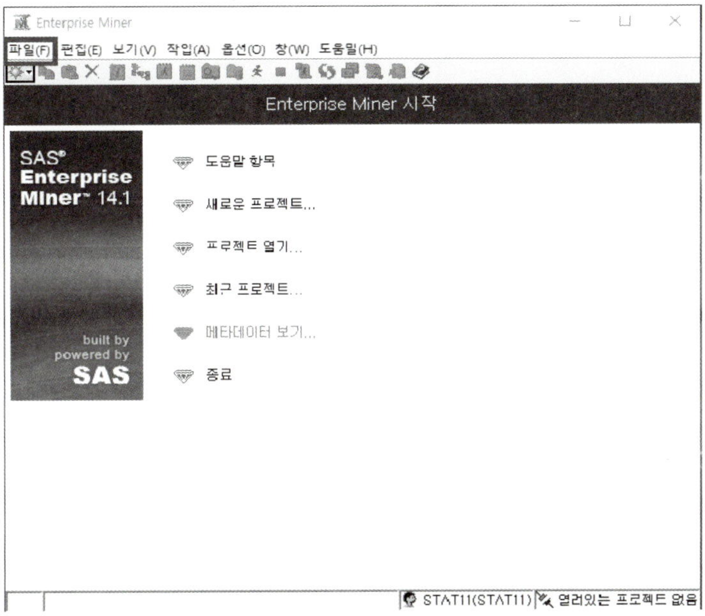

[그림 3-1] SAS E-Miner 시작 화면

① 메인 메뉴에서 파일 → 새로 만들기 → 프로젝트 클릭
새로운 프로젝트 생성 마법사 1단계 창이 열린다.

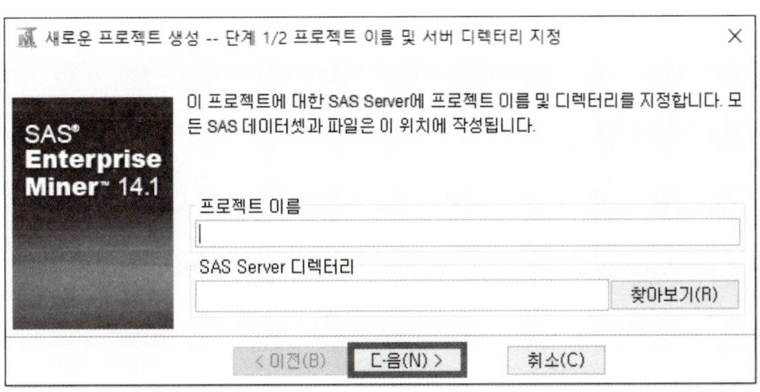

[그림 3-2] 새로운 프로젝트 생성화면

② 프로젝트 이름을 작명한다. 예를 들어, 프로젝트 이름 필드에 "DM"을 입력하면 "DM"이라는 프로젝트가 생성된다. 다음으로 SAS Server 디렉터리에 프로젝트 폴더가 생성되는 물리적 위치(C:₩마이닝)를 입력하고 다음을 클릭한다.

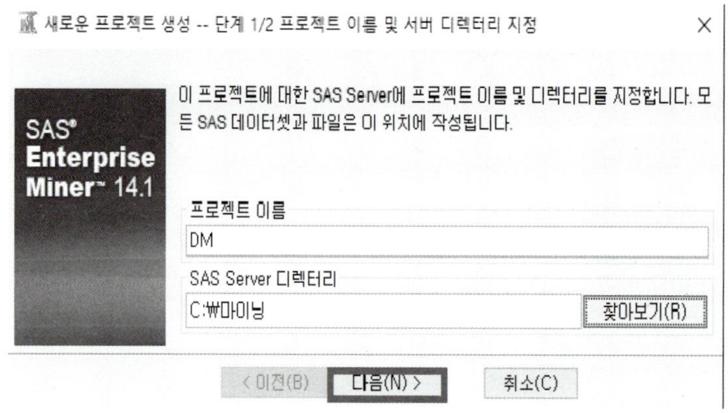

[그림 3-3] **프로젝트 이름 및 서버 디렉터리 지정 화면**

만약 지정된 위치에 동일한 이름의 수정 프로젝트 디렉터리가 있다면, 이 프로젝트는 SAS E-Miner에서 사용 가능한 프로젝트로 목록에 추가 된다. 이 기술은 SAS E-Miner의 또 다른 설치에 의해 만들어진 프로젝트를 가져오는데 사용될 수 있다.

③ 다음을 클릭하면 방금 생성한 프로젝트에 대한 요약 정보가 나타나며 프로젝트 정의를 완료하기 위하여 마침을 클릭한다.

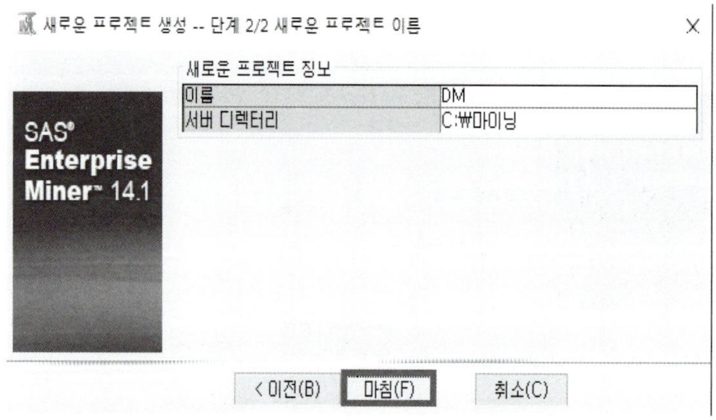

[그림 3-4] **새로운 프로젝트 정보**

④ 새로운 프로젝트 "DM" 창이 화면에 나타난다.

[그림 3-5] 새로운 프로젝트 "DM" 생성 화면

3.2.2 SAS 라이브러리 생성

SAS 라이브러리는 분석의 기초가 되는 원시자료 소스(raw data source)와 SAS E-Miner를 연결한다. 라이브러리는 SAS foundation 서버, 관계형 데이터베이스 또는 Excel 통합 문서에 있는 디렉터리에 연결할 수 있다.

라이브러리를 정의하려면, 사용자 이름, 암호와 같은 관련 옵션 이외에 SAS E-Miner와 연결하려고 하는 자료 구조의 이름과 위치를 알아야 한다.

새로운 라이브러리를 생성하기 위해 다음 방법을 따라한다.

① 메인 메뉴에서 파일 → 새로 만들기 → 라이브러리 클릭하면 [그림 3-6] 과 같은 창이 나타난다.

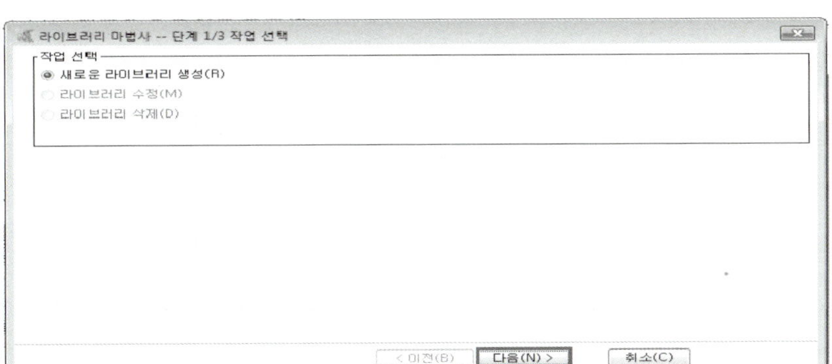

[그림 3-6] 새로운 라이브러리 생성 화면

② [그림 3-6]에서 다음을 클릭하면 [그림 3-7]과 같은 창이 열린다.

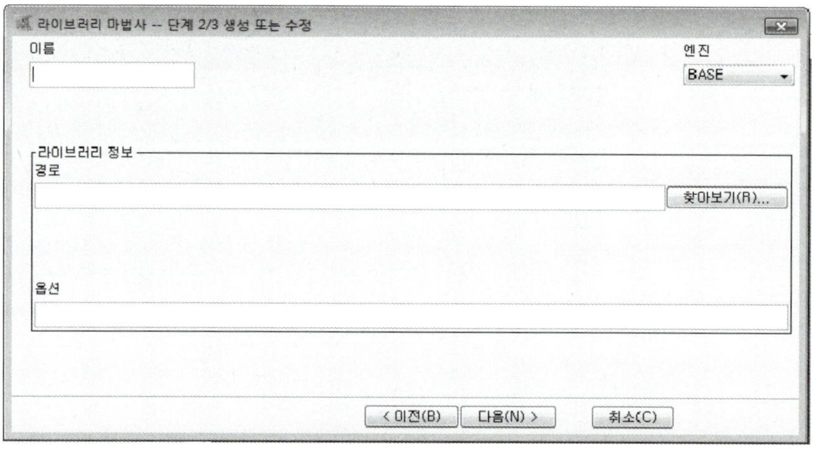

[그림 3-7] 새로운 라이브러리 이름, 경로 화면

③ 이름 필드에 라이브러리 이름을 지정한다. 라이브러리 이름으로 "DATA" 를 입력하여 보자.

④ 라이브러리 이름 "DATA" 에 대한 경로를 지정한다. 찾아보기를 이용해 "C:₩DATA"로 지정한다. 사용할 자료가 다른 위치에 저장되어 있다면, 경로 필드에 자료가 저장되어 있는 디렉터리를 지정한다.

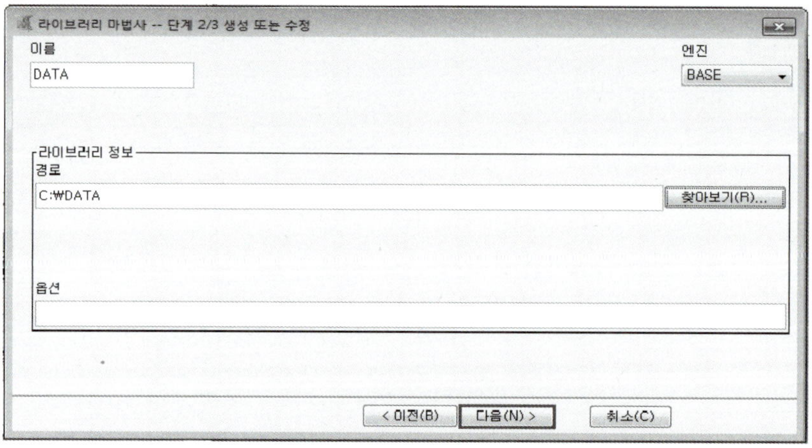

[그림 3-8] 새로운 라이브러리 이름, 경로 입력

⑤ 다음을 클릭하면 3/3단계 작업 확인 라이브러리 마법사 창이 나타난다. 마침을 클릭하여 라이브러리 생성을 종료한다.

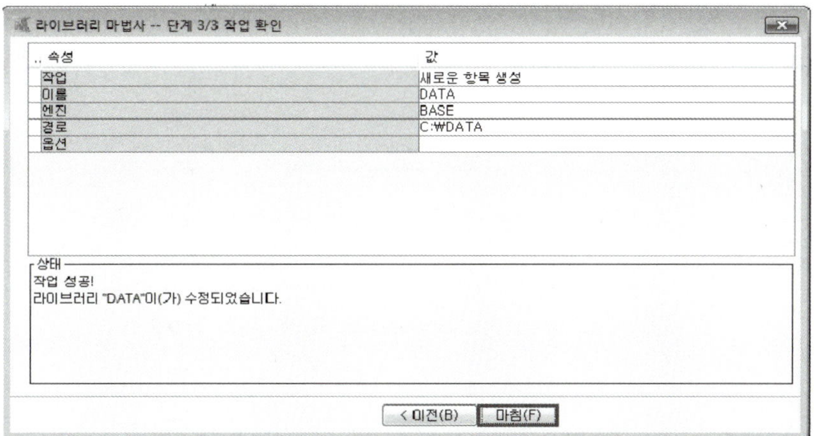

[그림 3-9] **새로운 라이브러리 작업 확인**

3.2.3 다이어그램 생성

SAS E-Miner 다이어그램 작업공간은 분석과 관련된 단계를 포함하고 표시한다. 아래와 같이 다이어그램 작업공간을 생성하여 보자.

① 메인 메뉴에서 파일 → 새로 만들기 → 다이어그램 클릭
아래 [그림 3-10]과 같이 다이어그램 이름(Predictive Analysis)을 입력하고 확인을 클릭한다.

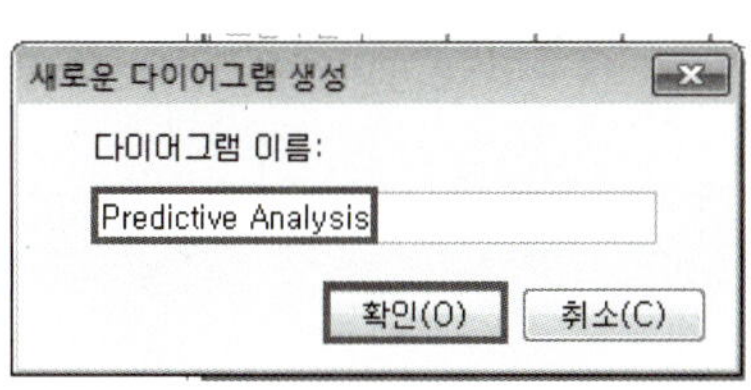

[그림 3-10] **새로운 다이어그램 생성**

② 그림 [그림 3-11]과 같이 “Predictive Analysis”로 표시된 분석 작업 창이 생성된다.

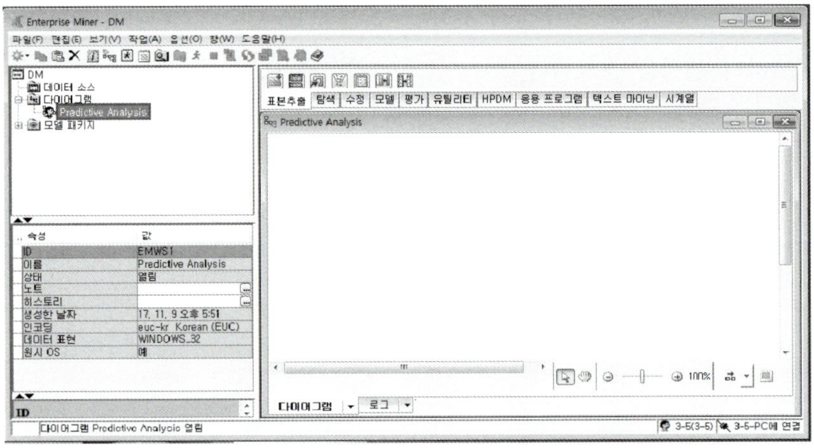

[그림 3-11] "Predictive Analysis"로 표시된 분석 작업화면

3.3 데이터소스

새로운 프로젝트와 다이어그램을 정의한 후 E-Miner의 다음 작업은 보통 분석에 사용할 데이터소스를 생성하는 것이다. 데이터소스는 분석에 사용할 SAS 테이블(SAS 데이터셋)과 SAS E-Miner를 연결하여 주는 것으로 데이터소스를 정의하는 것은 분석에 사용할 SAS 테이블을 선택하여 분석 목적에 맞도록 메타데이터를 정의하는 것이다.

메타데이터 정의

선택된 SAS 테이블은 이미 정의된 SAS 라이브러리를 통해 SAS 서버에 표시되어야 하며 SAS 라이브러리에 있는 어떤 SAS 테이블도(관계형 데이터베이스의 테이블과 같이 SAS 포맷으로 저장된 것들을 포함) 분석에 사용할 수 있다.

메타데이터의 정의는 선택한 데이터셋에 대해 세 가지 기본 목적을 제공한다.

- **분석에서 각 변수의 역할**: 현재 분석에서 SAS E-Miner가 사용할 변수의 역할을 알려준다.
- **각 변수의 측정 수준**: 각 변수의 측정수준으로부터 범주형 변수와 연속형 변수를 구별한다.
- **분석에서 데이터 셋의 역할**: 분석에서 사용할 선택된 데이터 셋의 역할을 알려준다.

• 소스데이터 지정하기

데이터소스를 통하여 분석에 사용할 SAS 테이블과 SAS E-Miner가 연결되는데 데이터소스를 정의하기 위해서는 분석에 사용할 SAS 테이블이 속해 있는 라이브러리가 정의되어 있어야 함은 물론 SAS 테이블의 이름을 정확히 알아야 한다.

다음과 같이 데이터소스를 지정하여 보자.

① 메인 메뉴에서 파일 → 새로 만들기 → 데이터소스를 클릭한다.

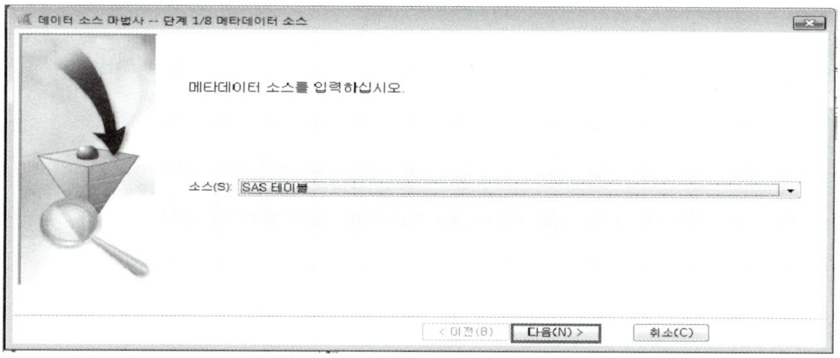

[그림 3-12] 메타데이터소스

② 다음을 클릭한 후, Libname.tablename처럼 라이브러리 이름을 입력해도 되고 찾아보기를 이용해도 된다.

③ "찾아보기" 클릭 → 왼쪽 라이브러리 목록에서 "DATA" 라이브러리를 더블클릭한다.

④ DATA 라이브러리의 오른쪽 목록에서 PVA97NK SAS테이블을 선택한다.

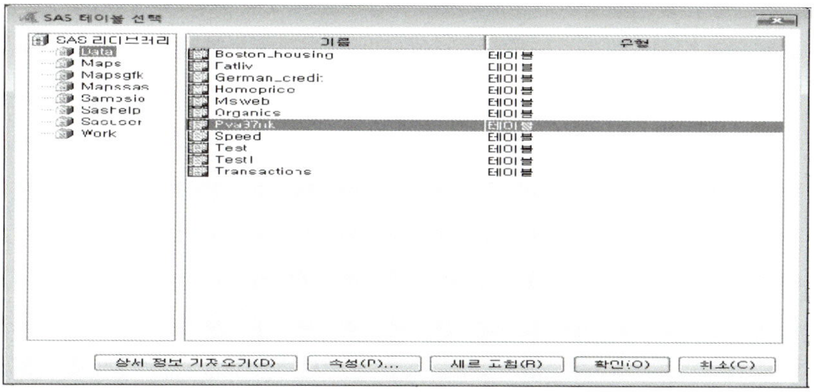

[그림 3-13] "PVA97NK" 테이블 선택 화면

⑤ 확인 클릭

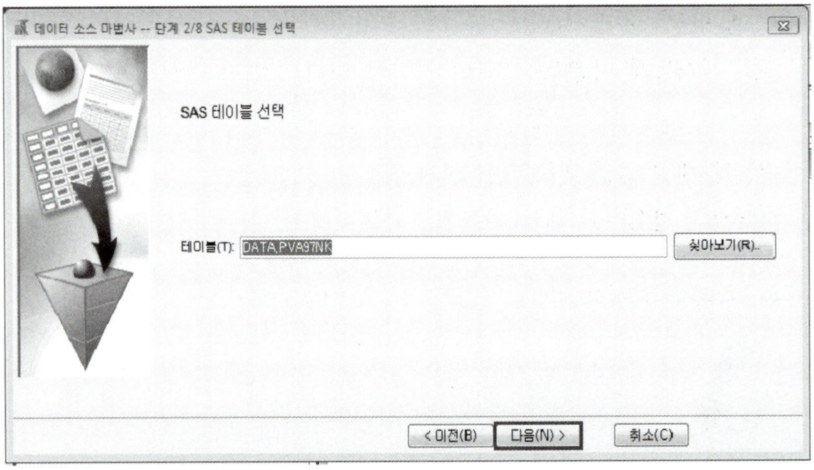

[그림 3-14] “PVA97NK” 테이블 선택 확인 화면

⑥ 다음 클릭

선택된 테이블에 관한 기본 정보를 보여준다.

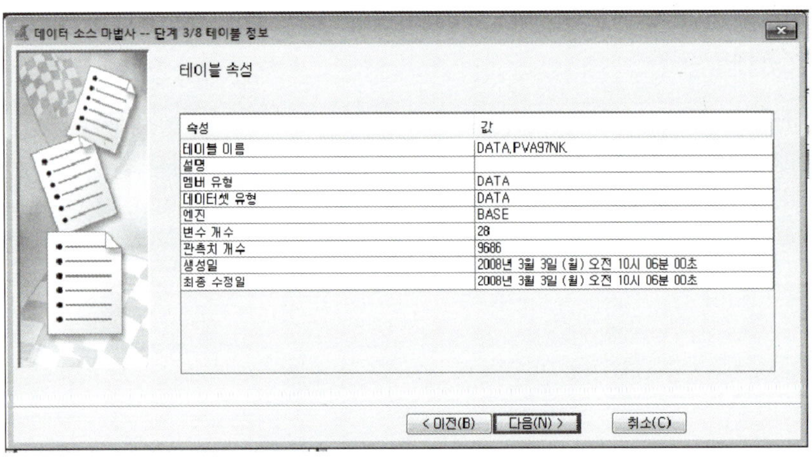

[그림 3-15] 테이블 속성 정보

[그림 3-15]를 보면, PVA97NK 테이블 변수의 수는 28개, 관측치 개수는 9,686개라는 것을 알 수 있다.

• 열 메타데이터 정의

열(column) 메타데이터 정의를 위해서는 모델에서 변수의 역할과 각 변수에 대한 측정 수준을 알고 있어야 한다. 열 메타데이터를 정의하기 위해 다음 방법을 따라한다.

① 다음 클릭

[그림 3-15]에서 다음을 클릭하면 메타데이터 관리자 옵션 창이 나타난다.

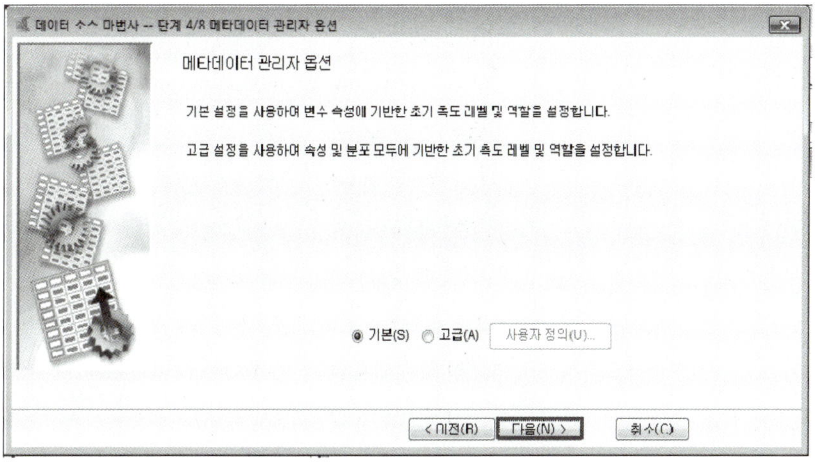

[그림 3-16] 메타데이터 관리자 옵션

이 단계에서 메타데이터를 정의하기 시작한다. SAS E-Miner는 SAS 테이블의 특성에 따라 메타데이터에 초기 값을 할당한다.

기본(S): 변수 속성에 근거하여 측정 수준(레벨) 및 역할 등 메타데이터에 초기 값을 할당한다.

고급(A): 기본 설정과 동일한 방법으로 메타데이터에 초기 값을 할당하지만, 더 적절한 측정 수준 및 역할을 결정하기 위해 각 변수의 속성 및 분포를 평가한다.

② "기본"으로 지정한 후 다음 클릭

데이터소스 마법사는 각 변수의 이름과 자료 형식을 기반으로 SAS 시스템이 자신의 방법으로 메타데이터의 값을 할당한다. 모형에서 변수의 역할 및 측정 수준에 대한 올바른 값은 〈표 3-1〉 PVA917NK 메타데이터 테이블에 정리되어 있다.

〈표 3-1〉 PVA97NK 메타데이터 테이블

변수이름(Name)	역할 (Model Role)	척도 (Measurement Level)	변수 설명(Description)
DEMAGE	Input	연속형 척도(Interval)	Age
DEMCLUSTER	Input	명목 척도(Nominal)	Demographic Cluster
DEMGENDER	Input	명목 척도(Nominal)	Gender
DEMHOMEOWNER	Input	이진 척도(Binary)	Home Owner
DEMMEDHOMEVALUE	Input	연속형 척도(Interval)	Median Home Value Region
DEMPCTVETERANS	Input	연속형 척도(Interval)	Percent Veterans Region
DEMMEDINCOME	Input	연속형 척도(Interval)	Median Income Region
GIFTCNT36	Input	연속형 척도(Interval)	Gift Count 36 Months
GIFTCNTALL	Input	연속형 척도(Interval)	Gift Count All Months
GIFTCNTCARD36	Input	연속형 척도(Interval)	Gift Count Card 36 Months
GIFTCNTCARDALL	Input	연속형 척도(Interval)	Gift Count Card All Months
GIFTAVGLAST	Input	연속형 척도(Interval)	Gift Amount Last
GIFTAVG36	Input	연속형 척도(Interval)	Gift Amount Average 36 Months
GIFTAVGALL	Input	연속형 척도(Interval)	Gift Amount Average All Months
GIFTAVGCARD36	Input	연속형 척도(Interval)	Gift Amount Average Card 36 Months
GIFTTIMELAST	Input	연속형 척도(Interval)	Time Since Last Gift
GIFTTIMEFIRST	Input	연속형 척도(Interval)	Time Since First Gift
ID	ID	명목 척도(Nominal)	Control Number
PROMCNT12	Input	연속형 척도(Interval)	Promotion Count 12 Months
PROMCNT36	Input	연속형 척도(Interval)	Promotion Count 36 Months
PROMCNTALL	Input	연속형 척도(Interval)	Promotion Count Card All Months
PROMCNTCARD12	Input	연속형 척도(Interval)	Promotion Count Card 12 Months
PROMCNTCARD36	Input	연속형 척도(Interval)	Promotion Count Card 36 Months
PROMCNTCARDALL	Input	연속형 척도(Interval)	Promotion Count Card All Months
STATUSCAT96NK	Input	명목 척도(Nominal)	Status Category 96NK
STATUSCATSTARALL	Input	이진 척도(Binary)	Status Category Star All Months
TARGETB	Target	이진 척도(Binary)	Target Gift Flag
TARGETD	Rejected	연속형 척도(Interval)	Target Gift Amount

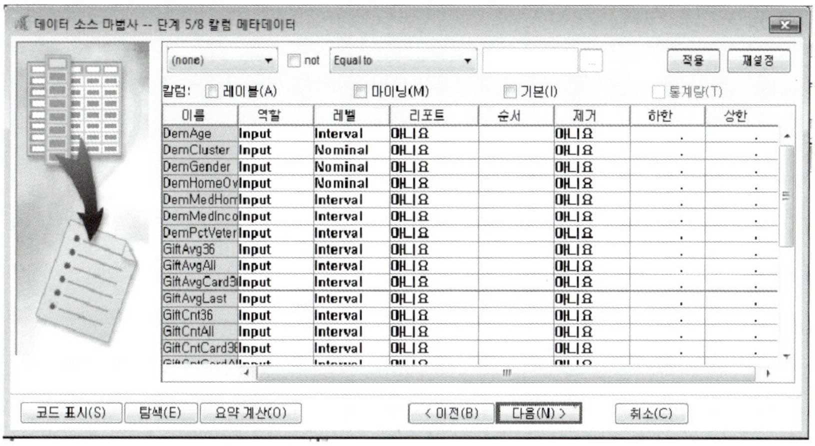

[그림 3-17] 기본 설정된 칼럼 메타데이터

〈표 3-1〉의 메타데이터 테이블과 SAS E-Miner 방식으로 할당한 값을 비교하여 보면 몇 가지 차이점이 있다는 것을 알 수 있다.

모형에 사용될 변수의 역할은 대부분 정확하지만, 몇몇 변수들에 대하여 측정 수준에 오류가 있다. 이것은 메타데이터 관리자 옵션의 고급 옵션을 사용하여 기본 메타데이터 설정에 대한 변경이 가능하다.

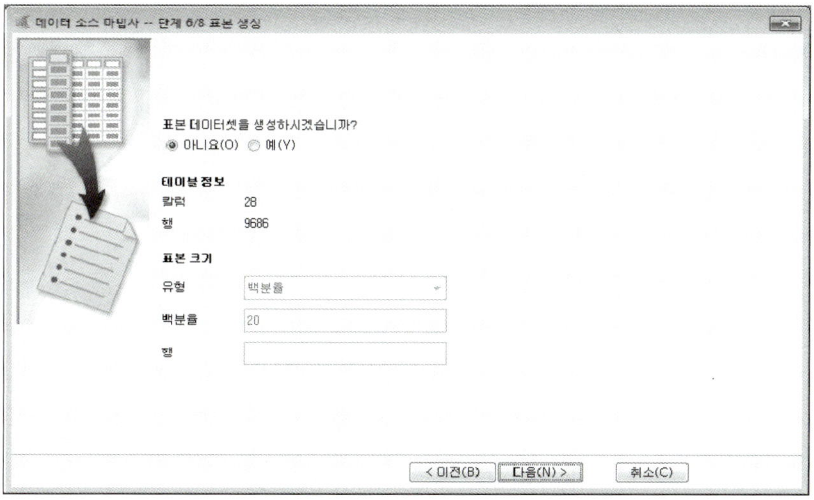

[그림 3-18] 기본 설정된 칼럼 메타데이터

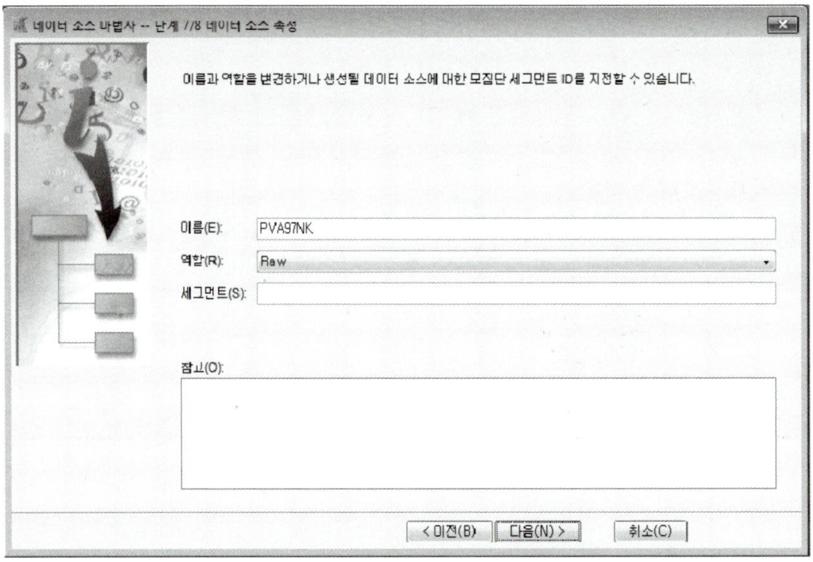

[그림 3-19] 기본 설정된 칼럼 메타데이터

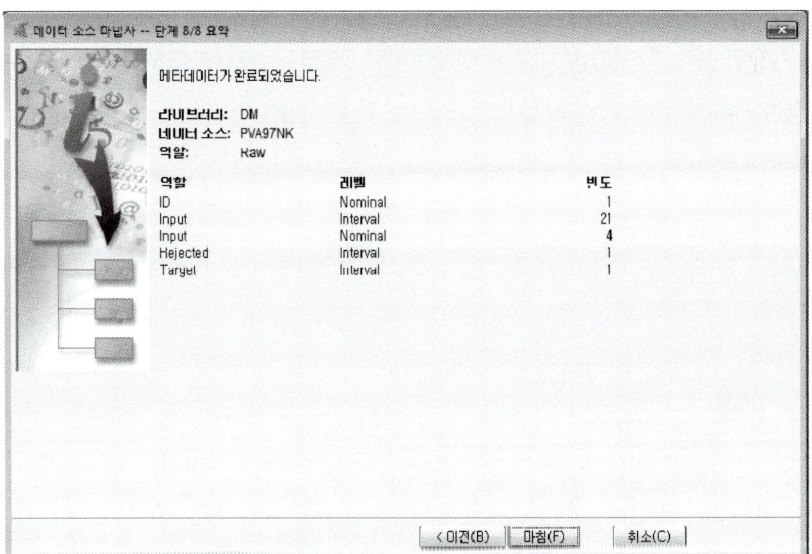

[그림 3-20] 기본 설정된 칼럼 메타데이터

③ 이전 클릭

[그림 3-16] 관리자 옵션에서 고급설정으로 지정한 후, 다음 클릭

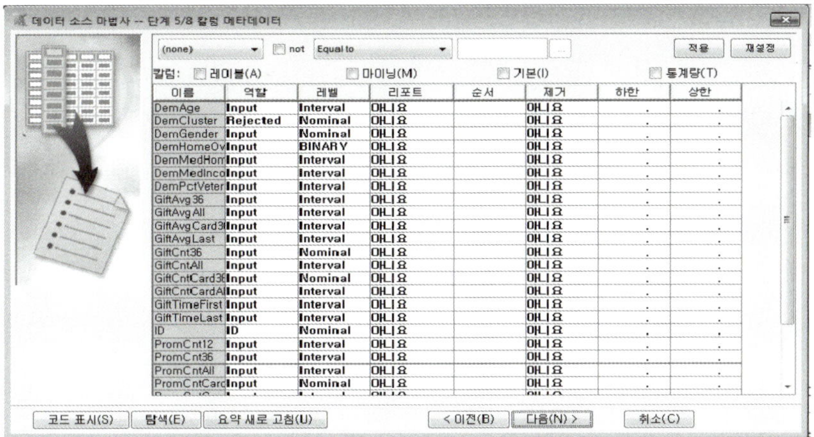

[그림 3-21] 고급 설정된 칼럼 메타데이터

디폴트로 설정된 메타데이터의 대부분은 정확하지만 몇 가지 항목은 변경해야 할 것이다. 예를 들어, DemCluster 변수는 변수 역할이 'Rejected'로 선언되어 있으며, 몇몇 양적변수는 레벨이 'Interval'이 아니라 'Nominal'로 선언되어 있다.

메타데이터를 수정하는데 많은 시간이 소요되는 것을 피하려면, 다시 이전 관리자 옵션 단계로 이동하여 다음과 같이 작업할 수도 있다.

④ 이전 클릭 → [그림 3-16] 관리자 옵션에서 사용자 정의 클릭

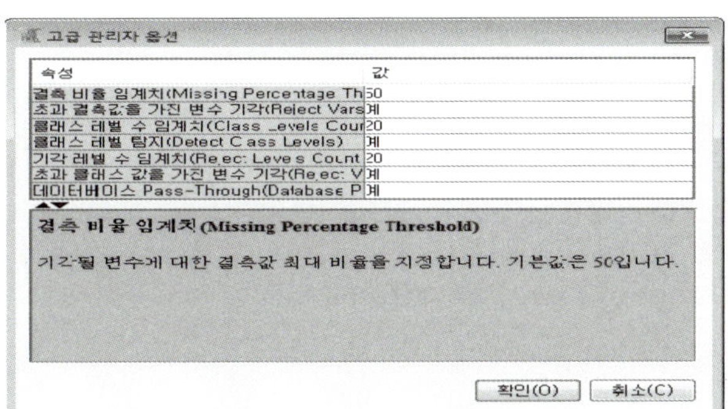

[그림 3-22] 고급 관리자 옵션

고급 관리자 옵션을 사용하여 메타데이터 관리자는 다음 작업을 수행할 수 있다.

- **계측 비율 임계값**: 결측값의 최대 비율이 지정된 임계 값을 넘으면 변수의 역할이 'Rejected'

로 선언된다(기본값 = 50 %). 물론 '초과 결측 값을 가진 변수 기각'이 '예'로 표시되어 있어야 한다.

- **클래스 레벨 임계값:** '클래스 레벨 탐지'에 "예"로 표시되어 있고, 이 속성에 지정된 숫자보다 적은 범주를 갖는 Interval 변수는 Nominal로 표시된다(기본값 = 20).
- **기각 레벨 수 임계값:** Class 변수 중에서 레벨의 개수가 지정된 값보다 많으면 'Rejected'로 표시된다(기본값 = 20).

다음 단계에서 많은 메타데이터 값을 변경하지 않도록 하려면 이러한 기본값을 변경해야 한다.

⑤ 클래스 레벨 임계값에 "2" (숫자형 이진 변수가 명목형 변수로 취급되기 위해) 입력, 기각 레벨 수 임계값에 "100" (100 개 이상의 서로 다른 값을 갖는 문자형 변수만이 'Rejected'가 선언되도록 하기 위해) 입력한다.

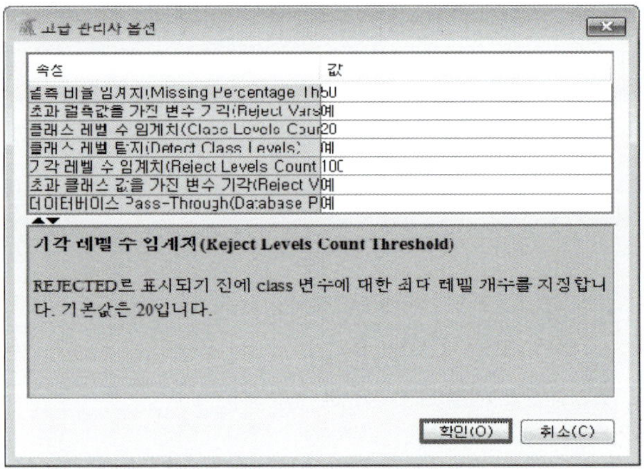

[그림 3-23] 기본값 변경 화면

☞ 상기 변경이 적용되기 위해서는 반드시 ENTER를 누른 다음, '확인'을 클릭한다.

⑥ 확인 클릭

[그림 3-21]에서 다음 클릭한다

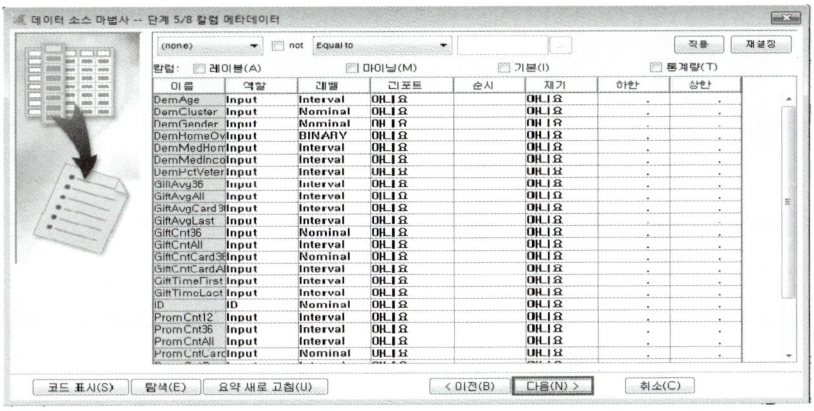

[그림 3-24] 기본값이 변경된 칼럼 메타자료

〈표 3-1〉과 열 메타데이터 테이블([그림 3-21])을 비교하여 보면 대부분의 메타데이터가 올바르게 정의되었다는 것을 알 수 있다. 그 밖에 Input 변수가 아닌 변수에 대하여 변수 이름만으로도 SAS E-Miner는 변수 역할을 정확하게 지정하였음을 알 수 있다. 측정 수준 또한 고급 관리자 옵션에서는 올바르게 정의되어 있음을 알 수 있다.

다음으로 할 일은 목표변수를 지정하는 일이다. PVA97NK 자료의 분석에서는 이진형 목표변수를 사용할 것이기 때문에 TargetB를 목표변수로 지정하고 TargetD 변수는 역할 칼럼에 'Rejected'가 선언되어야 할 것이다.

⑦ TargetD 역할 → Rejected로 변경.

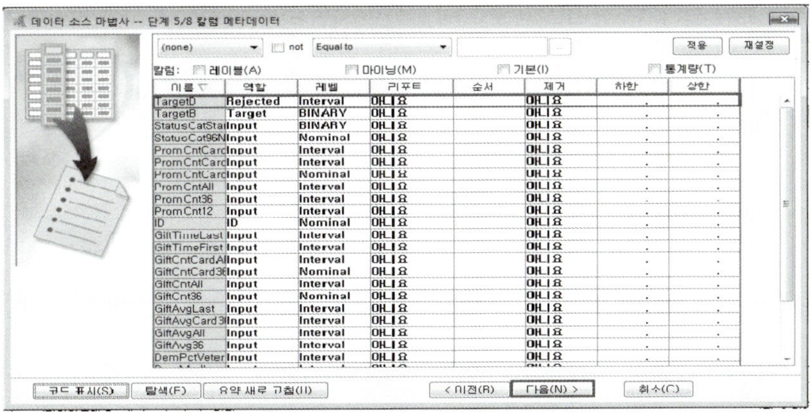

[그림 3-25] TargetD 역할 변경

데이터소스 마법사 단계 중 상기 단계는 보통 많은 시간이 소요된다. 따라서 SAS E-Miner에서 사용할 메타데이터를 정의하는데 소요되는 시간을 줄이기 위해서는 보통 다음과 같은 요령을 사용하면 효과적일 것이다.

- 원시자료 소스에서부터 오직 모형 구축에 필요한 자료만 포함시켜라.
- Input 변수가 아닌 경우, 역할을 의미하는 문자로 변수명을 시작하라. 예를 들면 목표변수의 변수명은 Target, 식별자를 나타내는 변수명은 ID라는 문자로 시작하라.
- 명목형 Input 변수는 문자형 자료 유형으로 입력하라.

• 데이터소스 완성

데이터소스 지정 과정을 다음과 같이 완료해 보자.

① 다음 클릭

이 과정에서 차후의 분석 단계 및 결과에 대한 기본 설정을 변경할 것이기 때문에 "예"를 선택하지 않아야 한다.

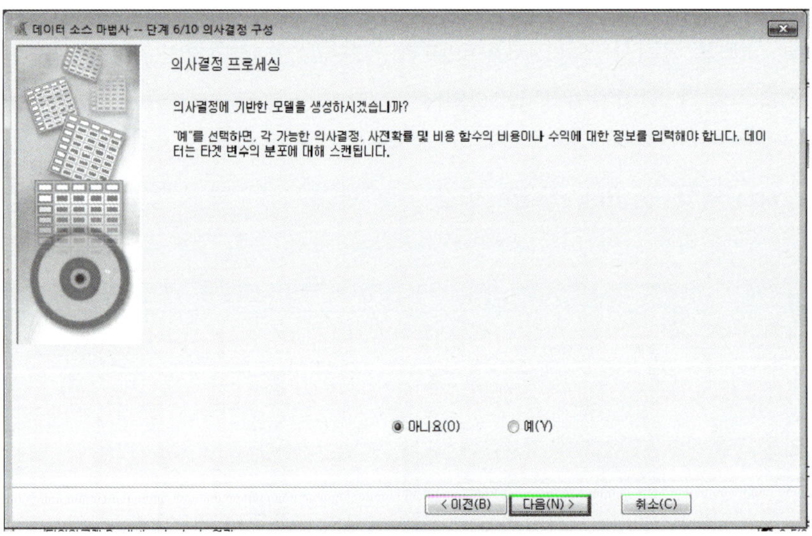

[그림 3-26] 의사결정 프로세싱

② 다음 클릭

데이터소스 마법사 창이 열린다.

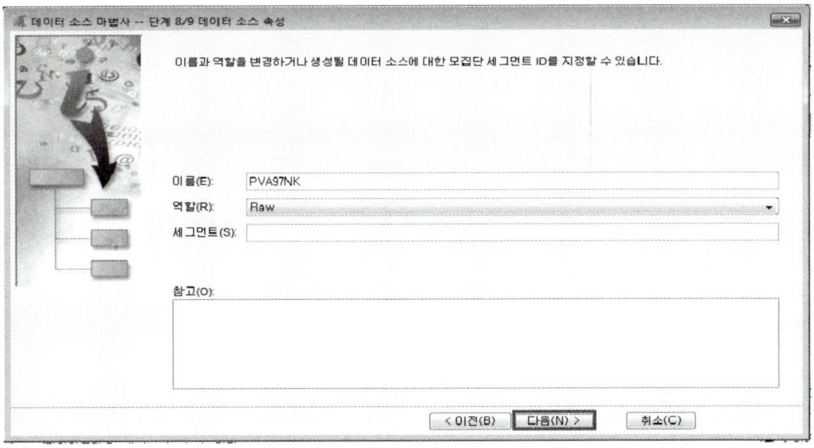

[그림 3-27] **데이터소스 이름과 역할 변경**

여기서, 데이터소스의 역할을 지정할 수 있고, 데이터소스 정의에 관한 부가 설명을 추가할 수 있다.

③ 다음 클릭

생성한 자료 테이블에 관한 요약 정보를 보여준다.

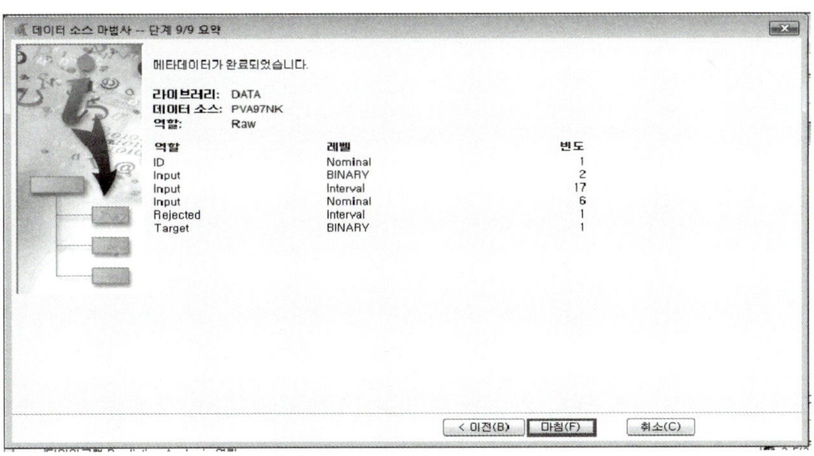

[그림 3-28] **생성한 메타데이터테이블 요약 정보**

④ 마침 클릭

PVA97NK 소스데이터는 프로젝트 패널의 데이터소스 항목에 추가되어 있다. 여기서 데이터

소스 항목의 'PVA97NK'를 왼쪽 마우스 버튼으로 선택하면 테이블 속성이 [그림 3-29]와 같이 속성 패널에 나타난다.

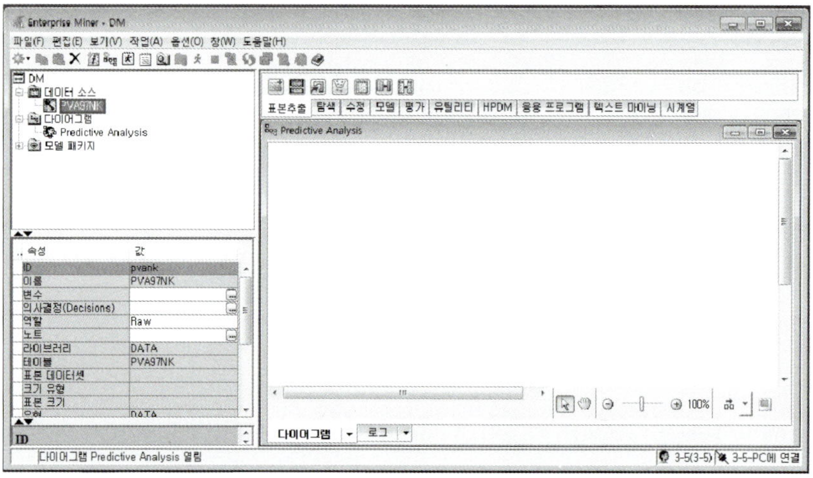

[그림 3-29] **프로젝트 패널에 추가된 PVA97NK 데이터소스**

3.4 자료 탐색

연구 목적이나 분석 목적에 필요한 자료 수집 혹은 조합은 대부분 SAS E-Miner 작업 이전에 이루어지지만 자료 탐색에 대한 기능은 SAS E-Miner에도 잘 구축되어 있다. 이러한 탐색 기능을 통하여 표본오차를 찾아내고 이상치를 발견하고 변수들간의 관계를 탐색할 수 있다. 다음은 자료 탐색에 유용한 SAS E-Miner 도구를 설명한다.

3.4.1 자료 탐색

SAS E-Miner는 자료의 탐색 기능을 도와주기 위하여 대화형 도표를 생성하여 주는데 이는 다음과 같은 내용을 포함하고 있다.

- 탐색 창 열기
- 탐색 창에 사용할 샘플 크기 변경
- 단일 변수에 대한 히스토그램 생성

- 히스토그램의 그래프 속성 변경
- 차트 축 변경
- 히스토그램에 결측치를 나타내는 막대 추가
- 탐색 창에 플롯 추가
- 변수 관계 탐색

- **탐색 창 열기**

① 프로젝트 패널의 데이터소스를 열고 사용할 자료를 선택하여 오른쪽 마우스 클릭 → 데이터소스 옵션창이 나타나면 탐색 선택한다.

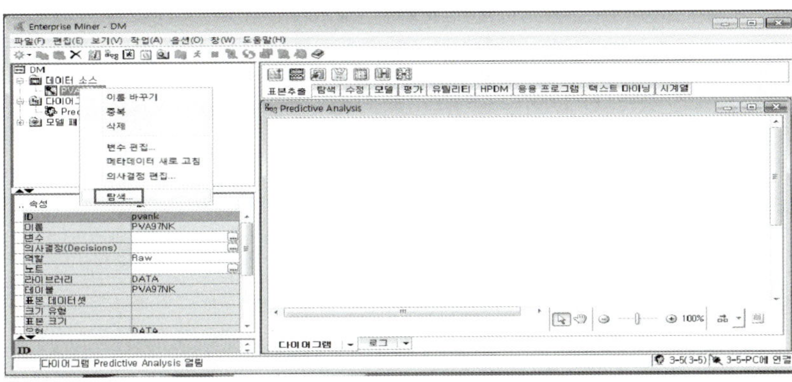

[그림 3-30] 자료 소스 탐색 창 열기

② "DM.PVA97NK" 탐색 창이 열린다.

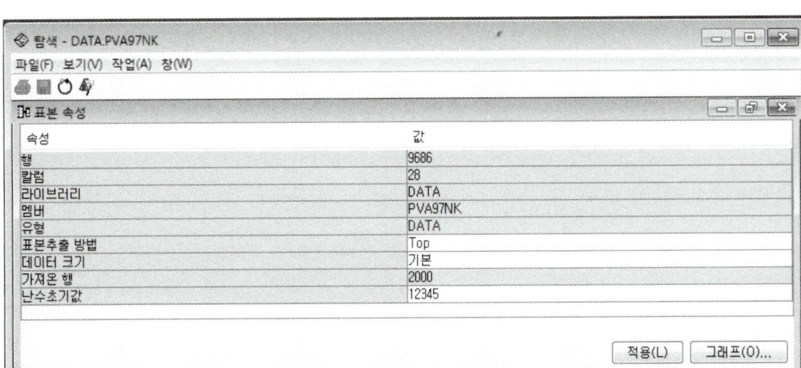

[그림 3-31] "DM.PVA97NK" 탐색 창

탐색 창은 PVA97NK 소스데이터의 2,000개의 샘플을 나타낸다. 위의 그림은 샘플 속성을 보여주고, 아래는 자료 테이블을 표시한다.

- **탐색 창 샘플 크기 변경**

[그림 3-31]의 샘플 속성의 '샘플링 방법' 속성은 'Top'이라고 표시되어 2,000개의 샘플이 자료 테이블의 최상위(첫 번째 2000행) 행이라는 것을 알 수 있다. 상기와 같은 방법으로 샘플을 선택하면 실행은 빠르지만 테이블 상단의 행을 가져오기 때문에 표본이 테이블의 대표성을 유지하는 것은 아니다. 탐색 창에서 샘플링 속성을 변경하려면 다음 단계를 따라한다.

① 값 필드에서 표본추출 방법 오른쪽 클릭→ "Random" 선택

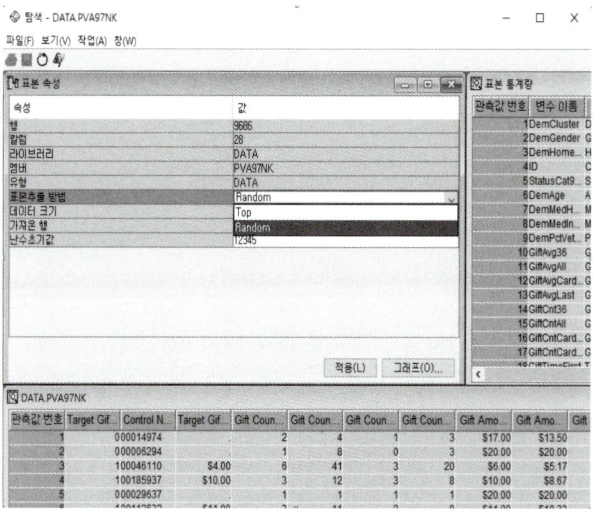

[그림 3-32] **샘플 속성 변경**

새로운 2,000개의 랜덤샘플이 생성되었다. 새로 추출된 2000행 랜덤샘플은 원래의 9,686개의 테이블과 유사한 분포적인 속성을 가질 것이다. 이것은 변수의 일반적인 특성에 관한 아이디어를 제공한다. 만약 목표가 잠재적인 문제에 대한 자료를 검토하는 것이라면 자료 집합 전체를 검토하는 것이 현명할 것이다.

SAS E-Miner는 클라이언트로 전송되는 샘플을 최대 30,000까지 높일 수 있다. 값을 최대로 높이는 방법을 배워보자.

② 표본속성 창 값 필드에서 데이터 크기 → 최대 선택 → 적용 클릭

전체 자료의 관측치 수가 30,000 이하이기 때문에 '가져온 행' 필드에서 보듯이 전체 PVA97NK 테이블은 SAS E-Miner 클라이언트로 전송된다.

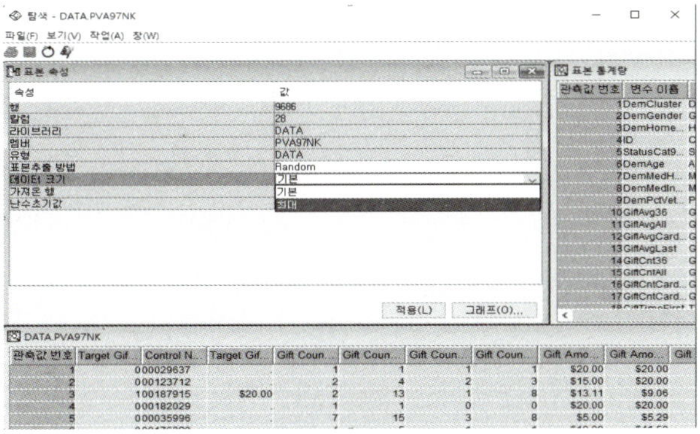

[그림 3-33] **변경한 샘플 속성 적용 화면**

- 단일 변수 히스토그램 생성

SAS E-Miner에서 탐색 기능은 보통 자료를 탐색하기 위하여 사용되며 주된 기능은 통계적인 분석 도표를 만드는데 유용하다. 이 단계에서 탐색 창을 이용하여 히스토그램을 만들어 보자.

① 탐색 창 메뉴의 작업 선택 → 그래프 선택

차트 마법사에서는 여러 유형의 분석 차트를 생성할 수 있다.

② 히스토그램 선택→ 다음 선택

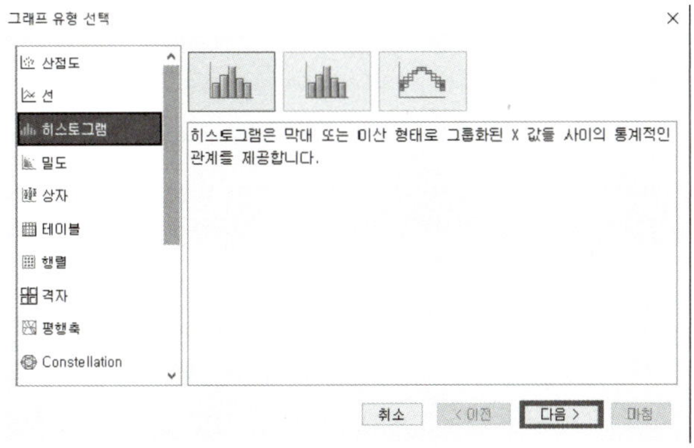

[그림 3-34] **그래프 유형 선택**

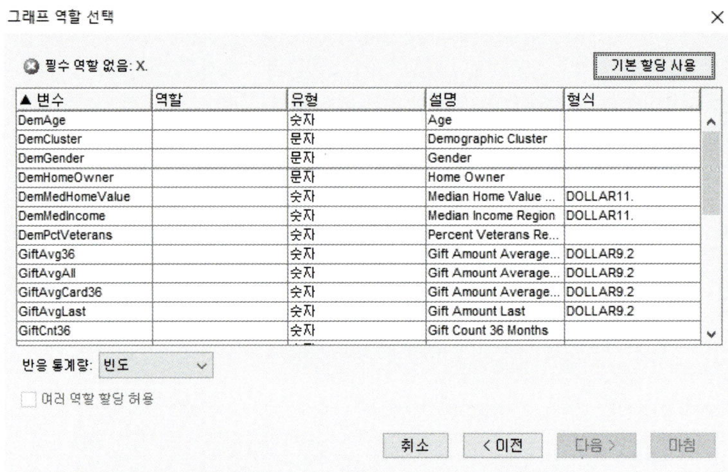

[그림 3-35] **그래프 변수 역할 선택**

히스토그램을 그리기 위해서는 반드시 x-축을 나타내는 하나의 변수가 역할 필드에 “X”로 지정되어 있어야 한다.

③ 변수 DemAge의 역할 → “X” 선택 → 마침 선택

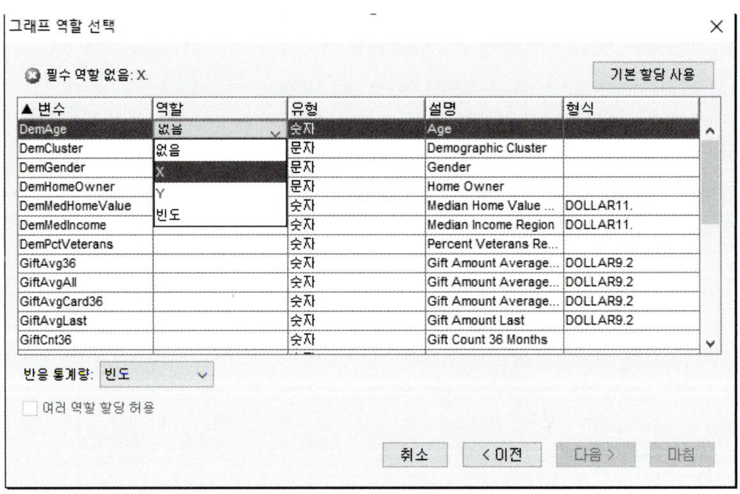

[그림 3-36] **그래프 변수 역할 변경 화면**

변수 이름보다 변수 설명이 탐색 창의 도표의 축 레이블로 사용된다.

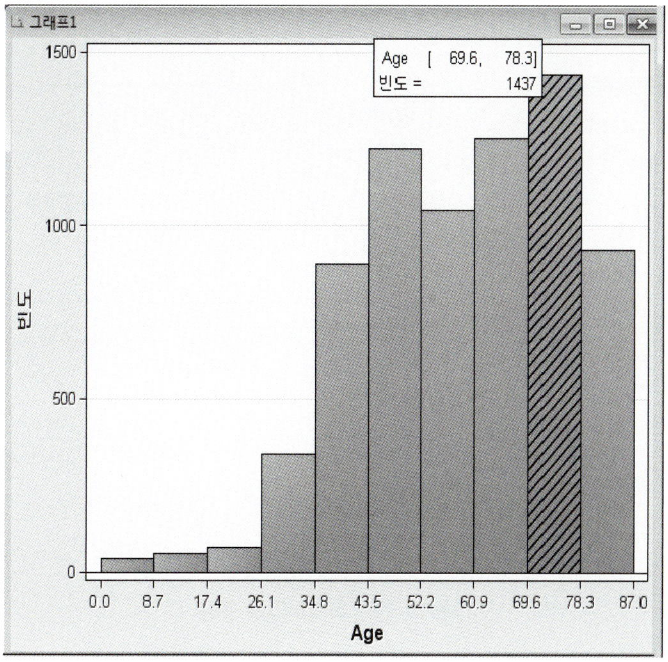

[그림 3-37] DemAge 변수의 히스토그램

그래프에서 x-축은 최소값에서 최대값까지 범위를 선택하였다. [그림 3-37] 에서 보듯이 나이 축의 최소값은 0, 최대값은 87이다. 모드(mode)는 69.6과 78.3 범위 9번째 막대에서 발생한다. 이 범위에서 빈도는 1,437 관측치가 있다는 것을 알 수 있다.

- 히스토그램 속성 변경

기본적으로 SAS E-Miner에서 히스토그램은 10개 막대를 가지고 있으며 자료의 전체 범위를 표시하도록 조정되어 진다. 이 단계에서 히스토그램의 막대 수와 축의 범위를 변경하는 방법을 알아보자.

기본적으로 설정된 막대 수는 변수의 분포에 대한 일반적인 모양을 살펴보기에 충분하지만, 히스토그램의 해상도를 향상시키기 위해 막대의 수를 늘리는 것이 때로는 유용하다.

① 히스토그램의 그래프 영역에서 마우스 오른쪽 클릭→ 그래프 속성 선택
  히스토그램 속성 창이 나타난다.

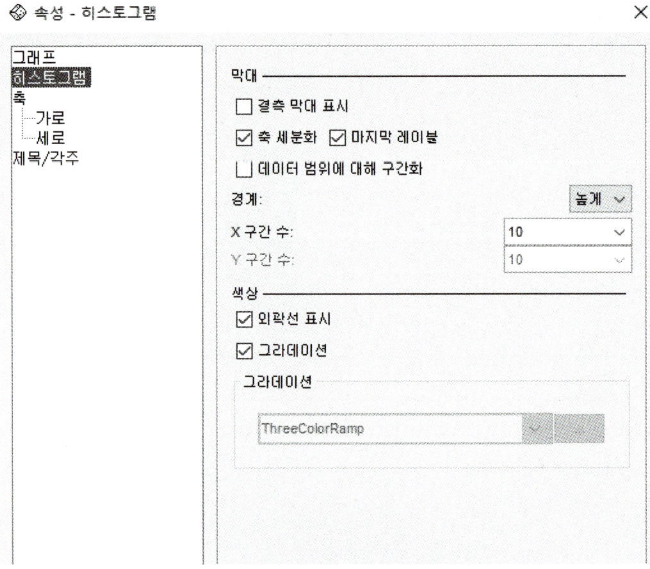

[그림 3-38] **히스토그램 속성**

이 단계에서 히스토그램의 중요한 모양 속성인 막대의 수를 변경할 수 있다.

② X 구간 수 필드에 "87" 입력

연령은 정수이며, 원래 도표에서 최대값이 87이므로 연령 별로 하나의 막대가 생성될 것이다.

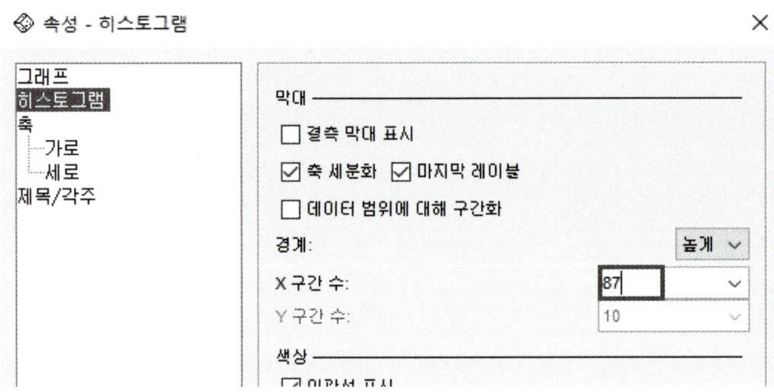

[그림 3-39] **X 구간 수 변경**

③ 확인 클릭

탐색 창이 다시 열리며 더 많은 막대수를 갖는 연령에 대한 히스토그램이 나타난다.

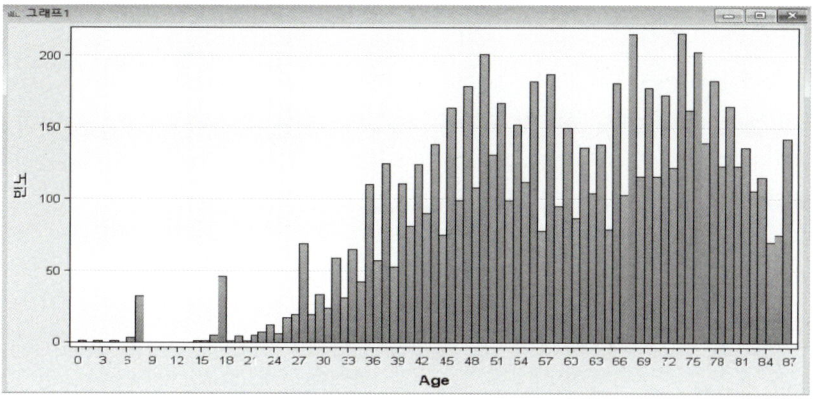

[그림 3-40] X 구간 수 변경된 히스토그램

• 차트 축 변경

탐색 창의 유용한 기능은 관심 있는 자료를 확대하는 것이다. 탐색 창에서 차트의 축을 변경하는 방법을 배워보자.

① 커서가 돋보기 모양으로 나타날 때까지 히스토그램 아래에 커서를 놓는다.

② 클릭 하여 오른쪽으로 끌고가면 히스토그램의 수평 축이 확대 된다.

③ 연령 축 위에 커서를 놓으면 가로 스크롤 막대가 나타난다. 이 스크롤 막대를 좌우로 움직이면서 자료의 구조를 살필 수 있다.

④ 세로 축도 같은 방식으로 하면 된다. 탐색 창의 오른쪽 하단에 ⚠ 를 누르면 원래의 범위로 돌아간다.

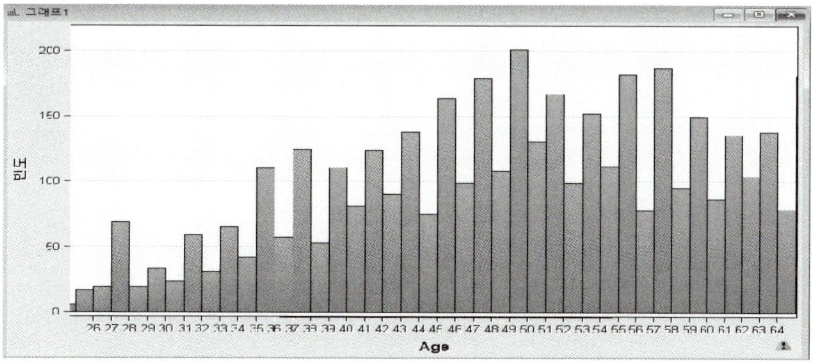

[그림 3-41] 자료가 확대된 히스토그램

• 히스토그램에 결측치 추가

모든 관측값이 히스토그램에 나타나지 않을 수 있다. 기본적으로 결측값은 히스토그램에 나타나지 않는다. 결측값을 하나의 막대로 히스토그램에 추가하는 방법을 알아보자.

① 그래프 영역에서 마우스 오른쪽 클릭→ 그래프 속성 선택

② "결측막대표시" 항목 선택

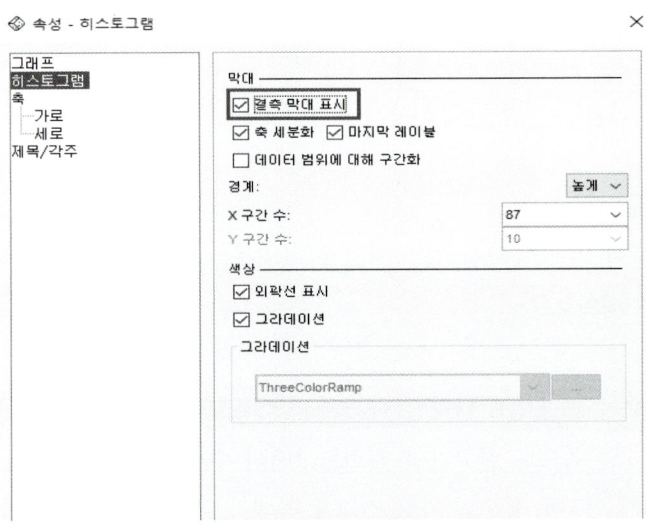

[그림 3-42] 결측 막대 추가 방법

③ 확인 선택

연령에 대한 히스토그램에 결측값을 나타내는 막대가 추가되어 나타난다.

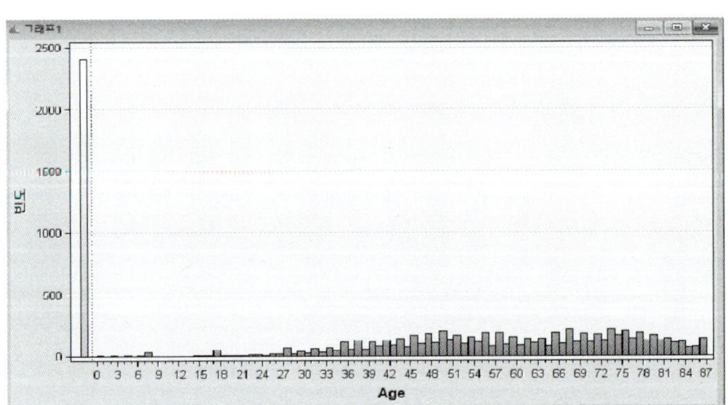

[그림 3-43] 결측치 막대가 추가된 히스토그램

• 탐색 창에 도표 추가

탐색 창에 다른 도표를 추가 할 수 있다. 목표변수에 대한 파이(원형) 차트를 추가하려면 다음 단계를 따라 해 보자.

① 탐색 창 메뉴의 작업에서 그래프 선택 → "원" 선택

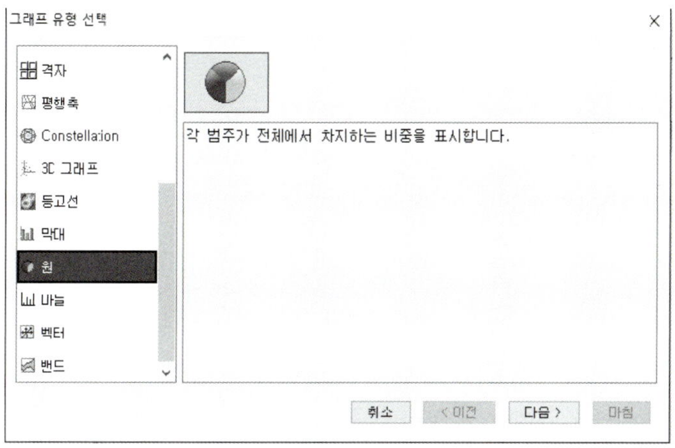

[그림 3-44] **원형 차트 추가**

② 다음 → 그래프 역할 선택 창이 나타난다.

[그림 3-45] **그래프 역할 선택**

③ 스크롤 막대를 내려 TargetB변수의 역할을 “범주”로 선택한다.

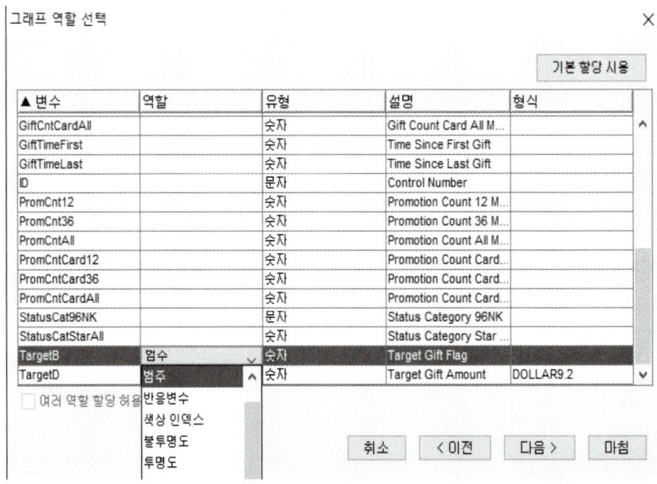

[그림 3-46] 그래프 역할 선택 화면

④ 마침 → TargetB에 대한 원형 차트가 생성된다.
차트는 TargetB=0(위), TargetB=1(아래)에 대한 동등한 숫자를 보여준다.

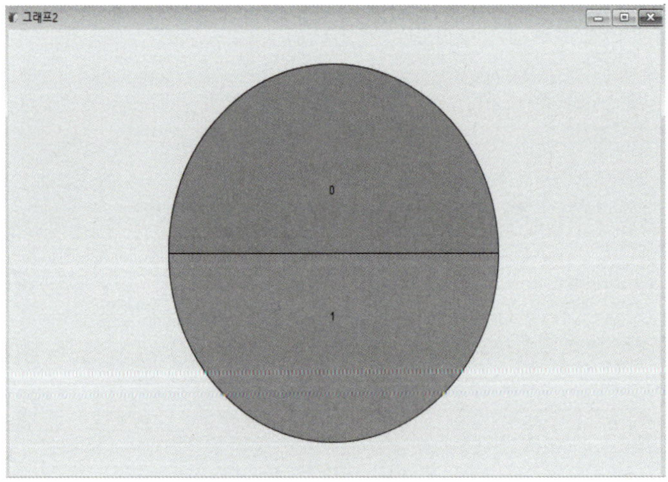

[그림 3-47] TargetB에 대한 원형 차트

⑤ 탐색 창에서 모든 하위 창을 보려면 창 메뉴에서 배열 선택한다.

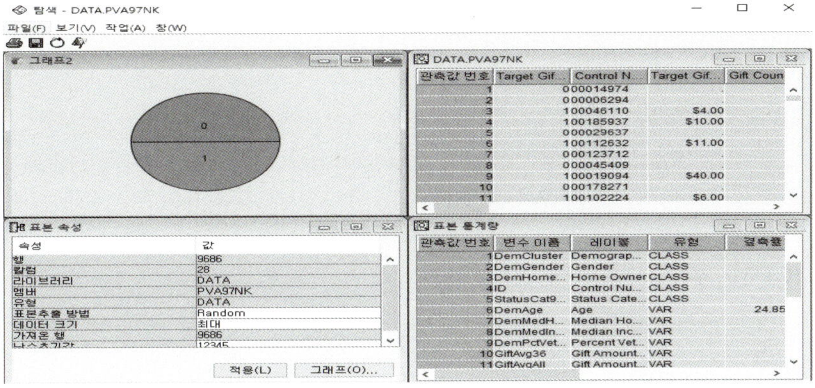

[그림 3-48] 탐색 창 배열모드

• 변수 관계 탐색

탐색 창의 모든 구성 요소는 연결되어 있다. 예를 들어 두 개의 차트가 그려져 있는 경우, 탐색 창에 Age에 대한 히스토그램과 TargetB에 대한 원 도표가 작성되어 있다고 하자. 이때에 히스토그램에서 한 막대를 선택하면 선택된 막대에 해당하는 자료 테이블의 모든 관측치는 원 도표에서도 선택된다. SAS E-Miner의 이러한 기능을 이용하여 변수 관계를 탐색하기 위한 방법을 알아보자.

① Age 히스토그램 제목 표시줄을 더블 클릭하여 도표를 선택한다.

② 히스토그램 막대를 클릭 앤 드래그(click and drag)하여 70세 이상의 케이스를 선택한다. 선택한 케이스는 빗금으로 표시된다(수직 축은 더 잘 보이게 하기 위해 크기를 조정한다).

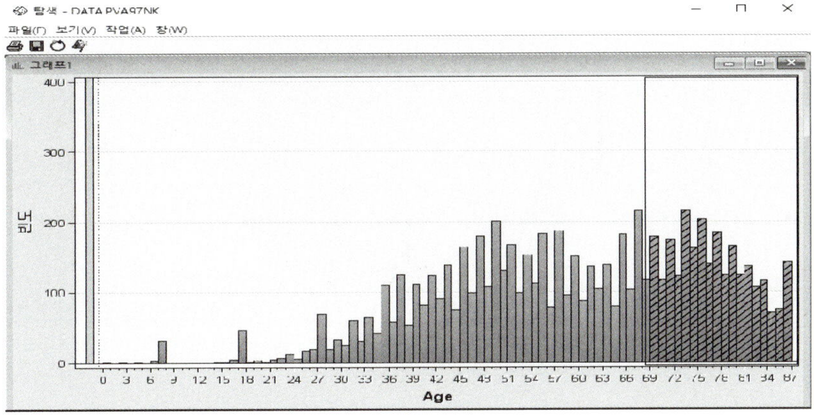

[그림 3-49] 변수 관계 탐색

③ 탐색 창 메뉴에서 창 선택 → 배열 클릭

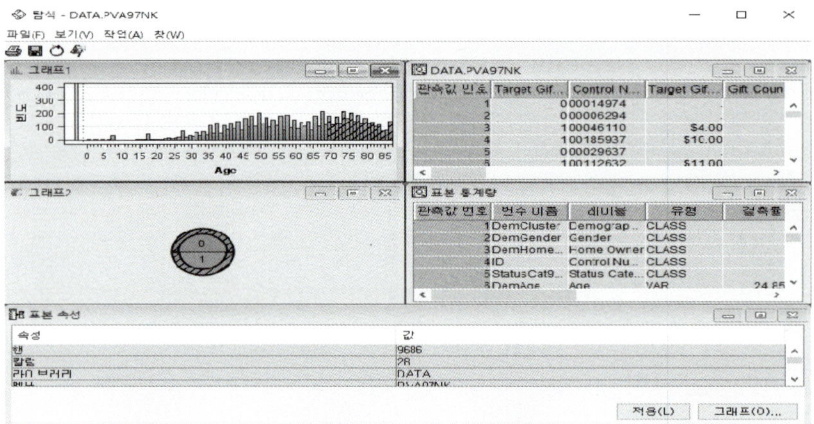

[그림 3-50] 탐색 창 배열 모드

TargetB 원 차트의 일부가 선택되어 있는지 확인하라. 이 선택 항목은 70세 이상의 기부자에 대한 기부여부의 상대적 비율을 보여준다.

TargetB=1 세그먼트 아크(arc)가 약간 두껍기 때문에, 이 연령대에서는 기증하지 않은 사람보다 기증한 사람의 수가 약간 많다는 것을 알 수 있다.

TargetB 원 차트 제목 표시줄을 더블 클릭하면 아래와 같은 차트를 확인할 수 있다.

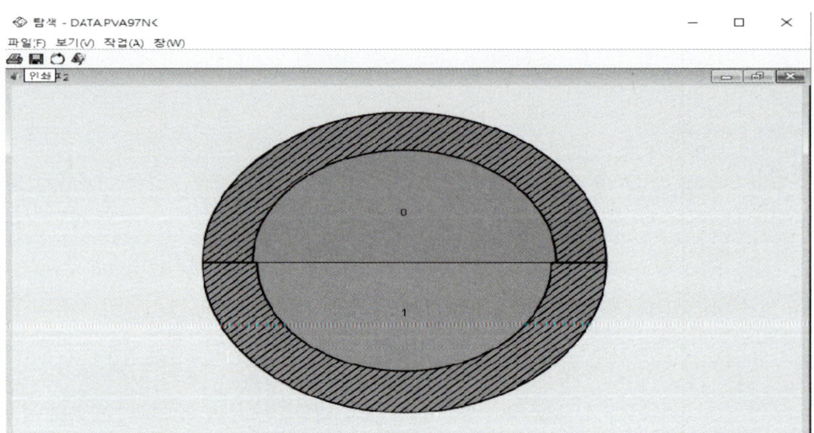

[그림 3-51] TargetB의 0, 1 비율

SAS E-Miner 클라이언트 인터페이스 화면으로 돌아가려면 탐색 창을 닫는다.

• 탐색기 창 샘플링 기본 값 변경

SAS E-Miner의 환경을 랜덤샘플과 최대 크기로 변경해 보도록 하자.

① 메인 메뉴의 옵션 선택 → 우선 설정

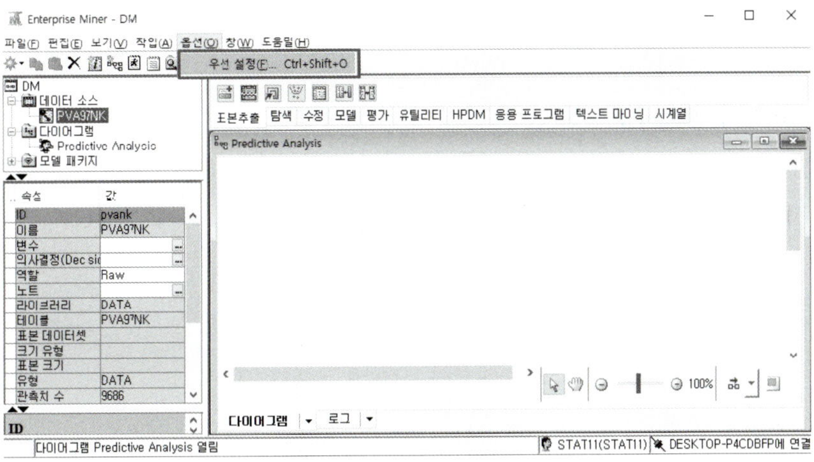

[그림 3-52] **우선설정 창**

② 표본추출 방법 → Radom, 데이터 크기 → 최대로 설정한다.

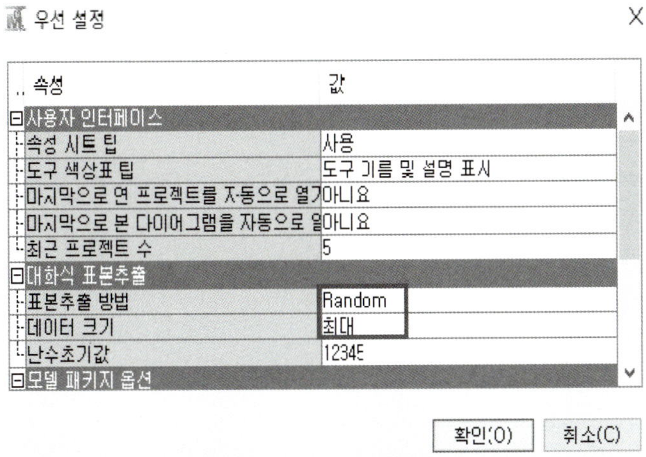

[그림 3-53] **대화식 샘플링 변경 방법**

- Random 샘플링 방법을 사용하면 탐색 창에서 원시자료에 대한 대표성을 보장함으로써, 디폴트로 설정되어 있는 기본 설정 방법(자료의 맨 위에 있는)보다 향상된 방법이라고 할 수 있다. 그러나 큰 자료에는 시간이 많이 걸린다는 단점도 갖고 있다.
- 데이터 크기를 최대로 설정하면 탐색 창에 사용하기 위해 원시자료로부터 추출되는 자료 수를 최대 크기로 하라는 옵션이다. 이러한 설정을 선택하면, 탐색 창은 전체 자료 혹은 최대 30,000개 관측치를 랜덤 표본으로 사용한다.

3.4.2 소스데이터 수정 및 변경

PVA97NK 자료에서 DemMedIncome 변수 값을 살펴보면 0이 비정상적으로 많다. 이러한 현상은 0이 결측치로 사용되는 관계형 데이터베이스 테이블에서 추출된 자료에서 종종 발생한다. 분명 소득이 0이라는 것과 결측값(모른다는 것)은 상당히 다르다.

이 절에서는 결측값 혹은 모르는 값에 대한 대처방법을 알아보도록 한다. SAS E-Miner는 자료를 수정할 수 있는 몇 가지 툴을 제공하고 있다. 다음은 이러한 툴 중의 하나인 값 대체 노드 사용방법에 대하여 알아보도록 하자.

① 자료 소스 PVA97NK를 작업공간으로 끌어다 놓는다(드래그 앤 드롭).

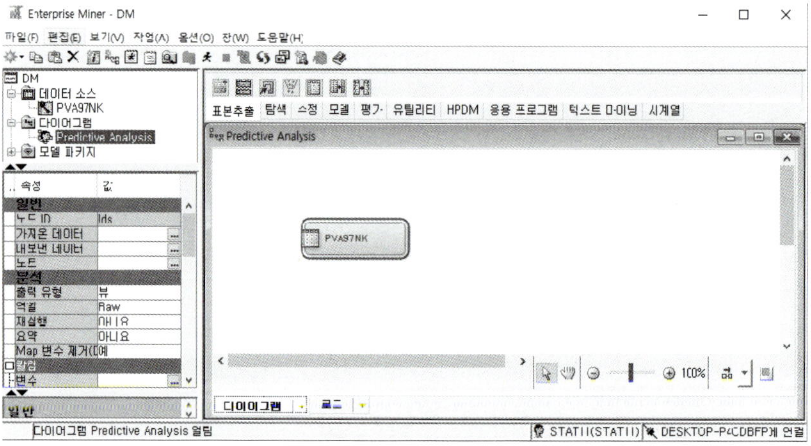

[그림 3-54] 자료 소스 PVA97NK 가져오기

② 수정 탭에서 값 대체 노드를 선택하여 자료 소스 PVA97NK와 같은 방법으로 작업공간으로 끌어다 놓는다.

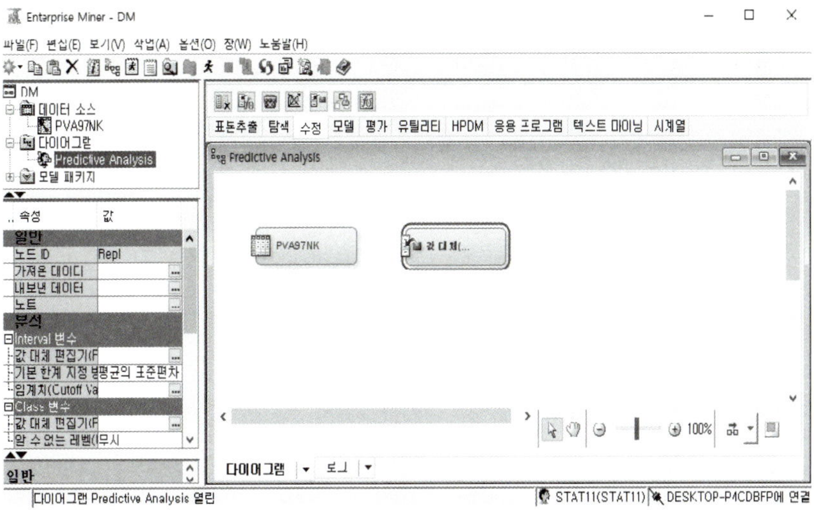

[그림 3-55] 값 대체(Replacement) 노드 가져오기

③ PVA97NK 노드의 오른쪽 부근을 클릭하여 값 대체 노드의 왼쪽으로 화살표를 드래그하여 값 대체 노드와 PVA97NK 자료를 연결한다.

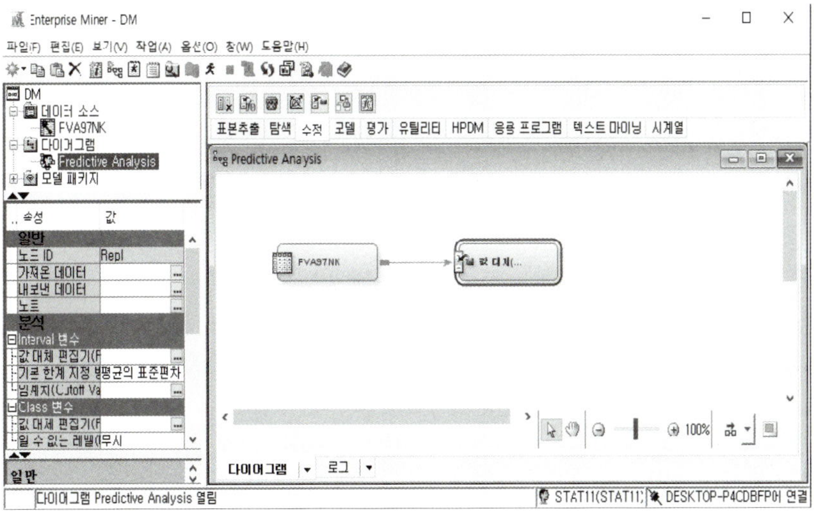

[그림 3-56] 값 대체(Replacement) 노드 분석흐름도

PVA97NK 자료를 읽고 원치 않는 값을 대체할 수 있지만, 어떻게 바꿀 것인지 값 대체 노드의 설정을 변경해야 한다.

3.4.3 값 대체 노드 속성 변경

① 값 대체 노드를 선택하고 속성 패널을 확인한다.

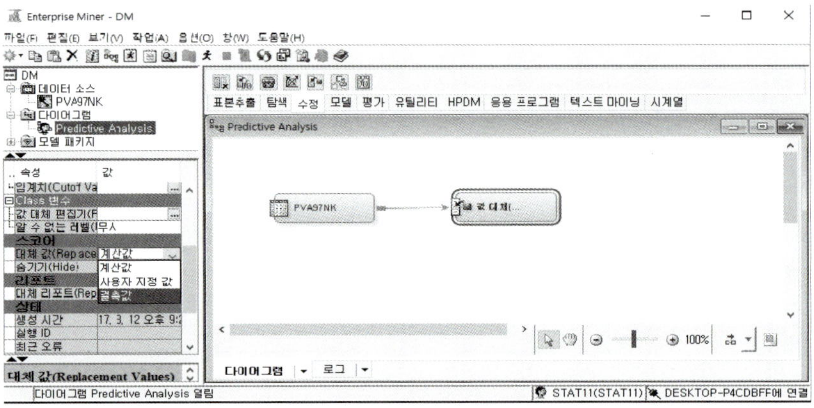

[그림 3-57] 값 대체 노드 속성

속성 패널은 값 대체 노드가 실행 될 때, 각 노드의 기능을 알려준다. 디폴트로 평균으로부터 표준편차의 3배수를 넘는 모든 Interval 변수들은 지정한 값으로 대체한다. 물론 임계점 속성을 선택하여 임계치로 사용할 표준편차의 배수를 지정 할 수 있다.

이번 예제에서는 DemMedIncome 변수가 0을 가질 때만 대체하기로 한다.

기본 한계 지정 방법 속성을 선택하고 옵션 메뉴에서 없음을 선택한다.

대체 값을 결측값으로 선택한다.

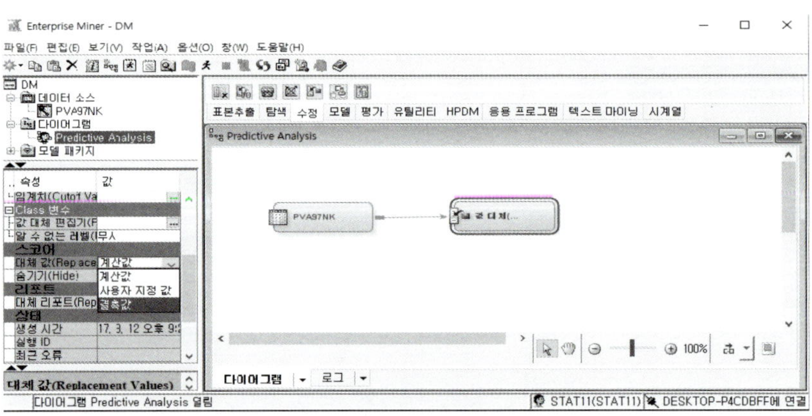

[그림 3-58] 값 대체 노드 속성변경

Interval 변수의 값 대체 편집기에서 대화상자의 오른쪽 버튼을 클릭한다.

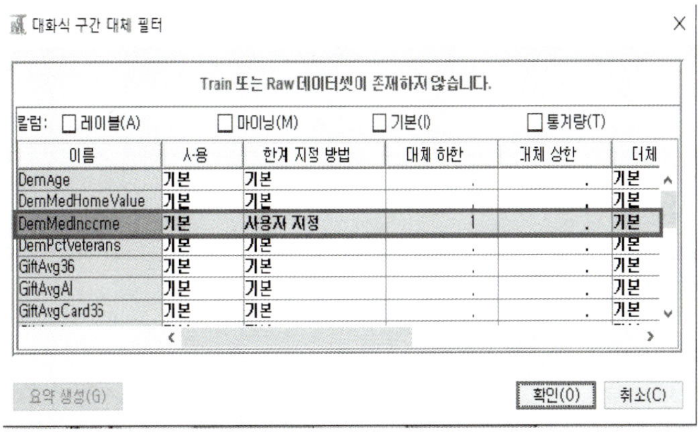

[그림 3-59] Interval변수 값 대체 편집기

[그림 3-59]와 같은 경우, 하한이 1미만이면 모든 DemMedIncome 값은 결측값으로 설정되며, 다른 변수의 모든 값들은 변경되지 않는다.

3.4.4 결과보기

모든 설정을 마치면 값 대체 노드를 클릭한 후 마우스 오른쪽을 클릭하여 실행을 선택한다.

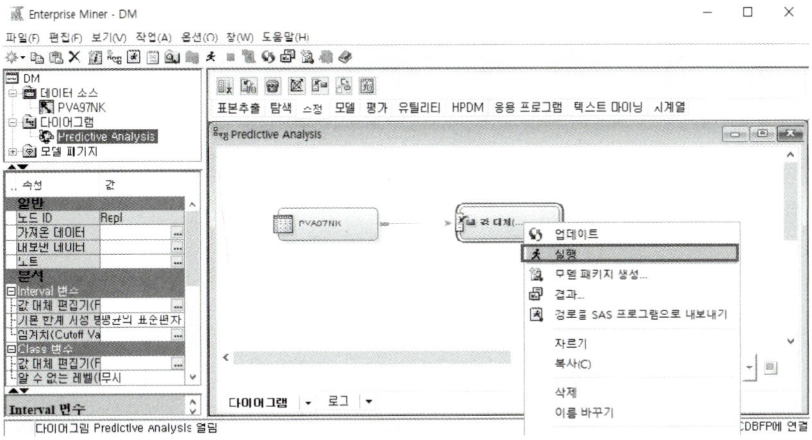

[그림 3-60] 값 대체(Replacement) 노드 실행과정

실행이 끝나고 실행상태 창이 나타나면, 결과 버튼을 누른다.

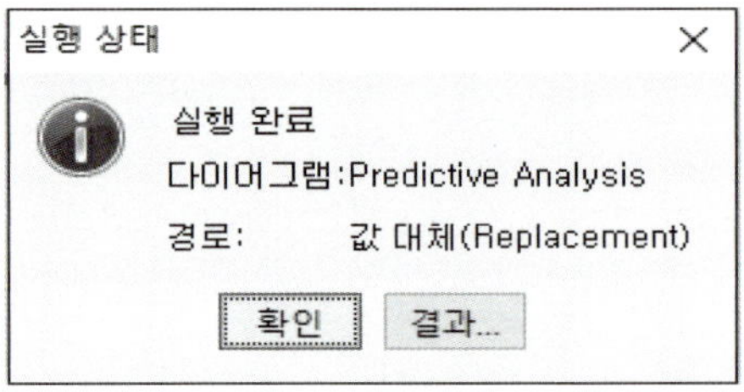

[그림 3-61] 실행 상태 창

결과-노드 창에서 총 대체 개수 창, 출력 창, Interval 변수 창을 확인할 수 있다.

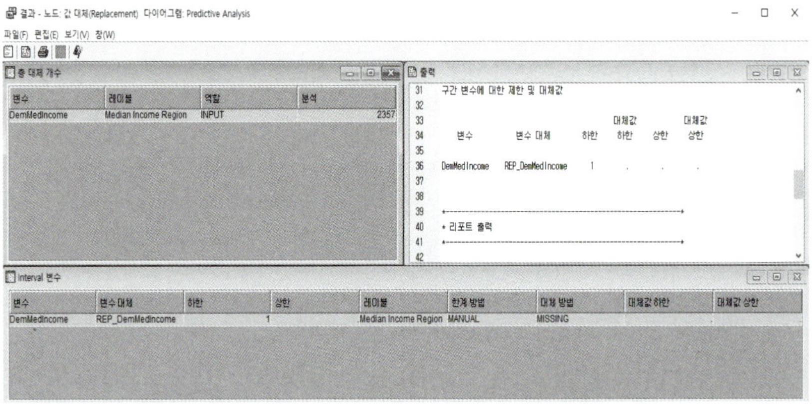

[그림 3-62] 값 대체(Replacement) 노드 결과보기

총 대체 개수 창을 보면, 2,357개가 수정된 것을 알 수 있고, 대체된 값이 어떤 값으로 대체되었는지 출력 창과 Interval 변수 창을 통해서 확인할 수 있다.

[그림 3-62]에서 볼 수 있듯이 하한이 1미만이면 결측값으로 처리된 것을 볼 수 있으며, 대체된 값의 하한과 상한값 역시 결측값으로 처리된 것을 확인할 수 있다.

3.4.5 내보낸 데이터 탐색

SAS E-Miner에서 다이어그램의 분석 흐름도에 따라 작업이 실행되면, 각 노드에서 자료를 처리하고 분석하여 결과를 만들게 된다. 그리고 가져온 데이터를 가능하면 수정된 버전으로 내보내기 한다. 보고서는 요약 결과를 제공하지만, 내보낸 자료를 살펴봄으로써 분석 단계의 실제 효과를 확인할 수 있다. 이런 단계는 분석의 각 단계에서 예상했던 것들을 확인할 수 있다.

왼쪽 속성 패널의 내보낸 데이터 항목의 오른쪽 버튼을 클릭한다.

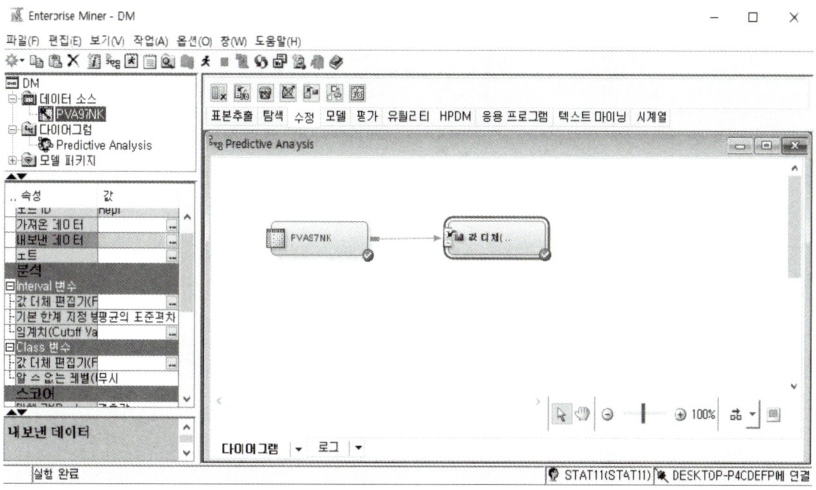

[그림 3-63] 값 대체(Replacement) 노드 실행 후 내보낸 자료

대체된 자료상태를 확인할 수 있다.

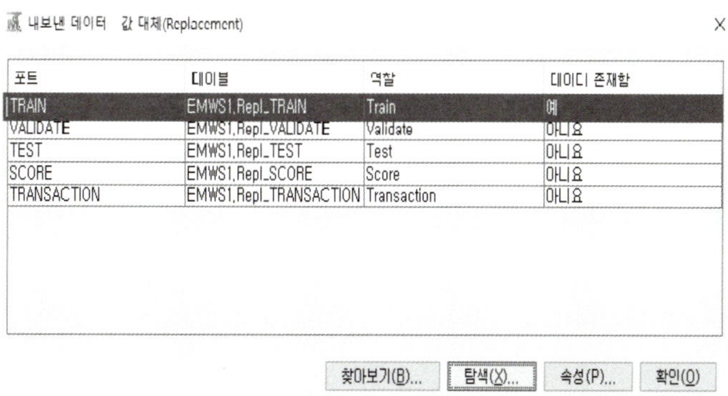

[그림 3-64] 내보낸 자료 확인창

[그림 3-64]와 같이 내보낸 자료의 유형을 볼 수 있으며, PVA97NK 자료에서 DemMedIncome 변수의 자료값이 1미만이면 결측값으로 대체한 자료를 EMWS.Repl_Train으로 생성하여 저장하고 있음을 알 수 있다.

[그림 3-65]에서 DemMedIncome과 대체된 DemMedIncome변수를 확인할 수 있다.

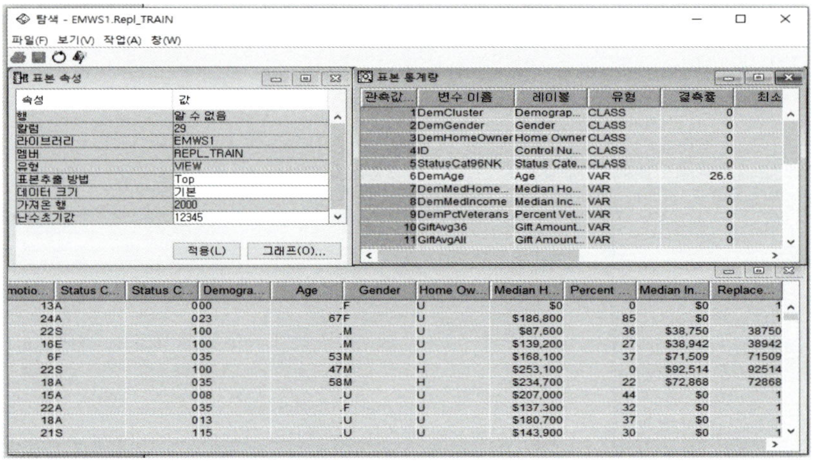

[그림 3-65] EMWS.Repl_Train 자료 탐색 창

원래 변수 DemMedIncome의 레이블로 표시된 Median in으로 대체된 Replace 변수를 보면, 원래 자료값이 0인 것은 결측치로 처리되었음을 알 수 있다. 물론 제한값이 1미만이 아닌 값은 원래 값을 유지하고 있음을 알 수 있다.

연습문제

1 Fatty Liver(지방간) 데이터를 이용하여 새로운 프로젝트를 생성하여 보아라.

1) 프로젝트 이름을 fat_liver로 지정하고 지방간 자료가 있는 폴더를 SAS 라이브러리 이름으로 지정하라.
2) 데이터소스 마법사를 이용하여 SAS E-Miner 데이터 소스를 생성하라.
3) 디폴트로 설정된 변수의 속성, 역할 등을 아래 표를 참조하여 분석 목적에 맞게 수정하라.
4) 지방간 자료 탐색.
   ① 변수 AGE의 히스토그램을 그려서 나이에 대한 분포를 검토하여 보아라.
   ② 변수 GENDER의 원 그래프 그려보고 성별에 대한 비율을 검토하여 보아라.

지방간 유무에 관한 자료

변수명	속성	값 설명	비 고
AGE	Interval	연령	Input
ALB	Interval	알부민 수치	Input
BMI	Interval	비만도 측정 지수	Input
DRINK	Ordinal	1=금주, 2=가끔, 3=자주	Input
DIABP	Interval	이완기 혈압	Input
FATLIVER	Binary	0=정상, 1=지방간	Target
GENDER	Binary	1=남, 2=여	Input
GOT	Interval	간기능검사 수치	Input
GPT	Interval	간기능검사 수치	Input
GLUCO	Interval	당뇨검사	Input
HB	Interval	혈색소	Input
HDLC	Interval	HDL 콜레스트롤	Input
LDLC	Interval	LDL 콜레스트롤	Input
Rawfatliver	Ordinal	0=정상, 1=약, 2=심각, 3=매우 심각	Rejected
SMOKING	Ordinal	1=금연, 2=과거흡연, 3=흡연	Input
SYSBP	Interval	수축기 혈압	Input
TCHOL	Interval	콜레스트롤 수치	Input
TG	Interval	중성지방	Input

2 Boston Housing 데이터를 이용하여 집의 가격과 이들 가격에 영향을 주는 변인들의 관계를 알아보고자 한다.

1) 데이터 소스 마법사를 이용하여 SAS E-Miner 데이터 소스를 생성하여 보자. 지역 집값의 중앙값에 대한 로그 변환 값(lgMEDV)을 Target 변수로 나머지 변수를 input 변수로 설정하라.
2) 데이터 탐색창을 통하여 분석에 사용할 모든 변수에 대하여 각 변수의 분포의 특성을 검토하여 보자(기술통계 및 그래프 이용).
3) 데이터 탐색창을 통하여 CRIM(범죄발생율)과 INDUS(상업지역의 비율)에 대한 히스토그램을 작성하여 두 변수간의 관계를 검토하여 보자.
4) Target 변수에 대하여 값 대체 노드를 이용하여 상위와 하위 각각 5% 제외하는 자료 셋을 설정하라.
5) 분석에 사용할 Interval 변수들에 대하여 이상치 존재 여부를 탐색하여 보라.

IV

연관성분석

이 장에서는 데이터마이닝의 가장 일반적인 작업으로 자료들 사이의 연관규칙을 발견하는 연관성분석에 대한 개념적인 설명과 사례분석을 통해 실제 연관성분석을 어떻게 적용하는지를 알아보고자 한다.

4.1 연관성분석의 개념

연관성분석은 자료 안에 존재하는 품목 간의 연관규칙(association rule)을 발견하는 과정이다. 연관규칙은 상품을 구매하거나 서비스를 받는 등의 일련의 거래나 사건들의 연관성에 대한 규칙이다. 연관성분석을 마케팅에서는 손님의 장바구니에 들어있는 품목간의 관계를 알아본다는 의미에서 장바구니분석(market basket analysis)이라고도 한다. 연관성분석은 마케팅을 포함하는 넓은 데이터마이닝 영역에 응용될 수 있으므로 이 책에서는 장바구니 분석이라는 용어보다는 연관성분석이라는 용어를 주로 사용하겠다.

연관성분석의 개념을 이해하기 위해 한 고객이 슈퍼마켓에서 구입한 물건들이 담겨져 있는 장바구니를 살펴보자. 그 안에는 여러 가지 물건들로 채워져 있는데, 장바구니를 보면 고객이 쇼핑을 하면서 무엇을 구매했는지 알 수 있다. 한 고객에 대한 하나의 장바구니만 살펴본다면 그 고객에 대한 정보만 대략적으로 알 수 있지만, 많은 고객의 장바구니를 살펴본다면 훨씬 더 많은 정보를 얻을 수 있을 것이다. 고객들의 성향이 모두 동일한 것은 아닐 것이며 고객에 따라 구매 상품의 종류를 비롯하여 구매한 양과 구매시점 또한 다를 것이다. 연관성분석이란 특정한 상품을 구매한 고객이 어떤 부류에 속하는지, 그들이 왜 그러한 상품을 구매했는지를 알기 위해서 고객들이 구매한 상품에 대한 자료를 분석하는 것이다. 연관성분석을 통하여 어떤 상품들이 함께 팔리는 경향이 있는지에 대한 정보를 얻을 수 있는데 이러한 정보는 활용 가능한 정보라 할 수 있다. 즉, 얻어진 정보를 바탕으로 매장 진열을 새롭게 짤 수 있으며, 어떤 상품들을 패키지로 묶을 지, 어떤 상품들을 교차판매(cross selling)할 지, 그리고 어느 상품을 기획 상품으로 삼아야할 지를 결정할 수 있다. 또한 할인 쿠폰을 발행한다면 그 시점은 언제가 좋을 지를 결정할 수 있을 것이다.

연관성분석은 유통업에서의 판매시점의 거래내역을 분석하는 것에서 시작했지만 유통업 이외에도 환자의 합병증에 대한 분석에서도 적용될 수 있다. 연관성분석은 한 고객이 동시에 여러 종류의 상품을 구매하는 경우 뿐 아니라 비슷한 시기에 다양한 상품을 구매할 때 또는 한 상품을 구입한 후 일정 시간이 지난 후에 다른 상품을 구입할 때도 활용이 가능하고, 또 거래내역에 대한 자료는 있지만 찾고자 하는 특정한 규칙을 모를 때 분석의 초기 작업으로도 종종 이용되어진다. 연관성분석은 간접적 데이터마이닝의 하나로서 무엇을 해야 할지 모를 때 유용하게 쓰일 수 있는데 일단 흥미로운 규칙이 찾아지면 이익을 창출할 수 있는 어떤 구체적인 행동 지침을 시사하게 된다. 자료에서 두 상품 간에 연관성이 있다는 추측이 생기게 되면 그것을 자세히 조사하기 위해서 연관성분석을 하게 된다. 즉, 연관성분석이 직접적 데이터마이닝으로도 사용될 수 있는 것이다. 다음은 연관성분석을 활용할 수 있는 예들이다.

- 백화점이나 호텔에서 고객들이 신용카드로 결제한 경우에 그 품목들을 살펴보면 다음에 어떤 상품이나 서비스를 받을 지 알 수 있다.
- 신용카드, 대출 등의 은행 서비스를 받은 내역을 보면 특정한 서비스를 받을 가능성이 높은 고객을 식별해 낼 수 있다.
- 의료보험금이나 상해보험금 청구가 특이한 경우 보험 사기의 징조가 될 수 있어 추가적인 조사를 필요로 한다.
- 환자의 의무기록에서 여러 치료가 같이 이루어진 경우 합병증 발생의 징후를 알 수 있다.

연관성분석의 장점은 결과가 명쾌하고 유용한 연관규칙의 형태로 주어진다는 것이다. 연관규칙은 제품이나 상품들이 서로 얼마나 연관관계를 가지고 있으며 그들이 어떻게 묶여질 수 있는지를 표현하기 때문에 직관적이라는 장점이 있다. 연관규칙은 “빵과 버터를 사는 고객의 90%는 우유를 산다.”든가 “라면을 사는 사람의 50%는 계란을 산다.”와 같이 조건과 결과(if-then)의 형태를 갖는 것이 일반적이다. 빵과 버터를 산다는 것이 조건이고 우유를 산다는 것이 결과이다. 90%와 50%는 규칙이 얼마나 믿을 수 있는 가를 나타내는 수치라 할 수 있다. 연관성분석은 거래나 사건을 포함하는 일련의 자료로부터 연관규칙을 발견하고 둘 이상의 품목들 간의 상호연관성을 밝히는 것이다. 일반적으로 연관성분석은 통계학의 확률을 기반으로 하고 있는데 유의해야 할 점은 연관규칙을 해석함에 있어서 조건과 결과를 직접적인 인과관계로 보기 보다는 상호관련성으로 보아야 한다는 것이다. 버터를 바른 빵을 맛있게 먹기 위해 우유를 살 수도 있지만, 버터 바른 빵과 우유로 아침 식사를 하는 고객이라서 이 둘을 함께 구매할 수도 있기 때문이다.

위에서 예를 든 것들은 이해하기 쉬운 규칙들이지만 대용량의 자료로부터 얻어지는 대부분의 연관규칙들은 설명하기 쉽지 않거나 유용하지 않을 수 있다. 아래의 3가지 규칙들은 실제 자료에서 얻어진 규칙들에 대한 보기이다.

- 목요일에 식료품 가게를 찾는 고객은 아기 기저귀와 맥주를 함께 구매하는 경향이 있다.
- 한 회사의 전자제품을 구매하던 고객은 전자제품을 살 때 같은 회사의 제품을 사는 경향이 있다.

- 개업한 건축 자재 점에서는 변기덮개가 많이 팔린다.

위의 3가지 예제를 살펴보면, 연관성분석에 의해서 얻어지는 규칙들에 대한 일반적인 3가지 유형인 유용한 규칙, 자명한 규칙, 설명이 불가능한 규칙이 있다는 것을 알 수 있다.

유용한 규칙이란 질 높고 실천 가능한 정보를 담고 있는 규칙이다. 젊은 부부들이 아기 기저귀를 사면서 주말을 즐길 맥주를 산다고 해석할 수 있다. 이러한 유용한 규칙으로부터 경영자는 곧바로 행동을 취할 수 있다. 아기 기저귀와 맥주를 같은 통로에 놓음으로써 수익을 올릴 수 있는 것이다. 경우에 따라서는 두 제품을 같은 통로가 아니라 되도록 멀리 놓는 것이 더 많은 수익을 올릴 수도 있다. 두 제품을 사는 과정에 다른 제품도 구매할 기회를 제공하는 것이다. 예를 들어, 맥주를 마시면서 먹을 과자 등을 아기 기저귀와 맥주 사이에 놓는 것이다.

자명한 규칙이란 사업에 익숙한 사람들에게는 이미 잘 알려져 있기 때문에 크게 의미 있는 결과라고 볼 수 없는 규칙이다. 상식적으로 알려진 관련성을 확인하는 것에 불과하다. 예를 들어, 식기 세척제를 살 때 수세미를, 페인트를 살 때 페인트 솔을, 망치를 살 때 못을, 필통을 살 때 연필을, 그리고 테니스 라켓을 살 때 테니스공을 산다는 것은 상식적인 것이다. 그렇다고 이러한 연관규칙을 발견하는 과정이 전혀 불필요한 것은 아니다. 간혹 틀린 상식으로 경영을 하고 있는 경우도 있으며 이러한 과정을 거치면서 관련성을 확인하거나 상식을 수정할 수도 있는 것이다.

세 번째 예제에서 보여주는 설명이 불가능한 규칙은 타당한 근거를 찾기가 어렵고 설득력이 부족하기 때문에 일반화하기에는 무리가 있는 규칙이다. 이러한 규칙으로는 곧바로 어떤 행동을 취할 수 없으며, 왜 그러한 현상이 일어났는지에 대한 추가적인 세밀한 조사와 고려가 필요할 것이다.

4.2 연관성분석의 원리

4.2.1 연관성규칙의 평가기준

연관성분석은 하나 이상의 제품이나 서비스를 포함하는 거래내역을 가지고 시작한다. 연관성 분석은 분석 목적상 제조업에서 생산된 제품이나 서비스 상품을 품목(item)이라 부른다.

〈표 4-1〉은 5개 제품을 취급하는 편의점에서 5번의 거래내역을 보여주고 있다.

〈표 4-1〉 식료품에 대한 판매시점 거래내역

고객번호	품 목
1	오렌지주스, 사이다
2	우유, 오렌지주스, 식기세척제
3	오렌지주스, 세제
4	오렌지주스, 세제, 사이다
5	식기세척제, 사이다

〈표 4-1〉의 거래는 문제를 간단하게하기 위해 구매된 품목들만 나타내고 있다. 거래날짜와 시간에 대한 정보와 고객이 현금을 이용했는지에 대한 정보를 이용하는 방법은 이 장의 뒷부분에서 다루어질 것이다. 거래내역을 살펴보면, 어느 상품이 다른 상품과 함께 구매되었는지에 대한 정보를 알 수 있으며 어떤 상품이 다른 상품과 몇 번이나 구매되었는지를 알려주는 동시구매 표(co-occurrence table)를 작성할 수 있다. 〈표 4-2〉는 〈표 4-1〉을 이용하여 만든 동시구매 표를 보여주고 있다.

〈표 4-2〉 동시구매 표

	오렌지주스	식기세척제	우 유	사 이 다	세 제
오렌지주스	4	1	1	2	2
식기세척제	1	2	1	1	0
우 유	1	1	1	0	0
사 이 다	2	1	0	3	1
세 제	2	0	0	1	2

〈표 4-2〉의 동시구매 표는 대칭행렬의 모양을 가지며 동시구매 표를 보면 두 상품이 몇 번이나 함께 팔렸는지 알 수 있다. 예를 들어, 사이다 행과 오렌지주스 열이 교차하는 값을 살펴보면 두 상품이 두 번 구매되었음을 알 수 있다. 이것은 〈표 4-1〉의 원 거래 자료에서 쉽게 확인되며, 고객번호 1과 4번이 이러한 품목을 함께 구매하였다. 대각선상의 자료 값은 바로 그 품목을 포함하는 총 거래 수를 나타낸다. 예를 들어, 오렌지주스는 4번 구매되었다.

〈표 4-2〉로부터 "사이다를 구입하는 고객은 오렌지주스를 산다."와 같은 간단한 규칙을 만들 수 있다. 두 품목을 함께 산 경우는 총 5번의 구매 중에 2번 일어났으며 사이다를 산 3번의 구매 중에 2번의 오렌지주스 구매가 있었다. 연관규칙은 "If X, then Y"와 같은 형식으로 표현된다. 즉, "상품 X가 구매되어진 경우는 상품 Y도 구매 된다"라고 해석된다. 수많은 품목들의 관계 속에서 의미 있는 연관규칙을 찾기 위해서는 연관규칙에 대한 일반적인 측도가 필요하다. 즉, 어떠한 상품들이 어느 정도의 연관성을 가지고 있는지를 측정해야 할 것이다. 관심 있는 규칙이 얼마나 가능성이 있는가를 측정하는 연관성 측도는 다른 기법들에 비해서 그 기본개념이 간단하고 이해하기가 쉽다. 연관성 측도는 얼마나 자주 구매되었는가 하는 빈도를 기본으로 설정하며 많이 사용되는 연관성 측도로는 지지도(support), 신뢰도(confidence), 그리고 향상도(lift) 등을 들 수 있다.

〈표 4-2〉를 보면, 5번의 거래에서 사이다와 오렌지주스가 함께 거래된 경우는 2번 있다. 즉 2번의 거래가 "사이다를 구입하는 고객은 오렌지주스를 산다." 라는 규칙을 지지한다고 할 수 있다. 따라서 이 규칙에 대한 지지도는 5번의 거래에서 2번만이 동시 구매가 이루어졌기 때문에 2/5 혹은 백분율로 표현하면 40%가 될 것이다. 지지도는 전체 구매에 대해서 조건과 결과에 있는 품목들이 동시에 구매되는 경향을 나타낸다. 지지도가 높다는 것은 동시 구매가 많이 일어난다는 것을 의미한다. 두 품목을 X와 Y라 할 때, "If X, then Y"의 규칙에 대한 지지도를 수식으로 표현하면 아래와 같이 나타낼 수 있으며, 상호 대칭적임을 알 수 있다.

$$\textbf{지지도} = \frac{\text{품목 } X\text{와 } Y\text{를 포함하는 거래 수}}{\text{전체 거래 수}} = P(X \cap Y)$$

또 다른 관점에서 연관규칙을 평가하는 측도는 신뢰도이다. 〈표 4-2〉를 보면 사이다를 포함하는 3번의 거래에서 2번의 거래는 오렌지주스를 포함하고 있다. 이런 경우에 "사이다를 사면 오렌지주스를 산다."는 규칙은 66%의 신뢰도를 갖는다고 말한다. 그런데 "오렌지주스를 사면 사이다를 산다."는 역 규칙은 4번의 오렌지주스 구매에 대하여 단지 2번의 사이다 구매가 동시에 이루어졌기 때문에 신뢰도가 50%로 떨어지게 된다. 신뢰도는 지지도와 달리 상호 대칭적이지 않으며, 조건의 구매가 일어난 경우에 결과의 구매가 일어난 비율 즉 조건부 확률을 나타낸다. 자세히 설명하면, 신뢰도는 규칙의 조건이 성립하는 거래 횟수에 대한 규칙을 지지하는 거래 횟수의 비율이 되며, 신뢰도가 높다는 것은 조건의 구매가 일어난 경우에 결과의 구매가 많이 일어난다는 것을 의미한다. 두 품목을 X와 Y라 할 때, "If X, then Y"의 규칙에 대한 신뢰도를 수식으로 표현하면 아래와 같이 나타낼 수 있으며, 상호 대칭적이지 않음을 알 수 있다.

$$\textbf{신뢰도} = \frac{\text{품목 } X\text{와 } Y\text{를 포함하는 거래 수}}{\text{품목 } X\text{를 포함하는 전체 거래 수}}$$
$$= \frac{P(X \cap Y)}{P(X)} = P(Y|X)$$

신뢰도에서 조건이 없을 때의 거래 횟수의 비율, 즉 "If X, then Y"의 규칙에 대해서 조건 X가 없을 때 Y에 대한 비율을 기대 신뢰도(expected confidence)라 하며 아래와 같이 나타낼 수 있다.

$$\textbf{기대 신뢰도} = \frac{\text{품목 } Y\text{를 포함하는 거래 수}}{\text{전체 거래 수}} = P(Y)$$

동시구매 표를 작성하고 지지도와 신뢰도를 구하는 작업은 2개 품목 뿐 아니라, 여러 품목에 대한 동시구매 표를 작성하고 지지도와 신뢰도를 구하는 작업으로 확장할 수 있다. 예를 들면, "우유와 오렌지주스를 사면 식기세척기를 산다."는 규칙은 지지도와 신뢰도가 각각 1/5과 1/1이다. 이런 경우 규칙을 생성할 때 유의해야 할 것은 규칙의 조건과 결과에 여러 품목이 올 수 있다는 것이다.

다른 예제를 이용하여 지지도와 신뢰도를 설명하고, 결과에 대한 조건의 기여도를 나타내는 향상도에 대해 살펴보자. 〈표 4-3〉은 피자를 구매할 때 추가한 세 가지 품목과 관련된 거래내역을 요약한 것인데, 각 품목의 거래 수는 그 품목만을 추가한 수를 나타낸다. 예를 들어, 품목 A의 거래 수는 피자에 품목 A만을 추가하여 거래한 수이다. 〈표 4-4〉는 〈표 4-3〉으로부터 구한, 품목이 포함된 거래 수와 확률을 나타내고 있다. 품목 A에 대한 거래 수 900은 A가 포함된 거래 횟수로서 〈표 4-3〉의 품목 A, A+B, A+C, A+B+C의 거래 수 100, 400, 300, 100을 합한 수이며, 품목 A에 대한 확률 0.45는 900을 전체 거래 수 2000으로 나눈 값이다.

〈표 4-3〉 세 품목의 거래내역

품 목	거 래 수
A	100
B	150
C	200
A+B	400
A+C	300
B+C	200
A+B+C	100
추가 안함	550
전 체	2000

〈표 4-4〉 세 품목과 그들의 조합에 대한 확률

품 목	품목이 포함된 거래 수	확 률
A	900	0.450
B	850	0.425
C	800	0.400
A+B	500	0.250
A+C	400	0.200
B+C	300	0.150
A+B+C	100	0.050
전 체	2000	1.000

자료에 나타난 세 품목이 포함된 규칙에 대해서 알아보자. 이 경우의 규칙으로는 "A와 B이면 C", "A와 C이면 B", "B와 C이면 A", "A이면 B와 C", "B이면 A와 C", 그리고 "C이면 A와 B"의 6가지를 생각할 수 있다. 〈표 4-4〉를 이용하여 6가지 규칙에 대한 지지도와 신뢰도를 구할 수 있는데 6가지 규칙은 동일한 품목들(A, B, C)을 포함하고 있기 때문에 자료에서 5%라는 동일한 지지도를 갖게 된다. 신뢰도는 규칙에 있는 모든 품목들 거래 수의 조건에 있는 품목들 거래 수에 대한 비율이다. 각 규칙에 대한 지지도와 신뢰도가 〈표 4-5〉에 나타나 있다. 예를 들어, "B와 C를 구매하면 A도 구매한다." 라는 규칙이 0.333의 신뢰도를 갖는다는 것은 B와 C가 거래되어 질 때 A도 함께 거래되어질 기회가 33.3%로 나타나는데 이것은

3번의 B와 C 거래 중에서 한번은 A의 거래가 함께 일어나며 다른 두 번은 A의 거래가 일어나지 않는다는 것을 의미한다.

〈표 4-5〉 규칙의 지지도와 신뢰도

규칙($X \rightarrow Y$)	지지도		신뢰도
A → B	0.250	0.450	0.556
B → A	0.250	0.425	0.588
A → C	0.200	0.450	0.444
C → A	0.200	0.400	0.500
B → C	0.150	0.425	0.353
C → B	0.150	0.400	0.375
(A+B)→C	0.050	0.250	0.200
(A+C)→B	0.050	0.200	0.250
(B+C)→A	0.050	0.150	0.333
A→(B+C)	0.050	0.450	0.111
B→(A+C)	0.050	0.425	0.118
C→(A+B)	0.050	0.400	0.125

신뢰도가 높은 규칙을 좋은 규칙으로 보는데 〈표 4-5〉에서는 "B와 C를 구매하면 A도 구매한다." 라는 규칙이 3가지 품목을 가지는 규칙 중에서 신뢰도가 가장 높은 규칙이 된다. 그러나 여기에는 한 가지 고려해야 할 문제가 있다. 신뢰도가 높은 규칙이라고 하더라도 실질적으로는 의미 있는 규칙이 아닌 경우도 발생한다. 여기서 보면 전체 거래에서 A의 거래가 일어날 가능성(기대 신뢰도)은 45%인데 비하여 이 규칙은 단지 33.3%의 신뢰도만 나타내고 있기 때문이다. 즉, 이 규칙은 조건이 없을 때의 45%보다 못한 결과를 주므로 향상도(lift)라고 하는 또 다른 측도를 제안하게 한다.

향상도는 어떤 규칙에 대하여 조건이 없을 때 기대되어지는 결과보다 조건이 추가될 때의 결과가 얼마나 더 향상되는지를 알려 주는 측도로 결과에 대한 조건의 기여도를 나타낸다. 두 품목을 X와 Y라 할 때, "If X, then Y"의 규칙에 대한 향상도는 다음 공식에 의하여 주어지며 상호 대칭적임을 알 수 있다.

$$
\begin{aligned}
\textbf{향상도} &= \frac{X\text{와 } Y\text{를 포함하는 거래 수} \times \text{전체 거래 수}}{X\text{를 포함하는 거래 수} \times Y\text{를 포함하는 거래 수}} \\
&= \frac{P(X \cap Y)}{P(X)P(Y)} \\
&= \frac{P(Y|X)}{P(Y)} \\
&= \frac{\text{신뢰도}}{P(Y)} \\
&= \frac{\text{신뢰도}}{\text{기대 신뢰도}}
\end{aligned}
$$

품목 X와 Y의 구매가 상호 관련이 없다면 $P(Y|X)$는 $P(Y)$와 같게 되어 향상도가 1이 된다. 어떤 규칙에 대한 향상도가 1보다 크다는 것은 결과를 예측하는데 있어서 이 규칙이 우연적 기회보다 우수하며 조건이 있는 경우가 조건이 없는 경우보다 결과가 나올 확률이 크다는 것을 의미한다. 향상도가 1보다 적으면, 이러한 규칙은 우연적 기회보다 결과의 예측을 더 못한다고 할 수 있다. 〈표 4-6〉에서는 향상도의 의미를 요약하고 있고 〈표 4-7〉에는 이 예에서 다룬 모든 규칙에 대한 향상도의 값이 나타나 있다.

〈표 4-6〉 **향상도와 상관관계**

향 상 도	의 미
L = 1	두 품목이 서로 독립적인 관계
L 〈 1	두 품목이 서로 음의 상관관계
L 〉 1	두 품목이 서로 양의 상관관계

〈표 4-7〉 **규칙에 대한 향상도**

규칙($X \rightarrow Y$)	지지도	$P(X)$	$P(Y)$	신뢰도	향상도
A → B	0.250	0.450	0.425	0.556	1.307
B → A	0.250	0.425	0.450	0.588	1.307
A → C	0.200	0.450	0.400	0.444	1.111
C → A	0.200	0.400	0.450	0.500	1.111
B → C	0.150	0.425	0.400	0.353	0.882
C → B	0.150	0.400	0.425	0.375	0.882

〈계속〉

규칙($X \rightarrow Y$)	지지도	$P(X)$	$P(Y)$	신뢰도	향상도
(A+B)→C	0.050	0.250	0.400	0.200	0.500
(A+C)→B	0.050	0.200	0.425	0.250	0.588
(B+C)→A	0.050	0.150	0.450	0.333	0.741
A→(B+C)	0.050	0.450	0.150	0.111	0.741
B→(A+C)	0.050	0.425	0.200	0.118	0.588
C→(A+B)	0.050	0.400	0.250	0.125	0.500

〈표 4-7〉을 보면, 3개의 품목을 갖는 규칙은 어느 것도 나아진 것이 없고 이 자료에서 가장 좋은 규칙은 단지 2개의 품목만을 가지는 규칙에 있다는 것을 알 수 있다. "A이면 B이다"라는 규칙은 B를 포함하는 거래가 언제 일어날 지를 예측하는데 A라는 상품을 구매한 조건이 있는 경우가 조건이 없는 경우보다 1.307배 우수하다. 이 경우와 마찬가지로, 최고의 규칙이 고려 대상인 다른 규칙들보다 규칙에 있는 품목의 수가 적은 경우가 많다.

4.2.2 연관성분석 절차

연관성분석은 크게 3단계로 이루어져 있다. 첫 번째 단계는 적절한 품목들을 선택하는 것이고, 두 번째 단계는 동시구매 표를 이용하여 연관규칙을 찾아내는 단계이다. 마지막 단계는 실제 응용 단계에서 품목의 수가 너무 많아서 발생할 수 있는 문제점들을 해결하는 단계이다. 이러한 단계들은 한 번의 과정으로 끝날 수는 없으며 반복적인 과정이 필요한 경우가 종종 생기는데, 예를 들어 규칙 발견 중에 품목 선택에 문제점이 발생하면 품목 선택을 다시 해야 할 것이다.

(1) 올바른 품목 선택

어떤 품목을 선택할 것이냐는 문제는 전적으로 분석의 목적에 달려 있다. 예를 들면, 진열대에 수십만 개의 상품이 진열되어 있는 대형 할인점에서는 연관성분석 목적상 술을 하나의 상위 품목으로 고려할 수 있다. 술의 종류와 상관없이 모두 같은 이름의 술로 분류하는 것이다. 그러나 어떤 경우에는 술을 세분하여 보고 싶은 경우도 있다. 이런 경우에는 술을 소주, 양주, 맥주, 포도주, 막걸리 등의 술의 종류로 품목을 선택할 수도 있다. 더욱 세분하여 포도주를 적색 포도주와 백색 포도주로 분류할 수도 있다. 또한 제조사의 상호를 기반으로 하여 분류할 수도 있을 것이다.

관심이 있었던 품목들도 시간이 지남에 따라 바뀔 수도 있으므로 거래 자료가 지나치게 상위 품목으로 요약되어 있는 경우에는 과거 자료를 이용하려고 시도할 때 문제를 야기할 수도 있다. 분류 수준을 적절하게 선택하는 것은 연관성분석을 위하여 중요하게 고려하여야 할 사항이다. 만약 거래 자료가 술의 모든 종류나 제조회사, 크기까지 보존하고 있다면 분석을 용이하게 하기 위하여 이러한 품목들을 단지 술이라는 상위 품목으로 재분류할 필요가 발생할 수도 있다. 현재 산업사회에서 상품을 분류할 때는 각 상품 품목에 대하여 분류법이라고 불리는 계층구조를 갖는 분류코드를 사용하고 있다.

고려하여야 할 품목에 대한 조합의 수는 분석할 품목의 수가 증가함에 따라 매우 빠른 속도로 증가하므로 소주 대신에 술로 분류 품목을 보다 더 상위 수준으로 일반화하여야 할 필요가 있을 수도 있다. 다른 한편으로 품목을 세분화하면 할수록 결과 활용이 용이한 경우도 생긴다. 특정상표의 술과 함께 팔리는 상품을 알게 된다면 그 제품의 제조업체와 보다 더 긴밀한 관계를 유지하는데 도움이 될 수 있다. 이러한 문제에 대한 하나의 해결책으로 초기단계에서는 보다 더 일반적인 품목을 이용하고 다음으로 보다 더 세분화된 품목으로 옮겨가면서 규칙 생성을 반복하는 것이다. 분석 목적이 보다 더 세분화된 특정 품목들에 초점을 맞추고 있을 때는 이러한 품목들을 포함하는 거래의 단지 일부분만 이용하는 것이 효율적이다.

규칙의 복잡성은 그것이 포함하는 품목의 수에 달려 있다. 거래 품목이 많으면 많을수록 이러한 품목을 반영하는 복잡한 규칙을 만들어야 하므로 시간이 더 많이 걸리게 된다. 따라서 요구되는 규칙의 복잡성에 따라 품목들을 얼마나 세분화 또는 일반화 할지를 결정하여야 한다. 상황에 따라 다르긴 하지만 소형 매장에서는 고객들이 대량구매를 하는 경우가 많지 않으므로 적은 수의 품목을 포함하는 규칙을 찾아내는 것이 좋다. 다른 한편으로 대형 할인점처럼 한번 거래에서 평균 품목의 수가 많은 경우에는 보다 더 복잡한 규칙이 유용할 수도 있다.

연관성분석은 각 품목들에 대한 거래횟수가 어느 정도 비슷할 때 최상의 결과를 낳는다. 왜냐하면 평범하지만 가장 거래가 많았던 특정한 품목들에 의하여 압도적으로 영향을 받아 어떤 규칙이 만들어지는 것을 막아주기 때문이다. 분류체계는 이러한 문제를 해결하는데 도움이 될 수 있다. 거래가 드문 품목은 분류체계에서 상위 수준으로 올리면 거래수를 높이는 반면, 거래가 자주 일어나는 품목은 상위 수준으로 올릴 필요가 없을 것이다.

분류체계에서 해결하지 못하는 정보를 연관성분석에 이용하기 위해 가상 품목을 지정할 수 있다. 가상 품목은 일반적인 상품처럼 분류 기준에 필요한 속성을 벗어나기 때문에 원래

상품 품목들로 이루어진 제품분류에는 나타나 있지 않다. 예를 들면, 의류와 향수분야 양쪽 모두에 속하는 Calvin Klein과 같은 디자이너 라벨, 식료품 가게에서 저지방과 무지방 제품, 가전제품에서 에너지 절약형 옵션 등이 가상 품목이 될 수 있다. 또한 가상 품목은 거래 결제가 현금으로 이루어졌는지 혹은 카드나 수표로 이루어졌는지 그리고 거래가 어떤 요일 혹은 하루 중의 어떤 특정한 시간대에 일어났는가와 같은 거래 자체에 관한 정보를 포함할 수도 있다. 그러나 가상 품목들이 너무 많아 자료가 지나치게 복잡해지는 것은 좋은 방법이 아니므로 높은 지지도와 높은 신뢰도를 갖는 연관규칙이 존재하고, 그것이 실현 가능한 정보로 바꾸어질 수 있을 때만 가상 품목에 포함시켜야 한다.

(2) 연관규칙 발견

주어진 품목들의 조합이 거래에 나타나는 횟수를 조사하는 것은 유익한 일이지만 품목들의 조합 자체가 하나의 규칙은 아니다. 때에 따라 아기용 기저귀, 맥주, 목요일의 예제처럼 바로 그 조합 자체가 관심을 불러일으킬 수는 있지만 바탕에 깔려있는 규칙을 발견해내는 것이 보다 더 의미가 있다.

규칙은 조건과 결과 두 부분으로 되어 있는데 보통 한 문장으로 표현할 수 있는데 "아기 기저귀와 목요일이 조건으로 주어지면, 맥주가 결과로 주어진다."와 같은 규칙은 "목요일하면 아기 기저귀와 맥주"보다 유용하다.

피자구매의 예에서와 같이 향상도가 1보다 적으면 결과를 역으로 나타내는 것이 보다 더 좋은 규칙이 될 수 있고 시차에 따라 이루어지는 구매에서는 시차 연관성분석을 하는 것이 바람직하다. 이러한 문제들에 대해서는 다음 절에서 자세히 다루게 될 것이다.

(3) 현실적인 문제 해결

조합에서 품목 수가 증가하면 계산량은 기하급수적으로 증가하게 되어 컴퓨터 실행시간을 기하급수적으로 증가시키는 결과를 초래한다. 이것에 대한 해결책은 불필요한 부분을 가지치기 하여 간결하게 하는 것이다. 가지치기(pruning)는 품목 수와 매 단계에서 고려되고 있는 품목들 조합을 줄이는 기술로 각 단계에서 분계점(threshold criterion)을 만족하지 못하는 조합을 버리는 알고리즘이다. 가장 보편적인 가지치기 방법은 최소지지도 가지치기(Minimum Support Pruning, MSP)이다.

지지도는 규칙이 성립하는 거래 수이므로 최소지지도 가지치기는 충분한 거래가 이루어지지 않은 품목을 제거하는 것이다. 예를 들어서, 거래 수가 백만이고 최소지지도가 1%라면, 만 개 이상의 거래가 이루어진 품목들의 규칙들에만 관심을 두기로 한다. 왜냐하면 규칙들을 찾는 목적이 충분히 많은 거래에 영향을 미치는 가치 있는 조치를 취하는 것이기 때문이다.

가지치기를 하는 방법에는 두 가지가 있다. 첫 번째 방법은 고려 대상으로부터 품목을 삭제하는 것이고, 두 번째 방법은 분류체계를 이용하여 품목을 상위품목으로 일반화하여 결과로 나오는 품목이 최소지지도를 넘게 하는 것이다. 가지치기에서 최소지지도의 분계점은 규칙 생성의 매 단계마다 적용되어 진다. 즉, 규칙에 포함된 품목들의 부분집합에 대해서도 지지도가 분계점을 넘게 하는 것이다. 예를 들어, A, B, C 세 품목을 가지는 규칙에서는 처음에는 A, B, C 각각에 대해서 그리고 다음에는 그것들의 두 품목으로 이루어진 조합에 대해서 모두 지지도가 분계점을 넘게 하는 것이며, 그렇지 못한 품목이나 조합은 삭제되든가 상위 품목을 사용하게 하는 것이다. 규칙이 복잡해짐에 따라 기준을 만족하지 않는 품목들의 조합을 삭제할 수 있기 때문에 다음 단계에서 고려할 조합의 수를 줄일 수 있다. 〈표 4-5〉의 예에서 10%의 최소지지도를 선택한다면 2 품목으로 이루어진 규칙은 의미가 있고, 3 품목을 가지는 모든 조합은 물론 그들과 관련된 연관규칙까지 고려대상에서 삭제하게 될 것이다. 이것은 최대로 많은 품목을 포함하는 규칙이 단지 두 개의 품목만으로 되어 있다는 것을 의미한다.

최소지지도의 선택기준은 자료와 상황에 따라 달라지며 알고리즘이 진행됨에 따라 최소지지도를 변경하는 것 또한 가능하다. 예를 들면, 매 단계마다 최소지지도 수준을 낮추어 감으로써 평범한 품목의 특이한 조합이나, 최소지지도 수준을 높여 나감에 따라 특이한 품목들의 평범한 조합을 찾을 수 있다. 최소지지도 수준을 다양하게 바꾸어 보는 것은 유용한 규칙을 찾는데 도움이 될 수 있다.

4.3 연관성분석의 특성

4.3.1 음의 연관규칙

유용한 규칙은 1보다 큰 향상도를 가져야 한다. 향상도가 1보다 작으면, 결과를 역으로 나타내는 음의(negative) 연관규칙으로 전환시킴으로써 향상도가 1보다 큰 더 좋은 규칙을 만들 수 있다. 음의 연관규칙은 결과에 '이다' 대신에 '아니다'를 쓴다는 것을 제외하고는 원래의 연관규칙과 유사하다. 〈표 4-7〉의 예에서 연관규칙 "B와 C이면 A이다"는 0.333의 신뢰도를 갖고 있으며, 음의 연관규칙 "B와 C이면 A가 아니다"는 0.667의 신뢰도를 갖게 된다. A는 전체 거래의 45%에서 일어나기 때문에 55%에서는 일어나지 않는다고 말할 수 있다. 따라서 연관규칙과 음의 연관규칙의 향상도는 각각 0.741과 1.212(=(0.15-0.05)/(0.15*0.55))이다. "A와 B이면 C가 아니다"라는 음의 규칙은 어떤 다른 규칙보다도 우수한 1.333 (=(0.25-0.05)/(0.25*0.6))의 향상도를 갖게 된다.

4.3.2 시차 연관규칙

지금까지 살펴 본 연관성분석은 동시에 일어나는 품목에 대해서만 다루었는데 시계열자료와 같이 사건들이 어떤 순서로 일어나며 이 사건들 사이의 연관성에 관심이 있을 때 시차 연관규칙을 고려해야 한다. 예를 들어, 카드 결제 청구가 평소보다 많다는 것과 다음 달에 현금 서비스를 받는 것과 같은 사건들이 시차를 두고 일어날 때 그 연관성을 알아보는 것처럼 시계열자료는 품목들의 순서화된 나열을 말하며, 순서가 있다는 점에서만 일반 거래와 다르다.

익명의 거래에서는 카드로 구매를 많이 한 사람과 현금 서비스를 받는 사람이 동일한 사람이라는 것을 알 수 없다. 고객에 관하여 시계열 분석을 적용하려면 시간대에 따라 고객을 구별하는 어떤 방법이 있어야 한다. 개별 고객을 추적하는 방법이 없다면, 그들의 행위를 분석할 방법도 없다. 대량구매는 종종 신용카드나 백화점 카드로 결제되어지기 때문에 이런 경우는 문제가 되지 않는다. 의료분야에서 치료효과 혹은 은행에서 고객의 행위를 조사하는 것과 같은 다른 영역에 대해서도 모든 거래에 고객을 식별할 수 있는 정보를 갖고 있다면 문제가 없다.

시계열자료를 분석하기 위해서 신경망을 비롯하여 많은 기법이 있지만, 이 절에서는 단지 연관성분석을 적용하기 위하여 시계열자료를 다루는 방법만 설명하고자 한다. 시계열을 이용하기 위해서는 거래 자료가 두 가지 추가적인 특징을 갖고 있어야 한다. 그것은 각각의 거래가 언제 일어났는지를 알기 위한 시간이나 거래 순서를 알려주는 정보와 다른 시간대에 일어난 거래가 동일한 고객이나 가구에서 일어났다는 것을 알려주는 계좌번호나 고객번호와 같이 고객을 식별할 수 있는 정보이다.

시계열을 이용하는 간단한 방법은 원인과 결과(인과 관계)를 분석하는 것으로 특정한 시간에 일어나는 어떤 사건의 원인을 찾는 직접적인 방법이다. 예를 들면, 신용카드 고객 감소에 대한 원인을 추가적으로 밝혀낸다든지, 판촉상품이 고객의 구매에 어떠한 영향을 주는지, 또는 특정한 질병으로 진단 받은 환자에게 내려진 치료의 결과가 어떤지를 밝히는 것이다.

연관성분석의 문제에서 각각의 시계열자료는 관심 있는 사건이 일어나기 전의 원인과 관심 있는 사건이 일어난 후의 결과의 품목을 분석에 포함시킴으로써 하나의 거래로 전환하게 되면 연관성분석을 할 수 있는 거래 집합이 생긴다. 이 경우, 우리의 관심은 공통의 조합 품목을 찾는데 놓여 있는데 환자 자료를 예로 들어 살펴보자. 환자가 A라는 병명으로 의사로부터 진단 받은 후에 다음과 같은 처방을 받았다면 이 자료는 〈표 4-8〉과 같이 만들어진다.

환자 번호 1356에 대하여 {의사 김, 처방 2, 처방 1}
환자 번호 5690에 대하여 {의사 김, 처방 1}
환자 번호 7573에 대하여 {의사 박, 처방 2}

〈표 4-8〉 **시계열 분석을 위한 의학 자료**

순 서	환자번호	의 사	품 목
1	1356	김	진단 A
2	5690	김	진단 A
3	1356	김	처방 2
4	7573	박	진단 A
5	7573	박	처방 2
6	5690	김	처방 1
7	1356	김	처방 1
8	7573	박	처방 2

위 사례에서 거래는 진단 후 치료과정에 대해서 살펴보기 위하여 의사의 이름을 포함하고 있다. 만약 모든 환자들의 정도가 동일하고 처방 1이 처방 2보다 강도가 높으면 의사 김은 처방 1을 과잉처방하고 있는 것이다.

시간 창은 일정 시간 간격 안에 거래가 일어났던 모든 품목을 기록하기 위하여 사용하는 것이다. 한 달이라는 기간 동안 일어났던 모든 거래를 동일한 시점의 거래로 보고 분석을 하는 것은 시간 창을 이용한 예이다. 이러한 방법은 연관성분석을 이용하여 시계열자료를 해석하는 또 다른 방법이며, 현금 지급기에서 일어나는 거래처럼 일정한 기간 동안 발생하는 거래내역에서 품목수가 적은 경우에 유용하고 가상품목으로부터 중요할 수도 있는 또 다른 정보를 얻어낼 수 있는 방법이기도 하다.

4.3.3 연관성분석의 장점과 단점

연관성분석의 장점은 크게 네 가지로 들 수 있다. 첫 번째 장점은 결과가 분명하다는 것으로 '조건→결과'와 같은 연관규칙은 결과를 이해하기 쉽게 하며, 결과를 행동으로 쉽게 옮길 수 있다. 어떤 상황에서는 관련 품목들의 단순한 집합만으로도 충분하며, 복잡한 규칙을 만들어낼 필요가 없는 경우도 있다.

두 번째 장점은 간접적 데이터마이닝에 유리하다는 것이다. 간접적 데이터마이닝은 대규모 자료에 접근하려 하지만 어디에서부터 시작하여야 할지를 모를 때 매우 중요한 역할을 한다. 따라서 연관성분석은 자료 분석을 위한 초기 탐색적 단계에 적절한 기법이며, 분명한 결과를 제공하기 때문에 이후의 데이터마이닝 절차에 대한 방향을 제시할 수 있다.

세 번째 장점은 한 개의 변수가 여러 개의 값을 갖는 자료에 유용하다는 것이다. 연관성분석은 자료에 대한 별도의 작업과정을 거치지 않고 유동적인 관측치의 수를 가지는 자료를 다룰 수 있다. 다른 기법들은 고정영역 서식의 레코드를 요구하며 한 거래에 일어나는 품목들을 자연스럽게 표현하기 어렵지만 연관성분석은 어떠한 정보의 손실 없이 거래 자료를 다룰 수 있다.

네 번째 장점은 계산이 용이하다는 것으로 거래 수가 분석에 사용되는 품목의 수에 따라 계산량이 매우 빨리 증가하지만 연관규칙을 발견하는데 필요한 계산은 꽤 간단하다. 유전자 알고리즘이나 신경망 같은 복잡한 기법에 비해 사용하기 편리하며, 간단한 문제는 스프레드시트를 이용하여 해결할 수도 있다.

연관성분석의 단점은 크게 네 가지로 들 수 있다. 첫 번째 단점은 고려되는 품목의 수와 규칙 속에 포함되는 품목의 수가 많아짐에 따라 규칙을 생성 하는데 필요한 계산량이 기하급수적으로 늘어난다는 것이다. 너무 일반화한 상위품목으로 분석하는 것은 의미를 상실할 가능성이 높고 최소지지도 가지치기와 같이 계산량을 줄이는 방법은 중요한 규칙들을 고려대상에서 제외시킬 가능성이 있다.

두 번째 단점은 자료 속성에 따라 제한된 지원을 한다는 것이다. 연관성분석은 거래가 일어난 품목만을 적용하도록 개발된 기법이다. 품목은 제품형과 같이 특성이 확실하게 구분되는 것을 제외하고는 동일한 것으로 가정되어진다. 연관성분석은 적용이 가능할 때 매우 강력한 도구가 되지만 모든 문제를 다 해결할 수 있다고는 볼 수 없다. 품목에 대한 분류체계와 가상품목을 이용한다면 규칙을 보다 의미 있고 분명하게 표현하는데 도움이 될 수 있다.

세 번째 단점은 적절한 품목을 결정하기가 어렵다는 것이다. 연관성분석을 적용할 때 가장 어려운 문제 중의 하나는 분석에 사용되어질 품목을 올바르게 선택하는 것으로 품목을 분류체계의 대분류 쪽으로 일반화함으로써 분석에 사용된 품목의 거래 빈도수가 거의 같아진다는 것을 알 수 있다. 이러한 일반화 과정이 약간의 정보를 잃는다 할지라도, 그런 과정 후에 일반화된 품목들을 연결하는 정보를 얻기 위하여 분석에 가상품목을 포함시킬 수 있다.

네 번째 단점은 거래가 드문 품목을 무시한다는 것이다. 연관성분석은 모든 품목들이 자료에서 거의 동일한 횟수로 일어날 때 가장 효과적인 방법이다. 희귀 품목은 거래수가 극히 적을 것이며 그러한 품목은 삭제될 것이므로 최소지지도 분계점 기준을 수정함으로써 고가이고 희귀한 품목이 고려대상에 남아있도록 하고 분류체계를 이용하는 경우에는 희귀 품목들이 분류체계의 위쪽으로 끌어올려 어떤 형태로든지 분석에 포함되게 하는 방법을 쓴다.

4.4 사례분석

4.4.1 TRANSACTIONS 자료를 이용한 연관성분석

Transactions 자료는 지난 3개월 동안 건강미용 보조 매장과 학용품 매장들에서 판매한 17개 제품들을 기록한 자료이다. 이 자료를 이용하여 연관성분석을 하여 고객들이 구매한 제품들 간에 의미가 있는 연관규칙을 얻고자 한다. 〈표 4-9〉는 분석에 사용할 자료의 변수들을 보여주고 있으며 자료는 459,258개의 관측치와 200,000개의 거래로 구성되어 있으며 한 번의 거래에서 평균 2.3개의 제품을 구입하고 있다. 〈표 4-10〉은 17개 제품의 거래 빈도를 보여주는 것으로 Magazine이 16.1%로 가장 거래가 많음을 알 수 있다.

〈표 4-9〉 분석자료(Transactions) 설명

변 수 명	설 명	역 할
PRODUCT	구입 제품(품목)	Target
TRANSACTION	거래 번호	ID

〈표 4-10〉 Product의 빈도표

제품	설명	빈도	백분율
Bow	리본	24,554	5.35
Candy bars	초코바	62,375	13.58
Deodorant	냄새 제거제	1,590	0.35
Greeting cards	축하카드	40,292	8.77
Magazine	잡지	73,951	16.10
Markers	표지	2,605	0.57
Pain relievers	진통제	8,833	1.92
Pencils	연필	38,123	8.30
Pens	펜	36,032	7.85
Perfume	향수	25,142	5.47
Photo processing	사진 처리	16,386	3.57
Prescription med	처방약	5,702	1.24
Shampoo	샴푸	12,452	2.71
Soap	비누	14,415	3.14
Toothbrushes	칫솔	15,774	3.43
Toothpaste	치약	63,805	13.89
Wrapping paper	포장지	17,227	3.75

• 다이어그램 작성

프로젝트 트리에서 다이어그램을 생성하고 이름을 Association Analysis로 한다.

• 데이터 소스 작성

분석에 사용할 데이터를 선택하고 변수의 역할과 데이터의 역할을 지정한다.

① 프로젝트 트리 → 데이터 소스 → 데이터 소스 생성을 눌러 데이터 소스 마법사를 띄운다. [그림 4-1]과 같이 2번째 단계에서 찾아보기를 선택한 다음 테이블을 TRANSACTIONS로 선택한다.

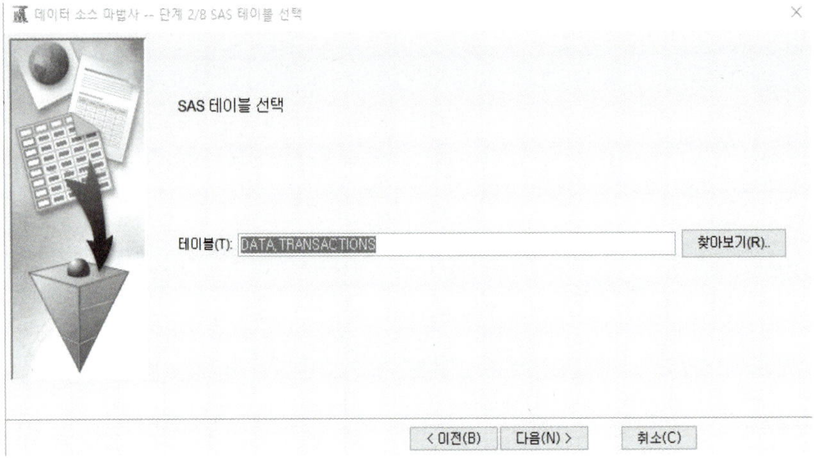

[그림 4-1] **데이터 소스 마법사의 테이블 선택 대화상자**

② 연관성 분석을 위해서는 분석자료의 변수역할을 지정해야 하는데 적어도 하나의 ID변수와 한 개의 목표변수(Target)를 지정해 주어야 한다. 목표변수는 명목형 변수이어야 하며 여러 개 지정할 수는 없다. 여기서 목표변수는 Product이다. [그림 4-2]와 같이 마법사의 5번째 단계에서 변수들의 역할에 마우스를 클릭하고 Product는 Target으로 Transaction은 ID으로 지정하고 Quantity와 Store는 Rejected를 선택한다.

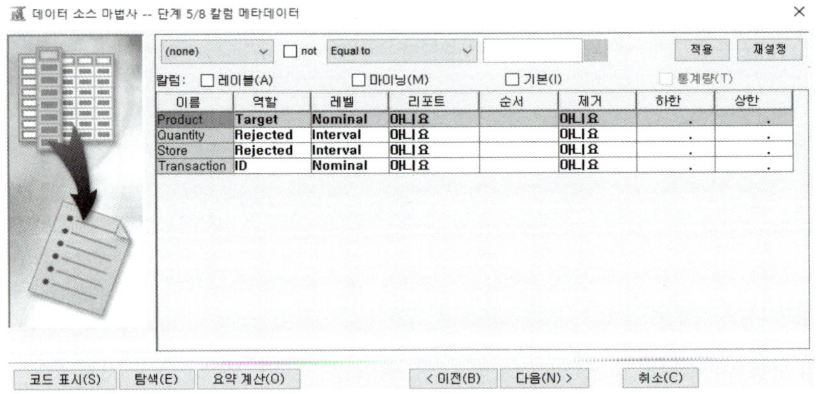

[그림 4-2] **변수선택 및 역할 지정 과정**

③ [그림 4-3]과 같이 데이터 소스 속성에서 역할을 Transaction으로 지정한다. 마법사의 8번째 단계에서 마침을 누르면 데이터 소스가 생성된다.

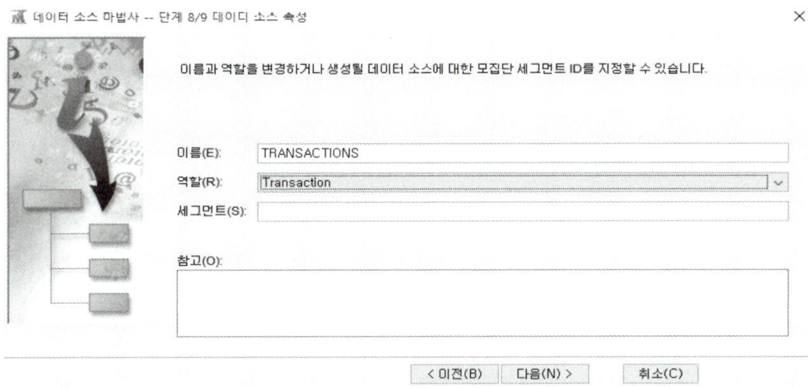

[그림 4-3] **데이터 소스 속성 지정**

④ 데이터 소스에 있는 TRANSACTIONS를 다이어그램에 넣는다.

- **자료 탐색**

연관성분석을 수행하기 전에 목표변수인 Product와 ID 변수인 Transaction의 특성을 살펴볼 수 있다. 자료를 탐색하는 방법은 2가지 있다.

① [그림 4-2]의 데이터 소스 마법사의 5번째 단계에서 왼쪽 하단에 있는 탐색(E)을 클릭하거나 [그림 4-4]와 같이 입력 데이터 노드(TRANSACTIONS)가 선택된 상태에서 속성창의 칼럼에서 변수를 눌러 Product를 선택하고 탐색(X)을 누르면 [그림 4-5]와 같은 탐색 창이 열린다. 자료와 변수에 대한 속성, 기초 통계량, 히스토그램이 나오게 되며 히스토그램 그림에서 오른쪽 마우스 그래프속성과 데이터옵션을 선택하면 여러 가지 옵션을 변경할 수 있다. [그림 4-5]의 히스토그램은 Product에 대해서 높이를 백분율로 바꾼 그림이다.

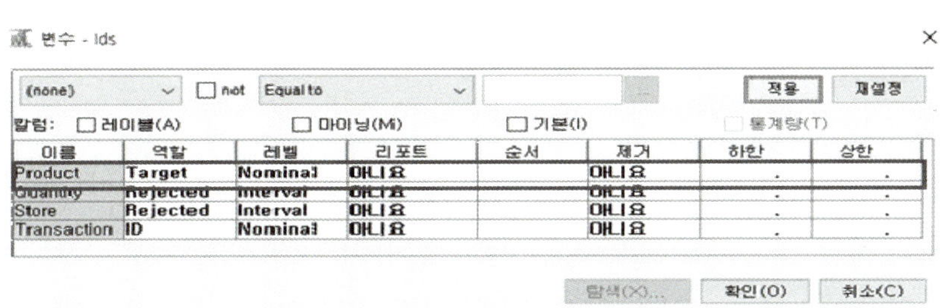

[그림 4-4] **속성 창의 칼럼과 변수를 이용한 데이터 탐색 과정**

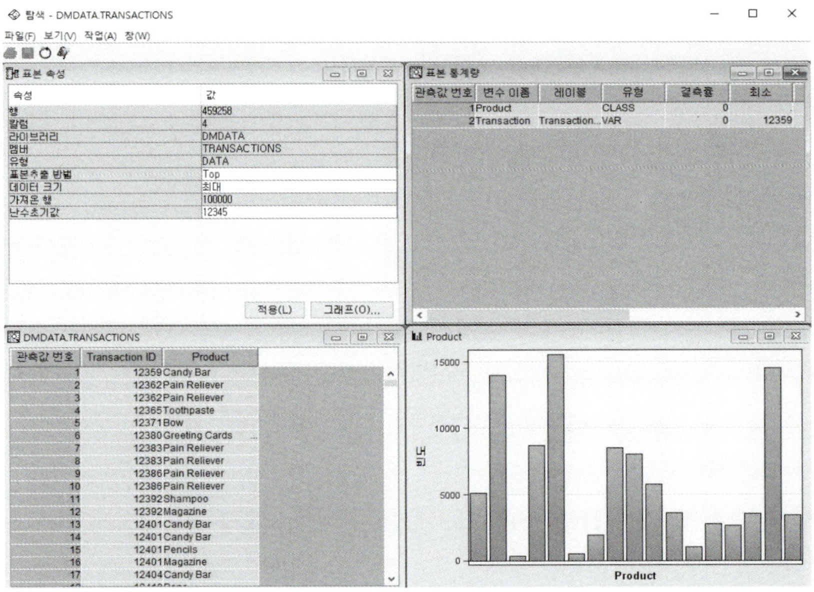

[그림 4-5] 데이터 탐색 창

② [그림 4--6]과 같이 탐색 탭에서 통계량 탐색 노드를 TRANSACTIONS 노드에 연결한다. 여기서는 통계량을 얻기 위해 임시로 TRANSACTIONS 노드의 속성 창에서 분석의 역할을 Raw 또는 Train으로 한다. 이 과정을 수행하고 난 후에는 원래대로 분석의 역할을 Transaction으로 되돌린다. [그림 4-7]은 통계량 탐색 노드의 속성 창에서 자료의 관측 개수를 모두로 선택하고 실행한 결과로서 각 변수에 대한 통계량을 보여주고 있다.

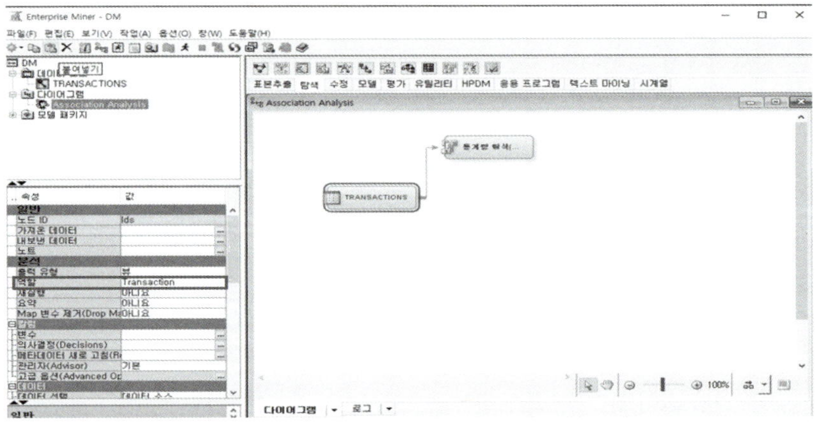

[그림 4-6] 통계량 탐색 노드 추가

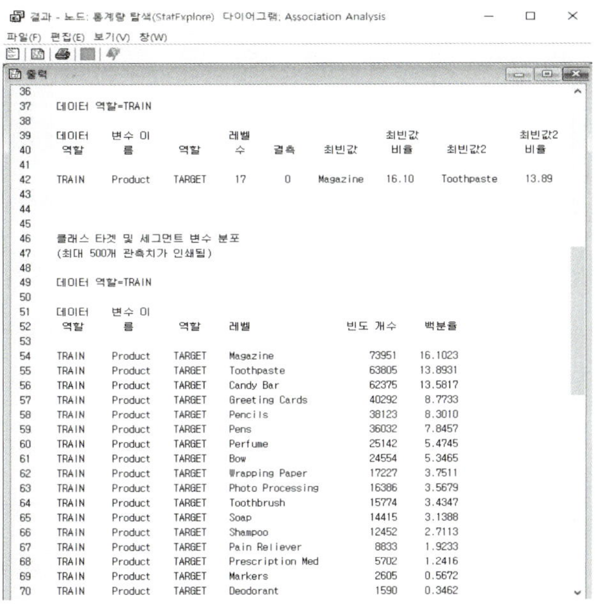

[그림 4-7] 통계량 탐색 결과

• 연관성분석 노드의 설정

E-Miner 14.1에서는 연관성분석 노드에서 일반적인 연관성분석과 시차 연관성분석을 수행한다. 자료에 순서에 대한 변수(Sequence 변수)가 있으면 시차 연관성분석을 수행하고 없으면 일반적인 연관성 분석을 수행한다. 여기에 사용된 TRANSACTIONS 자료에는 Sequence 변수가 없으므로 일반적인 연관성 분석을 수행한다. [그림 4-8]은 탐색 탭에서 연관성분석 노드를 추가한 다이어그램이다.

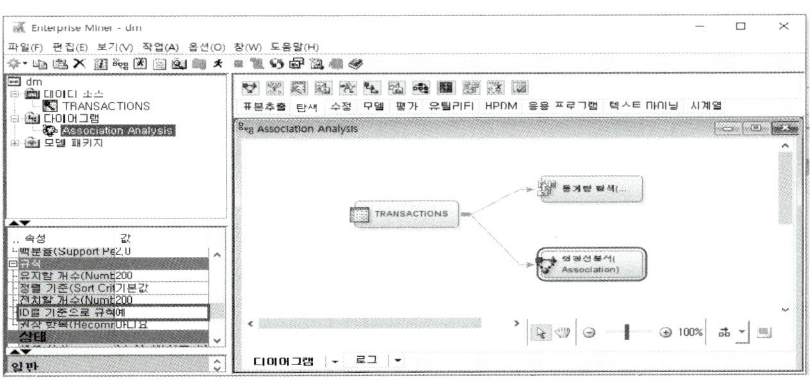

[그림 4-8] 연관성분석 노드가 추가된 다이어그램

연관성분석 노드에서 속성의 연관성분석에 있는 항목들은 다음과 같으며 가지치기를 위해 사용한다.

① 최대 항목(Maximum items): 연관규칙에 있는 품목수의 상한이며 디폴트는 4이다.

② 최소 신뢰도 수준(Minimum Confidence Level): 규칙을 생성할 때 필요한 최소 신뢰도 수준이며 디폴트는 10%이다.

③ 지지도 유형(Support Type): 빈도와 백분율 중 어느 것을 사용할 지를 결정하며 디폴트는 백분율이다.

④ 빈도(Support Count): 규칙을 이루기 위한 최소 발생빈도이며 디폴트는 2이다.

⑤ 백분율(Support Percentage): 규칙을 이루기 위한 최소 백분율이며 디폴트는 5%이다. 단일 품목 중 최대 빈도를 가지는 거래 수의 백분율보다 적은 거래 수를 가지는 규칙은 연관이 없다(제거한다)는 의미이다.

- 연관성분석 노드의 실행

연관규칙에 대한 결과를 보기 위해서 [그림 4-8]과 같이 연관성분석 노드의 '속성 → 규칙 → ID를 기준으로 규칙 내보내기'를 '예'로 변경한 후 실행한다. 나머지 옵션은 변경하지 않고 디폴트값을 사용하였다.

- 결과보기

연관성분석을 실행하면 [그림 4-9]와 같이 4개의 창으로 이루어진 결과를 볼 수 있다. 각 창은 크기를 조절하여 크게 볼 수 있다. 통계량 도표 창은 각 규칙의 신뢰도와 지지도를 2차원으로 보여주는 산점도이며 규칙에 있는 품목 수에 따라 구분하여 표현하고 있다. 규칙 행렬은 왼쪽 품목들과 오른쪽 품목들에 따라 만들어 규칙을 행렬도 표현한 것으로 규칙에서 색깔과 수치는 신뢰도를 나타낸다. 통계량 선 도표는 각 평가기준 값을 그린 도표이며 x-축은 향상도에 따라 정렬된 규칙의 번호이다. 출력 창은 규칙들의 세부정보와 각 평가기준에 대한 통계량 등을 보여 준다.

결과 창에서 좌측 상단의 테이블을 클릭하면 [그림 4-10]과 같은 테이블이 보이며 총 25개의 연관규칙이 생성된 것을 알 수 있다. 테이블은 향상도에 따라 정렬되어 있으며 변수를 클릭하면 해당 변수에 따라 오름차순 또는 내림차순으로 정렬하여 규칙을 살펴 볼 수 있다.

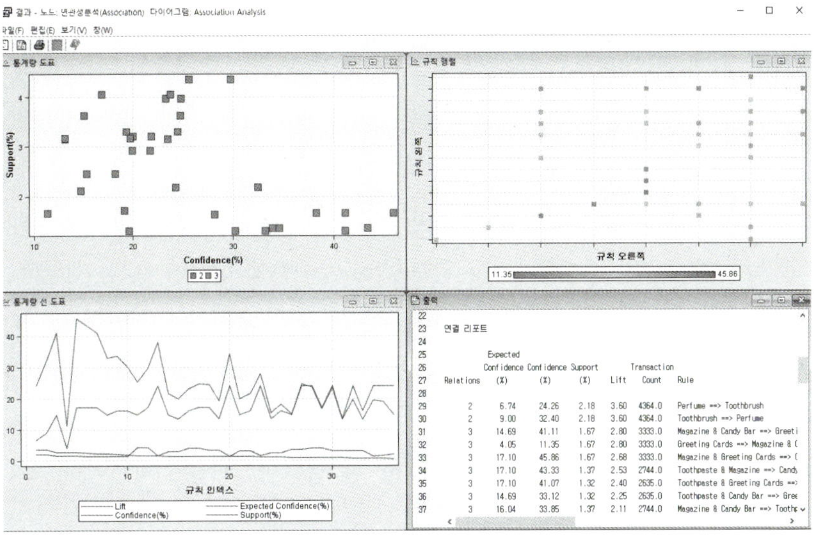

[그림 4-9] 연관성분석 결과 창

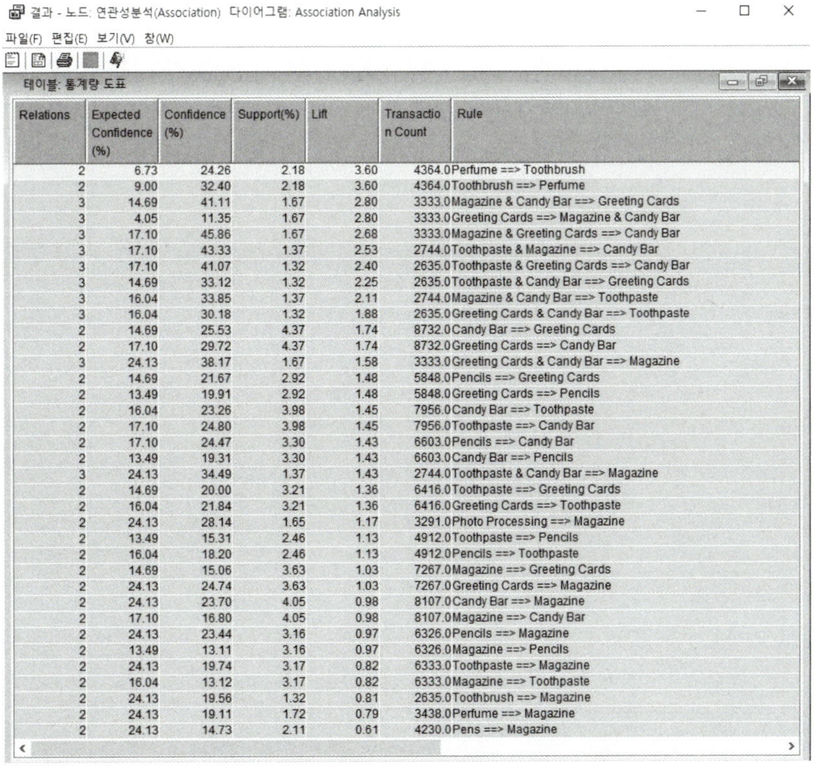

Relations	Expected Confidence (%)	Confidence (%)	Support(%)	Lift	Transaction Count	Rule
2	6.73	24.26	2.18	3.60	4364.0	Perfume ==> Toothbrush
2	9.00	32.40	2.18	3.60	4364.0	Toothbrush ==> Perfume
3	14.69	41.11	1.67	2.80	3333.0	Magazine & Candy Bar ==> Greeting Cards
3	4.05	11.35	1.67	2.80	3333.0	Greeting Cards ==> Magazine & Candy Bar
3	17.10	45.86	1.67	2.68	3333.0	Magazine & Greeting Cards ==> Candy Bar
3	17.10	43.33	1.37	2.53	2744.0	Toothpaste & Magazine ==> Candy Bar
3	17.10	41.07	1.32	2.40	2635.0	Toothpaste & Greeting Cards ==> Candy Bar
3	14.69	33.12	1.32	2.25	2635.0	Toothpaste & Candy Bar ==> Greeting Cards
3	16.04	33.85	1.37	2.11	2744.0	Magazine & Candy Bar ==> Toothpaste
3	16.04	30.18	1.32	1.88	2635.0	Greeting Cards & Candy Bar ==> Toothpaste
2	14.69	25.53	4.37	1.74	8732.0	Candy Bar ==> Greeting Cards
2	17.10	29.72	4.37	1.74	8732.0	Greeting Cards ==> Candy Bar
3	24.13	38.17	1.67	1.58	3333.0	Greeting Cards & Candy Bar ==> Magazine
2	14.69	21.67	2.92	1.48	5848.0	Pencils ==> Greeting Cards
2	13.49	19.91	2.92	1.48	5848.0	Greeting Cards ==> Pencils
2	16.04	23.26	3.98	1.45	7956.0	Candy Bar ==> Toothpaste
2	17.10	24.80	3.98	1.45	7956.0	Toothpaste ==> Candy Bar
2	17.10	24.47	3.30	1.43	6603.0	Pencils ==> Candy Bar
2	13.49	19.31	3.30	1.43	6603.0	Candy Bar ==> Pencils
3	24.13	34.49	1.37	1.43	2744.0	Toothpaste & Candy Bar ==> Magazine
2	14.69	20.00	3.21	1.36	6416.0	Toothpaste ==> Greeting Cards
2	16.04	21.84	3.21	1.36	6416.0	Greeting Cards ==> Toothpaste
2	24.13	28.14	1.65	1.17	3291.0	Photo Processing ==> Magazine
2	13.49	15.31	2.46	1.13	4912.0	Toothpaste ==> Pencils
2	16.04	18.20	2.46	1.13	4912.0	Pencils ==> Toothpaste
2	14.69	15.06	3.63	1.03	7267.0	Magazine ==> Greeting Cards
2	24.13	24.74	3.63	1.03	7267.0	Greeting Cards ==> Magazine
2	24.13	23.70	4.05	0.98	8107.0	Candy Bar ==> Magazine
2	17.10	16.80	4.05	0.98	8107.0	Magazine ==> Candy Bar
2	24.13	23.44	3.16	0.97	6326.0	Pencils ==> Magazine
2	13.49	13.11	3.16	0.97	6326.0	Magazine ==> Pencils
2	24.13	19.74	3.17	0.82	6333.0	Toothpaste ==> Magazine
2	16.04	13.12	3.17	0.82	6333.0	Magazine ==> Toothpaste
2	24.13	19.56	1.32	0.81	2635.0	Toothbrush ==> Magazine
2	24.13	19.11	1.72	0.79	3438.0	Perfume ==> Magazine
2	24.13	14.73	2.11	0.61	4230.0	Pens ==> Magazine

[그림 4-10] 연관성분석 결과 창에서의 테이블

향상도, 지지도, 신뢰도 각각에서 높은 값을 가지고 연관규칙이 의미가 있다고 보이는 것들을 〈표 4-11〉에 정리하였다. 'Toothbrush ==〉 perfume'는 향상도가 가장 높은 연관규칙으로서, 지지도는 보통이고 신뢰도는 비교적 높은 값을 나타내고 있다. 따라서 "칫솔을 구입하는 사람은 향수를 구입한다."라는 연관규칙은 의미가 있다고 볼 수 있다. 'Toothbrush ==〉 perfume'와 비교해 보면 규칙에서 순서가 바뀐 'perfume ==〉 Toothbrush'의 향상도와 지지도는 같으며 (향상도와 지지도는 순서와 무관하기 때문에 당연한 결과) 신뢰도는 낮음을 볼 수 있다. 'Greeting Cards ==〉 Candy Bar'는 지지도가 가장 높은 연관규칙으로서 향상도와 신뢰도는 조금 높은 편이다. 신뢰도가 가장 높은 규칙은 'Magazine & Greeting Cards ==〉 Candy Bar'로 지지도는 낮고 향상도는 높다. 자주 일어나지는 않지만 Magazine과 Greeting Cards를 사는 사람은 Candy Bar를 살 확률이 높다는 의미이다.

〈표 4-11〉 **연관성분석에 의한 결과 요약표**

향상도	지지도	신뢰도	연관규칙
3.60	2.18	32.40	Toothbrush ==〉 perfume
1.74	4.37	29.72	Greeting Cards ==〉 Candy Bar
2.68	1.67	45.86	Magazine & Greeting Cards ==〉 Candy Bar

[그림 4-11]과 같이 '보기 → 규칙 → 연결 그래프'를 선택하면 [그림 4-12]와 같은 연결 그래프를 볼 수 있다.

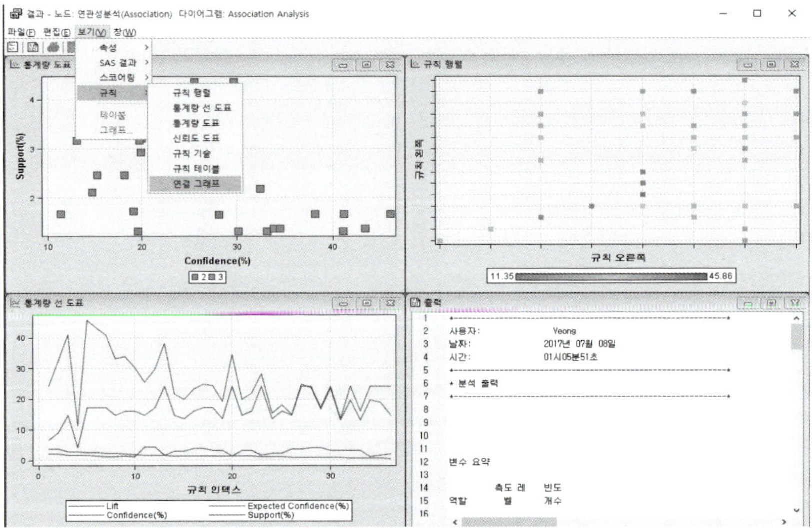

[그림 4-11] **연결 그래프 열기 메뉴**

[그림 4-12]의 연결 그래프는 연관성분석의 결과를 노드와 연결선으로 표현한 그래프이다. 노드의 크기와 색깔은 규칙에서 거래 횟수를 나타내고, 연결선의 색깔과 두께는 노드들 사이의 신뢰도를 나타낸다.

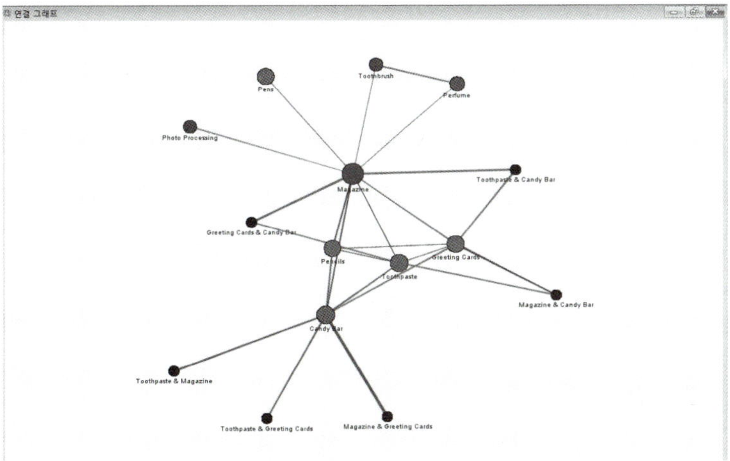

[그림 4-12] **연관성 규칙의 연결 그래프**

4.4.2 Microsoft 홈페이지 방문자료를 이용한 시차연관성분석

사용할 예제자료는 Microsoft사의 웹사이트인 'http://www.microsoft.com'를 방문한 사용자의 내용을 기록한 로그(log) 자료의 일부로, 1998년 2월의 한 주 동안 이 웹사이트를 방문한 사람들 중에서 랜덤하게 32,711명을 뽑고 그들이 열어본 하위 웹페이지(vroot)를 순서대로 기록하고 정리한 자료다. 사례분석에서 사용할 자료의 레코드는 방문자 32,711명 중의 순번, 열어본 하위 웹페이지 순서와 하위 웹페이지의 ID로 10번째로 Microsoft 사의 웹사이트를 방문한 사람이 열어본 웹페이지 중 두 번째 웹페이지가 'http://www.microsoft.com/stream'이고, 그 웹페이지의 ID가 1277이면, 레코드는 10, 2, 1277이다. 〈표 4-12〉는 자료의 변수들을 보여주고 있다.

〈표 4-12〉 **분석자료(Msweb) 설명**

변수명	설 명	역 할
ID	방문자 순번	ID
Seq	웹페이지 방문 순서	Sequence
Website	웹페이지 ID	Target

앞 절에서 살펴본 일반적인 연관성분석은 발생 순서를 고려하지 않았지만 이 절에서는 순서를 고려하여 의미 있는 연관규칙을 찾고자 한다. 예를 들어, 일반적인 연관성분석에서는 순서에 관계없이 열어 본 웹페이지들 간의 연관성에 관심이 있다면 시차 연관성분석에서는 순서를 고려한 연관성에 관심이 있다. 순시를 고려하는 경우가 그렇지 않은 경우보다 더 많은 정보를 얻을 수 있을 것이다. 예를 들어, "A라는 웹페이지를 방문한 사람은 B라는 웹페이지를 방문한다."라는 연관규칙이 의미가 있다면 웹페이지 A에서 B로 바로 가는 경로를 만드는 것도 좋을 것이다.

• 다이어그램 작성

프로젝트 트리에서 다이어그램을 생성하고 이름을 Sequence Analysis로 한다.

• 데이터 소스 작성

분석에 사용할 데이터를 선택하고 변수의 역할을 지정하고 데이터의 역할을 지정한다.

① 프로젝트 트리 → 데이터 소스 → 데이터 소스 생성을 눌러 데이터 소스 마법사를 띄운다. [그림 4-13]과 같이 2번째 단계에서 찾아보기를 선택한 다음 테이블 MSWEB을 선택한다.

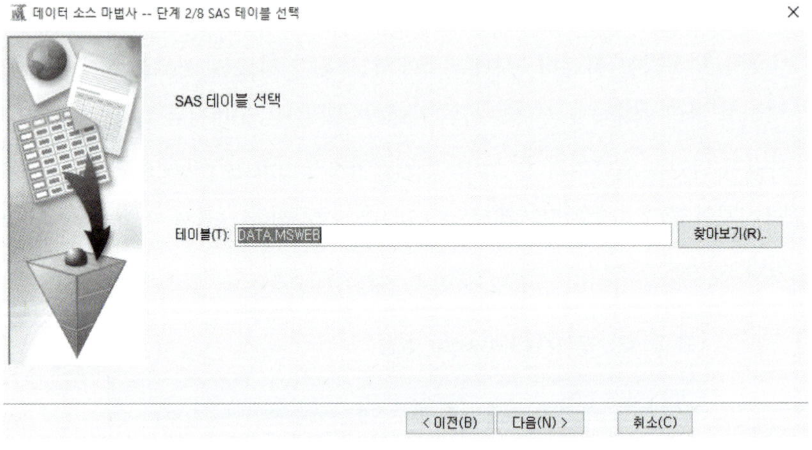

[그림 4-13] 데이터 소스 지정 과정

② 시차 연관성 분석을 위해서는 분석데이터의 변수역할을 지정해야 하는데 ID변수, 목표변수, 순차변수(sequence)를 지정해 주어야 한다. [그림 4-14]와 같이 마법사의 5번째 단계에서 변수들의 역할에 마우스를 클릭하고 ID는 ID로, SEQ는 Sequence로, WEBSITE는 Target으로 지정한다.

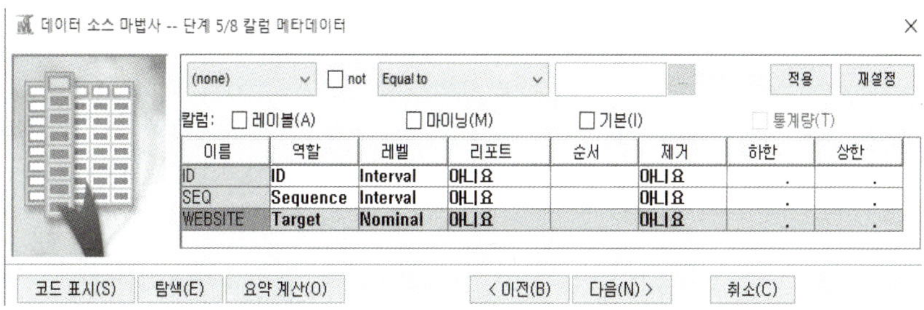

[그림 4-14] **변수선택 및 역할 지정 과정**

③ [그림 4-15]와 같이 데이터 소스 속성에서 역할을 Transaction으로 지정한다. 마법사의 8번째 단계에서 마침을 누르면 데이터 소스가 생성된다.

[그림 4-15] **데이터 소스 역할 지정**

④ 데이터 소스에 있는 TRANSACTIONS를 다이어그램에 넣는다.

- **연관성분석 노드의 설정**

[그림 4-16]은 탐색 탭에서 연관성분석 노드를 추가한 다이어그램이다.

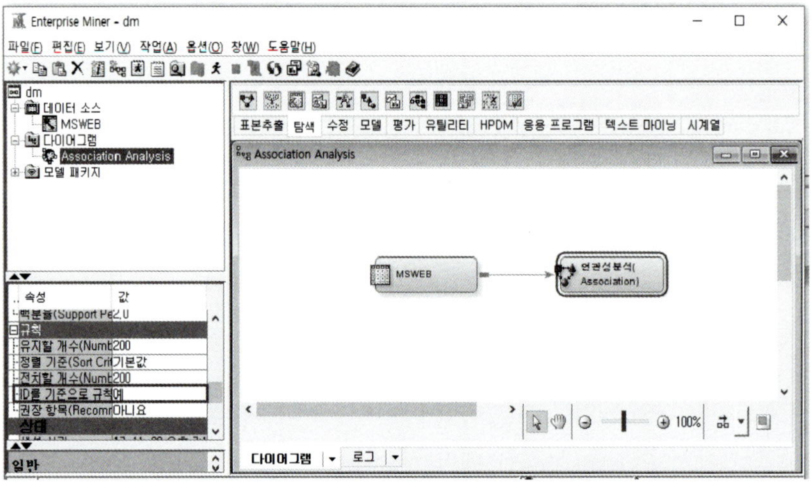

[그림 4-16] **연관성분석 노드가 추가된 다이어그램**

- **연관성분석 노드의 실행**

연관규칙에 대한 결과를 보기 위해서 [그림 4-16]과 같이 연관성분석 노드의 '속성 → 규칙 → ID를 기준으로 규칙 내보내기'를 '예'로 변경한 후 실행한다. 나머지 옵션은 변경하지 않고 디폴트값을 사용하였다.

- **결과보기**

연관성분석을 실행하면 [그림 4-17]과 같이 4개의 창으로 이루어진 결과를 볼 수 있다. 각 창은 크기를 조절하여 크게 볼 수 있다. 통계량 도표 창은 각 규칙의 신뢰도와 지지도를 2차원으로 보여주는 산점도이며 규칙에 있는 품목 수에 따라 구분하여 표현하고 있다. 규칙 행렬은 왼쪽 품목들과 오른쪽 품목들에 따라 만들어 규칙을 행렬도 표현한 것으로 규칙에서 색깔과 수치는 신뢰도를 나타낸다. 통계량 선 도표는 지지도와 신뢰도 값을 그린 도표이며 x-축은 지지도에 따라 정렬된 규칙의 번호이다. 출력 창은 규칙들의 세부정보와 각 평가기준에 대한 통계량 등을 보여 준다.

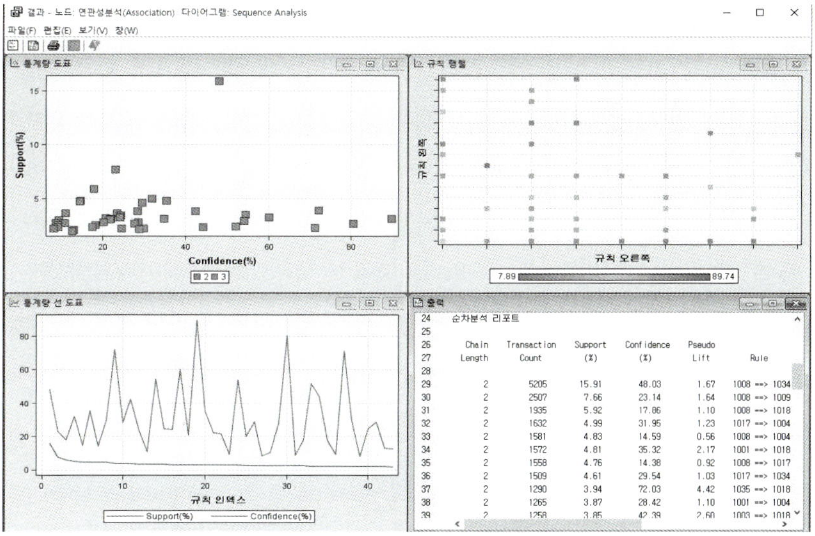

[그림 4-17] **시차연관성분석 결과 창**

결과 창에서 좌측 상단의 테이블을 클릭하면 [그림 4-18]과 같은 테이블이 보이며 총 43개의 시차 연관규칙이 생성된 것을 알 수 있다. 시차 연관성분석에서는 향상도가 나오지 않는다는 것을 유의하기 바란다. 테이블은 지지도에 따라 정렬되어 있으며 변수를 클릭하면 해당 변수에 따라 오름차순 또는 내림차순으로 정렬하여 규칙을 살펴 볼 수 있다.

결과 - 노드: 연관성분석(Association) 다이어그램: Sequence Analysis

규칙 테이블

Chain Length	Transaction Count	Support(%)	Confidence(%)	Rule
2	5205	15.91	48.03	1008 ==> 1034
2	2507	7.66	23.14	1008 ==> 1009
2	1935	5.92	17.86	1008 ==> 1018
2	1632	4.99	31.95	1017 ==> 1004
2	1581	4.83	14.59	1008 ==> 1004
2	1572	4.81	35.32	1001 ==> 1018
2	1558	4.76	14.38	1008 ==> 1017
2	1509	4.61	29.54	1017 ==> 1034
2	1290	3.94	72.03	1035 ==> 1018
2	1265	3.87	28.42	1001 ==> 1004
2	1258	3.85	42.39	1003 ==> 1018
2	1205	3.68	23.59	1017 ==> 1018
2	1191	3.64	10.99	1008 ==> 1001
2	1155	3.53	54.40	1025 ==> 1026
2	1132	3.46	24.46	1009 ==> 1018
2	1075	3.29	24.15	1001 ==> 1003
2	1074	3.28	59.97	1035 ==> 1009
2	1060	3.24	20.75	1017 ==> 1001
2	1041	3.18	89.74	1037 ==> 1009
2	1036	3.17	34.91	1003 ==> 1004
2	1023	3.13	22.10	1009 ==> 1034
2	1008	3.08	21.78	1009 ==> 1004
2	996	3.04	9.19	1008 ==> 1003

[그림 4-18] **시차 연관규칙 테이블**

지지도와 신뢰도 각각에서 높은 값을 가지는 시차 연관규칙을 〈표 4-13〉에 정리하였다. '1008 ==〉 1034'는 지지도가 높은 연관규칙으로서, 신뢰도에서도 비교적 높은 값을 나타내고 있다. 따라서 "1008번 웹페이지를 보면 1034번을 본다."는 시차 연관규칙은 의미가 있다고 볼 수 있다. '1037 ==〉 1009'는 신뢰도가 매우 높은 연관규칙으로서, 시시도에서는 높지 않다. 웹페이지 1037번을 보고, 그 후에 1009번을 본 사람은 많지 않지만, 웹페이지 1037번을 보면, 그 후에 1009번을 본다고 볼 수 있다. 따라서 "1037번 웹페이지를 보면 1009번을 본다."는 시차 연관규칙은 빈번하게 일어나지는 않지만 의미가 있다고 볼 수 있다.

〈표 4-13〉 시차 연관성분석에 의한 결과 요약표

지지도	신뢰도	연 관 규 칙
15.91	48.03	1008 ==〉 1034
3.18	89.74	1037 ==〉 1009

'보기 → 규칙 → 연결 그래프'를 선택하면 [그림 4-19]와 같은 연결 그래프를 볼 수 있으며 각 웹페이지의 방문 빈도와 다른 웹페이지와의 연결 관계를 살펴볼 수 있다.

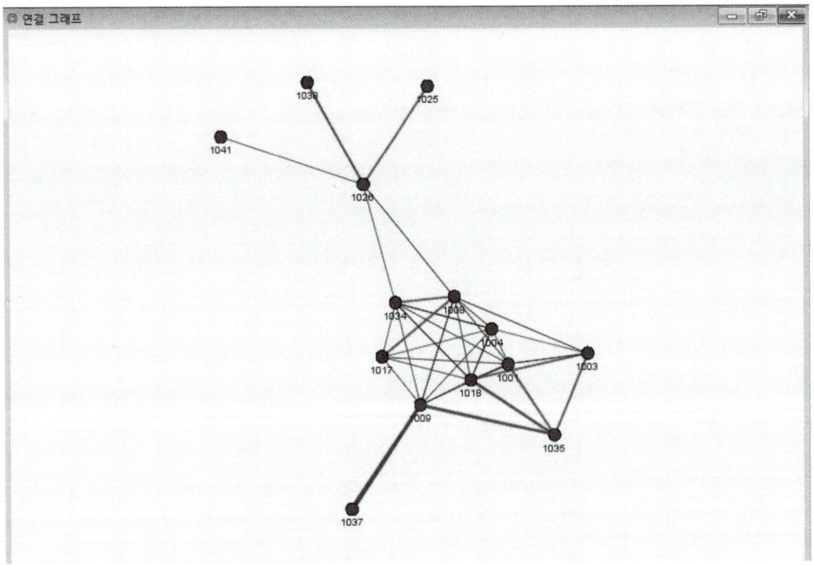

[그림 4-19] 시차 연관성 규칙의 연결 그래프

연습문제

1 아래의 거래자료를 이용하여 연관성분석을 실시하고 다음 물음에 답하여라.

고객번호	품목	고객번호	품목
1	3 2	5	3 4 5
2	5 1 2	6	4 3 5
3	2 1 4	7	2 3 1
4	5 1	8	5 1 3

1) 품목 수가 2 인 일반연관성 규칙 중에서 다음의 측도가 가장 높은 규칙들 전부와 그 측도의 값을 구하여라. 순서 없음.

① 지지도　　② 신뢰도　　③ 향상도

2) 가장 좋은 규칙은 무엇인지 설명하여라.

3) 자료에서 가장 높은 비율을 차지하는 (품목, 빈도, 백분율)은?

4) 시차연관성분석을 할 때 "5→1" 규칙에 대한 측도의 값을 구하여라(순서 고려).

① 지지도　　② 신뢰도

5) 경로분석을 할 때 "5→1" 규칙에 대한 다음 측도의 값을 구하여라(순서 고려).

① 지지도　　② 신뢰도

2 자료 MSWEB은 웹사이트방문 데이터이다. Website 간에 어떤 연관규칙이 있는 지 알아 보고 싶다. 규칙의 품목 수는 3 이하로 한다(순서 무시).

1) 향상도가 가장 높은 규칙과 그 규칙에 대한 향상도를 각각 구하여라.

2) 가장 좋은 규칙은 무엇인가? 그 이유는?

3 자료 MSWEB은 웹사이트방문 자료이다. Website 간에 어떤 시차연관규칙이 있는 지 알아 보고 싶다. 규칙의 품목 수는 3 이하로 한다(순서 고려).

1) 가장 좋은 규칙은 무엇인가? 그 이유는?

2) '방문자 수'와 '1인당 평균 방문한 페이지 수'는 각각 얼마인지 구하여라.

4 German_credit 데이터는 1,000개 은행고객에 대한 자료이다. 범주형(nominal) 변수인 CHECK_A(구좌상태, CA0~CA3), C_HIST(신용경력, CH0~CH4), PURPOSE(대출목적, PU1~PU7) 간에 어떤 연관규칙이 있는 지 알아 보고 싶다. 규칙의 품목 수는 2로 한다. 분석에 사용되는 데이터셋은 German_credit 자료로부터 목적에 맞게 만들어야 한다.

1) 향상도가 가장 높은 규칙과 그 규칙에 대한 향상도를 각각 구하여라.

2) 가장 좋은 규칙은 무엇인가? 그 이유는?

V

군집분석

이 장에서는 개체들을 몇 개의 집단으로 군집화하는 군집분석에 대한 개념적인 설명과 사례분석을 통해 군집분석을 어떻게 적용하는지 알아보고자 한다.

5.1 군집분석의 개념

군집분석은 모집단 또는 범주에 대한 사전 정보가 없는 경우에 주어진 개체(관측 값, 레코드)들 사이의 유사성 또는 거리(비유사성)를 이용하여 개체들을 몇 개의 집단으로 그룹화 하여, 각 집단의 성격을 파악함으로써 데이터 전체의 구조에 대한 이해를 돕고자 하는 분석법이다. 집단을 판별도구로 알려진 변수(필드)로 나누는 것을 분할이라 한다. 잡음이 많은 자료에서 개체들이 몇 개의 군집으로 이루어져 있다고 짐작할 수는 있지만 그 군집들을 정의할 방법을 모르는 경우에 군집분석을 활용할 수 있다. 예를 들어, 군집분석을 이용하여 생물분류학에서는 생물의 특성에 따라 분류하고, 의상학에서는 인체의 체형에 따라 치수체계를 만들며, 은행에서는 예금 잔고와 거래기간 등의 변수로 고객들을 분류할 수 있다.

군집분석은 간접적인 데이터마이닝 작업 중의 하나이다. 대부분의 데이터마이닝 작업에서는 사전에 분류된 학습용 자료로 시작하고 새로운 개체가 어떻게 분류될 지 예측할 수 있는 모형 개발을 시도한다. 그러나 군집분석에서는 사전에 분류된 자료도 없고 독립변수와 종속변수라는 구별도 없다. 군집분석은 유사한 개체들은 비슷한 고객이나 상품을 나타낸다는 기대 속에서 서로 유사한 개체들의 집합, 즉 군집을 찾는다. 군집을 형성할 때는 동일한 군집의 개체들은 유사한 성격을 갖도록 하고 서로 다른 군집에 속한 개체들 사이에는 그와 반대로 상대적으로 서로 다른 성격을 갖도록 해야 한다. 군집을 찾는 것이 최종 목적이 아닌 경우에는 군집분석 이후에 군집이 의미하는 것이 무엇인지 알기 위해서 다른 분석과 연계될 수 있다.

군집분석에서 가장 어려운 점은 개체들 사이의 거리와 군집들 사이의 거리를 정의하는 것인데 거리의 정의에는 여러 가지 방법이 있다. 군집을 나누는 방법에는 크게 계층적(hierarchical) 방법과 비계층적(non-hierarchical) 방법이 있다. 계층적 방법은 가까운 개체끼리 차례로 묶거나 멀리 떨어진 개체를 차례로 분리해 나가는 군집방법으로서, 한 번 병합된 개체는 다시 분리되지 않는 것이 특징이다. 비계층적 방법에서 사용하는 기법은 흔히 다변량 자료의 산포를 나타내는 측도들을 판정기준으로 놓고 군집을 나누는 방법으로서, 한 번 분리된 개체도 반복적으로 시행되는 과정에서 다시 분류될 수 있는 것이 특징이다. 대표적인 비계층적 방법은 K-평균 방법이다.

5.2 유사성, 연관성 및 거리

군집분석의 첫 단계는 자료들을 그림으로 표현하여 보는 것이다. 두 개의 변수에 대한 산점도를 이용하거나 삼차원의 산점도를 이용하여 시각적으로 군집을 얻는 것은 쉽다. 차원이 증가함에 따라 군집을 시각적으로 보거나 두 점 사이의 거리를 직관적으로 알아내기 어려워지는데 이런 경우에는 주성분분석 등의 다변량분석 기법을 이용하여 이를 시각적으로 표현하기도 한다.

군집분석에서는 목적에 맞는 변수들을 선택하는 것이 우선이다. 변수가 선택되면 이 변수들을 이용하여 개체들이 서로 얼마나 유사한지 또는 유사하지 않은지를 측정할 수 있는 측도가 필요하다. 군집분석에서는 보통 유사성 보다는 비유사성을 기준으로 하며 거리를 사용하여 이를 측정한다.

p개의 변수를 가지는 두 개체 $X_i = (X_{i1}, \cdots, X_{ip})'$, $X_j = (X_{j1,} \cdots, X_{jp})'$ 사이의 거리를 나타내는 방법으로 유클리드(Euclid) 거리, 민코우스키(Minkowski) 거리, 마할라노비스(Mahalanobis) 거리 등이 있다. 여기서 "′" 는 전치(transpose)를 나타낸다. 유클리드 거리는 우리가 보통 거리라고 하는 것이며 군집분석에서 가장 많이 쓰인다. 각 거리를 수식으로 표현하면 다음과 같다.

유클리드 거리 : $d_{ij} = \sqrt{\sum_{k=1}^{p} (X_{ik} - X_{jk})^2}$

민코우스키 거리 : $d_{ij} = \sqrt[m]{\sum_{k=1}^{p} (X_{ik} - X_{jk})^m}$, m은 실수

마할라노비스 거리 : $d_{ij} = (X_i - X_j)' S^{-1} (X_i - X_j)$

유클리드 거리는 민코우스키 거리에서 m=2인 경우로 모든 변수가 동일한 단위(척도)로 측정되었을 경우에 주로 사용된다. 마할라노비스 거리는 각 변수들의 표준화와 변수들 사이의 상관관계를 고려한 거리이며, 여기서 S는 표본공분산행렬이다.

많은 차원을 가지고 있는 문제는 기하학적으로 설명을 하는데 차원으로 설명하기 위해서는 각 변수들은 독립적으로 측정되어야 함을 가정한다. 즉, p개의 변수가 있을 때, 각 변수의 값은 p차원 공간에서 해당하는 좌표축에 따른 거리를 나타낸다고 생각한다. p개의 변수 각각이 하나의

값을 가지는 개체는 p차원 공간에서 특정한 점을 나타나는 벡터로 생각할 수 있다.

개체가 공간에서의 점으로 그려졌다면 군집분석은 약간의 기하학과 벡터 평균을 사용하는 지극히 단순한 것이라고 생각하게 될 것이다. 문제는 우리가 시장, 거래, 고객 지원 등에서 만나는 데이터베이스는 공간에서의 점이 아니라는 것이다. 그것들은 구매, 전화 송신, 항공여행, 자동차 등록 등 군집 도표에 있는 점들과 명확한 연관을 가지지 않는 다른 것들이다. 이런 경우에는 한 군집의 개체들은 어떤 종류의 본질적인 연관을 가지고 있고 그 개체들끼리는 다른 군집에 있는 개체들에 비해서 서로 유사하다는 직관적인 개념이 필요하다.

직관적인 개념을 컴퓨터에 옮기는 것이 어렵기 때문에, 그 모호한 연관에 대한 개념을 유사성의 정도를 나타내는 수치적인 측도로 바꾸어야 한다. 일반적인 방법은 개체들을 공간에서의 점으로 나타내기 위해 모든 변수 값들을 수치로 바꾸는 것이다. 이 과정에서 만일 두 점이 기하학적으로 가깝다면 그것들이 데이터베이스의 유사한 개체들을 나타낸다는 가정을 만족해야 한다.

이러한 접근에는 두 가지 중요한 문제가 발생할 수 있다. 첫 번째는 범주형 변수나 순서형 변수 같은 변수들은 벡터의 성분으로 다루어지기에 적당치 않다는 것이다. 범주형인 경우에 예를 들어, 두 종류의 아이스크림이 다르다고 말할 수는 있지만, 어느 아이스크림이 더 큰지 알 수 없다. 또한 또 다른 종류의 아이스크림과 가까운 것이 어느 것인지 말할 수 없다. 순서형 변수인 경우에, 만일 세 변수 X, Y, Z가 1, 2, 3으로 순서가 매겨졌다면, 우리는 $X \rangle Y \rangle Z$임을 알 수 있지만 $(X-Y) \rangle (Y-Z)$ 인지는 알 수 없다. 두 번째 문제는 기하학적으로는 각 차원의 기여도는 똑같이 중요하지만, 데이터베이스에서는 한 변수에서의 조그만 변화가 다른 변수에서의 큰 변화보다 더욱 중요할 수 있다는 것이다.

두 개체들의 유사성(또는 비유사성)을 측정하는 기법들은 많이 있다. 어떤 기법들은 문장을 비교하는 것과 같은 특정한 분야에 적용하기 위해서 개발되었으며, 또 어떤 기법들은 이진형변수나 범주형 변수와 같은 특정한 자료 형태를 다루기 위해서 개발되었다. 여기서는 세 가지 기법을 소개하고자 한다. 처음 두 기법은 구간형 변수나 비율형 변수에 적합한 것이고, 세 번째 것은 범주형 자료에 적합한 것이다. 구간형 변수와 비율형 변수는 비슷하지만 구간형 변수는 온도와 같이 숫자 0이 절대적인 의미를 가지지 않는 변수인 반면, 비율형 변수는 길이나 무게와 같이 숫자 0이 의미가 있는 변수이다.

(1) 두 점 사이의 거리

개체에서 각 변수는 공간상에 있는 점을 나타내는 벡터의 한 성분이다. 두 점 사이의 거리는 연관성에 대한 측도로 사용되므로 두 점이 거리상으로 가깝다면 대응하는 개체들은 유사하다고 여겨진다. 가장 보편적인 측도는 유클리드 거리이다. 두 점 간의 거리를 하나의 숫자로 표현하는 함수는 연관성의 측도로 사용될 수 있으며 거리 측도가 되기 위해서는 다음을 만족해야 한다.

- $Distance(X, Y) = 0 \leftrightarrow X = Y$
- $Distance(X, Y) \geq 0$
- $Distance(X, Y) = Distance(Y, X)$
- $Distance(X, Y) \leq Distance(X, Z) + Distance(Z, Y)$

(2) 두 벡터 사이의 각도

각 개체 내에서 변수들이 서로 연관된 모습이 비슷하다면 두 개체들은 연관성이 높다고 보아야 할 때가 있다. 신체 길이로 보면 정어리가 참치보다는 새끼고양이에 더 가까울지라도, 피라미가 정어리, 대구, 참치와 같은 군집에 있고, 새끼고양이가 아메리카라이온, 사자, 호랑이와 같은 군집에 있도록 하는 방법을 원할 것이다. 해결책은 같은 자료에 대해서 다른 기하학적 해석을 사용하는 것이다. X와 Y를 공간에서의 점으로 생각하여 그들 사이의 거리를 측정하는 대신에, 그것들을 벡터로 생각하여 그들 사이의 각도를 재는 것이다. 여기서 벡터는 좌표축의 원점과 점을 연결하는 선분이다. 벡터는 크기(원점에서 점까지의 거리)와 방향을 가지고 있는데, 우리의 목적에 의한 관심의 대상은 방향이다.

사자와 집고양이의 수염 길이, 꼬리 길이, 전체 신체 길이, 이빨 길이, 발톱 길이를 재어서 하나의 점으로 표현하면 그것들은 많이 떨어져 있을 것이다. 그러나 이러한 신체 부위의 길이 사이의 비가 두 종에서 유사하다면 두 벡터는 거의 수평이 될 것이다. 두 벡터 사이의 각도는 두 벡터의 크기에 영향을 받지 않는 연관성의 측도를 제공해 준다. 실제로, 부호를 고려하지 않는다면 각도의 사인(sine) 값은 벡터가 가장 가까울 때(평행일 때)의 값인 0과 수직일 때의 값인 1 사이의 범위를 가지고 있으므로 좋은 측도라고 볼 수 있다.

(3) 공통된 현상의 수

비교하는 개체의 변수들이 범주형 변수일 때, 기하학적 측도를 사용하는 대신에 개체들 사이의 중첩된 정도로 유사성을 측정하게 된다. 기하학적 측도와 마찬가지로, 이러한 경우에 대한 여러 가지 형태의 측도가 있다. 모든 측도들에서 각 변수들을 하나씩 비교하여 일치하는 변수와 일치하지 않는 변수의 수를 세어서 전체 변수의 수에 대한 일치하는 수의 비율을 측도로 사용한다. 이 측도는 두 개의 공백(또는 결측치)인 변수를 일치하는 것으로 계산하고 결국 알지 못하는 것이 대부분인 것들을 같은 군집에 넣는 문제가 있는데 이를 해결하기 위해서 이러한 종류의 일치는 일치하는 개수에 포함시키지 않는 것이다.

다음과 같은 형태의 측도는 다양한 상황에서 유용한데, 일치하는 정도가 높으면 사소한 불일치도 심각해 질 수 있도록 불일치 변수에 두 배의 가중치를 두는 것이다. 반대로, 일치하는 정도가 낮다면 적은 일치도 중요하게 다루어질 수 있도록 일치하는 변수에 추가적인 가중치를 두는 것이다. 가장 세련된 측도는 일치하는 변수에 대해 보편적인 집단에서의 각 범주의 빈도수에 따라 가중치를 주는 것이다.

5.3 계층적 군집분석

*N*개의 관찰 값들로부터 얻은 거리행렬을 가지고 시작하는 계층적 군집방법은 '가까운' 개체들끼리 묶어감으로써 군집을 만들어가는 병합(agglomeration) 방법과 '먼' 개체들을 나누어가는 분할(division) 방법으로 나눌 수 있다. 계층적 군집분석에서는 병합 방법이 많이 쓰인다. 군집의 병합 또는 분리되는 과정은 나무구조 모양의 덴드로그램(dendrogram)을 통해 간단히 표현할 수 있는데, 이는 전체 군집들 간의 구조적 관계를 살펴보는데 매우 유용하다.

5.3.1 병합 방법

병합 방법에서는 처음에 *N*개의 개체가 각각 군집을 이루고, 다음에 가장 가까운 두 개의 개체를 묶어서 하나의 군집을 만들고 나머지 (*N*−2)개의 개체는 각각 군집을 이루도록 한다. 그 다음은 (*N*−1)개의 군집들 중에서 가장 가까운 두 개의 군집을 묶어 (*N*−2)개의 군집을 만든다. 군집간의 거리의 측도를 기준으로 각 단계마다 한 쌍씩 서로 병합되는 과정을 반복하여 최종적으로 *N*개의 모든 개체들이 하나의 큰 군집에 포함될 때까지 군집들을 병합시킨다. 이 과정의 시작 부분에서는 군집의 크기는 작고 군집 내부는 매우 동질적이나 끝 부분으로 갈수록 군집은 커지고 군집 내부는 이질적이 된다. 전 과정이 끝나면 적당한 군집의 수를 정하면 된다.

병합 방법의 첫 번째 단계는 유사성 행렬(similarity matrix)을 생성하는 것이다. 유사성 행렬은 두 점 사이의 거리 또는 연관의 정도를 나타내는 표로 유클리드 거리, 벡터 사이의 각도, 범주형 필드에서의 불일치에 대한 일치 비율 등의 연관성 척도를 사용할 수 있다. 사용하는 연관성 척도가 제대로 된 거리 척도일 때에는 $Distance(X, Y) = Distance(Y, X)$이기 때문에 비유사성 행렬은 대각원소가 0인 대칭행렬이 된다.

병합 과정의 첫 단계에서는 병합될 군집이 하나의 개체로 구성되어 있기 때문에 군집간의 거리는 관측값 간의 거리와 같다. 두 번째 단계부터는 여러 개의 개체로 구성된 군집들 사이의 거리로 유사성 행렬을 갱신해야 한다. 이러한 거리를 어떻게 측정해야 하는가에 대한 문제가 발생하게 되는데 두 군집 사이의 거리를 나타내는 방법은 여러 가지가 있으며, [그림 5-1]은 두 군집 사이의 거리 중에서 많이 사용되는 최단거리, 최장거리, 중심거리를 표현한 그림이다. 두 군집 사이의 거리를 어떻게 정의하는가에 따라 여러 가지 병합 방법이 있으며, 그 중에서 많이 쓰이는 방법들을 살펴보겠다.

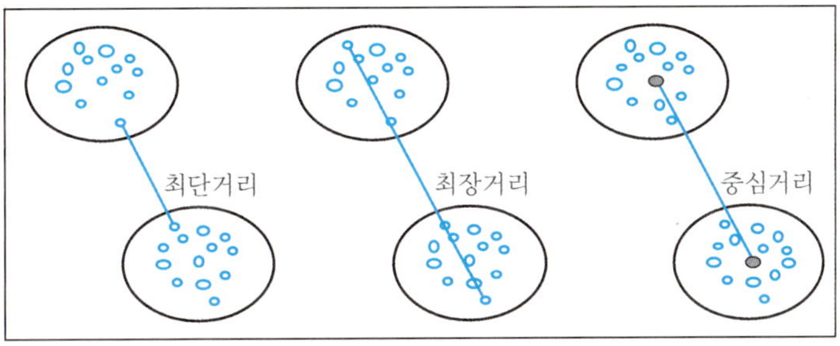

[그림 5-1] 군집 사이의 거리

(1) 최단연결법(Single Linkage Method)

두 군집 사이의 거리를 각각의 군집에서 개체를 하나씩 뽑을 때 나타날 수 있는 두 개체들 사이의 거리 중 최단 거리로 정의하여 가장 유사성이 큰 군집을 묶어 나가는 방법이다. 유리 위에 떨어진 물방울들이 서로 뭉치는 현상과 비슷한데 두 군집에 있는 개체들 사이의 거리 중 최단 거리를 두 군집간의 거리로 보기 때문에 몇 개의 개체로 고리가 만들어져 군집들이 연결되는 '고리현상'이 있을 수 있다. 즉, 두 군집이 전체적으로는 많이 떨어져 있더라도 두 군집 사이에 가까운 개체가 있으면 병합되기 때문에 부적절한 결과를 낳게 될 수도 있다. 최단 연결법은 고립된 군집을 찾는데 중점을 둔 방법이다.

[예제 5.1] 다음에 주어진 5개의 개체에 대한 거리 행렬(비유사성 행렬) $\boldsymbol{D}$에 대하여 최단연결법으로 군집을 얻고 덴드로그램으로 나타내보자. 편의상 두 군집 (a)와 (b)의 거리를 $\overleftrightarrow{(a)(b)}$로 표현하겠다

$$\boldsymbol{D} = \begin{matrix} 1 \\ 2 \\ 3 \\ 4 \\ 5 \end{matrix} \begin{pmatrix} 0 & 7 & 1 & 9 & 8 \\ 7 & 0 & 6 & 3 & 5 \\ 1 & 6 & 0 & 8 & 7 \\ 9 & 3 & 8 & 0 & 4 \\ 8 & 5 & 7 & 4 & 0 \end{pmatrix}$$

1단계

$\boldsymbol{D}$에서 $\overleftrightarrow{(1)(3)} = 1$이 최소이므로 개체 1과 3을 묶어 군집 (1,3)을 만든다. 그러면 (1,3) 군집과 나머지 개체들 2, 4, 5와의 거리는

$$\overleftrightarrow{(1,3)(2)} = \min[\overleftrightarrow{(1)(2)}, \overleftrightarrow{(3)(2)}] = \overleftrightarrow{(3)(2)} = 6$$
$$\overleftrightarrow{(1,3)(4)} = \min[\overleftrightarrow{(1)(4)}, \overleftrightarrow{(3)(4)}] = \overleftrightarrow{(3)(4)} = 8$$
$$\overleftrightarrow{(1,3)(5)} = \min[\overleftrightarrow{(1)(5)}, \overleftrightarrow{(3)(5)}] = \overleftrightarrow{(3)(5)} = 7$$

이므로, 다음과 같은 거리 행렬 $\boldsymbol{D}_1$을 얻는다.

$$\boldsymbol{D}_1 = \begin{matrix} (1,3) \\ 2 \\ 4 \\ 5 \end{matrix} \begin{pmatrix} 0 & 6 & 8 & 7 \\ 6 & 0 & 3 & 5 \\ 8 & 3 & 0 & 4 \\ 7 & 5 & 4 & 0 \end{pmatrix}$$

2단계

$\boldsymbol{D}_1$에서 $\overleftrightarrow{(2)(4)} = 3$이 최소 값을 가지므로 개체 2와 4를 묶어 군집 (2,4)를 만든다. 그러면,

$$\overleftrightarrow{(1,3)(2,4)} = \min[\overleftrightarrow{(1,3)(2)}, \overleftrightarrow{(1,3)(4)}] = \overleftrightarrow{(1,3)(2)} = 6$$
$$\overleftrightarrow{(2,4)(5)} = \min[\overleftrightarrow{(2)(5)}, \overleftrightarrow{(4)(5)}] = \overleftrightarrow{(4)(5)} = 4$$

이므로 거리 행렬 $\boldsymbol{D}_2$를 얻는다.

$$D_2 = \begin{matrix} (1,3) \\ (2,4) \\ 5 \end{matrix} \begin{pmatrix} 0 & 6 & 7 \\ 6 & 0 & 4 \\ 7 & 4 & 0 \end{pmatrix}$$

3단계

$\boldsymbol{D}_2$에서 $\overleftrightarrow{(2,4)(5)} = 4$가 최소 값을 가지므로 군집 (2,4)와 5를 묶어 군집 (2,4,5)를 만든다. 그러면

$$\overleftrightarrow{(1,3)(2,4,5)} = \min[\overleftrightarrow{(1,3)(2,4)}, \overleftrightarrow{(1,3)(5)}] = \overleftrightarrow{(1,3)(2,4)} = 6$$

이므로 거리 행렬 $\boldsymbol{D}_3$을 얻는다.

$$D_3 = \begin{matrix} (1,3) \\ (2,4,5) \end{matrix} \begin{pmatrix} 0 & 6 \\ 6 & 0 \end{pmatrix}$$

4단계

마지막 단계로 전체가 하나의 군집을 이룬다.

이와 같은 병합과정을 나무구조 모양의 덴드로그램으로 나타내면 [그림 5-2]와 같다. 가로축은 개체를 나타내고 세로축은 거리를 나타낸다. 덴드로그램을 보면, 1과 3이 가장 먼저 묶이고 둘 사이의 거리는 1임을 알 수 있다. 다음으로 2와 4가 묶이고 둘 사이의 거리는 3이다. 다음으로 (2,4)와 5가 거리 4로 묶이며 마지막으로 (1,3)과 (2,4,5)가 거리 6으로 묶여져 있다.

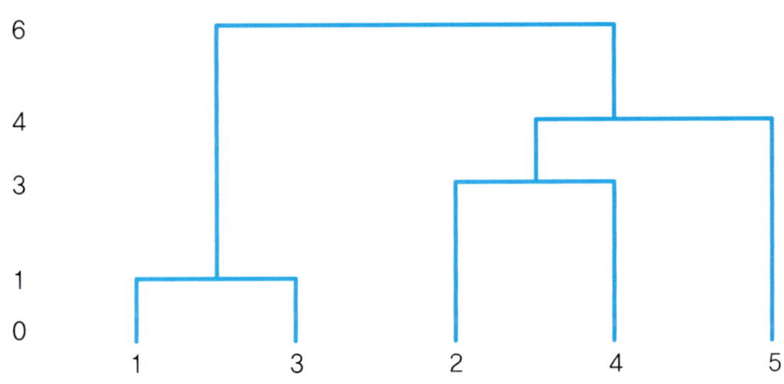

[그림 5-2] 최단연결법에서의 덴드로그램

(2) 최장(완전)연결법(Complete Linkage Method)

두 군집 사이의 거리를 각각의 군집에서 개체를 하나씩 뽑았을 때 나타날 수 있는 두 개체들 사이의 거리 중 최장거리로 정의하여 가장 유사성이 큰 군집을 묶어 나가는 방법이다. 이 방법은 한 군집에 속하는 모든 개체 사이의 거리는 알려신 최대 거리보다 작다는 성질과 다른 군집에는 같은 군집에 속하는 개체보다 거리가 더 먼 개체가 반드시 존재한다는 성질을 가지고 있다. 최장연결법은 최단연결법과는 대조적인 관계가 있으며 군집들의 내부적 응집성에 중점을 둔 방법이다.

[예제 5.2] [예제 5.1]에서 사용했던 거리 행렬 D를 가지고 최장연결법을 살펴보자.

$$D = \begin{matrix} 1 \\ 2 \\ 3 \\ 4 \\ 5 \end{matrix} \begin{pmatrix} 0 & 7 & 1 & 9 & 8 \\ 7 & 0 & 6 & 3 & 5 \\ 1 & 6 & 0 & 8 & 7 \\ 9 & 3 & 8 & 0 & 4 \\ 8 & 5 & 7 & 4 & 0 \end{pmatrix}$$

<u>1단계</u>

최단연결법과 같이 가장 가까운 두 군집을 병합함으로써 시작된다. 즉 $\overleftrightarrow{(1)(3)} = 1$이 최솟값으로 개체 1과 3을 묶어 군집 (1,3)을 만든다. 이때, 군집 (1,3)과 나머지 개체들 2, 4, 5와의 거리는

$$\overleftrightarrow{(1,3)(2)} = \max[\overleftrightarrow{(1)(2)}, \overleftrightarrow{(3)(2)}] = \overleftrightarrow{(1)(2)} = 7$$
$$\overleftrightarrow{(1,3)(4)} = \max[\overleftrightarrow{(1)(4)}, \overleftrightarrow{(3)(4)}] = \overleftrightarrow{(1)(4)} = 9$$
$$\overleftrightarrow{(1,3)(5)} = \max[\overleftrightarrow{(1)(5)}, \overleftrightarrow{(3)(5)}] = \overleftrightarrow{(1)(5)} = 8$$

이므로, 다음과 같은 거리 행렬 D_1을 얻는다.

$$D_1 = \begin{matrix} (1,3) \\ 2 \\ 4 \\ 5 \end{matrix} \begin{pmatrix} 0 & 7 & 9 & 8 \\ 7 & 0 & 3 & 5 \\ 9 & 3 & 0 & 4 \\ 8 & 5 & 4 & 0 \end{pmatrix}$$

2단계

D_1에서 $\overleftrightarrow{(2)(4)}=3$이 최소 값을 가지므로 개체 2와 4를 묶어 군집 (2,4)를 만든다. 그러면,

$$\overleftrightarrow{(1,3)(2,4)}=\max[\overleftrightarrow{(1,3)(2)},\ \overleftrightarrow{(1,3)(4)}]=\overleftrightarrow{(1,3)(4)}=9$$
$$\overleftrightarrow{(2,4)(5)}=\max[\overleftrightarrow{(2)(5)},\ \overleftrightarrow{(4)(5)}]=\overleftrightarrow{(4)(5)}=5$$

이므로 거리 행렬 D_2를 얻는다.

$$D_2=\begin{matrix}(1,3)\\(2,4)\\5\end{matrix}\begin{pmatrix}0&9&8\\9&0&5\\8&5&0\end{pmatrix}$$

3단계

D_2에서 $\overleftrightarrow{(2,4)(5)}=5$가 최소 값을 가지므로 군집 (2,4)와 5를 묶어 군집 (2,4,5)를 만든다. 그러면

$$\overleftrightarrow{(1,3)(2,4,5)}=\max[\overleftrightarrow{(1,3)(2,4)},\ \overleftrightarrow{(1,3)(5)}]=\overleftrightarrow{(1,3)(2,4)}=9$$

이므로 거리 행렬 D_3을 얻는다.

$$D_3=\begin{matrix}(1,3)\\(2,4,5)\end{matrix}\begin{pmatrix}0&9\\9&0\end{pmatrix}$$

4단계

마지막 단계로 전체가 하나의 군집을 이룬다.

이와 같은 병합과정을 나무구조 모양의 덴드로그램으로 나타내면 [그림 5-3]과 같으며 [그림 5-2]에서 보는 최단연결법의 결과와 큰 차이를 보이지 않는다. 가로 축은 개체를 나타내고 세로축은 거리를 나타낸다. 덴드로그램을 보면, 1과 3이 가장 먼저 묶이고 둘 사이의 거리는 1임을 알 수 있다. 다음으로 2와 4를 묶는데 둘 사이의 거리는 3이다. 다음으로 거리 5로 (2,4)와 5를 묶는다. 마지막으로 (1,3)과 (2,4,5)가 묶이는데 그 거리는 9이다.

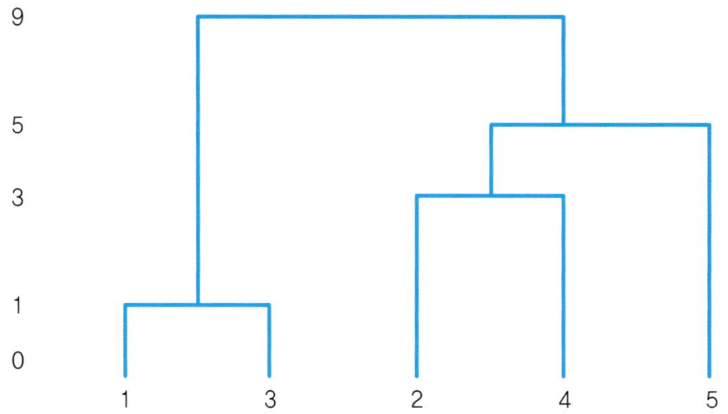

[그림 5-3] 최장연결법에서의 덴드로그램

(3) 평균연결법(Average Linkage Method)

두 군집 사이의 거리를 각각의 군집에서 개체를 하나씩 뽑을 때 나타날 수 있는 두 개체들 사이의 거리의 평균으로 정의하여 유사성이 큰 군집을 묶어 나가는 방법이다. 이 방법은 작은 분산을 가지는 군집을 형성시키는 경향이 있는 것으로 알려져 있다.

(4) 중심연결법(Centroid Linkage Method)

두 군집 사이의 거리는 각 군집의 중심과의 거리로 정의하여 유사성이 큰 군집을 묶어 나가는 방법이다. 각 군집의 중심은 그 군집에 속하는 개체들의 평균이다.

(5) 메디안연결법(Median Linkage Method)

중심연결법에서 두 군집을 병합할 때 새로운 군집의 중심을 두 군집의 중심의 평균(군집의 크기를 고려하지 않은 단순평균)으로 정의하여 가장 유사성이 큰 군집을 묶어나가는 것으로 작은 군집이 경시되는 단점을 보안한 방법이다.

(6) Ward의 방법

각 개체들과 그 개체가 속해있는 군집의 평균과의 거리의 제곱의 총합인 잔차제곱합의 증가를 최소화하도록 군집을 병합시키는 방법이다.

5.3.2 분할 방법

분할 방법은 처음에 모든 개체를 하나의 군집으로 보고 이를 N개의 군집으로 나누어가는 방법이다. 이 방법을 사용할 때의 첫 단계는 N개의 개체들을 우선 두 개의 군집으로 나누는 일이다. 그러나 이 때 나누는 방법의 수는 $2^{(N-1)}-1$로 계산량이 많아지는 단점이 있으나 컴퓨터의 발달로 큰 문제가 되지는 않을 것이다.

병합 알고리즘은 계층의 각 수준에서 하위 수준의 두 군집이 합해져서 하나의 군집이 만들어지므로 의사결정나무의 나무구조로 볼 수 있지만 병합 방법은 잎에서 출발하여 뿌리로 가면서 작업한다는 차이가 있다. 병합 방법과 유사하게 분할 방법에서는 한 번 분리된 개체들은 이후의 분할 과정에서 분리된 채로 남아 있게 된다.

두 방법에 의해 생성된 나무들의 유사성을 살펴볼 때 의사결정나무를 생성할 때 사용한 알고리즘은 군집화의 분할 방법에서 사용 가능하다. 의사결정나무 알고리즘은 모든 개체들의 집합으로부터 출발하여 상이함수(diversity function)의 관점에서 좀 더 순수한 군집으로 나눈다. 이러한 개념을 군집 알고리즘에 적용할 때 필요한 것은 군집내 평균 거리를 최소화하거나 군집간 거리를 최대화하는 상이함수를 선택하는 것으로 충분하기 때문이다.

5.4 비계층적 군집방법

비계층적 군집분석에서는 흔히 개체들을 몇 개의 군집으로 나누기 위해 주어진 판정기준을 최적화하는 최적분리기법을 사용하므로 최적분리 군집분석이라고도 한다. 여기서는 대표적인 방법인 K–평균 방법에 대해서 알아보기로 하겠다.

5.4.1 K–평균 방법

K–평균 방법은 사전에 결정된 군집 수 K에 기초하여 각 개체를 군집의 중심들 중에서 가장 가까운 군집에 할당하는 방법으로 일반적으로 다음 절차에 따라 군집을 형성한다.

첫 단계에서는 군집의 수 K를 정한다. 두 번째 단계에서는 K개의 개체를 선택하여 초기값으로 정한다. 초기값은 초기 군집의 중심이 된다. 초기값은 단순히 처음 K 개의 개체들을 선택할 수도 있고, 전체 개체에서 랜덤하게 K개를 뽑아 결정할 수도 있다. 자료들의 순서에 의미가 있을 때에는 널리 분포된 자료들을 선택하는 것이 바람직하다. 각 군집은 초기값만을 갖는 불완전한 군집이며 [그림 5-4]는 변수가 두 개인 2 차원이고 군집의 수가 $K=3$인 경우의 초기 군집의 예를 보여주고 있다.

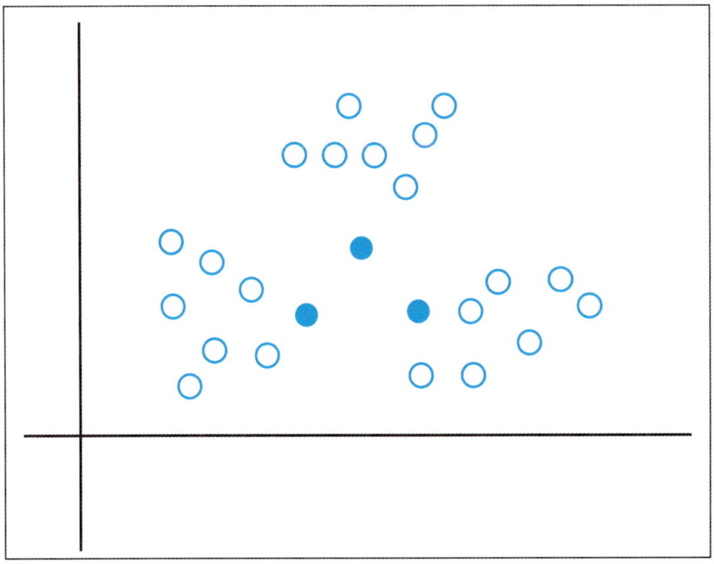

[그림 5-4] K-평균 방법에서 초기 군집의 중심

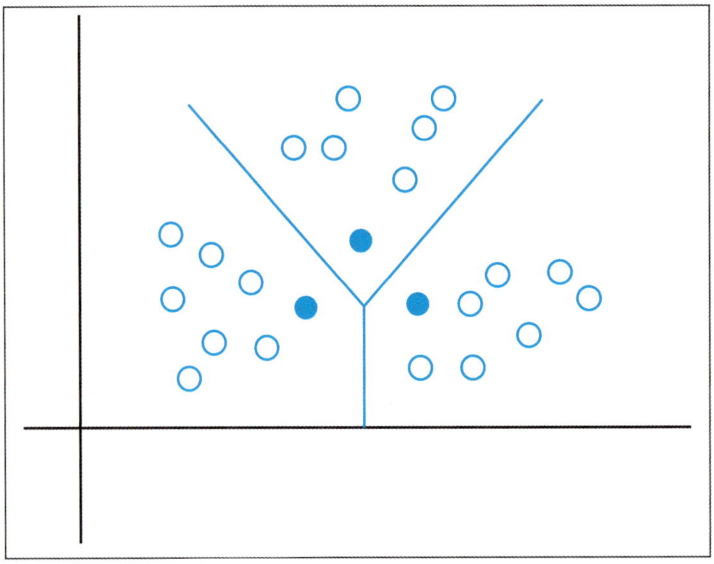

[그림 5-5] K-평균 방법에서 개체의 할당

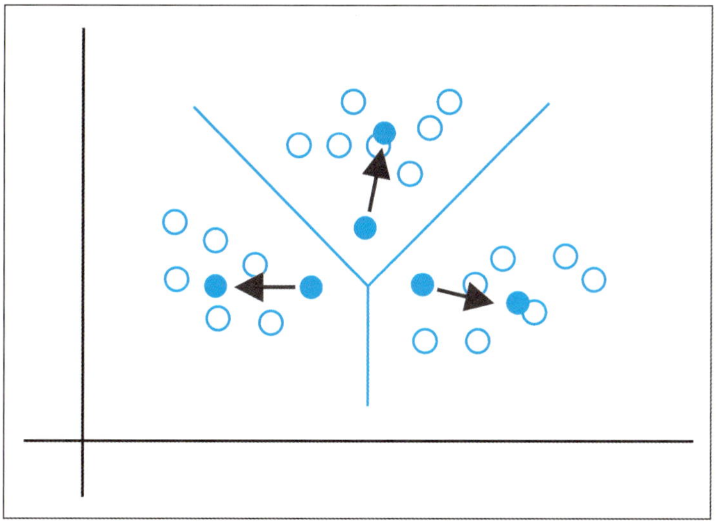

[그림 5-6] K-평균 방법에서 중심의 이동

세 번째 단계에서는 모든 개체에 대해서 개체와 군집의 중심들과의 거리를 계산하여 가장 가까운 중심의 군집에 개체를 할당한다. 유클리드 거리를 사용하는 경우는 [그림 5-5]에서 보는 바와 같이 각 군집의 중심을 연결하는 선분을 수직이등분하는 직선들에 의해서 할당된다. 네 번째 단계는 형성된 새로운 군집의 중심을 계산하는 단계로 여기서는 단순히 군집에 있는 점들을 각 차원에 따라 평균을 구한다. 만일 200개의 개체들이 한 군집에 할당되었고 4개의 변수로 군집화를 하는 것이라면, 기하학적으로 4차원 공간에 200개의 점이 있는 것이다. 각 점의 위치는 4개 변수의 벡터인 (X_1, X_2, X_3, X_4)의 형태를 가진다. 새로운 군집 중심에서의 X_1의 값은 200개의 X_1들의 평균이고, X_2, X_3 그리고 X_4에 대해서도 각 변수들의 평균을 나타낸다. [그림 5-6]은 군집의 중심이 이동하는 모습을 보여주고 있으며 화살표는 초기 군집의 중심이 새로운 군집의 중심으로 이동하는 것을 표현하고 있다.

새로운 군집이 얻어지면, 각 개체들은 가장 가까운 중심에 해당하는 군집으로 다시 할당하게 되는데 이 과정은 군집의 중심에 변화가 없을 때까지 또는 군집의 경계가 변하지 않을 때까지 계속해서 반복된다.

위의 과정들을 정리하면 다음과 같다.

① 군집의 수 K를 정한다.

② 초기 K개 군집의 중심을 선택한다.

③ 각 개체들을 가장 가까운 중심에 해당하는 군집에 할당한다.

④ 새로운 군집에 할당된 개체들로 새로운 중심을 계산한다.

⑤ 군집의 중심에 변화가 없을 때까지 ③과 ④의 과정을 반복한다.

5.4.2 초기 군집수의 결정과 개체의 할당

K-평균과 관계되는 알고리즘을 기술하는데 있어서 K 선택의 문제는 종종 얼버무려 진다. 보통 하나의 K 값으로 군집탐색을 수행하고, 결과를 평가하고, 다른 K 값으로 다시 시도함으로써 적절한 K를 정하게 되는데 이 과정에서 계층적 군집방법의 결과를 이용할 수도 있다.

다양한 K 값으로 얻어진 군집은 군집 안에 있는 개체 간의 평균 거리와 군집간의 평균 거리를 비교함으로써 평가될 수 있고, 다른 방법에 의해서도 평가될 수 있다. 또한 주성분분석 등의 다변량 통계분석법을 이용해 개체의 위치를 시각화하고 이를 관찰한 후 K를 결정하는 방법도 있을 수 있다. 그러나 군집은 다루는 분야에서의 유용성을 결정하는 좀 더 주관적인 것에 의해서도 평가되어야 할 것이다.

K-평균 군집방법의 절차는 단순하게 개체들을 새로운 군집에 할당하는 기준으로 각 군집의 중심, 즉 평균과의 거리를 이용하여 설명하였는데 이것은 군집중심으로부터 각 개체와의 거리의 제곱합을 최소화하는 방법이다. 실제로 군집으로 할당하는 기준과 군집을 최적화하는 목적식에는 다양한 형태가 있는데 한 예로, 변수들간의 공분산 관계를 고려한 산포행렬(dispersion matrix)의 행렬식을 최소화하는 방법을 사용하는 경우도 있다.

5.4.3 K-평균 방법의 변형

원래의 K-평균 알고리즘은 초기값을 선택하는 방법, 다음 단계에서 중심을 계산하는 방법, 개체들을 군집에 할당할 때 거리가 아닌 확률밀도를 사용하는 것 등의 여러 형태로 발전하였다.

지금까지 다룬 K-평균 방법은 군집이 겹치는 경우에 군집의 형성이 어렵고, 이상치에 민감하며, 각 개체가 다른 개체보다 할당된 군집에 실제로 속하게 될 가능성이 높은지 혹은 낮은지에 대한 언급이 없다는 결점이 있다.

군집을 할당할 때 확률밀도를 사용하는 가우스 혼합모형(Gaussian mixture models)은 K-평균 방법의 확률적 변형으로 그 이름은 가우스(정규)분포로부터 나왔다. 원래의 K-평균 방법은 K개의 초기값을 정하는 것으로 시작했지만 가우스 혼합모형에서는 초기값을 가우스 분포들의 평균들로 생각하고 추정과 최대화의 두 단계를 반복하게 된다.

추정 단계에서는 각 가우스분포가 각 점에 대해서 갖는 확률밀도함수값을 계산하는데 가까운 점에는 높은 확률밀도함수값을 가지며 멀리 떨어진 점에 대해서는 낮은 확률밀도함수값을 가진다. 계산된 확률밀도함수값은 다음 단계에서 가중치로 사용되며 최대화 단계에서는 각 가우스분포의 평균이 그 확률밀도함수값을 가중치를 주어 구한 전체 자료의 중심으로 이동한다.

이러한 두 단계는 가우스 분포들이 더 이상 움직이지 않을 때까지 반복된다. 가우스분포는 움직임에 따라 커질 수 있으나 가우스분포를 적분하면 1이기 때문에 커짐에 따라 홀쭉해진다. 확률밀도함수값은 주어진 점이 분산이 작고 가까운 가우스분포와 분산이 크고 멀리 떨어진 가우스분포로부터의 확률밀도함수값이 같을 수 있다는 원리로 계산되어진다.

이 모형에서는 각 점에서의 확률이 혼합된 여러 분포의 합으로 이루어지기 때문에 혼합모형이라 불리며 군집화 과정의 마지막 단계에서 각 점은 가장 높은 확률을 가지는 군집에 할당된다. 이러한 과정을 소프트군집화(soft clustering)라 한다.

5.5 가중치와 군집평가

5.5.1 단위변환과 가중치부여

단위변환과 가중치부여를 구별하는 것은 중요하다. 단위변환은 여러 변수들이 다른 단위로 측정됨으로써 생기는 문제를 다루고 가중치부여는 어떤 변수에 대해서 다른 변수보다 더 관심을 주고 싶은 경우의 문제를 다룬다.

기하학에서 모든 차원은 동일하게 중요하다. 차원 X와 Y에서 2 만큼 떨어져 있고 차원 Z에서 1 만큼 떨어져 있는 두 점의 거리는 차원 X에서 1 만큼 떨어져 있고 차원 Y와 Z에서 2 만큼 떨어져 있는 두 점의 거리와 같다. 변수 X, Y, Z들의 단위들이 같다면 문제가 되지 않지만, 만약 X가 야드로, Y는 센티미터로, Z는 항공마일로 측정되었다면 어떻게 될까? Z에서 1의 차이는 Y에서의 185,200의 차이와 같고 X에서의 2,025의 차이와 같다. 거리가 의미를 갖기 위해서는 다른 단위로 측정된 수치들이 같은 단위로 환산되어야 하지만 데이터마이닝에서는 공통된 단위가 존재하지 않는다. 대지면적, 건평, 자동차 소유, 수입 등에 관심이 있을 때, 그것들을 전부 면적이나 돈으로 환산할 수 없으므로 대지면적에서의 20 에이커의 차이와 수입에서의 20 달러의 차이를 분간할 수 없다는 것은 혼란스러울 수도 있다. 이 문제를 해결할 수 있는 방법은 모든 변수를 0에서 1까지 또는 −1에서 1까지와 같이 공통된 범위로 바꾸는 것이다. 이러한 방법에서는 적어도 변화의 비율은 비교할 수 있다. 즉, 대지면적에서의 2배의 변화는 수입에서의 2배의 변화와 같은 것이다. 이와 같이 같은 범위로 바꾸는 것을 단위변환이라 하는데 각 변수에서 평균을 뺀 후 표준편차로 나눈 z-값으로 변환하는 표준화가 많이 쓰인다. 표준화 변수의 평균은 0이고 분산은 1이 된다.

같은 수입을 가지는 두 가족이 같은 대지면적을 가지는 두 가족보다 공통점이 더 많다고 생각하고 그것을 군집화에 반영하고 싶다면 가중치를 주어서 해결할 수 있다. 군집분석의 핵심은 의미가 있는 군집을 찾는 것이므로 분석의 목적상 자식의 수가 신용카드의 수보다 중요하다면 신용카드 필드보다 자식 필드에 높은 가중치를 주고 군집화를 해야할 것이다. 단위로부터 생기는 편이를 해결하기 위해서 단위변환을 한 후 문제에서의 목적에 따른 가중치를 부여하여야 한다. 다른 가중치들이 주는 효과를 평가하고 싶을 때 그 가중치들을 변화시키면서 군집화를 반복해야 함은 당연하다.

5.5.2 군집평가

군집분석에서 K-평균 방법을 사용할 때 K를 얼마로 하는 것이 좋은지를 결정하는 방법이 필요하고, 계층적인 방법에서도 계층의 어떤 수준에서 가장 좋은 군집이 이루어지는지 검정하는 방법이 필요하다. 일반적으로 군집 내부의 원소들은 높은 수준의 유사성을 가지고 군집들 자신은 넓게 퍼져 있는 것이 좋다.

군집 내 유사성에 대한 표준적인 측도는 분산으로 최소의 분산을 갖는 군집을 만드는 방법을 찾기만 하면 된다. 계층적인 군집방법에서 사용하는 측도는 병합되기 전과 후의 거리의 차이이다. 일반적인 군집 탐색 측도로는 군집을 만들 때 사용한 유사성 측도나 거리 측도로 이를 사용하여 군집내 거리의 평균과 군집간 거리의 평균을 비교할 수 있다.

유용하지 않은 몇 개의 군집들과 함께 한 개 내지는 두 개의 좋은 군집을 찾았다면 강한 연관을 가지는 군집들의 원소들을 제거함으로써 더 좋은 결과를 얻을 수 있을 것이다. 추가적인 분석에서는 이러한 강한 군집을 제거함으로써 나머지 개체들을 가지고 새로운 군집을 탐색할 수 있다.

강한 연관을 가지는 군집을 찾았을 때, 군집에 있는 개체들이 뭉치도록 하는 이유와 그 군집 안에 존재하는 규칙이나 패턴을 찾는 것도 중요할 것이다. 첫 번째 문제를 해결하기 위해서는 각 변수에 대해서 군집 안에서의 평균과 모집단에서의 평균을 비교하여 평균의 차이에 대한 순위를 매기고 그 군집과 데이터베이스에 있는 나머지들과 가장 차이가 많이

나는 변수를 보면 무엇이 그 군집이 특별하게 보이게 하는지 설명할 수 있을 것이다. 두 번째 문제는 모든 데이터마이닝 기법들이 제기하는 문제이며 적절한 기법을 사용하여 해결할 수 있을 것이다.

오직 한 개의 군집이 찾아졌을 때도 군집화는 유용하다. 매우 드물게 존재하는 결점이 있는가를 살펴볼 때 직접적인 데이터마이닝 기법을 이용하여 감지하기에 개체의 수가 충분하지 않을 수도 있다. 전기 모터를 생산하는 공장에서 그 모터를 검사하는 것과 같은 경우이다. 정상적인 군집의 모양과 크기를 결정하기 위해서 오직 좋은 모터만을 가지는 표본에 대해서 군집탐색 방법이 사용될 수 있다. 어떤 이유로 인해서 그 군집을 벗어나는 모터가 들어왔을 때 그 모터는 이상이 있는 것으로 의심받게 된다. 이러한 접근법은 의학에서 조직표본에서 이상적인 세포를 찾는 경우에도 사용되고 있다.

5.6 군집분석의 장점과 단점

군집분석의 장점은 크게 세 가지로 들 수 있다. 첫 번째 장점은 간접적인 데이터마이닝 기법이라는 것으로 데이터베이스의 내부구조에 대한 아무런 사전 지식이 없을 때에도 적용될 수 있다는 것을 의미한다. 군집분석은 직접적인 방법에 의해서 효능을 향상시킬 수 있는 숨겨진 구조를 얻는데 사용될 수 있다.

두 번째 장점은 범주형, 수치형, 문자형 자료에 대해서도 잘 수행될 수 있다는 것이다. 군집분석은 다양한 거리 측도를 사용함으로써 거의 대부분의 자료 유형에 적용될 수 있다.

세 번째 장점은 응용하기 쉽다는 것이다. 대부분의 군집분석 기법들은 입력자료에 대해서 작은 양의 정보만을 필요로 하고 특정한 변수들을 입력과 출력으로 분류할 필요가 없다.

군집분석의 단점은 크게 세 가지로 들 수 있다. 첫 번째 단점은 올바른 거리 측도와 가중치를 선택하는 것이 어렵다는 것이다. 군집분석 알고리즘의 성능은 거리 측도나 유사 측도를 선택하는 것에 많이 의존하는데 여러 유형의 변수가 혼합된 자료에서 거리 측도를 구성하는 것이 힘든 경우들이 종종 발생한다.

두 번째 단점은 초기 조건에 민감하다는 것이다. K-평균 방법에서 처음에 선택한 K 값이 얻어질 군집의 수를 결정하므로 K 값이 자료에 내재된 구조와 일치하지 않는다면 좋은 결과를 얻을 수 없을 것이다.

세 번째 단점은 결과를 해석하기 어렵다는 것이다. 찾으려고 하는 것이 무엇인지 모르는 경우에 그것을 찾더라도 인식하지 못할 수도 있으며 찾은 군집이 실용적인 가치를 가질지를 알 수 없다.

군집분석은 많은 변수를 가지는 크고 복잡한 지료와 많은 내부구조를 가지는 자료에 사용될 수 있다. 새로운 데이터마이닝 프로젝트를 시작할 때 군집분석은 종종 시작 단계에 사용되는 기법으로 군집분석에 의해 비슷한 개체들을 포함하는 자료의 영역을 찾은 다음에 다른 데이터마이닝 기법을 이용하여 규칙이나 패턴을 찾기도 한다.

5.7 사례분석

군집분석을 위한 예제자료는 1978년 보스턴 근교에 있는 506개 지역의 집의 가치에 관한 조사를 한 자료이다. 이 절에서는 방의 평균 개수의 제곱(RM2)과 저소득층 비율에 로그를 취한 값(LGLSTAT)을 가지고 군집을 형성하고, 그 군집들과 지역 집값의 중앙값에 로그를 취한 값(LGMEDV)과의 관계에 대해서 살펴보겠다. 군집분석에서 RM2과 LGLSTAT를 사용한 이유는 그 변수들이 최종적으로 관심 있는 변수인 LGMEDV와 상관관계가 높기 때문이다. 또한 제곱과 로그를 취한 이유는 원래의 변수 값들이 한쪽으로 치우쳐 있어 의미 있는 군집을 형성하기에 어려움이 있기 때문이다. 〈표 5-1〉은 분석에 사용할 자료의 변수들을 보여주고 있다.

〈표 5.1〉 **예제 자료의 변수와 설명**

변수명	설명	역할	사용
LGLSTAT	log(저소득층의 비율)	Input	기본
LGMEDV	log(지역 집값의 중앙값)	input	아니요
RM2	방의 평균 개수의 제곱	Input	기본

- 다이어그램 작성

프로젝트 트리에서 다이어그램을 생성하고 이름을 Cluster Analysis로 한다.

• 데이터 소스 작성

분석에 사용할 자료를 선택하고 변수의 역할을 지정하고 자료의 역할을 지정한다.

① 프로젝트 트리 → 데이터 소스 → 데이터 소스 생성을 눌러 데이터 소스 마법사를 띄운다. [그림 5-7]과 같이 2번째 단계에서 테이블을 Boston_Housing으로 설정한다.

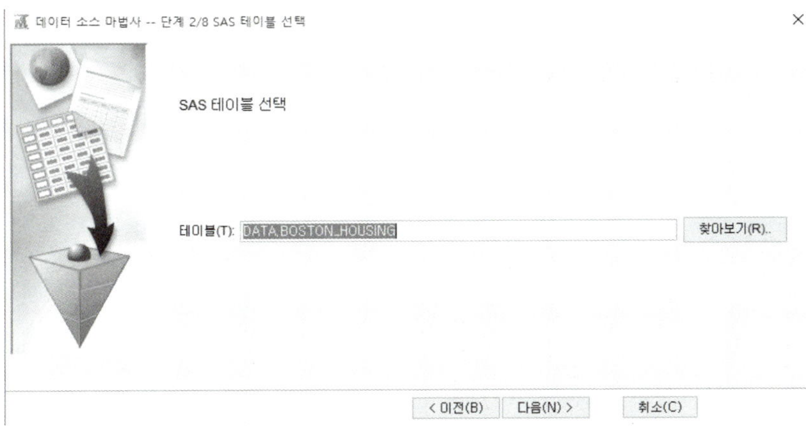

[그림 5-7] 데이터 소스 마법사의 테이블 선택 대화상자

② [그림 5-8]과 같이 RM2, LGLSTAT, LGMEDV를 제외한 모든 변수들을 제거한다.

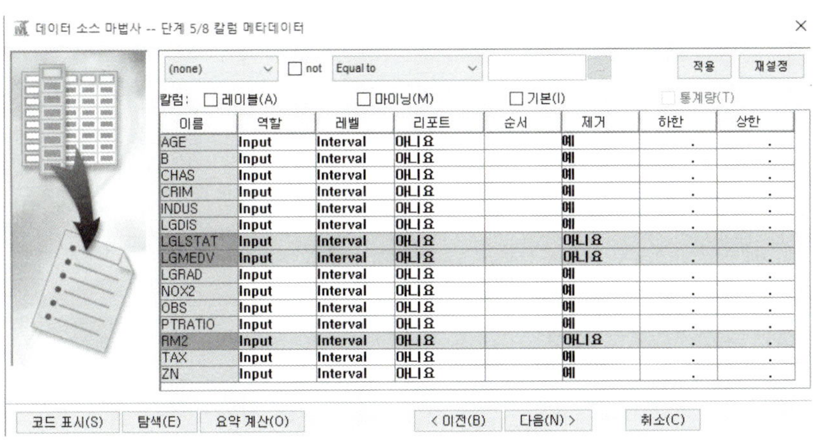

[그림 5-8] 변수 지정 과정

③ 데이터 소스에 있는 Boston_Housing을 다이어그램에 넣는다.

• 자료 탐색

군집분석을 수행하기 전에 Input변수인 LGLSTAT와 RM2의 특성을 살펴볼 수 있다. [그림 5-8]의 데이터 소스 마법사의 5번째 단계에서 왼쪽 하단에 있는 탐색(E)을 클릭하거나 [그림 5-9]와 같이 입력 데이터 노드(BOSTON_HOUSING)가 선택된 상태에서 속성창의 칼럼에서 변수를 눌러 LGLSTAT와 RM2를 선택하고 탐색(E)을 누르면 [그림 5-10]과 같은 탐색 창이 열린다. 자료와 변수에 대한 속성, 기초 통계량, 히스토그램이 나오게 되는데 히스토그램을 보면 LGLSTAT와 RM2가 한쪽으로의 치우침이 크지 않음을 알 수 있다.

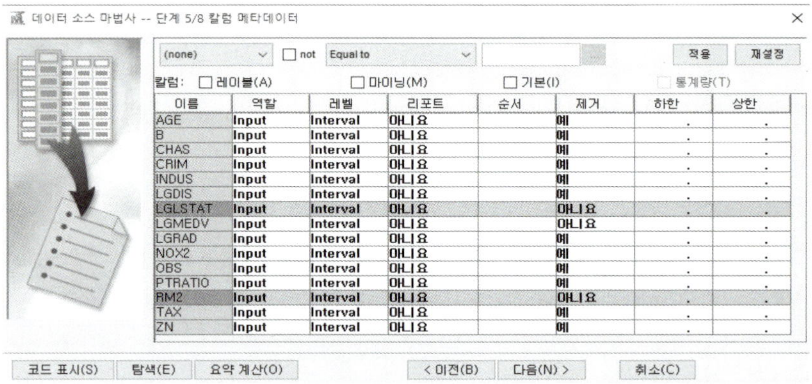

[그림 5-9] 속성 창의 칼럼과 변수를 이용한 데이터 탐색 과정

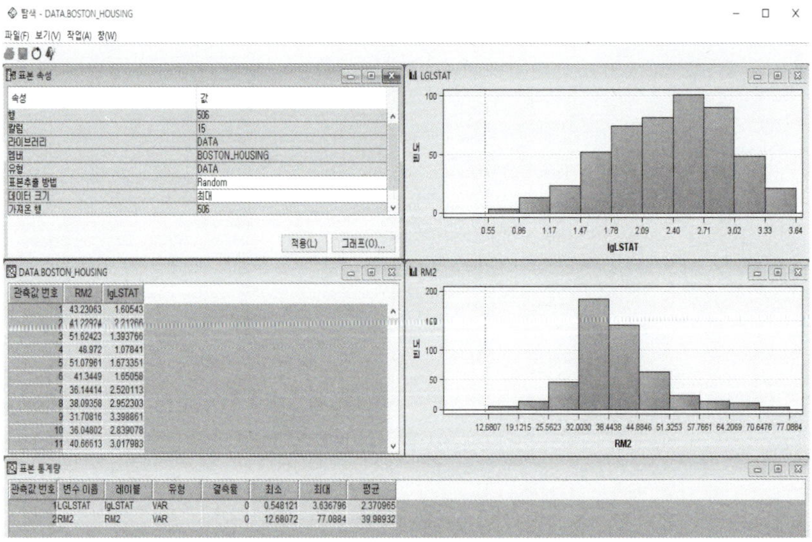

[그림 5-10] 데이터 탐색 창

• 클러스터링 노드 추가

[그림 5-11]과 같이 탐색의 클러스터링 노드를 BOSTON_HOUSING 노드에 추가한다.

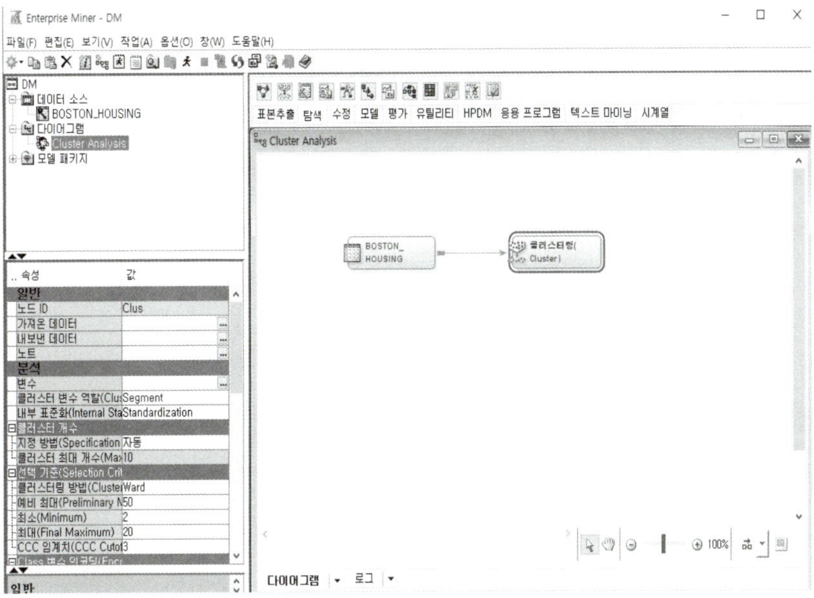

[그림 5-11] 군집분석 분석흐름도

• 클러스터링 노드의 설정

① 클러스터링 노드의 '속성 → 분석 → 변수'에서 [그림 5-12]와 같이 LGMEDV를 사용하지 않는 것으로 설정한다.

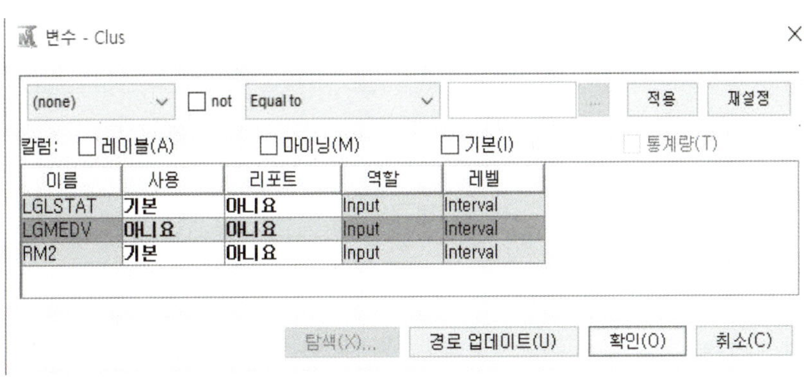

[그림 5-12] 변수 설정

② 클러스터링 노드의 '속성 → 분석 → 내부 표준화'에서 표준화 방법을 선택한다. 표준화는 관측단위가 다른 경우에 주로 사용하는 것으로 그 방법으로는 디폴트로 표준화를 안 하는 방법(None), 범위로 하는 방법(Range), 그리고 표준편차로 하는 방법(Standardization)이 있다. 범위로 하는 방법은 자료를 범위(최대값-최소값)로 나누는 것이고, 표준편차로 하는 방법은 표준편차로 나누는 방법으로 평균을 빼지 않는다. 여기에서는 [그림 5-11]과 같이 표준편차로 하는 방법(Standardization)을 사용하도록 하겠다.

③ 클러스터 개수는 군집의 수를 정해 주는 것이다. 군집분석에서 군집의 수의 결정은 상당히 중요하다. 사용자가 군집 수를 결정하는 경우에는 여러 번의 시행착오를 거쳐 결과적으로 가장 의미 있는 정보요약을 도출해 낼 수 있는 군집의 수를 결정해야 한다. 자동은 E-miner가 자동적으로 관측치들 간의 반복적인 거리계산을 통해 가장 적절한 군집의 수를 결정하는 것이며, 사용자 지정은 사용자가 산점도를 통한 사전분석과 자료에 대한 지식 등을 이용하여 결정하는 것으로 K-평균 방법에 해당된다. 군집 수를 결정하는 또 다른 방법은 사전에 주성분분석을 통하여 변수의 차원을 줄이고 주성분에 의해 자료를 살펴봄으로써 군집 수를 정하는 방법과 CCC(cubic clustering criterion)를 이용하는 방법 등이 있다. 본 예제에서는 디폴트인 자동을 사용하였다.

④ 선택 기준은 군집방법 등을 정하는 것으로, 클러스터 개수에서 사용자 지정을 선택하면 활성화 되지 않는다. 군집방법으로는 평균연결법(Average), 중심연결법(Centroid), 그리고 Ward의 방법(Ward)이 있으며 여기에서는 디폴트인 Ward 방법을 사용하였다.

- 군집분석 결과보기

(1) 결과 창

클러스터링 노드를 실행하면 [그림 5-13]과 같이 4개의 창으로 이루어진 결과를 볼 수 있다. 세그먼트 도표는 군집 변수 RM2와 LGLSTAT에 대해서 각 군집에서의 분포를 나타내고 세그먼트 크기는 각 군집들의 크기(개체 수)를 나타내며 평균값 통계량 창은 각 군집들에 대한 통계량을 보여 주고 출력 창은 군집과정 등에 대한 세부정보를 보여준다.

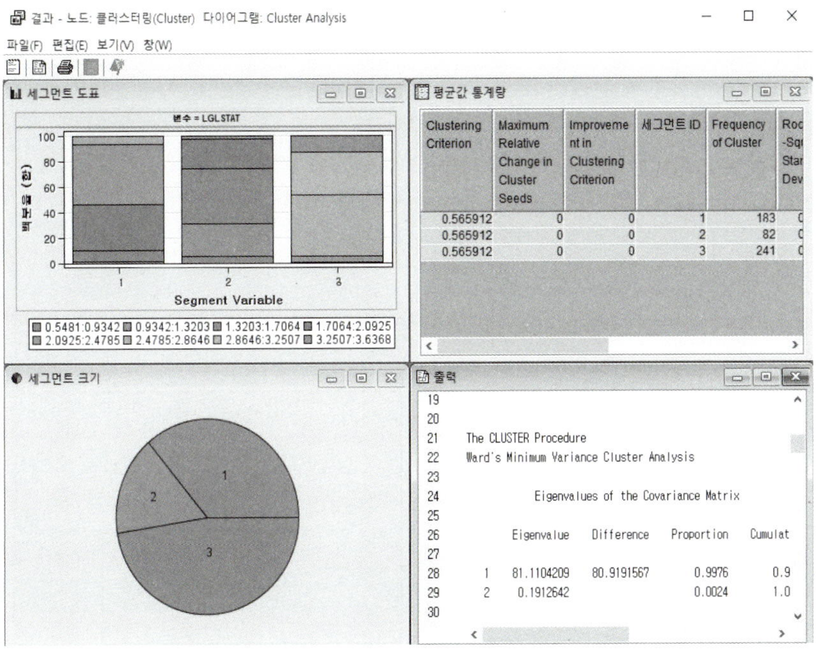

[그림 5-13] 군집분석 결과 창

(2) 입력 평균 그래프

[그림 5-13]의 결과 창에서 '보기 → 요약통계량 → 입력 평균 그래프'를 클릭하면 [그림 5-14]와 같이 정규화 평균(normalized mean)에 대한 그래프가 나온다. M_j를 군집 C_j에 대한 변수 Y_i의 평균으로 정의하면, 군집 C_j에 대한 변수 Y_i의 정규화 평균 SM_{ij}은 다음과 같다.

$$SM_{ij} = (M_{ij} - \min_j(M_{ij}))/(\max_j(M_{ij}) - \min_j(M_{ij}))$$

SM_{ij}의 값은 항상 0과 1사이에 있으며 모든 변수(i)에 대해서, $SM_{ij}=0$인 군집도 존재하고 $SM_{ij}=1$인 군집도 존재한다. 전체에 대한 변수 Y_i의 정규화 평균 $SM_i.$ 은 군집(j)에 대한 SM_{ij}의 가중평균이다. [그림 5-14]를 보면, 군집 1은 전체와 큰 차이를 보이지 않고, 군집 2는 RM2는 크고 LGLSTAT는 낮으며, 군집 3은 RM2는 작고 LGLSTAT는 크다는 것을 알 수 있다.

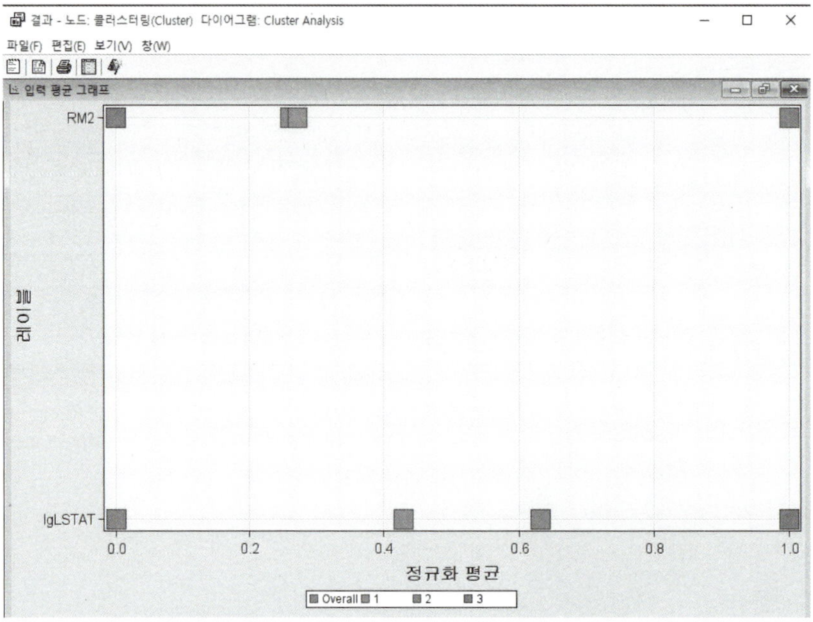

[그림 5-14] **입력 평균(정규화 평균) 그래프**

(3) 변수 중요도

[그림 5-13]에서 '보기 → 클러스터 프로파일 → 변수 중요도'를 선택하면 [그림 5-15]와 같은 표가 나온다. 중요도(Importance)는 0과 1사이의 값을 가지며 군집 형성할 때의 각 변수의 중요도를 나타낸다. 중요도가 0인 것은 단지 군집을 형성할 때 분할변수로 역할을 하지 않았다는 것을 의미하며 반드시 제거시켜야 한다는 것을 의미하지는 않는다. [그림 5-15]를 보면 LGLSTAT가 RM2보다 군집을 형성함에 있어서 더 중요하다는 것을 알 수 있다.

변수 중요도

변수 이름	레이블	분리 규칙 개수	대체 규칙 개수	중요도
LGLSTAT	lgLSTAT	4	5	1
RM2	RM2	6	2	0.955839

[그림 5-15] **변수 중요도**

(4) 클러스터 거리

[그림 5-13]에서 '보기 → 클러스터 거리 → 테이블'을 선택하면 [그림 5-16]과 같은

군집 간의 거리표가 나온다. 이 예제에서와 같이 군집 수가 4보다 적다면 그래프는 나타나지 않는다. 참고로 군집 수를 4로 하는 K-평균 방법을 사용하면 [그림 5-17]과 같은 클러스터 거리 그래프를 볼 수 있다.

테이블

SEGMENT	_1	_2	_3
1	0	14.83424	5.585081
2	14.83424	0	20.3988
3	5.585081	20.3988	0

[그림 5-16] **클러스터 거리 테이블**

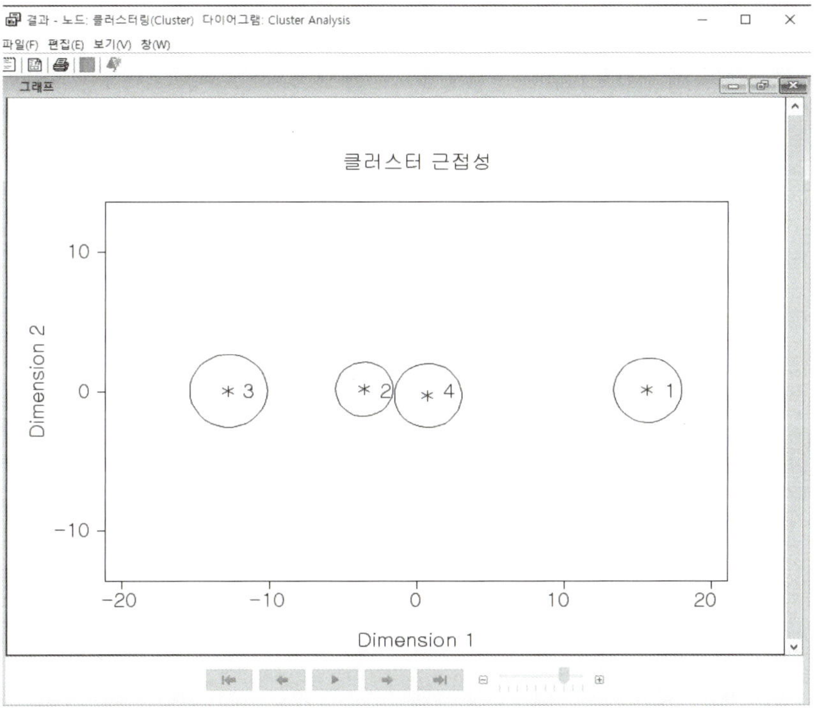

[그림 5-17] **클러스터 거리 그래프**

- 군집분석 결과 자료 보기

[그림 5-18]과 같이 클러스터링 노드에서 내보낸 자료를 선택하면 군집분석의 결과가 저장되는 테이블의 이름을 볼 수 있으며, 해당 테이블을 선택하고 탐색을 누르면 [그림 5-19]와 같이 각 개체들이 어느 군집에 속하는 지 알 수 있다.

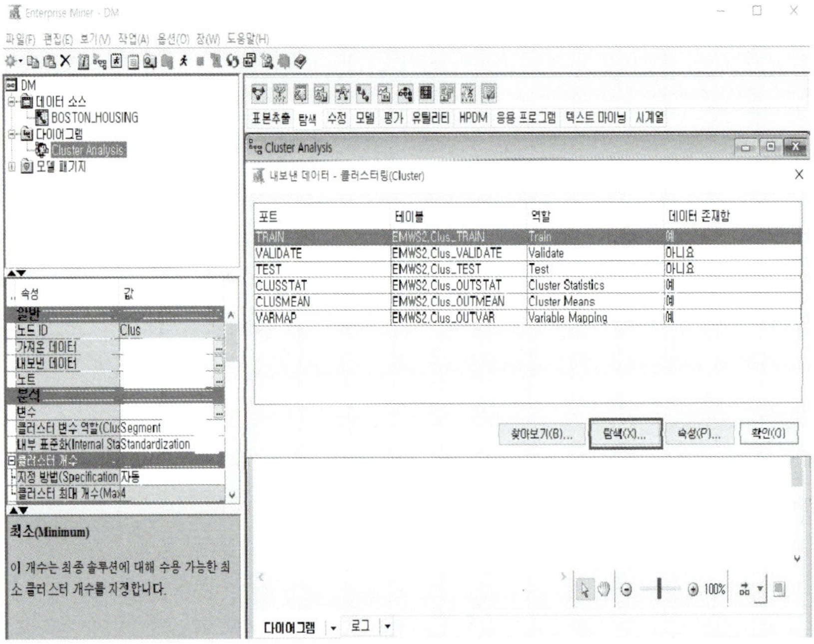

[그림 5-18] 군집분석의 결과 테이블

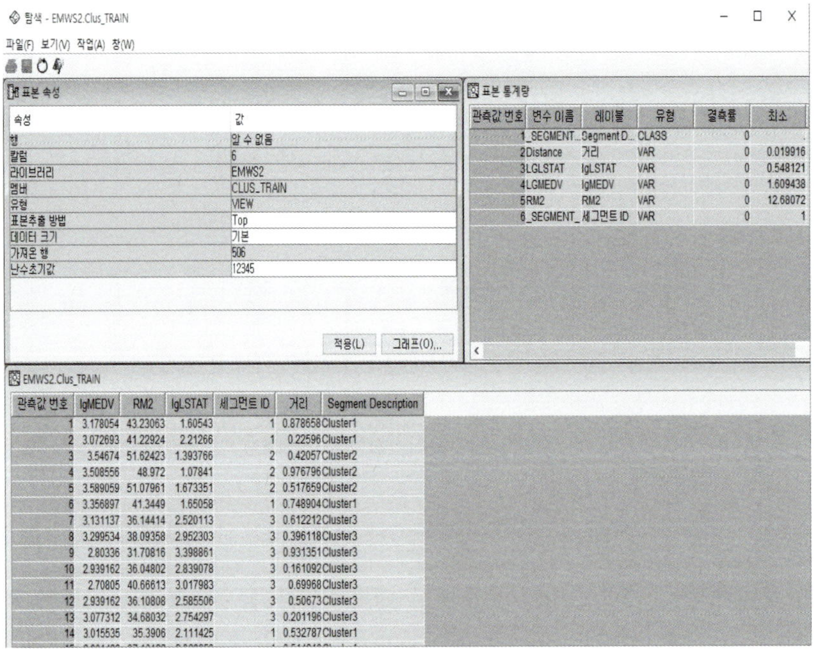

[그림 5-19] 군집화된 자료 보기

• 세그먼트 프로파일링 노드의 설정

'평가 → 세그먼트 프로파일링' 노드를 클러스터링 노드에 연결하면 [그림 5-20]과 같은 다이어그램이 나온다. 세그먼트 프로파일링 노드에서는 각 군집과 범주형 변수 또는 구간형 변수와의 관계를 살펴볼 수 있다.

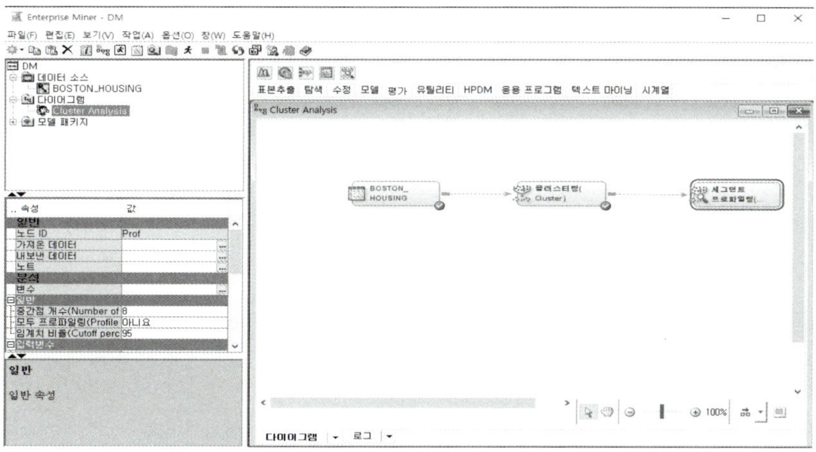

[그림 5-20] 클러스터링과 세그먼트 프로파일링의 다이어그램

• 세그먼트 프로파일링 결과 보기

[그림 5-21]은 세그먼트 프로파일링 결과의 초기 화면이다.

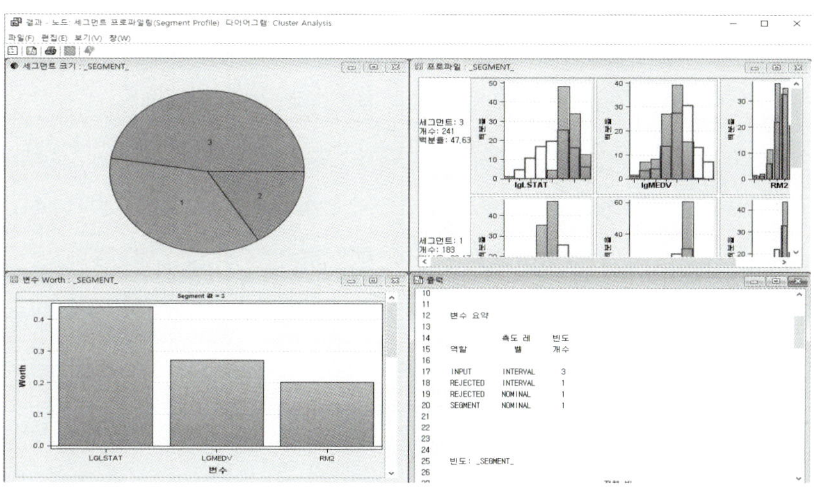

[그림 5-21] 세그먼트 프로파일링 초기 화면

결과창에서 군집 순서는 군집의 크기에 따라 정해진다. [그림 5-22]의 프로파일은 각 군집에서 변수들의 분포와 전체의 분포를 비교하는 히스토그램이며, 군집 3을 보면 LGLSTAT가 높고 LGMEDV와 RM2는 낮게 나오고 있으며, 군집 1은 세 변수의 값이 전체 평균 근처에 몰려 있고, 군집 2는 군집 3과 반대인 특징을 보이고 있다. 즉, 군집 1은 평범한 마을들이고, 군집 3은 가난한 마을들이며 군집 2는 부유한 마을들로 유추된다.

각 군집에서 변수들의 분포와 전체의 분포의 차이를 worth 통계량으로 수치화한 그림이 [그림 5-23]이며 그 크기에 따라 그림에서 보이는 변수의 순서가 정해진다. worth 통계량이 클수록 해당 변수에 대해서 고려되는 군집이 전체와 차이가 많이 난다. 군집 3에서는 LGLSTAT의 worth 통계량이 가장 큰데 이것은 군집 3이 전체와 차이나는 데 LGLSTAT가 많은 영향을 준다는 의미이다. 즉 군집 3은 주로 LGLSTAT로 인해서 전체와 차이가 난다고 볼 수 있다.

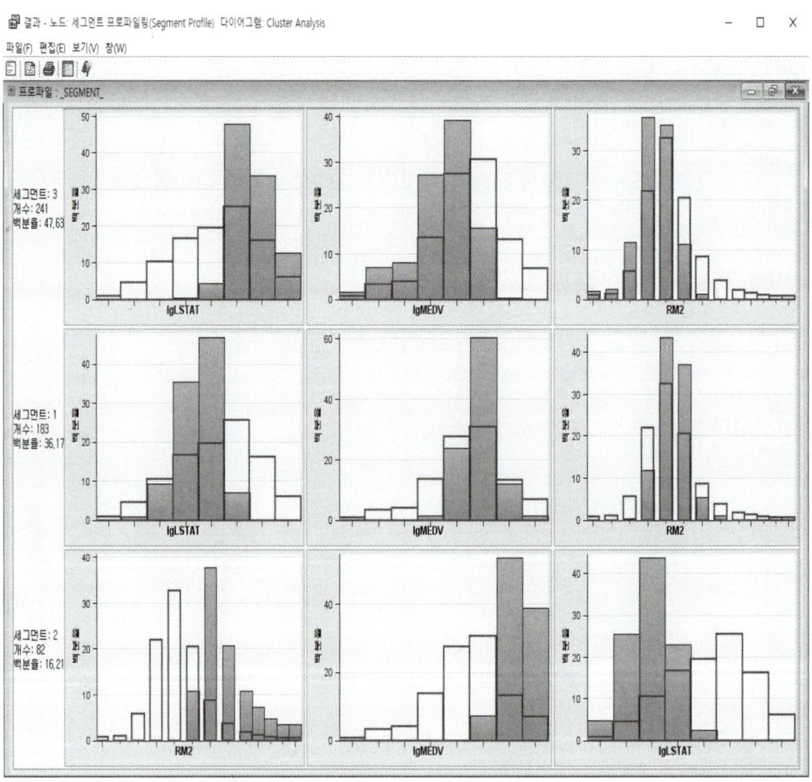

[그림 5-22] 군집별 변수의 히스토그램

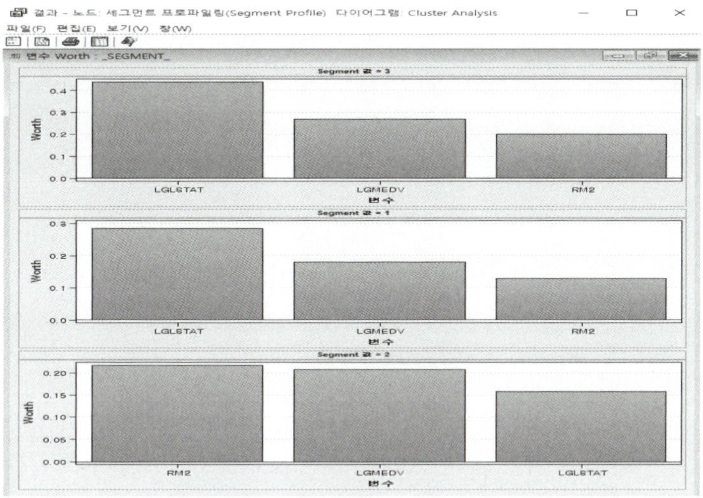

[그림 5-23] 군집별 Worth 통계량

[그림 5-20]의 좌측 속성에서 가져온 데이터 또는 내보낸 데이터를 클릭하고 '탐색 → 그래프 → 산점도'에서 RM2를 X축으로, LGLSTAT를 Y축으로, _SEGMENT_를 그룹으로 선택하면 [그림 5-24]와 같이 군집변수에 따라 군집이 어떻게 형성되었는지를 알 수 있는 산점도가 나타난다. 산점도를 보면 군집 1은 중간에 군집 2는 우측 하단에 군집 3은 좌측 상단에 위치하고 있음을 알 수 있다. 그래프의 3차원 산점도에서 RM2를 X축으로, LGLSTAT를 Y축으로, Z축을 LGMEDV로, _SEGMENT_를 색상으로 선택하면 [그림 5-25]와 같이 군집별 RM2, LGLSTAT와 LGMEDV의 관계를 파악하는 3차원 산점도가 나타난다.

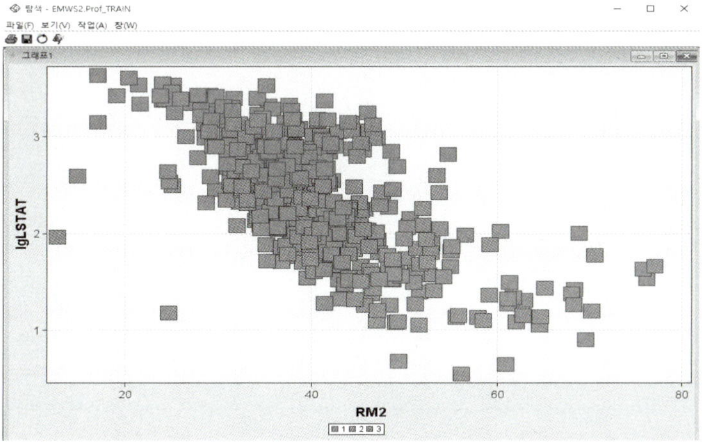

[그림 5-24] 군집별 산점도

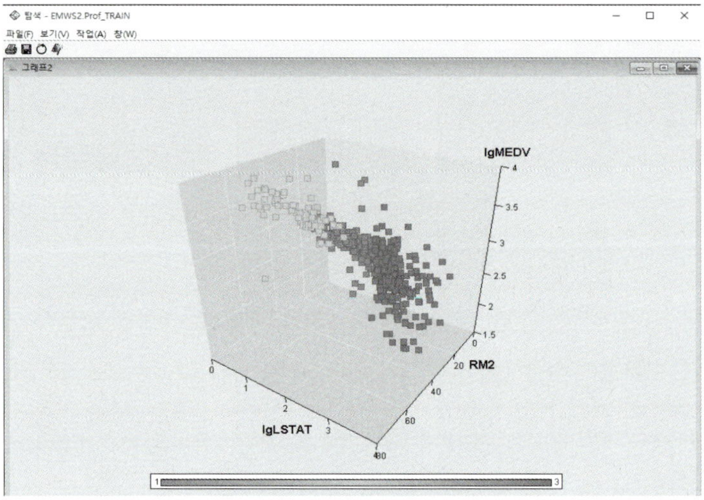

[그림 5-25] 3차원 산점도

- 상자도표

그래프의 상자를 선택하고 _SEGMENT_를 X축으로 하고 RM2, LGLSTAT, 또는 LGMEDV를 Y축으로 하는 상자도표를 그리면 각각 [그림 5-26], [그림 5-27], 그리고 [그림 5-28]과 같이 군집별로 각 변수의 분포를 비교할 수 있는 상자도표를 볼 수 있다. 상자도표를 살펴보면 [그림 5-22]와 [그림 5-25]에서 살펴본 바와 같이 각 변수에 대해서 군집의 특징을 비교할 수 있다.

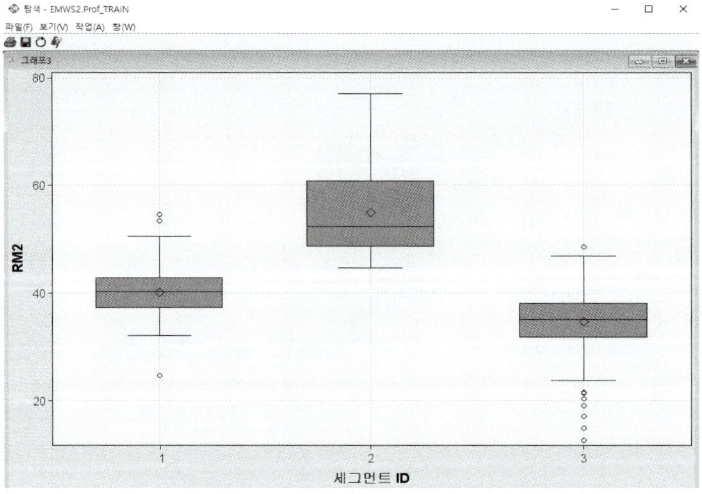

[그림 5-26] 군집별 RM2 변수의 분포

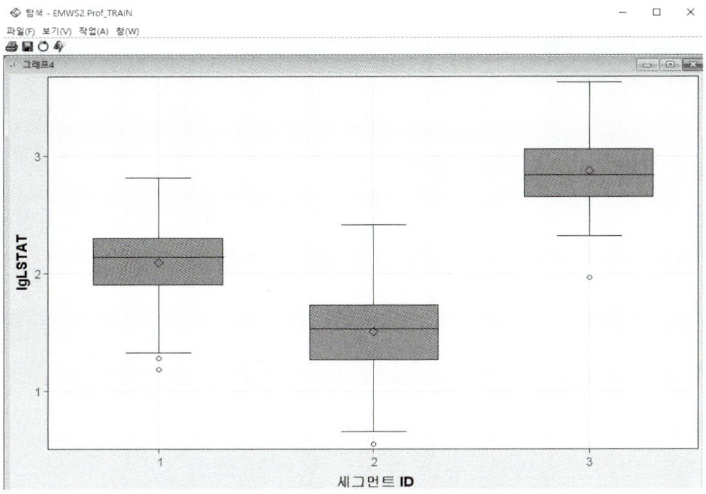

[그림 5-27] 군집별 LGLSTAT 변수의 분포

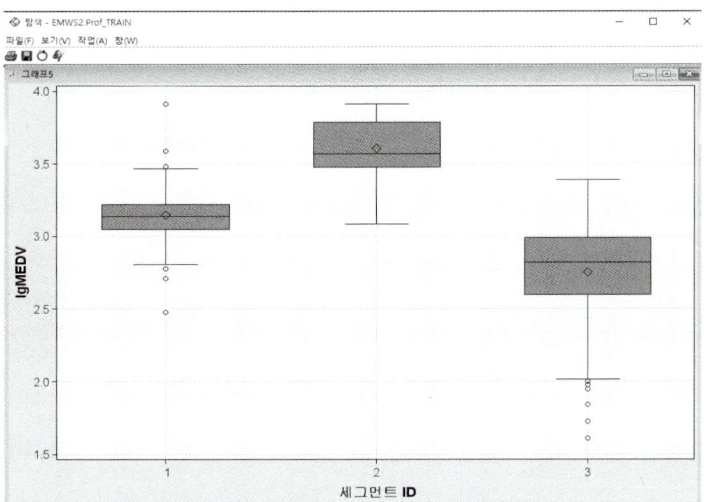

[그림 5-28] 군집별 LGMEDV 변수의 분포

연습문제

1 군집분석에 대해 다음 물음에 답하여라.

1) 범주형 자료에 대해서 두 개체간의 거리를 재는 방법에 대해 설명하여라.

2) 두 벡터사이의 각도(또는 비율)를 이용하여 거리를 재는 것이 타당한 경우의 예를 들고 설명하여라.

3) 계층적 군집방법과 비계층적 군집방법을 비교하여 설명하여라.

4) 단위변환과 가중치부여에 대해 설명하여라.

5) 두 군집의 각각의 SSE의 합과 군집을 합쳤을 때의 SSE와의 관계를 써라. 즉 아래에서 $A+B$와 C 의 크기를 비교하여라.

$$A=\sum_{i=1}^{n_1}(X_i-\overline{X_1})^2, \quad B=\sum_{i=n_1+1}^{n_1+n_2}(X_i-\overline{X_2})^2, \quad C=\sum_{i=1}^{n_1+n_2}(X_i-\overline{X})^2$$

단, $\overline{X}=\dfrac{1}{n_1+n_2}\sum_{i=1}^{n_1+n_2}X_i$, $\overline{X_i}$는 i군집의 평균을 나타낸다.

2 아래의 자료(1~10 사이의 자연수 한 개씩)를 K-평균 방법을 사용하여 2개의 군집으로 묶고 물음에 답하여라. 초기 군집 중심은 9와 10으로 하고 유클리드 거리를 사용하여라.

자료: 1, 2, 3, 4, 5, 6, 7, 8, 9, 10

1) 초기에 할당된 군집1과 군집2에 속하는 개체번호를 각각 구하여라.

2) 두 번째 할당된 군집1과 군집2에 속하는 개체번호를 각각 구하여라.

3) 세 번째 할당된 군집1과 군집2에 속하는 개체번호를 각각 구하여라.

3 Boston_housing 데이터는 506개의 마을에 대한 것이다. 두 변수 AGE와 LGLSTAT를 사용하여 군집분석을 실시하고 다음 물음에 답하여라. 군집 수는 3개, 표준화(Standardization)하고, 나머지 옵션은 디폴트로 한다.

- AGE: 노후화된 집의 비율(%)
- LGLSTAT: 저소득층의 비율의 log 값
- LGMEDV: 집값의 중앙값의 log 값 (군집을 형성할 때는 사용 안함)

1) 처음 10개의 마을이 속하는 군집번호를 구하여라.

2) 각 군집의 중심을 구하여라.
3) 각 군집간의 거리행렬을 구하여라.
4) AGE와 LGLSTAT 측면에서 각 군집의 특징을 써라.
5) LGMEDV 측면에서 각 군집의 특징을 써라.
6) 각 군집이 전체와 가장 차이를 많이 나타내는 변수가 AGE, LGLSTAT, LGMEDV 중에서 무엇인지 군집별로 써라.
7) 각 군집별로 LGMEDV의 평균을 구하여라.

4 **High_speed 데이터는 인접한 부산 근교 3개 고속도로 구간의 주행 속도(s1, s2, s3)를 측정한 자료이다. 15분 간격으로 측정되었고 2014년 1월의 한 달간의 자료이다. 세 구간의 주행 속도가 유사하거나 유사하지 않은 시간들을 묶고 싶다. 세 변수 s1, s2, s3을 모두 사용하여 시간(time)에 대한 군집분석을 하고 물음에 답하여라. 군집 수는 4개, 표준화(Standardization)하고, 나머지 옵션은 디폴트로 한다.**

1) 처음 10개의 time이 속하는 군집번호를 구하여라.
2) 세 변수에 대한 각 군집의 중심을 구하여라.
3) 군집간의 거리행렬을 써라(4×4 행렬).
4) 세 변수 측면에서 각 군집의 특징을 써라.
5) 각 군집이 전체와 가장 차이를 많이 나타내는 변수가 s1, s2, s3 중에서 무엇인지 군집별로 써라.

5 **여러 버스 노선들이 있으며 노선을 운행하는데 소요되는 시간에 관심이 있다. 운행노선과 출발하는 시간대에 따라 운행소요시간은 차이가 많이 난다. 각 노선별로 9, 10, 11, 12시의 4개 시간대에 출발하는 버스의 운행소요시간의 평균이 있는 자료가 있다고 가정한다. 9시에서 12시로 감에 따라 운행소요시간이 늘어나는 노선도 있을 것이고 운행소요시간에 변화가 없는 노선도 있을 것이다. 이러한 패턴이 비슷한 노선들끼리 묶고 싶을 때 어떤 방법이 있는지 구체적으로 써라.**

Ⅵ

의사결정나무분석

이 장에서는 의사결정나무의 구성요소와 의사결정나무의 원리 및 의사결정 나무 분석이 분류와 예측문제에 어떻게 사용될 수 있는지에 대해 알아본다. 그리고 의사결정나무를 작성하는 데 사용되는 알고리즘 중에서 CART에 대해 자세히 설명한다.

6.1 의사결정나무의 정의

의사결정나무는 분류나 예측을 하는데 효과적으로 많이 쓰이는 데이터마이닝 기법 중의 하나다. 신경망이나 판별분석 등과 달리 의사결정나무는 분류 및 예측에 적용되는 규칙을 명확하게 설명할 수 있기 때문에 많이 사용된다고 할 수 있다. 의사결정나무에 의한 결과 규칙은 말로 표현되어 누구나 쉽게 이해할 수 있거나 SQL과 같은 데이터베이스 언어로 표현되어 특정한 범주에 들어오는 자료들의 검색이나 추출을 가능하게 한다.

어떤 분야에서는 분류나 예측의 정확도만이 중요할 수 있다. 만약 홍보책자 발송회사가 사람들이 가장 많은 반응을 보일 고객유치방안을 정확하게 예측하는 모형을 얻을 수 있다면 모형이 어떻게 적용되고 있는지 또는 사람들이 왜 그렇게 반응하는지에 대해서는 신경을 쓸 필요가 없을지도 모른다. 그러나 어떤 분야에서는 결정을 내리게 된데 대한 이유를 설명하는 것이 절대적으로 필요할 수 있다. 은행 대출신청에서 대출신청이 받아들여지지 않은 경우 대출담당자가 대출신청자에게 다른 추가적인 설명 없이 신경망이라는 분석법에 의한 결과 대출해드릴 수 없다는 것보다는 (수입 ≤ 1,000,000), (현재 있는 회전 계좌의 수〉3)이라는 규칙에 근거하여 대출신청이 받아들여지지 않았다는 설명을 해 줄 수 있다면 대출 신청자가 대출 신청이 불가하다는 은행의 결정을 수용하기가 훨씬 쉬울 것이다.

의사결정나무를 만드는 데는 다양한 알고리즘들이 있는데 많이 쓰이는 것으로는 CART (classification and regression tree)와 C4.5 및 CHAID(chi-squared automatic interaction detection)가 있다.

이 장에서는 의사결정나무의 구성요소와 원리 및 분류와 예측문제에 어떻게 사용될 수 있는지에 대해 알아보기로 한다. 또한 의사결정나무를 작성하는 알고리즘 중 CART에 대해 설명한다. 그리고 예제를 통하여 목표변수가 이진인 경우와 연속인 경우 각각에 대해 의사결정나무분석을 적용해 본다.

6.2 의사결정나무의 구성요소

의사결정나무는 노드라고 불리는 구성요소들로 이루어진 나무의 뿌리모양을 이루고 있으며 노드는 그 기능에 따라 아래와 같이 분류할 수 있다.

- 뿌리노드(root node) : 나무구조가 시작되는 처음의 노드로 이 노드로부터 하부의 노드가 갈라진다. [그림 6-1]에서 1이 뿌리노드에 해당한다.
- 자식노드(child node) : 하나의 노드로부터 갈라져 나간 노드들을 의미한다. [그림 6-1]에서 2번과 3번은 1번 노드의 자식노드이다.
- 부모노드(parent node) : 자식노드의 상위 노드이다. [그림 6-1]에서 1번은 2번과 3번의 부모노드이다.
- 끝노드(terminal node) 또는 잎노드(leaf node) : 각 나무뿌리의 아래 끝에 위치하고 있는 노드를 의미한다. 의사결정나무에서는 끝노드의 개수만큼 분류 규칙이 생성된다고 할 수 있다. [그림 6-1]에서 4, 5, 7, 8, 9번이 끝노드에 해당한다.
- 중간노드(internal node) : 뿌리노드와 끝노드 사이에 있는 노드들을 의미한다. [그림 6-1]에서 2, 3, 6번이 중간노드이다.
- 가지(branch) : 뿌리노드에서 끝노드까지 연결된 일련의 노드들을 의미한다.[그림 6-1]에서 1, 2, 4, 5번과 1, 3, 6, 7, 8, 9번이 각각 하나의 가지를 형성하고 있으며 깊이는 각각 2와 3이다.
- 깊이(depth) : 뿌리노드에서 끝노드까지 분리된 횟수가 깊이에 해당한다. [그림 6-1]에서 1, 2, 4, 5번이 이루는 가지의 깊이는 2이며 1, 3, 6, 7, 8, 9번이 이루는 가지의 깊이는 3이다. 전체 나무의 깊이는 3이다.

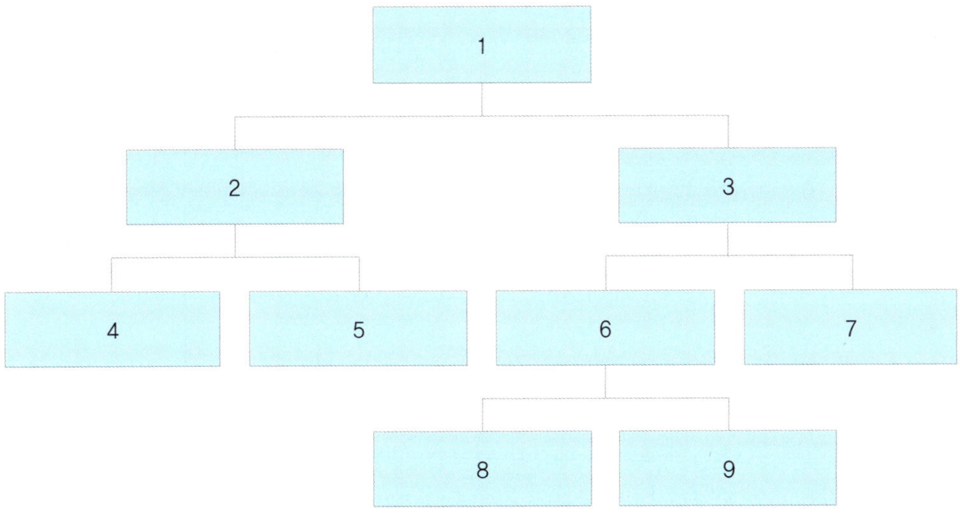

[그림 6-1] 의사결정나무 형태의 예

6.3 의사결정나무의 원리

• 스무고개 게임

스무고개 게임을 해본 사람은 누구나 의사결정나무를 쉽게 이해할 수 있다. 스무고개 게임은 특정한 장소나 사람, 혹은 물건을 생각하고 있으면서 그것이 무엇인지를 알려주지 않고 다른 참가자들에게 맞히게 하는 게임이다. 참가자들은 문제를 출제한 사람에게 "예" 혹은 "아니오"라는 답을 들어가며 답을 이끌어내기 위한 질문을 계속해 나가면서 출제한 사람이 생각하고 있는 것이 무엇인가를 알아내야 한다. 게임을 잘 하는 사람은 문제 출제자가 원하는 정답을 알아맞히는데 스무고개까지 거의 가지 않는다.

의사결정나무는 그러한 일련의 질문들을 나타낸다고 볼 수 있다. 게임에서처럼 첫 질문에 대한 답이 다음 질문을 결정해 준다. 만약 질문들이 잘 선택된다면 짧은 몇 번의 과정을 거쳐 들어오게 될 관측치를 정확하게 분류할 수 있게 된다. 의사결정나무는 일반적으로 위로는 뿌리, 그리고 아래로 잎을 가지게끔 그리게 된다. 음악을 연주하는데 사용되는 악기를 분류하려는 경우도 스무고개와 같은 방법으로 의사결정나무구조를 사용할 수 있다.

관측치는 뿌리노드에서부터 나무에 들어간다. 뿌리에서 검정에 의해서 관측치가 다음에 어떤 노드로 갈지를 결정하게 된다. 입력변수와 입력변수의 기준을 선택하기 위해 다양한 알고리즘들이 사용되며 이들의 목표는 목표 집단을 가장 잘 분별해 주는 기준을 선택하는 것이다. 이 과정은 관측치가 잎노드에 도착할 때까지 반복된다. 뿌리에서 각 잎으로 이르는 경로는 단 하나다. 그 길은 자료를 분류하는데 사용되는 규칙을 나타내 주게 된다. [그림 6-1]에 있는 나무는 깊이가 일정치 않은 이원 분류 나무구조다. 즉, 각 노드는 두 개의 자식노드가 있고 뿌리에서 잎까지의 거리가 다양하다. 이 경우, 각 노드는 "예" 혹은 "아니오"로 답할 수 있는 질문을 나타내며 그 답은 두 갈래의 길 중에 어느 길로 자료가 나무의 다음 수준으로 가게 되는지 결정하게 된다. 의사결정나무는 자식 노드가 반드시 두 개인 이지분리일 필요는 없으며 자식노드가 세 개 이상일 수도 있다.

• 상자놀이 게임

놀이동산에 가게 되면 여러 종류의 게임을 즐길 수 있는데, 이 중 각각 다른 점수가 표시된 상자나 바구니에 공을 던져서 어느 상자에 공이 들어가느냐에 따라 게임을 한 사람이 커다란 곰 인형과 같은 것을 상품으로 받거나 혹은 게임입장권보다 더 싼 작은 반지 따위를 받게 되는 게임을 종종 볼 수 있다. 여기서 우리는 상자의 열을 하나의 분류장치로 볼 수 있다. 그것은 게임을 하는 사람들은 공이 떨어지는 곳에 따라 승자(상품을 받는 경우) 혹은 패자(상품을 받지 않는 경우)로 분류 된다. 의사결정나무는 이러한 게임에서 우리의 관측치(공)를 분류해내는 (던져 넣을) 저장장소(상자)를 만들어내는 분류 장치라고 생각할 수 있다.

의사결정나무는 뿌리노드에서 관측치 속의 어떤 특정한 변수에 근거하여 검정에 의해 분할이 형성된다. 이렇게 하여 분할되어 만들어진 새로운 상자들은 나무의 다음 분할변수에 의해 다시 분할되어 간다. 이러한 상자 나무는 잎에 다다를 때까지 계속해서 분할해 나가게 되는데, 의사결정나무에서 가끔은 균일하지 않은 깊이를 가지게 되는데 이는 어떤 상자들은 다른 것들보다 더 많이 나누어질 수도 있다는 뜻이다.

예를 들어, 신용카드회사에서 좋은 고객을 알아보는 데는 여러 가지 방법이 있는데, 전망이 있는 어떤 고객은 낮은 거래율을 유지하나 높은 회전계좌 잔고를 유지하고 있는 반면, 또 다른 고객은 각 달마다 잔고가 비게 되지만 그들의 높은 거래 실적에 의해 전망이 있어 보인다. 비슷하지 않은 이들 두 고객은 동등하게 신용카드회사에 이윤을 줄 가능성이 높다고 볼 수 있다. [그림 6-2]와 같이 서로 다른 위치에 있는 같은 전망의 고객을 직선이나 곡선으로는 정확히 분리할 수 없으나 상자나무는 정확히 분리함을 보여주고 있다.

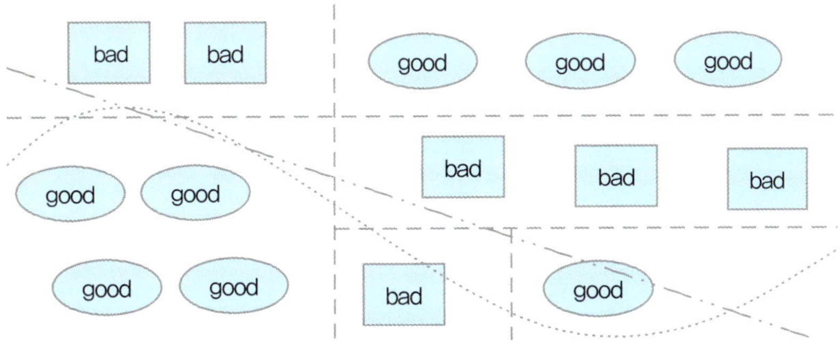

[그림 6-2] 하나의 line이나 단순한 curve가 region을 분류할 수 없는 예

6.4 원자료의 분할 및 효율성평가

의사결정나무 분석을 위해 원자료 전체집합을 세 자료 집합으로 나눈다. 각각 사용되는 목적에 따라 분석용자료(training), 평가용자료(validation), 검증용자료(test)라 한다.

E-miner 에서는 분석용 : 평가용 : 검증용 = 4 : 3 : 3이 디폴트로 되어 있다. 의사결정나무를 생성할 때 먼저 사용되는 자료가 분석용자료이다. 분석용자료만을 가지고 모형을 만들 경우 과적합(overfitting)이 일어날 수 있다. 가지치기 등을 통한 최종 의사결정나무모형은 평가용자료를 이용한다. 다른 모형들과의 비교를 위해 최종으로 만들어진 의사결정나무의 효율성은 검증용자료를 통해 평가한다.

나무를 형성시키면서 생긴 각각의 길은 규칙을 나타내고 어떤 규칙들은 다른 것들보다 더 나을 수 있다. 이러한 경우, 가끔씩 전체나무의 예측력은 품질이 나쁜 가지를 없앰으로써 향상될 수 있다. 나무의 각 노드에서 (1) 노드에 속하는 관측치의 수, (2) 노드에서 관측치들이 분류되는 방법, 그리고 (3) 잎 노드에서 옳게 분류된 관측치의 비율 등을 측정할 수 있다. 의사결정나무를 작성하는 알고리즘은 관측치를 요구되는 범주로 가장 잘 분류하는 방법을 찾으려는 노력에서 출발한다. 나무의 각각의 연속적인 수준에서 선행된 분할에 의해 만들어진 부분집합은 그 자체가 어떤 규칙이든 그들을 위해 가장 잘 맞는 규칙에 따라서 나누어진다. 나무는 입력되는 관측치를 분할하는데 있어서 더 이상 나은 방법을 찾을 수 없을 때까지 자라게 된다.

예를 들어 영화 관람객들의 설문지를 통해 나이, 성별, 가장 최근에 본 영화 등의 여러 정보를 이용하여 영화 관람객의 성별을 예측하는 규칙을 만들기 위한 의사결정나무 분석결과 중 어떤 노드가 〈표 6-1〉에 있다고 하자. 11명중 아홉은 여성으로 정확히 분류한 반면 두 사람의 남성이 여성으로 잘못 분류되었다. 여기서 나무구조에 의한 남여를 구별하는 규칙은 2/11=0.182의 오분류율을 갖고 있다고 할 수 있다. 이러한 오분류율 등을 통하여 전체 나무구조에 대한 효율성을 평가할 수 있다.

〈표 6-1〉 성별 분류 의사결정나무 프로그램

ID	원래 성별	예측 결과 성별
1	여	여
2	여	여
3	여	여
4	여	여
5	남	여
6	여	여
7	여	여
8	여	여
9	남	여
10	여	여
11	여	여

6.5 노드의 분리기준 및 가지치기

노드의 분리기준은 부모노드로부터 자식노드들이 형성될 때 선택되는 입력변수(독립변수)와 그 변수의 분할기준을 의미한다. 목표변수를 가장 잘 구별해주는 입력변수의 기준을 통하여 자식노드가 형성된다. 여기서 목표변수의 분포를 구별해 주는 정도는 순수도(purity) 또는 불순도(impurity)에 의해 측정된다. 불순도는 다양성을 의미하므로 높은 불순도 값은 분류가 어렵다는 것을 의미한다.

의사결정나무에서 자식노드로의 분리원칙은 부모노드의 순수도에 비해서 자식노드들의 순수도가 증가하도록 자식노드를 형성해 나간다. 목표변수의 자료형태에 따라 분리기준을 달리 한다.

6.5.1 이산형 목표변수에 사용되는 분리기준

목표변수가 이산형인 경우 목표변수의 각 범주에 속하는 빈도(frequency)에 근거하여 분리가 일어난다. 이 때 사용되는 대표적인 분리기준은 다음과 같다.

- **카이제곱통계량**(chi-square statistics)**의 유의확률**(p-value) : 범주형 자료에서 자식노드의 각 범주에 대한 확률이 부모노드의 각 범주에 대한 확률과 동일한가에 대한 검정결과로 얻어지는 유의확률로서 유의확률이 작은 입력변수와 그때의 분리기준에 의해서 자식노드가 형성된다.

$$\text{Pearson의 카이제곱통계량: } \chi^2 = \sum_{i,j} \frac{(f_{ij} - e_{ij})^2}{e_{ij}} \qquad (6.5.1)$$

식 (6.5.1)에서 f_{ij}는 자식노드 i, 범주 j인 경우의 관측도수를 나타내며 e_{ij}는 분리되는 두 자식노드의 순도가 같다는 귀무가설아래의 자식노드 i, 범주 j인 경우의 기대도수를 나타낸다. 단 $i,j = 1,2$.

- **지니지수**(Gini index) : 불순도를 측정하는 하나의 지수로서 이 값을 가장 많이 감소시켜주는 입력변수와 그때의 분리기준에 의해 자식노드가 형성된다. 자식노드 중 하나를 b라고 하면 b에서의 지니지수는 다음과 같다.

$$I(b) = \sum_{i=1}^{r} p(i)(1 - p(i)) \tag{6.5.2}$$

식 (6.5.2)에서 r은 목표변수의 범주의 수를 나타내며, $p(i)$는 i범주에 분류될 확률을 나타낸다. 지니지수의 최대값은 $p(i)$가 모두 같을 경우이다. $r=2$인 경우, 즉, 범주의 수가 2인 경우 지니지수는 $p(1)(1-p(1))+p(2)(1-p(2))$이며 $p(1)+p(2)=1$이므로 $2p(1)p(2)$가 된다.

- **엔트로피지수**(entropy index) : 다항분포에서 우도비 검정통계량을 사용하는 것으로 이 지수가 가장 작은 입력변수와 그 때의 분리기준에 의해 자식노드가 형성된다. 새로운 자식노드 b에서의 엔트로피지수는 다음과 같다.

$$I(b) = -\sum_{i=1}^{r} p(i)\log_2(p(i)) \tag{6.5.3}$$

식 (6.5.3)에서 r은 목표변수의 범주의 수를 나타내며 $p(i)$는 주어진 자료 중 i범주에 분류될 확률을 나타낸다. 이의 최대값은 $p(i)$가 모두 같을 경우이다. $r=2$인 경우, 즉, 범주의 수가 2인 경우 엔트로피지수는 $-\{p(1)\log_2(p(1))+p(2)\log_2(p(2)\}$이다.

k개로 잎노드로 구성된 의사결정나무에서의 지니지수와 엔트로피지수는 다음과 같이 구하여진다.

$$I = \sum_{b=1}^{k} (w_b \times I(b)) \tag{6.5.4}$$

식 (6.5.4)에서 $w_b = \frac{n_b}{N}$, N은 전체 자료의 수이고 n_b는 잎노드 b의 관측치의 수이다.

다음의 예제를 통해 목표변수가 이산형인 경우의 분리기준에 대해 알아보자.

[예제 6.1] 다음은 목표변수에 대한 어떤 분류변수에 의한 분할표이다. 이는 전체 자료의 수가 300개로 양품이 210개, 불량품이 90개인 부모노드 PN을 두 자식노드 중 왼쪽 노드인 LN과 오른쪽 노드 RN인 경우에 대한 결과이다. 주어진 표를 이용하여 카이제곱통계량과 지니지수 및 엔트로피 지수를 구하여라.

	양품	불량품	Total
LN	32	48	80
RN	178	42	220
PN	210	90	300

《풀이》 (1) 카이제곱통계량

위의 표에서 각 셀에 대한 기대도수를 구하면 다음과 같다.

	양품	불량품	Total
LN	56	24	80
RN	154	66	220
PN	210	90	300

여기서 $56=\frac{80}{300}\times\frac{210}{300}\times 300$과 같이 계산된 것이다. 그러므로 카이제곱통계량은 $\frac{(기대도수-관측도수)^2}{기대도수}$의 합이므로

$$\chi^2=\frac{(56-32)^2}{56}+\frac{(24-48)^2}{24}+\frac{(154-178)^2}{154}+\frac{(66-42)^2}{66}=46.75$$

가 된다.

(2) 지니지수

부모노드에서의 지니지수 $=\frac{210}{300}\times\frac{90}{300}\times 2=0.42$

LN 잎에서의 지니지수 $=\frac{32}{80}\times\frac{48}{80}\times 2$

RN 잎에서의 지니지수 $=\frac{178}{220}\times\frac{42}{220}\times 2$이다.

그러므로 자식노드의 지니지수는 다음과 같이 구해진다.

지니지수$=\frac{32}{80}\times\frac{48}{80}\times 2\times\frac{80}{300}+\frac{178}{220}\times\frac{42}{220}\times 2\times\frac{220}{300}$ = 0.3545

모든 분리변수와 분리기준에서 지니지수를 가장 작게 하는 분리변수와 분리기준을 사용하여 분리를 수행한다.

(3) 엔트로피 지수

부모노드에서의 엔트로피지수$=-(\frac{210}{300}log_2(\frac{210}{300})+\frac{90}{300}log_2(\frac{90}{300}))$

= 0.8813

LN 노드에서의 엔트로피지수$=-(\frac{32}{80}\log_2(\frac{32}{80})+\frac{48}{80}\log_2(\frac{48}{80}))\simeq 0.97$

RN 노드에서의 엔트로피지수$=-(\frac{178}{220}\log_2(\frac{178}{220})+\frac{42}{220}\log_2(\frac{42}{220}))\simeq 0.70$

그러므로 자식노드의 엔트로피지수는 다음과 같이 구해진다.

$$\text{엔트로피지수} = -(\frac{32}{80}\log_2(\frac{32}{80}) + \frac{48}{80}\log_2(\frac{48}{80})) \times \frac{80}{300}$$
$$-(\frac{178}{220}\log_2(\frac{178}{220}) + \frac{42}{220}\log_2(\frac{42}{220})) \times \frac{220}{300}$$
$$= 0.77472$$ ■

[예제 6.2] 다음은 기온(temperature)과 습도(humidity)와 바람(wind)에 따른 두 범주 N과 P에 관한 자료이다. 이 자료에 대하여 Gini지수를 이용하여 최적 분리기준을 구하여라.

Temperature	Humidity	Wind	Class
Hot	High	False	N
Hot	High	True	N
Hot	High	False	P
Mild	High	False	P
Cool	Normal	False	P
Cool	Normal	True	N
Cool	Normal	True	P
Mild	High	False	N
Cool	Normal	False	N
Mild	Normal	False	P
Mild	Normal	True	P
Mild	High	True	P
Hot	Normal	False	N
Mild	High	True	P

《풀이》 부모노드를 PN, 자녀노드 중 왼쪽 노드를 LN, 오른쪽 노드를 RN라 하자.

단계 1 : temperature 변수로 분류

1.1) LN= {Hot}, RN= {Mild, Cool}인 경우

	N	P	Total
LN	3	1	4
RN	3	7	10
PN	6	8	14

지니지수

$$= \frac{3}{4} \times \frac{1}{4} \times 2 \times \frac{4}{14} + \frac{3}{10} \times \frac{7}{10} \times 2 \times \frac{10}{14} = 0.40714$$

1.2) LN = {Mild}, RN = {Hot, Cool}인 경우

	N	P	Total
LN	1	5	6
RN	5	3	8
PN	6	8	14

지니지수

$$= \frac{1}{6}\times\frac{5}{6}\times 2\times\frac{6}{14}+\frac{5}{8}\times\frac{3}{8}\times 2\times\frac{8}{14}=0.3869$$

1.3) LN = {Cool}, RN = {Hot, Mild}인 경우

	N	P	Total
LN	2	2	4
RN	4	6	10
PN	6	8	14

지니지수

$$= \frac{2}{4}\times\frac{2}{4}\times 2\times\frac{4}{14}+\frac{4}{10}\times\frac{6}{10}\times 2\times\frac{10}{14}=0.4857$$

단계 2 : humidity 변수로 분류

LN = {High}, RN = {Normal}인 경우

	N	P	Total
LN	3	4	7
RN	3	4	7
PN	6	8	14

지니지수 $= \frac{3}{7}\times\frac{4}{7}\times 2\times\frac{7}{14}+\frac{3}{7}\times\frac{4}{7}\times 2\times\frac{7}{14}=0.48976$

단계 3 : Wind 변수로 분류

LN = {False}, RN = {True}

	N	P	Total
LN	4	4	8
RN	2	4	6
PN	6	8	14

지니지수 $= \frac{4}{8}\times\frac{4}{8}\times 2\times\frac{8}{14}+\frac{2}{6}\times\frac{4}{6}\times 2\times\frac{6}{14}=0.47619$

결론 : 단계 1~단계 3에 의해 Gini지수가 가장 낮은 Temperature 변수에 의한 LN = {Mild}, RN = {Hot, Cool}로 나누어지는 것이 가장 이상적인 분리 형태이다. ■

6.5.2 연속형 목표변수에 사용되는 분리기준

목표변수가 연속인 경우에는 목표변수의 평균에 기초하여 다음 기준으로 분리가 일어난다.

- **분산분석 F-통계량의 유의확률** : 수준에 따른 평균의 차이유무에 대한 분산 분석의 검정결과로 얻어지는 유의확률이 가장 작은 입력변수와 그 때의 분리기준에 의해 자식노드가 형성된다.

- **분산의 감소량 :** 예측오차를 최소화하는 것과 동일한 기준으로 분산의 감소량을 최대화하는 기준의 최적분리에 의해 자식노드가 형성된다.

새로운 자식노드 b에서의 분산은 다음과 같이 계산된다.

$$I(b) = \frac{1}{n_b}\sum_{i=1}^{n_b}(y_i - \overline{y}_b)^2 \tag{6.5.5}$$

식 (6.5.5)에서 n_b 는 자식노드 b에 대한 자료의 수이며 $\overline{y}_b$는 목표변수의 평균을 나타낸다. k개의 잎으로 구성된 의사결정나무에서의 분산감소량은 다음과 같이 구하여진다.

$$I = \sum_{b=1}^{k}(w_b \times I(b)) \tag{6.5.6}$$

식 (6.5.6)에서 $w_b = \frac{n_b}{N}$, N은 전체 자료수이고 n_b는 자식노드 b의 자료수이다.

[예제 6.3] 다음은 학년(grade)과 성별(gender) 그리고 키(height)에 관한 자료이다. 목표변수가 height인 경우 분산분석 F-통계량으로 얻어지는 유의확률을 이용하여 분리기준을 구하여라.

ID	grade	gender	height
1	1	1	151
2	1	2	152
3	1	1	153
4	1	2	152
5	2	1	153
6	2	2	154
7	2	1	155
8	2	2	154
9	3	1	161
10	3	2	162
11	3	1	163
12	3	2	162

《풀이》 단계 1) Grade 변수로 분류

1.1) left node = {1}, right node = {2,3}인 경우

left	right
151 152 153 152	153 154 155 154 161 162 163 162

위의 자료를 이용한 두개의 잎 노드에 속한 사람들의 키의 평균이 동일한가에 대한 분산분석표를 만들면 다음과 같다.

요인	자유도	제곱합	평균제곱	F비	유의확률
모형	1	96	96	7.16	0.0232
오차	10	134	13.4		
합	11				

1.2) left node = {2}, right node = {1,3}인 경우

left	right
153 154 155 154	151 152 153 152 161 162 163 162

위의 자료를 이용한 두개의 잎 노드에 속한 사람들의 키의 평균이 동일한가에 대한 분산분석표를 만들면 다음과 같다.

요인	자유도	제곱합	평균제곱	F비	유의확률
모형	1	24	24	1.17	0.3058
오차	10	206	20.6		
합	11				

1.3) left node = {1,2}, right node = {3}인 경우

left	right
151 152 153 152 153 154 155 154	161 162 163 162

위의 자료를 이용한 두개의 잎 노드에 속한 사람들의 키의 평균이 동일한가에 대한 분산분석표를 만들면 다음과 같다.

요인	자유도	제곱합	평균제곱	F비	유의확률
모형	1	216	216	154.29	<.0001
오차	10	14	1.4		
합	11				

단계 2) Gender 변수로 분류

1.3) left node = {1}, right node = {2}인 경우

left	right
151 153 153 155 161 163	152 152 154 154 162 162

위의 자료를 이용한 두 잎 노드에 속한 사람들의 키의 평균이 동일한가에 대한 분산분석표를 만들면 다음과 같다.

요인	자유도	제곱합	평균제곱	F비	유의확률
모형	1	0	0	0	1
오차	10	230	23		
합	11				

결론 : 단계 1)~단계 2)에 의해 F 통계량의 유의확률이 가장 낮은 분리 기준은 grade 변수에 의한 left node = {1,2}, right node = {3}으로 나누어지는 것이며 이 분리 기준에 따라 나누어지는 것이 가장 이상적인 분리 형태이다. ■

6.5.3 정지규칙과 가지치기규칙

- 정지규칙(stopping rule)

  의사결정나무에서 정지규칙은 더 이상 분리가 일어나지 않고 현재의 노드가 잎이 되도록 하는 규칙을 말한다. 각 알고리즘에 따라 정지규칙을 날리하지만 정지규칙에는

  - 모든 자료가 한 범주에 속할 때
  - 노드에 속하는 자료가 일정 수 이하일 때
  - 불순도의 감소량이 아주 작을 때
  - 뿌리노드로부터의 깊이가 일정 수 이상일 때

  등이 있다.

- 가지치기규칙(pruning)

  완성된 나무의 가지를 적당히 제거하여 적당한 크기를 갖는 나무모형을 최종적인 예측모형으로 선택하는 것이 예측력의 향상에 도움이 된다. 지나치게 많은 노드를 갖는 나무는 새로운 자료에 적용할 때 예측오차가 매우 클 가능성이 있다. 따라서 형성된 의사결정나무에서 적절하지 않는 노드를 제거하여 적당한 크기를 갖는 부분 의사결정나무를 최종적인 예측모형으로 선택하는 것이 바람직하다. 이 내용은 의사결정나무 알고리즘에서 좀 더 자세히 설명하기로 한다.

6.5.4 모형의 비교를 위한 기준

SAS에서 우리들은 모형비교(model comparison) 노드를 사용하여 보다 적절한 모형을 선택할 수 있다. 모형선택을 위해서는 모형의 종류나 목적에 따라 판단 기준을 달리한다. 모형 선택을 위한 판단 기준으로는 다음과 같은 것들이 있다. 자세한 내용은 모형비교에 관한 장에서 참고하기 바란다.

- 정분류율(correct classification rate)

  범주(class)가 2개인 경우 분석결과에 대한 다음과 같은 이원분류표를 생각해보자.

〈분류표〉

		예측결과		합
		0	1	
실제	0	a	b	$a+b$
	1	c	d	$c+d$
합		$a+c$	$b+d$	N

위의 분류표로부터 정분류율 P는 $\frac{a+d}{N}$이다.

- 오분류율(misclassification rate)

위의 분류표로부터 오분류율 Q는 $\frac{b+c}{N}$이고 $P+Q=1$이다.

- 평균제곱오차(average square error)

$ASE=\frac{1}{N}\sum_{i=1}^{N}(y_i-\hat{y}_i)^2$, 여기서 y_i는 i번째 자료의 목표변수 값을 의미하며 $\hat{y}_i$는 모형에서 얻어진 i번째 자료의 목표변수에 대한 예측값이다.

6.5.5 스코어(score)

최종적으로 얻어진 의사결정나무 모형에 대하여 목표변수 값을 확률로 예측할 수 있다. 이들 값들을 통하여 검증용자료에 대한 분류를 제대로 하고 있는지 등을 확인해 볼 수 있다. 스코어링 방법에 대해서는 6.8.5절에서 예제를 통하여 설명한다.

6.6 의사결정나무 알고리즘

의사결정나무 알고리즘 중 대표적인 것으로는 CART(classification and regression trees), ID3 및 C4.5가 있다. 이 중 CART에 대해 설명하고자 한다. CART 알고리즘은 의사결정나무를 만드는데 많이 사용되는 방법 중의 하나다. 1984년 L. Breiman과 그의 동료들에 의해 발표된 이 방법은 기계학습(machine learning) 실험의 산물이라 할 수 있다.

(1) 초기분할선택

의사결정나무는 사전에 이미 분류된 관측 값들로 구성된 분석용자료로 시작한다. 사전에 이미 분류되었다는 것은 목표변수가 어느 특정한 범주에 속한다는 것을 알고 있다는 것을 의미한다. 의사결정나무의 목표는 여러 입력변수에 근거한 새로운 관측치를 특정한 범주로 분류하게 할 나무구조를 만드는 것이다.

CART는 각 노드에서 하나의 입력변수의 관측값에 따라 자료들을 두 범주로 나누는 이지분리 나무구조를 만든다. 그러므로 제일 첫 번째 과제는 입력변수 중 가장 좋은 분할을 해주는 분할변수를 결정하는 것이다. 가장 좋은 분할이란 분할 전 자료 집합이 분리가 이루어진 후 두 집합이 각각 한 범주가 다른 범주에 비해 우월하게 되도록 분리를 가장 잘하는 분할로 정의된다. 한 범주가 다른 범주에 비해 우월하게 된다는 것은 순도가 높다는 것을 의미한다. 가장 좋은 분할은 관측치 집합의 불순도를 크게 감소시키는 분할이다. 다시 말하면, 불순도(분할 전) - (불순도(분할 후 왼쪽노드) + 불순도(분할 후 오른쪽 노드))를 최대화시키고 싶다는 것이다. CART 알고리즘은 Breimen과 그 동료들에 의해 최초로 기술되었는데 목표변수가 이산형인 경우 경제학에서 사용되는 지니지수를 불순도 측도로 사용하고 있으며 목표변수가 연속인 경우 분산을 불순도의 측도로 사용한다.

목표변수가 이산인 경우 지니지수 이외에 자주 사용되는 불순도의 측도로는 $\min(P,(1-P))$와 $P\ \log(P)+(1-P)\log(1-P)$등이 있는데 여기서 P는 두 개의 범주 중 하나에 속할 확률이다. 불순도의 측도로 사용되는 모든 함수는 각 범주의 확률이 같을 때 최대값을 갖고, 자료가 하나의 범주로 이루어진 경우 0의 값을 갖게 된다.

노드에서 가장 좋은 분할변수를 선택하기 위해서는 각 입력변수를 차례로 고려해야 한다. 변수가 여러가지 값을 갖게 되는 경우, 그를 차례로 정리하고 나서 적합성에 대한 측도로서 불순도의 감소를 가장 크게 가져오는 분할에 대한 이원적 탐구를 하게 된다. 각 변수로부터 얻어진 가장 좋은 분할에 의해 제공된 불순도의 감소를 비교하게 되며, 이들 중 가장 많은 감소를 주는 변수가 뿌리노드에 대한 분할변수로 선택된다.

(2) 나무 완성하기

뿌리노드를 이용하여 초기 분할을 하면 뿌리 노드는 두 개의 자식노드를 가지게 되는데 이들 각각의 노드는 뿌리노드에서와 같은 방법으로 분할하게 된다. 각각의 자식노드 분할을 위한 또 다른 분할변수를 찾아내기 위하여 이전 분할변수를 제외한 나머지 입력변수 모두를 조사한다. 만약 변수가 하나의 값을 취하면 더 이상 분할에 사용될 수 없으므로 이 변수는 배제된다. 각 노드는 불순도를 현저히 줄여주는 분할이 발견될 수 없을 때 분할을 멈추고 분할이 멈춘 노드를 잎 노드(leaf-node)라고 부른다. 결국 잎노드만 남게 되고 여기서 의사결정 나무는 완성된다.

(3) 나무의 오분류율 측정

분석용자료의 모든 관측치는 완성된 의사결정나무의 잎노드 중 하나에 할당되어 분류된다. 각 잎 노드에 속하는 관측치는 모두 같은 범주에 분류되므로 오분류율을 계산할 수 있다. 전체 의사결정나무의 오분류율은 모든 잎의 오분류율에 대한 가중합으로 구한다.

[예제 6.4] 다음과 같은 노드에서 총 오분류율을 구하여라.

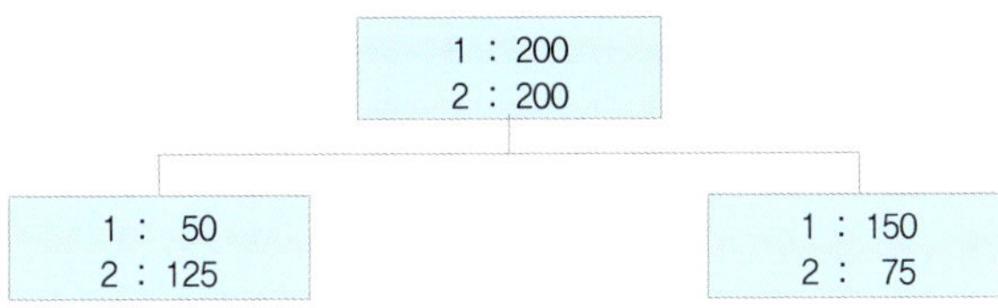

《풀이》 위의 나무구조에서 왼쪽 잎노드는 범주 2로 분류되며 오른쪽 잎노드는 범주1로 분류된다. 그러므로 왼쪽 잎노드의 자료 175개 중 50개와 오른쪽 잎노드의 자료 225개 중 75개는 오분류 된다. 그러므로 전체 400개 중 125개가 오분류 된다. 그러므로 전체 오분류율은 125/400 이 된다. 즉,

왼쪽 노드의 오분류율 $= \frac{50}{175}$

오른쪽 노드의 오분류율 $= \frac{75}{225}$

총오분류율 $= \frac{50}{175} \times \frac{175}{400} + \frac{75}{225} \times \frac{225}{400} = \frac{125}{400} = 0.3125$ ■

(4) 가지치기

의사결정나무는 분석용자료를 계층으로 분리시킬 수 있는 나무의 능력을 향상시키는 새로운 분할이 발견될 때까지 자라나간다. 만약 분석용자료가 평가를 위해 사용된다면 어떤 형태든지 나무의 가지를 정리하는 것은 오분류율을 증가시키기만 할 것이다. 그러나 새로운 관측치를 분류하는데 있어서 가지치기를 전혀 하지 않은 전체 나무가 오분류율이 가장 적은 나무구조를 의미하는 것은 아니다.

낮은 예측력을 제공해주는 잎들을 가진 가지를 잘라내는 것이 가지치기이다. 가지치기를 얼마나 해야 하는가를 결정하기 위해서는 반복적인 가지치기의 과정을 통해서 부분나무 후보를 우선 파악해야 한다. 제일 유용하지 않은 가지를 알아내기 위해서 나무에 수정된 오분류율의 개념을 적용시켜 나무의 오분류율을 감소시키지 못하는 가지를 잘라내는 것이다.

부분나무 후보군에서 새로운 관측치를 가장 잘 분류할 나무를 선택하기 위해 평가용자료를

사용한다. 평가용자료는 분석용자료와 같은 모집단에서 추출되지만 분석용 관측치와 다른 관측치들로 구성되어 있다.

후보가 되는 부분나무 각각은 평가용자료에 있는 관측치를 분류하는데 사용한다. 이 과정을 통해 얻어진 전체 오분류율에 근거해서 가장 낮은 전체 오분류율로 수행하는 부분나무는 지나친 훈련의 효과를 없애기에 충분한 정도지만 가치 있는 정보를 잃지 않는 정도로 가지 쳐진다. 그러나 이렇게 가지 쳐진 선택된 부분나무가 다른 관측치 집합에 적용될 때 가장 잘 분류하는 부분나무가 되지 않을 수도 있다. 선택된 부분나무 못지않게 잘 분류하는 부분나무가 많이 있을 수 있으며, 어느 정도까지는 평가용자료에 가장 낮은 오분류율을 갖는 의사결정나무가 어쩌다가 그 특정한 관측치의 모임에만 잘 부합되는 행운을 가질 수도 있기 때문이다.

그러한 이유로 의사결정나무의 오분류율은 평가용자료 및 분석용자료와 서로 배반인 새로운 사전 분류된 관측치의 모임에 선택된 부분나무에 적용하여 얻어진다. 여기에 적용된 관측치의 모임이 검증용자료 집합이다. 사전 분류되지 않은 관측치가 선택된 나무에 적용될 때 이에 의해 표현되는 분류 규칙의 기대되는 성공 여부는 검증용자료에 의해 얻어진 오분류율을 이용하여 예측되어 질 수 있다. [그림 6-3]은 분석용자료와 평가용자료를 이용하여 가지치기를 할 경우의 가지치기를 멈출 시점과 오분류율의 관계를 나타낸 것이다.

오분류율은 규칙과 부분나무의 적합성을 평가하는 유일한 측도로 사용되며, 나무에 의해 잘못 분류됨으로써 치러야 하는 대가는 범주에 따라 다양할 수도 있다. 특히, 의학적 진단에서 질병의 음성과 양성으로 분류하는 경우 잘못 분류된 음성이 잘못 분류된 양성보다 더 해로울 수 있다. 이런 사항을 고려하여 오분류율은 잘못 분류되는 경우 발생하는 손실을 나타내는 가중치와 잘못 분류할 확률을 곱한 비용함수(cost function)로 대체되기도 한다.

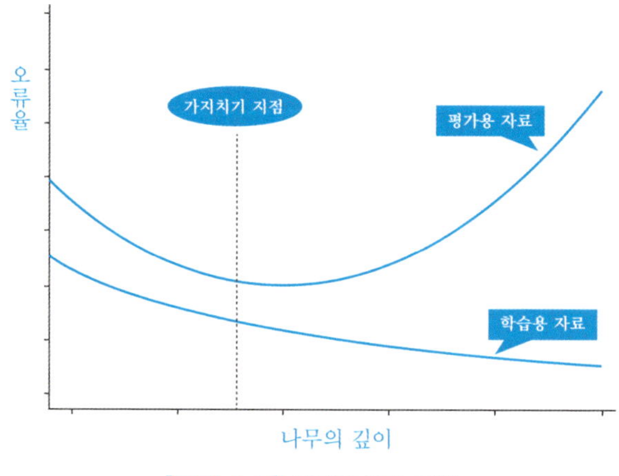

[그림 6-3] 가지치기의 영향

6.7 의사결정나무의 장점과 단점

6.7.1 의사결정나무의 장점

의사결정나무는 다음과 같은 장점을 가지고 있다.

- 이해하기 쉬운 규칙을 생성시켜준다.

  이해하기 쉬운 규칙을 생성시키는 능력은 의사결정나무의 가장 큰 장점이다.

- 규칙에 근거한 분야에서 능력이 뛰어나다.

  일반적인 규칙이 중요한 분야에서는 의사결정나무 방법이 탁월하다. 만약 자동화 시스템이 물품 수리에 대한 청구가 합당하고, 그 부품에 대한 과거기록으로 보아 결함예측을 신뢰할 수 있을 만큼 인식해 낼 수 있다면 회사는 분석자가 이를 승인할 때까지 기다릴 필요 없이 청구를 처리함으로써 많은 돈을 절약할 수 있을 것이다. 유전학에서 산업공정들에 이르기까지 많은 분야에서 복잡한 규칙들이 존재한다. 의사결정나무는 드러나지 않지만 어떤 규칙의 존재가 의심될 때 이들을 찾는데 유용한 분석도구이다.

- 분류작업이 용이하다.

  각 노드에서 간단한 검정을 통해 새로운 노드가 만들어지므로 분석이 빨리 이루어지며 상업적인 환경에서, 예측모형은 수백만 혹은 수십억 크기의 자료 분류도 용이하다.

- 연속형과 범주형 자료를 다 취급할 수 있다.

  의사결정나무는 범주형과 연속형 변수를 똑같이 쉽게 다룬다. 연속형 변수는 범위를 분할하여 범주화시켜 사용하면 된다.

- 가장 좋은 입력변수를 명확히 알아낸다.

  의사결정나무 알고리즘은 뿌리노드에서 분석용자료의 분할을 가장 잘 하는 변수를 찾아준다. 특히, SAS를 사용하여 회귀모형을 만들 때 적절한 입력변수를 결정하기 위해 SAS CHAID 모듈을 사용한다.

- **이상치에 덜 민감하다.**

  의사결정나무는 선형성이나 정규성 또는 등분산성과 같은 가정을 필요로 하지 않는 비모수적인 방법이며 순서형 또는 연속형 변수는 단지 순위만 영향을 주기 때문에 이상치에 민감하지 않다는 장점을 가지고 있다.

6.7.2 의사결정나무의 단점

의사결정나무는 위와 같은 많은 장점을 가지고 있는 반면 아래와 같은 단점도 아울러 가지고 있다.

- **연속형 목표변수의 값을 예측하는 것이 목적인 과제에는 부적절하다.**

  의사결정나무는 수입, 혈압이나 이율과 같은 연속형 변수의 값 예측이 목적인 경우는 적절한 분석법이 아니다.

- **목표변수 값이 많은 경우엔 오류가 나기 쉽다.**

  의사결정나무 알고리즘들 중 일부는 목표변수가 두 개의 값을 가지는 경우만 주로 취급한다. 다른 의사결정나무 알고리즘들은 목표변수가 두 개 이상의 값을 갖는 경우도 취급하지만 자식 노드를 만들 때 목표변수가 여러 개 값을 갖고 분석용자료의 수가 적을 때 오류가 나오기 쉽다.

- **훈련을 위해 계산 비용이 많이 든다.**

  각 노드에서 변수를 분할하는 후보가 되는 분할변수는 가장 좋은 분할을 발견하기 위해 먼저 분할 변수에 따른 여러 후보 분할 영역으로 분류되어야하기 때문에 계산 비용이 많이 든다. 각 노드의 분할을 위해 비교해야할 많은 후보 부분나무들이 있기 때문에 가지치기 알고리즘 역시 비용이 많이 들 수 있다.

- **비 사각영역형태 분류문제에서는 적용이 어렵다.**

  대부분의 의사결정나무 알고리즘은 한 번에 한 변수만을 이용해 분류한다. 이는 사각형 형태의 분류 상자로 이끌게 되는데 이는 의사결정 공간의 자료의 분포가 사각형태가 아닌 경우 적용이 어렵다.

6.8 사례분석

6.8.1 Boston Housing 데이터에 대한 의사결정나무 분석

분석 목적 :

예제 자료에 있는 1978년 미국의 보스턴 근교의 집의 가치에 대한 각 변수들에 대한 특성을 파악함은 물론 집의 가치에 영향을 주는 변수를 알아내고 이러한 변수들에 따른 집의 가치에 대한 규칙을 발견하는 것을 목적으로 한다.

① [그림 6-5]와 같이 새로운 프로젝트와 분석 흐름도를 작성하자.

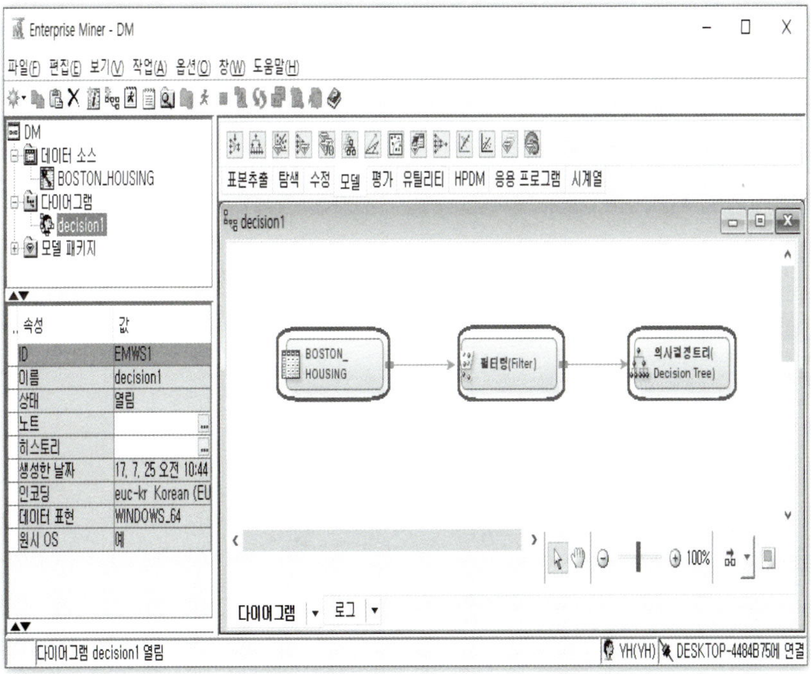

[그림 6-5] 의사결정나무 분석흐름도

② Boston Housing 노드를 활성화 하여 변수 편집을 선택한다.

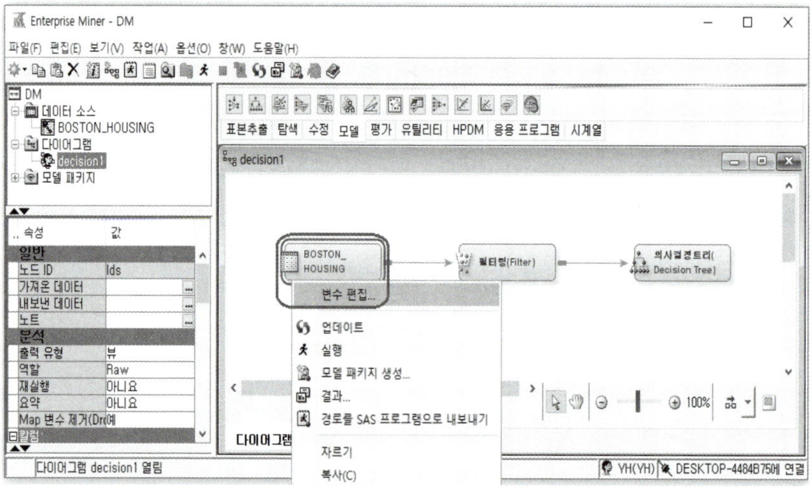

[그림 6-6] Input Data Source노드의 Data탭

③ 다음의 변수 창에서 목표변수인 LGMEDV에서 변수 역할을 input에서 Target으로 지정하고 확인을 클릭한다.

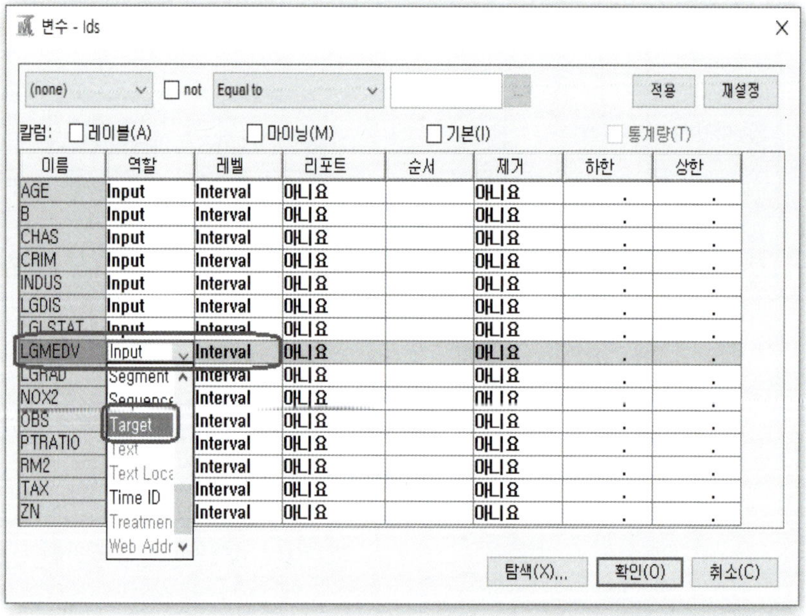

[그림 6-7] Input Data Source노드의 Variables 역할 지정

④ 분석에 있어서 변수들의 관측치 중 이상치를 제거하기 위해 [그림 6-8]과 같이 BOSTON_HOUSING의 데이터를 실행시켜 필터링과 연결시켜 준 다음, 분석 흐름도에 있는 Filter 노드를 활성화하여 [그림 6-9]와 같이 속성창에서 기본필터링 방법을 없음으로 지정하고 Interval 변수 오른쪽의 아이콘을 클릭하면 [그림 6-10]이 나온다.

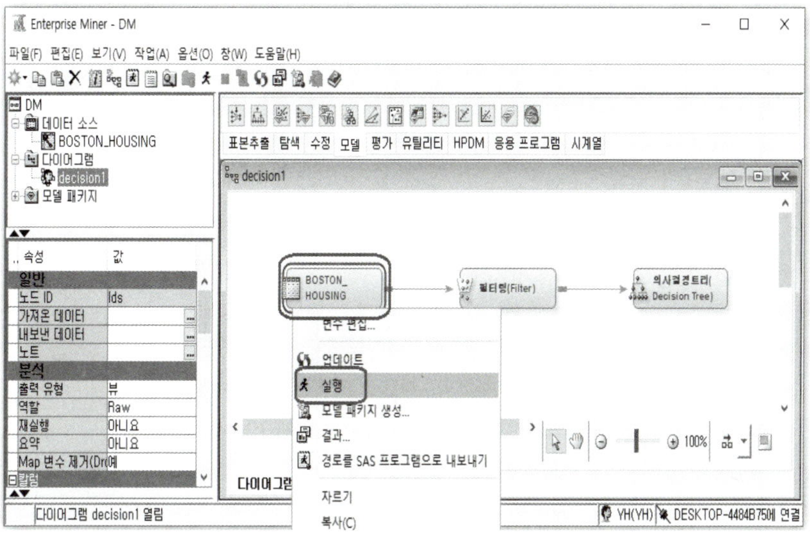

[그림 6-8] Input Data Source 노드의 Data탭

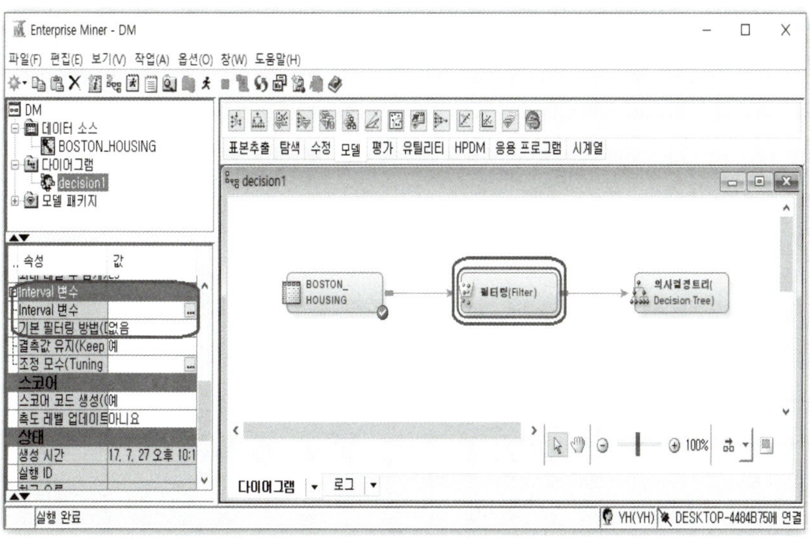

[그림 6-9] Filter 노드의 Interval 변수 속성 탭

⑤ 본 예제에서 CRIM의 최대 최대구간을 0과 55.5598으로 조정하고자하면 [그림 6-10]에서처럼 기본으로 되어 있는 CRIM 열에서 필터링 방법을 사용자 지정으로 변경하고 필터링 하한과 상한을 각각 0과 55.5598로 지정한 후 확인을 클릭한다.

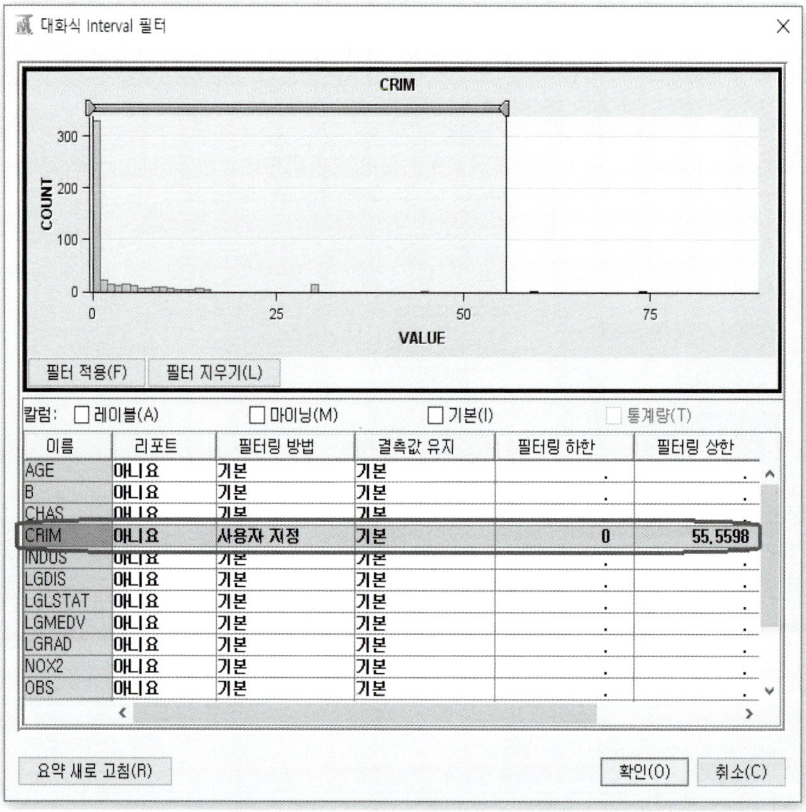

[그림 6-10] Interval 변수들에 대한 상한 하한 지정 창

⑥ Tree노드를 활성화 시키면 화면 왼쪽에 분리를 위한 분리규칙과 노드 등에 대한 기본적인 기준들이 나와 있다. Tree노드에서는 부모노드로부터 자식노드를 분리하기 위해서는 여러 가지 다양한 방법을 쓰는 데 그 방법이 크게 목표변수가 연속변수일 때(ProbF, Variance reduction)와 명목변수일 때(Chi-square test, Entropy reduction, Gini reduction)와 순서형일 때(Entropy reduction, Gini reduction)로 나눌 수 있는데, 본 예제에서는 목표변수가 연속이므로 연속변수 일 때의 방법 중 하나를 선택하면 되는데 여기서는 ProbF를 선택하였다.

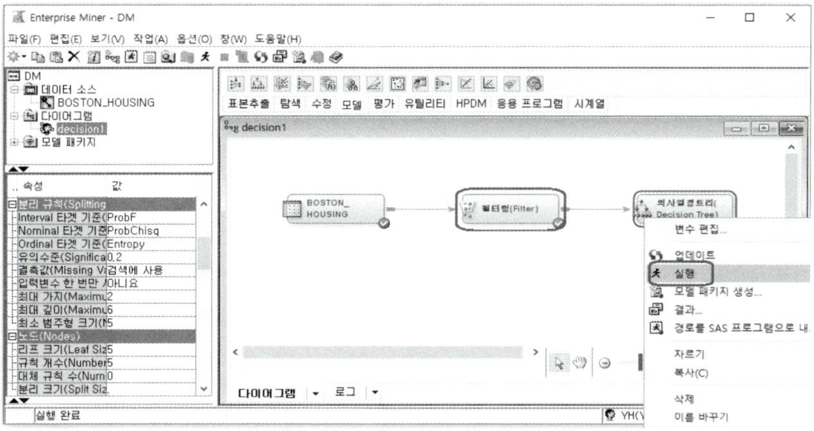

[그림 6-11] 의사결정 나무의 속성창

분리기준(Splitting Criterion)

- F-test(default) : 두개 이상의 노드에 대해서 평균의 차이를 검정하는 F-검정의 p 값을 기준으로 하여 부모노드로부터 자식노드로 분리되어지며, 초기 유의수준은 0.2이다.
- Variance reduction : 분산의 감소량을 최대화하는 기준의 최적분리에 의해서 자식노드가 형성된다.

⑦ 선택된 속성에 따라 Tree노드를 활성화한 다음 실행을 클릭하면 [그림 6-12]와 같은 출력과 적합통계량 등으로 나누어진 6가지 부분 창으로 구성된 결과 창이 나타난다.

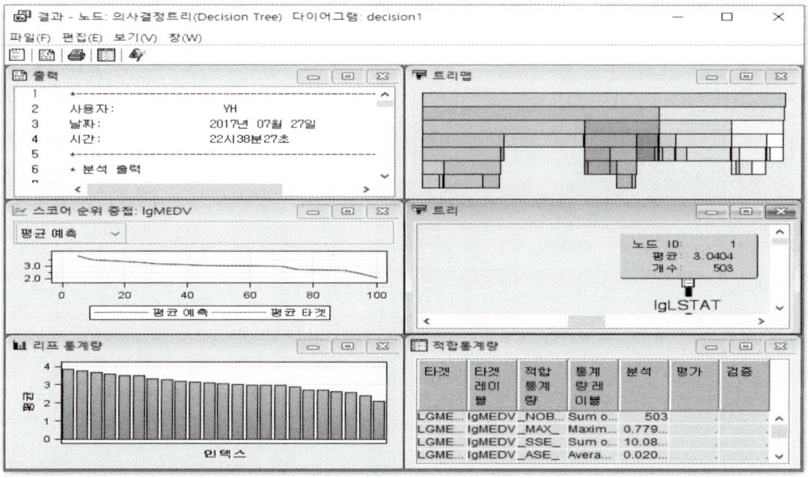

[그림 6-12] Tree노드의 실행 결과창

⑧ 위의 의사결정나무 결과 중에서 의사 결정나무의 적합통계량은 다음과 같다.

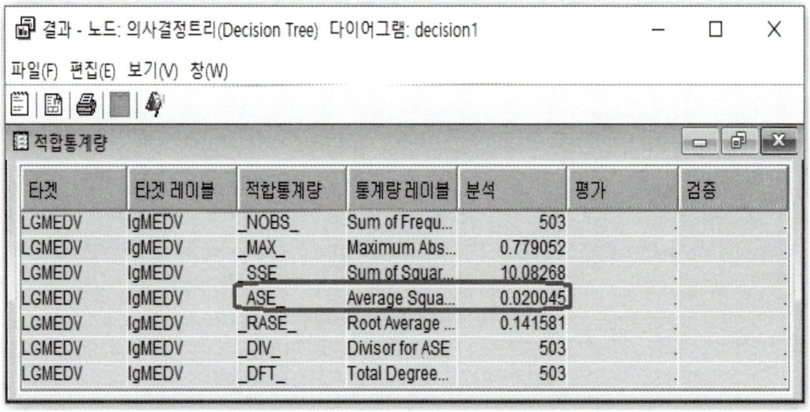

[그림 6-13] Tree노드의 실행 결과 적합통계량 창

⑨ 결과 창에서 [그림 6-14]와 같이 보기 → 모델 → 서브트리 평가도표를 선택하면 [그림 6-15]와 같은 결과가 나타난다.

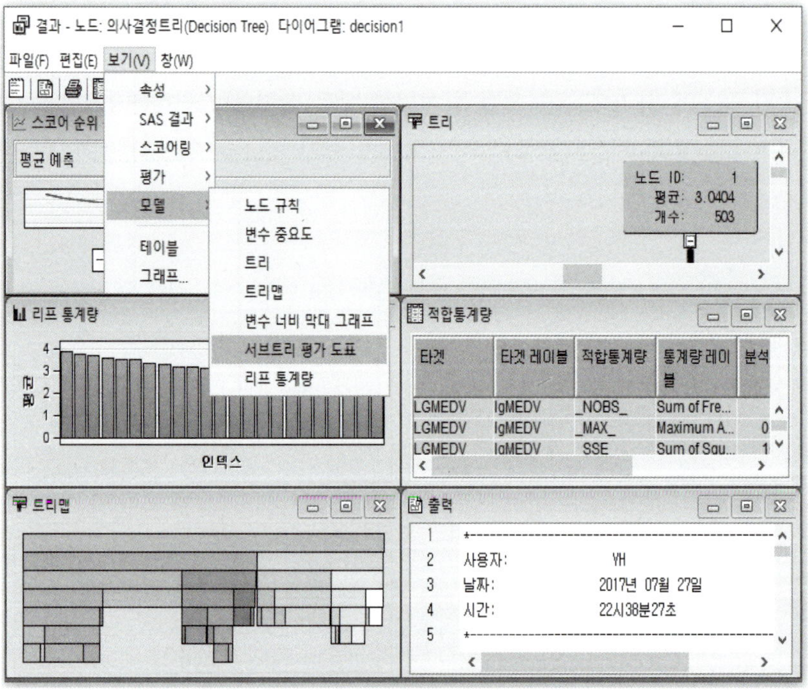

[그림 6-14] Tree노드의 실행 결과 창

⑩ 서브트리 평가도표에서 옵션을 평균제곱오차(ASE)를 선택한 후 나타나는 그래프를 보면 잎의 수가 25에서 평균제곱오차가 거의 0임을 확인할 수 있다.

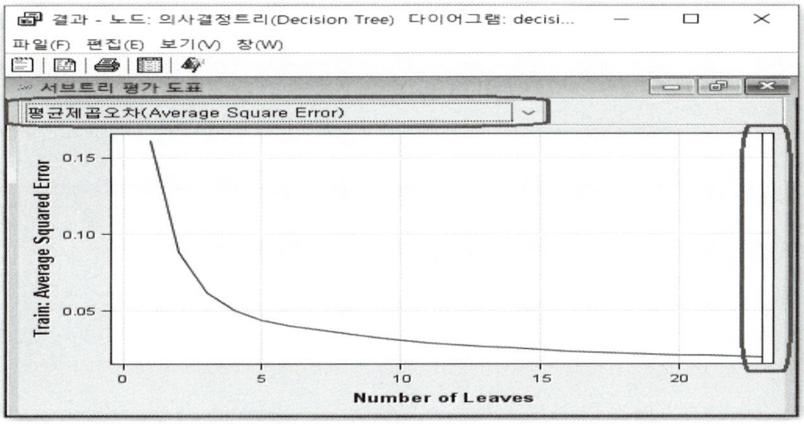

[그림 6-15] 평균제곱오차의 반복도표

⑪ 위의 의사결정나무분석 결과 중에서 깊이 2까지의 나무구조는 [그림 6-16]과 같으며 이를 다시 변수들의 설명들로 변환한 것이 [그림 6-17]이다.

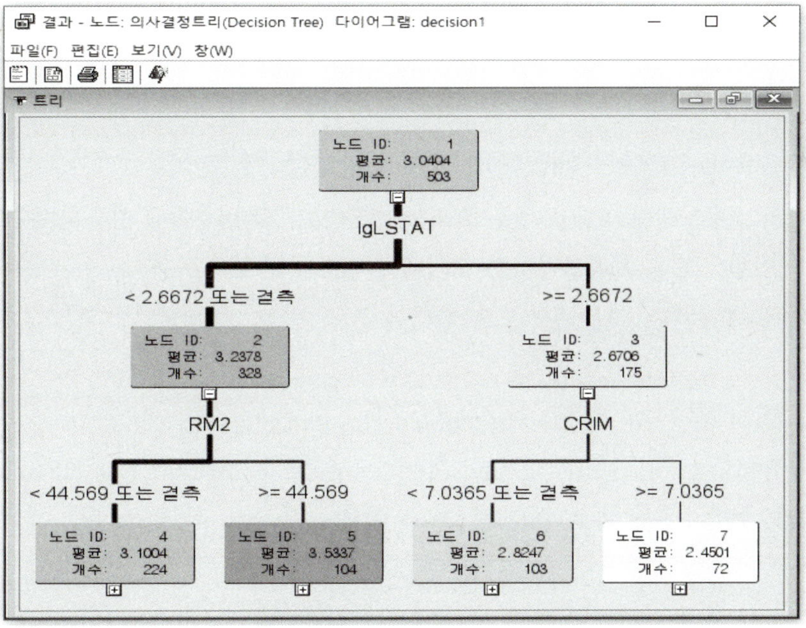

[그림 6-16] 결과 창의 트리

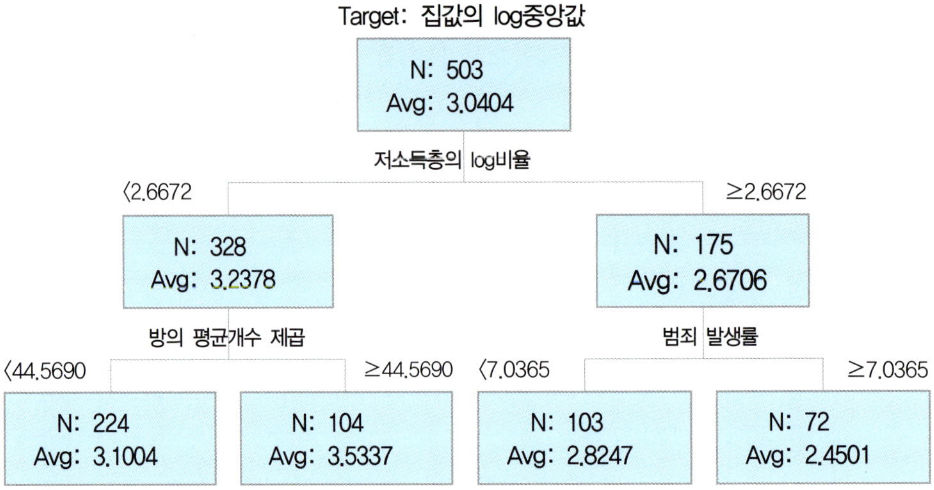

[그림 6-17] **의사결정나무 분석결과**

Boston 지역 집값의 log 중앙값의 평균이 3.04로 나타났다. 평균보다 상당히 높은 집단은 (저소득층의 log 비율 〈 2.6672)이며, 동시에 (방의 평균개수의 제곱 ≥44.569)인 경우로 평균이 3.53이며 평균보다 낮은 집단은 (저소득층의 log 비율 ≥2.6672)이며, 동시에 (범죄발생률 ≥7.0365)인 경우로 전체의 평균값보다 상당히 낮은 평균값인 2.45를 나타냄을 알 수 있다.

6.8.2 German Credit 데이터에 대한 의사결정나무 분석

독일인의 신용상태에 영향을 주는 요소를 예측하고, 각 변수들에 따른 신용불량에 대한 특성을 파악함은 물론 신용불량자를 조기에 선별하는데 도움을 줄 수 있는 신용불량자에 대한 규칙을 발견하는 것을 목적으로 한다.

출처 : Professor Dr. Hans Hofmann
Institut f'ur Statistik und "Okonometrie University" at Hamburg
관측값의 개수 : 전체 자료 1000개, 변수 21개

① 먼저 [그림 6-18]과 같이 분석 흐름도를 작성한다.

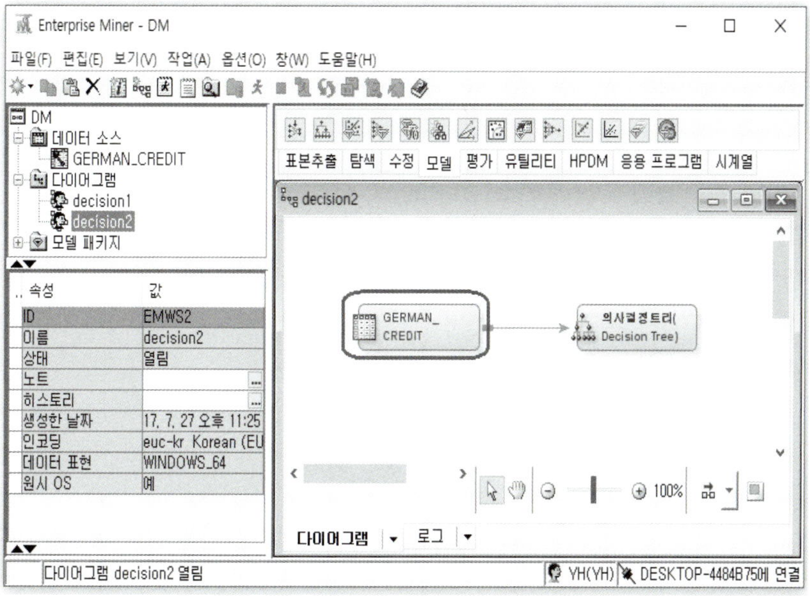

[그림 6-18] 의사결정나무 분석흐름도

② German Credit 데이터 노드를 활성화시킨 다음 변수 편집을 클릭한다. 여기에서는 목표변수(Model role : Target)를 CREDIT로 하고 나머지는 모두 Input으로 설정한다.

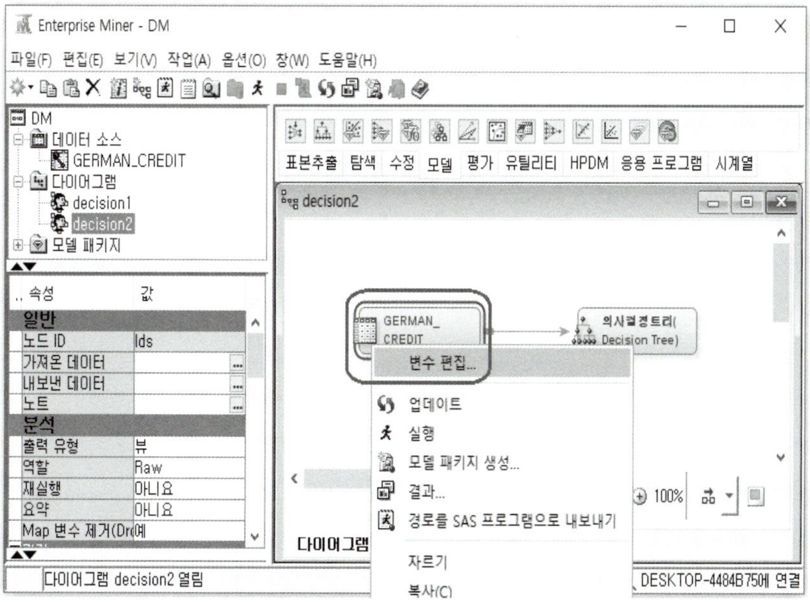

[그림 6-19] 의사결정나무 분석흐름도

③ ②의 결과 나타나는 창에서 CREDIT 변수의 역할을 Target으로 레벨을 BINARY로 변환 후 확인을 클릭한다.

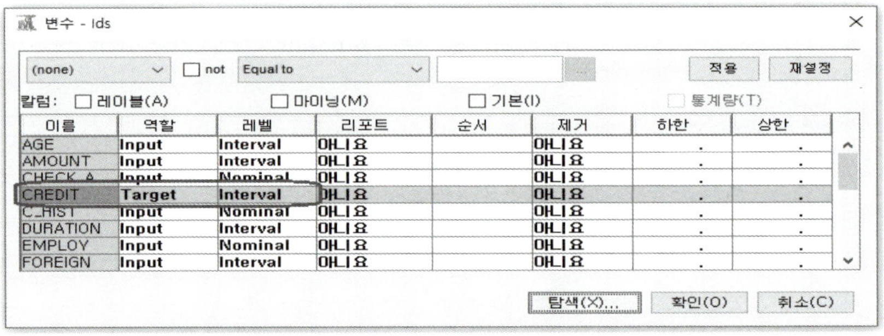

[그림 6-20] **변수 창**

Tree노드의 옵션 지정(CHAID)

① Tree 노드를 활성화 한 다음 나타나는 속성 창에서 적절한 옵션을 선택 혹은 입력 지정한다.

② [그림 6-21]과 같이 Splitting criterion(분리기준)을 설정할 수 있는 Chi- square test가 초기값으로 설정되어 있으며, 유의수준의 초기값은 0.2인데 여기서는 0.05로 최대깊이를 6으로 최소 범주형의 크기와 잎노드에 포함될 최소빈도수인 리프 크기를 10으로 지정하자. 목표변수가 이진(Binary)인 경우에 해당하는 최대 가지수는 2로 지정되어 있다.

③ 속성 창의 옵션들을 모두 지정한 다음 의사결정트리 모형노드를 실행한다.

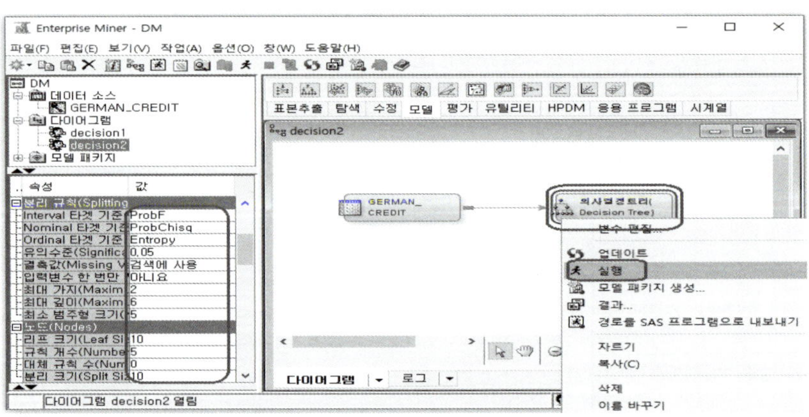

[그림 6-21] **Tree노드의 속성지정 창**

분리기준(Splitting criterion)

- Chi-Square test (default) : Pearson Chi-Square값에 따라 부모노드에서 자식노드로 분리하는 방법으로 초기 유의수준은 0.20
- Entropy Reduction : 노드에서 불순도를 재는 측도인 엔트로피 지수(Entropy index)를 기준으로 부모노드에서 자식노드로 분리하는 방법
- Gini Reduction : 노드에서 불순도를 재는 측도인 지니 지수(Gini index)를 기준으로 부모노드에서 자식노드로 분리하는 방법

④ 결과 창에서 보기 → 모델 → 서브트리 평가 도표를 선택한다.

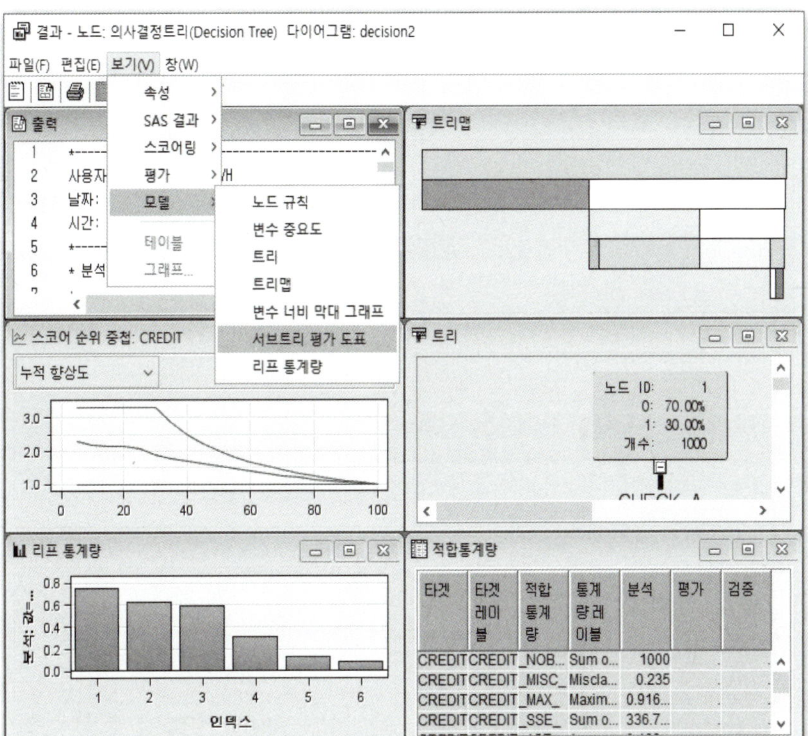

[그림 6-22] Tree노드의 실행 결과 창

⑤ ④의 결과 나타나는 창에서 옵션으로 오분류 비율(Misclassification Rate)을 선택한 후 나타나는 그래프를 보면 잎의 수가 6에서 오분류율이 더 이상 떨어지지 않는 것을 확인 할 수 있다. 총 잎의 수가 6이 됨을 알 수 있다.

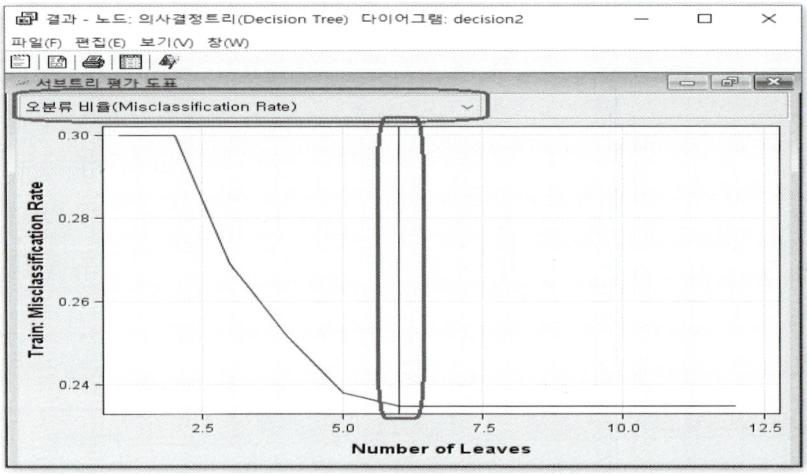

[그림 6-23] 평균제곱오차의 반복도표

Tree노드의 결과 보기

④ 위의 의사결정나무 결과 중에서 깊이 2까지의 나무구조는 다음과 같다.

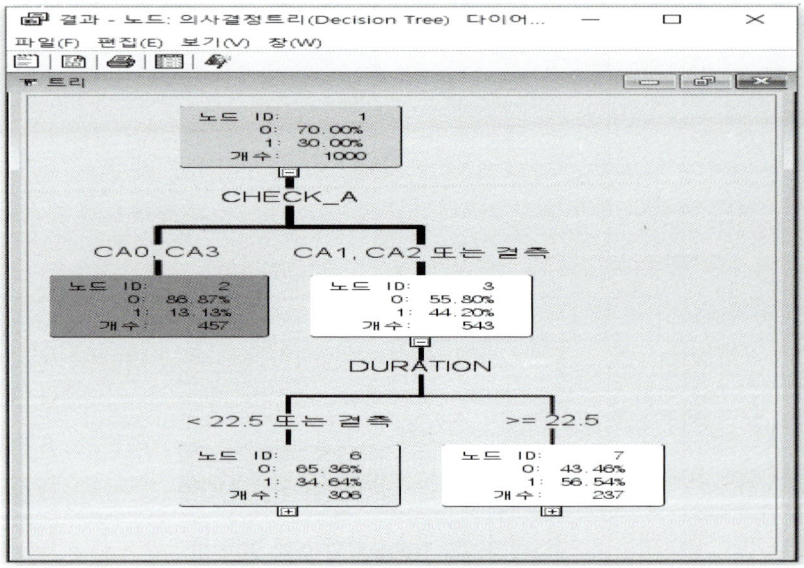

[그림 6-24] Tree노드의 Results창

신용상태를 결정하는 첫 번째 노드로 직불카드의 구좌 상태인 CHECK_A가 나타남을 볼 수 있다. 다음 분리 기준 변수로는 DURATION변수가 선택되었음을 확인할 수 있다. CHECK_A

의 값이 CA0, CA3인 경우 86.9%가 신용양호 상태임을 보여준다. 이런 식으로 Tree Diagram Window를 탐색하면서 여러 가지로 해석하여 볼 수 있다.

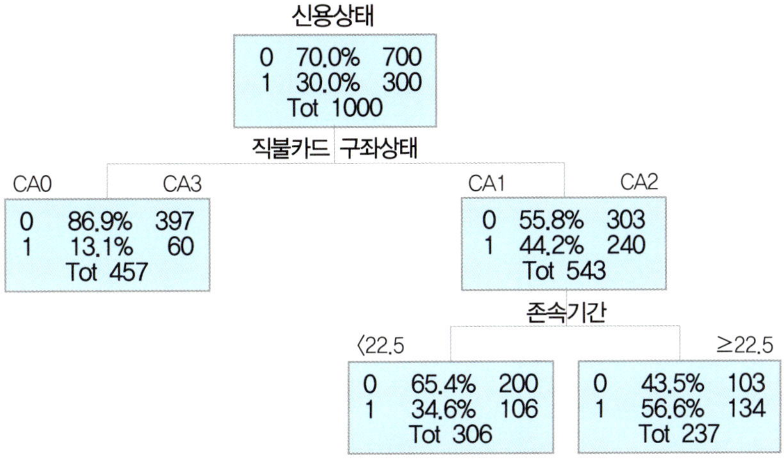

[그림 6-25] 의사결정나무 분석결과

본 자료에서는 전체의 30%가 신용불량자임을 알 수 있다. 분석결과를 보면 '구좌가 없거나(CA0) 당좌예금이 200마르크 이상(CA3) 있는 사람은 신용상태가 양호하다.'는 규칙을 만들 수 있다. 이 경우 13.1%에 해당하는 신용불량자가 신용상태가 양호하다고 판정을 받는 오류를 범할 수 있다. 또한 '당좌예금이 200마르크 미만(CA1)이면서 존속기간이 22.5년 이상인 사람은 신용불량이다.' 라는 규칙을 만들어 낼 수 있다. 그러나 이 경우 43.5%에 해당하는 신용이 양호한 사람이 신용불량이라는 판정을 받는 오류를 범할 수 있다. 이러한 오분류율을 낮추기 위해서는 다른 변수를 이용한 순도가 높은 잎을 만들어야 한다.

6.8.3 Tree노드의 Interactive노드

의사결정나무를 만들 경우 분리할 때 필요한 속성 창에서 분리기준이나 깊이 유의수준 등의 값들을 선택하여 지정하여 실행하면 의사 결정나무가 만들어 진다. 그러나 선택된 분리기준 값을 최적으로 해주는 변수와 다른 임의의 변수를 분리 변수로 사용하고 싶을 경우도 있다. 이처럼 분석자가 원하는 변수로 잎을 만들고 싶거나 의미가 없어 보이는 잎들을 제거하고자하는 경우 사용할 수 있는 노드가 Interactive 노드이다.

German Credit 데이터를 이용한 Interactive노드 사용 예를 보이고자 한다.

① 의사결정나무모형 노드를 German Credit data노드와 연결하고 의사결정나무 모형 노드를 활성화시켜 속성을 지정한다(유의수준을 0.05 최대깊이를 6 등).

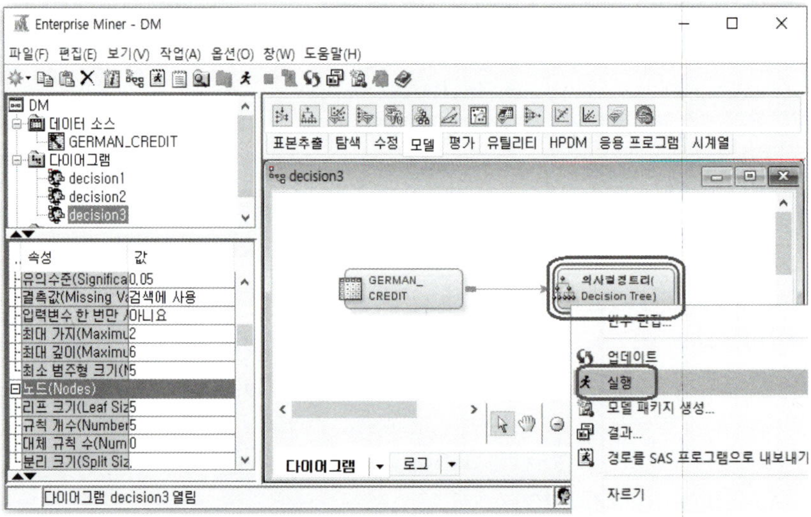

[그림 6-26] Decision Tree1 속성지정하기

② [그림 6-26]에서 Decision Tree1 노드를 실행한 결과 중에서 깊이 2까지의 나무구조는 다음과 같다.

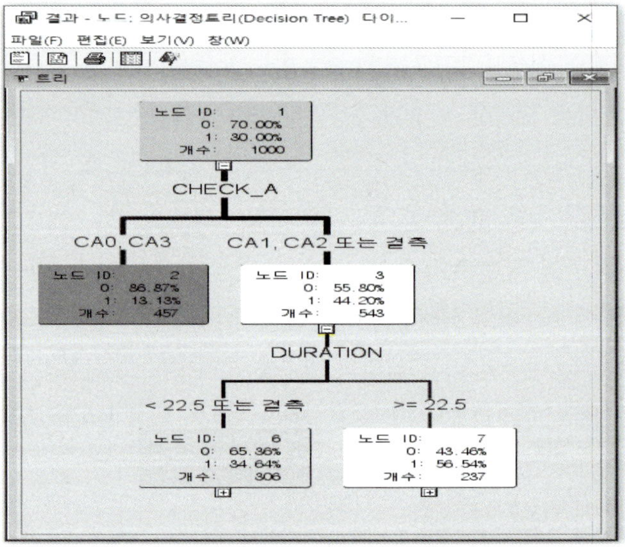

[그림 6-27] Decision Tree1 분석 결과 나무구조

[그림 6-27]의 Tree를 보면 첫 분리 변수는 CHECK_A 임을 알 수 있다.

③ Decision Tree1과 다른 임의의 변수를 이용한 가지 만들기를 하고자할 경우 새로운 Decision Tree2 노드 하나를 그림과 같이 연결한다.

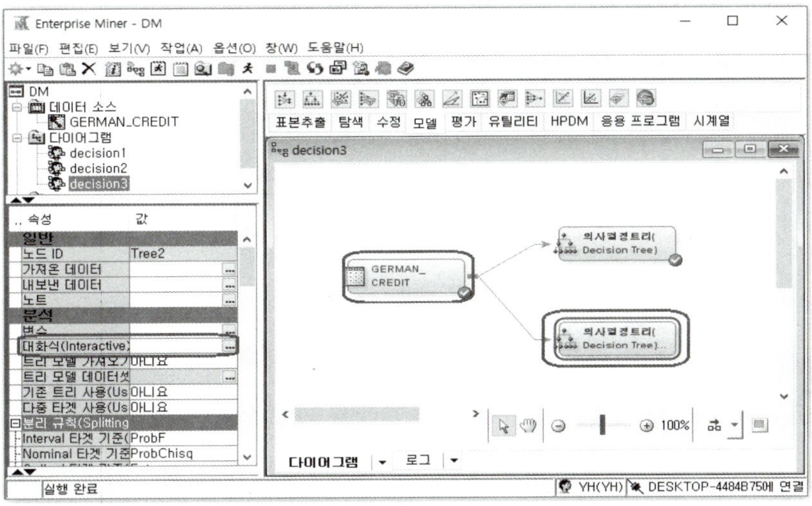

[그림 6-28] Decision Tree 2 속성 지정하기

④ Decision Tree 2를 활성화 시킨 상태에서 속성 창의 대화식(Interactive) 옆의 아이콘 [...] 을 클릭하면 [그림 6-29]와 같이 뿌리노드가 있는 트리 뷰 화면이 나타난다.

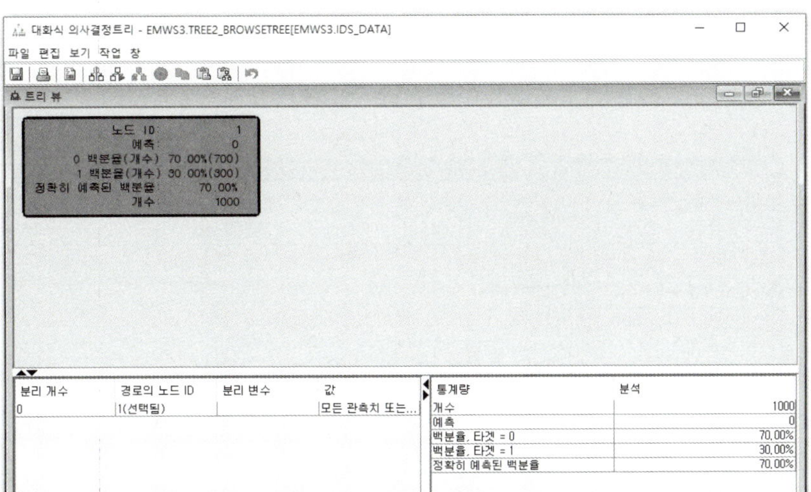

[그림 6-29] 트리 뷰 화면

⑤ [그림 6-29]에서 오른쪽 마우스를 이용하여 노드 통계량 클릭 → 모든 옵션 선택하면 [그림 6-30]과 같이 나타난다.

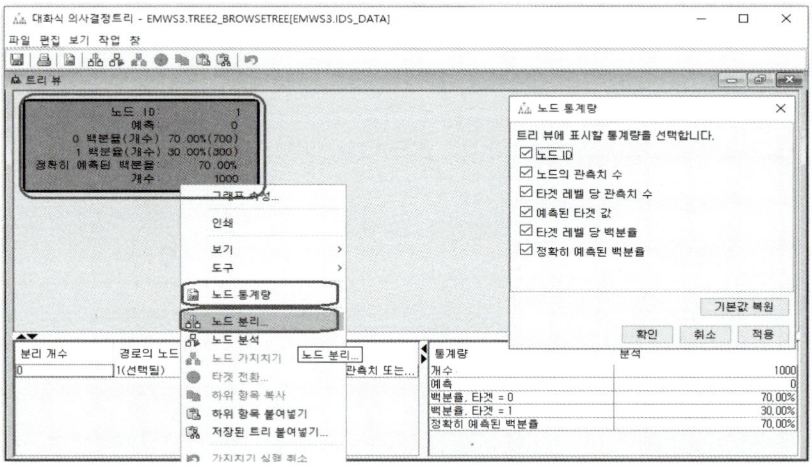

[그림 6-30] **트리 뷰 속성화면**

⑥ [그림 6-31]의 노드 분리 화면을 보면 변수에 따른 -Log(p) 값이 가장 큰 변수가 CHECK_A임을 확인할 수 있다. 그러므로 처음으로 분리가 일어날 때의 분리변수는 CHECK_A 이고 이 변수가 기준 변수가 되어 분리가 일어난다. 그러나 변수 C_HIST가 더 의미 있는 변수라고 여겨지는 경우 C_HIST를 선택하고 확인을 클릭하면 [그림 6-32]와 같은 C_HIST에 의해 분리된 나무구조가 나타난다.

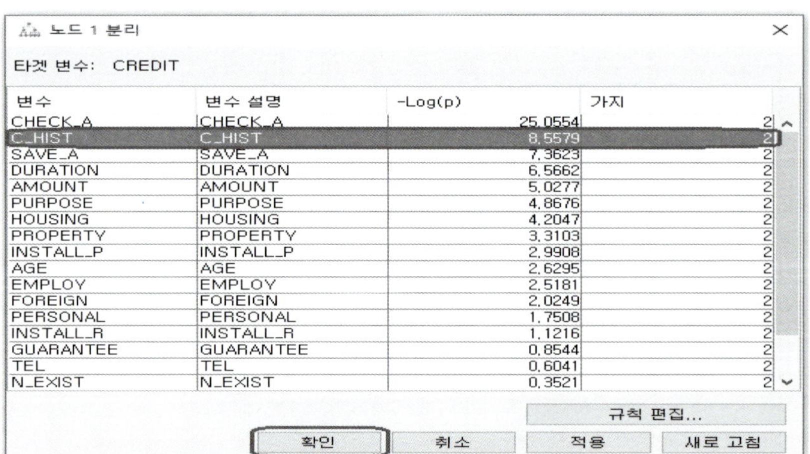
노드 1 분리

타겟 변수: CREDIT

변수	변수 설명	-Log(p)	가지
CHECK_A	CHECK_A	25.0554	2
C_HIST	C_HIST	8.5579	2
SAVE_A	SAVE_A	7.3623	2
DURATION	DURATION	6.5662	2
AMOUNT	AMOUNT	5.0277	2
PURPOSE	PURPOSE	4.8676	2
HOUSING	HOUSING	4.2047	2
PROPERTY	PROPERTY	3.3103	2
INSTALL_P	INSTALL_P	2.9908	2
AGE	AGE	2.6295	2
EMPLOY	EMPLOY	2.5181	2
FOREIGN	FOREIGN	2.0249	2
PERSONAL	PERSONAL	1.7508	2
INSTALL_R	INSTALL_R	1.1216	2
GUARANTEE	GUARANTEE	0.8544	2
TEL	TEL	0.6041	2
N_EXIST	N_EXIST	0.3521	2

규칙 편집... 확인 취소 적용 새로 고침

[그림 6-31] **첫 번째 노드분리를 위한 변수 특성**

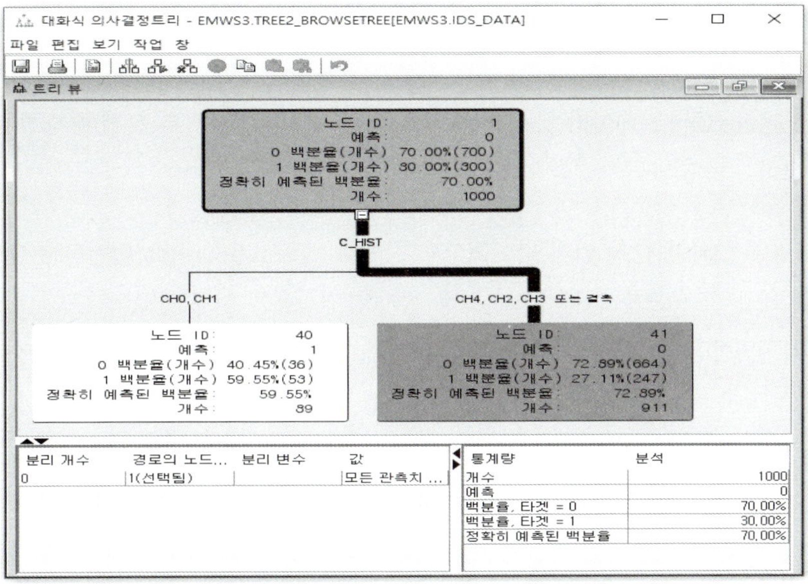

[그림 6-32] C_HIST 의해 분리된 나무구조

⑦ 이 변수에 의해 분리된 나무 구조를 최종 모형으로 하려면 [그림 6-32]에서 ☒를 클릭하고 저장하면 대화식으로 완성된 Decision Tree2가 완성된다.

⑧ 완성된 Decision Tree2를 실행하고 Decision Tree 노드를 활성화 하여 결과를 클릭함으로써 Decision Tree2의 결과 확인할 수 있다.

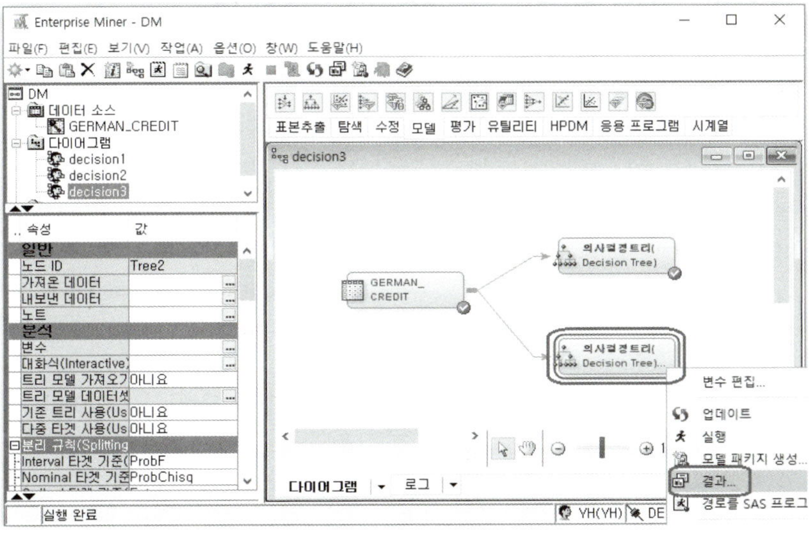

[그림 6-33] 실행 후 결과 보기

6.8.4 모형 비교

의사결정나무에 의한 모형 중에서 보다 적절한 모형을 선택하기 위해서 다음과 같은 단계를 따라 German Credit 데이터를 이용한 서로 다른 옵션에 의한 두 모형에 대한 평가를 해 보기로 한다.

① [그림 6-34]와 같이 먼저 다이어그램 창에서 German Credit 데이터에 대한 노드와 데이터 분할 노드를 연결하고 분석용 평가용 검증용을 전체 자료의 40%, 30%, 30%씩 각각 할당한다. 의사결정나무에 의해 비교하고자하는 두 개의 모형에 대한 의사결정나무 노드 Decision Tree1과 Decision Tree2를 연결시키고 각각의 분석 노드에 대한 서로 다른 옵션을 지정한다.

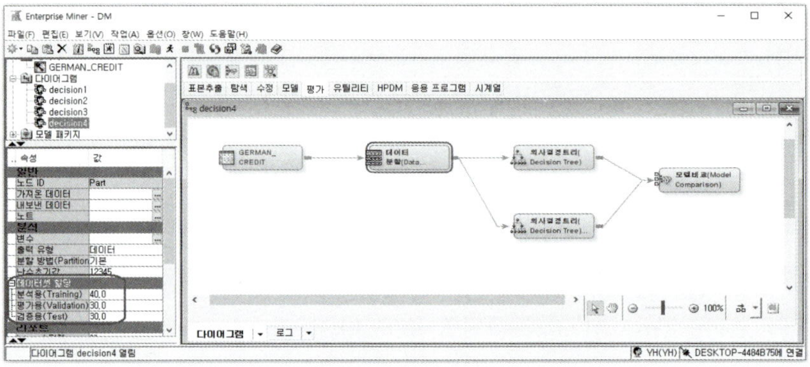

[그림 6-34] 비교를 위한 노드 및 연결하기

여기서 Decision Tree1은 기본 옵션을 이용한 나무구조 모형을 의미하고 Decision Tree2는 유의수준을 0.15로 최대깊이를 3으로 지정한 것을 의미한다.

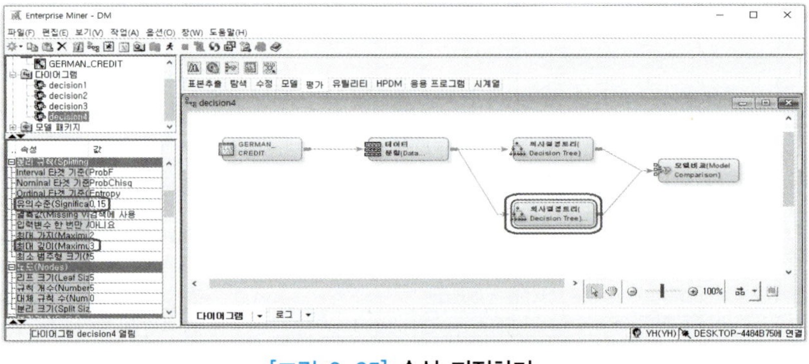

[그림 6-35] 속성 지정하기

② 평가 노드 중 모델비교 노드를 그림과 같이 연결시킨 후 모델비교 노드를 활성화 시킨 후 이를 실행하면 다음과 같은 창이 나타나게 된다.

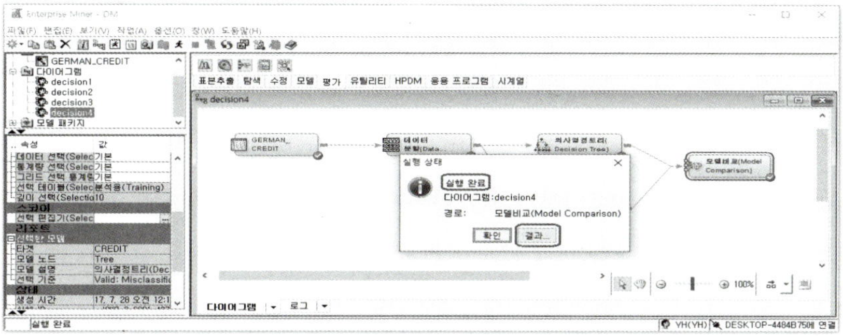

[그림 6-36] 모형비교 실행 후 결과보기

③ [그림 6-36]에서 결과를 클릭하면 [그림 6-37]과 같은 창을 볼 수 있다.

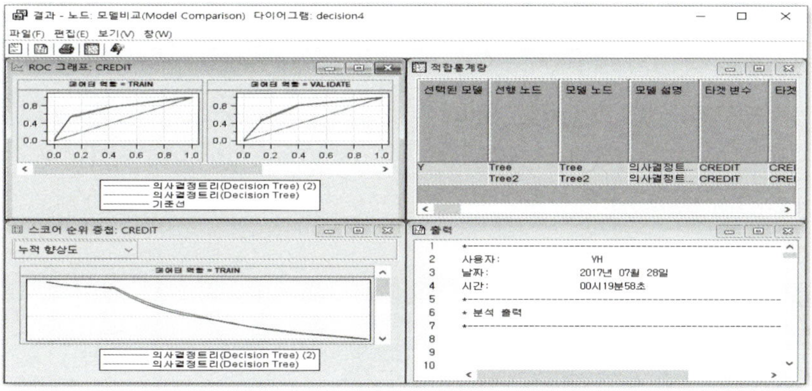

[그림 6-37] 모형비교 실행 후 결과 창

④ [그림 6-37]에서 적합통계량을 클릭하면 다음과 같은 결과를 볼 수 있다.

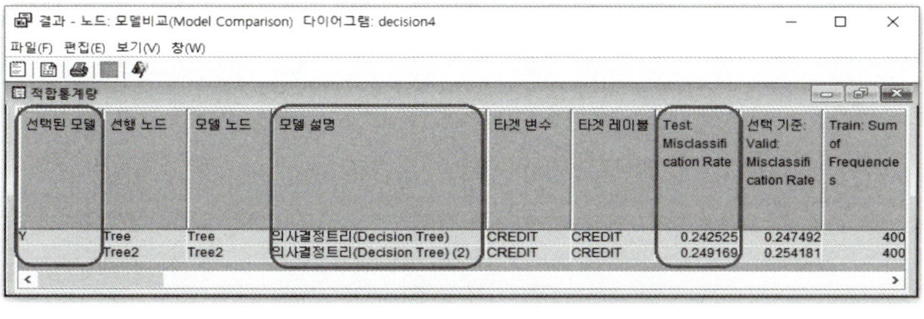

[그림 6-38] 모형비교 결과 적합통계량

⑤ [그림 6-38]의 결과를 보면 모형 1과 모형 2에 대한 Test 자료의 오분류율(Misclassification Rate)이 각각 0.242525와 0.249169로 Decision Tree1의 값이 더 작으므로 오분류율 측면에서 모형 1이 모형 2보다 더 나은 모형이라고 할 수 있다.

6.8.5 Scoring

German Credit 자료를 이용하여 최종적으로 얻어진 의사결정나무 모형이 디폴트에 의한 모형이라고 가정하는 경우 실제 검증용자료의 입력값들에 대한 예측값을 구하는 방법과 얻어진 값과 실제값과의 비교를 통한 정분류율이나 정오분류표를 구하여 보고자 한다.

① 최종 모형을 얻기 위해 필요한 노드들을 서로 연결하여 실행한 다음 의사결정트리의 내보낸 데이터를 선택하여 이를 확인한다.

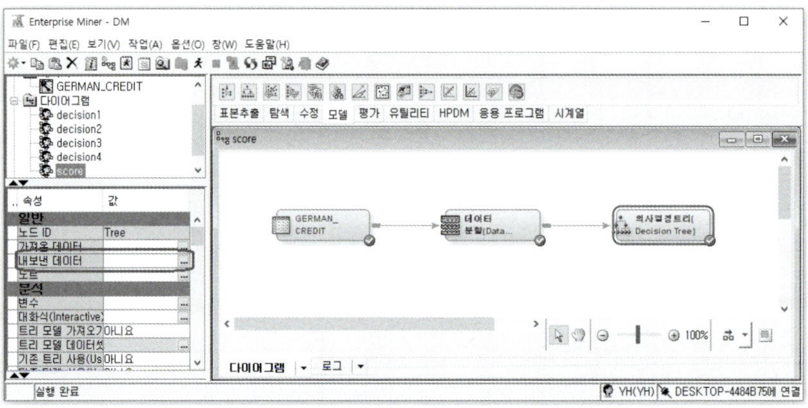

[그림 6-39] Decision Tree의 내보낸 데이터 확인

② Tree결과의 검정용 자료집합인 EMWS5.Tree_TEST를 확인한다.

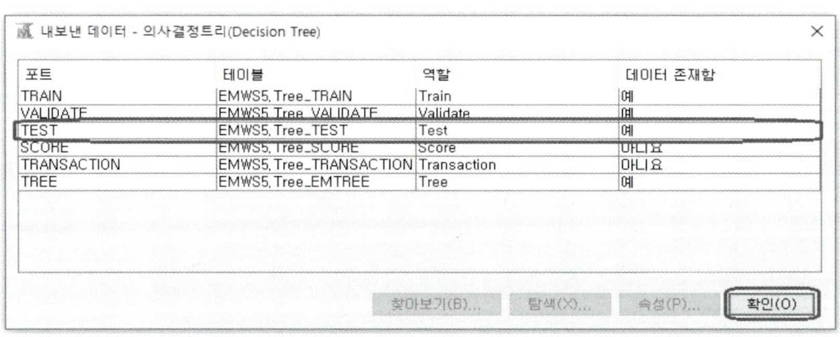

[그림 6-40] Decision Tree의 내보낸 데이터 확인

③ Test 자료집합의 정오분류표를 확인하기 위하여 유틸리티 노드 모음에서 SAS 코드 노드를 연결한 다음 속성창에서 코드 편집기 옆의 아이콘을 클릭한다.

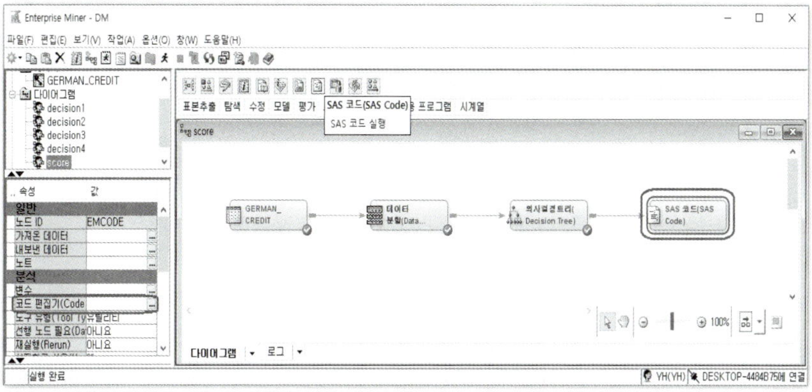

[그림 6-41] 의사결정트리에 SAS 코드 노드를 연결

④ 분석용 코드란에 정오분류표를 확인하기 위해 아래의 그림과 같이 코딩문을 입력한다. 여기서는 F_CREDIT과 I_CREDIT변수를 사용한다.

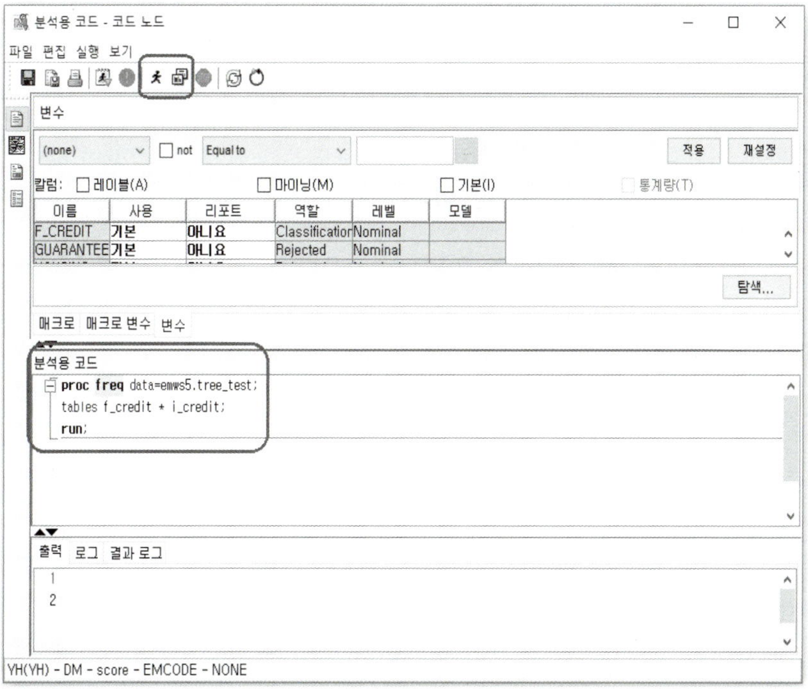

[그림 6-42] 코드 편집기 창에서 코딩입력

⑤ [그림 6-42]에서 코딩문을 입력한 다음, 아이콘을 클릭하여 실행하고 아이콘을 클릭하여 결과를 확인한다. 아래의 정오분류표를 보면 Test 자료집합의 정분류율이 75.75이고 오분류율이 24.25인 것을 알 수 있다.

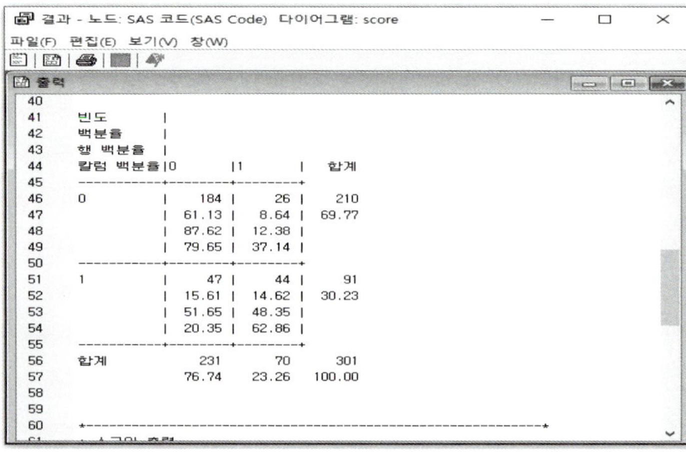
결과 - 노드: SAS 코드(SAS Code) 다이어그램: score

파일(F) 편집(E) 보기(V) 창(W)

출력

```
빈도          |
백분율        |
행 백분율     |
칼럼 백분율   |0         |1         |  합계
--------------+----------+----------+
0             |    184   |     26   |    210
              |  61.13   |   8.64   |  69.77
              |  87.62   |  12.38   |
              |  79.65   |  37.14   |
--------------+----------+----------+
1             |     47   |     44   |     91
              |  15.61   |  14.62   |  30.23
              |  51.65   |  48.35   |
              |  20.35   |  62.86   |
--------------+----------+----------+
합계               231         70        301
                 76.74      23.26     100.00
```

[그림 6-43] **Test 자료집합의 정오분류표**

GERMAN_CREDIT 전체의 자료를 새로운 실제 자료집합이라 여기고 얻어진 결과를 이용하여 새로운 자료의 입력값들에 대한 예측값을 구하는 방법과 얻어진 값과 실제값의 비교를 통한 정분류율이나 정오분류표를 구하여 보고자 한다.

① [그림 6-44]와 같이 의사결정트리와 SAS코드 노드 사이에 스코어노드를 연결하고 GERMAN_CREDIT 데이터를 추가하여 스코어노드에 연결한다. 그 다음 데이터 노드의 속성 창에서 데이터의 역할값을 Score로 변경하고 변수편집 창을 활성화 시킨다.

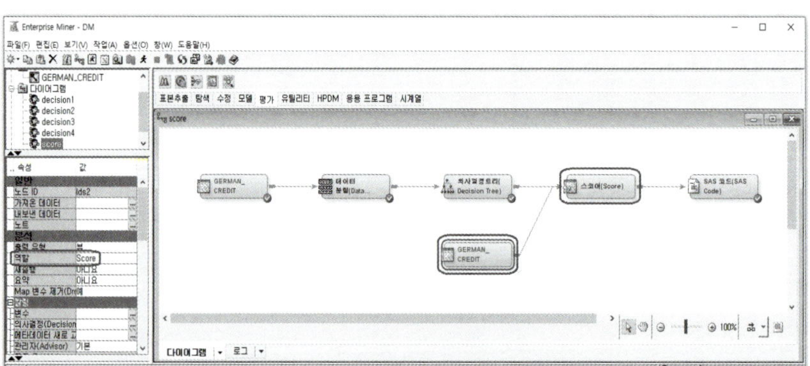

[그림 6-44] **스코어 노드와 데이터노드 추가**

② 데이터의 변수 편집 창에서 기존의 Target 변수인 CREDIT 변수를 Rejected로 변경한 다음 확인을 클릭한다.

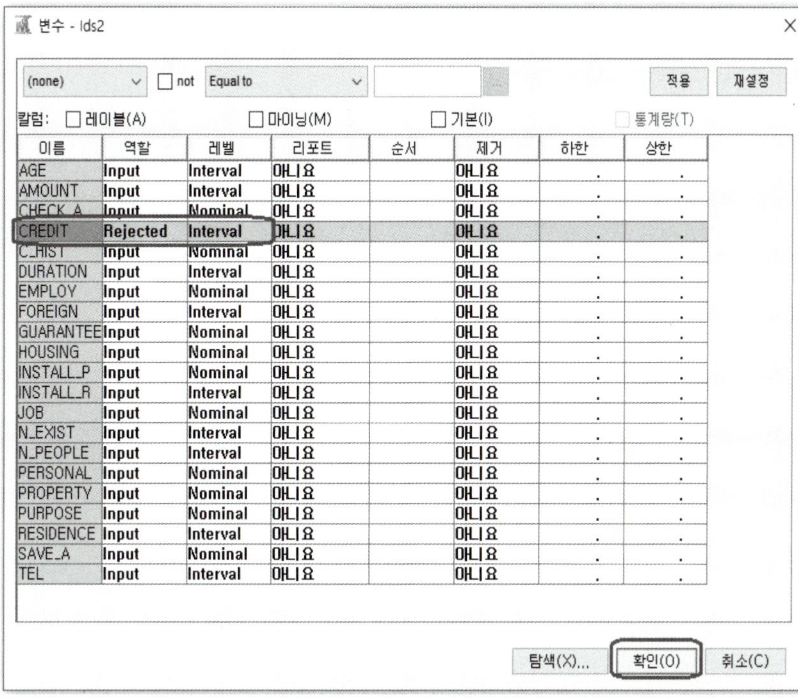

이름	역할	레벨	리포트	순서	제거	하한	상한
AGE	Input	Interval	아니요		아니요	.	.
AMOUNT	Input	Interval	아니요		아니요	.	.
CHECK_A	Input	Nominal	아니요		아니요	.	.
CREDIT	Rejected	Interval	아니요		아니요	.	.
C_HIST	Input	Nominal	아니요		아니요	.	.
DURATION	Input	Interval	아니요		아니요	.	.
EMPLOY	Input	Nominal	아니요		아니요	.	.
FOREIGN	Input	Interval	아니요		아니요	.	.
GUARANTEE	Input	Nominal	아니요		아니요	.	.
HOUSING	Input	Nominal	아니요		아니요	.	.
INSTALL_P	Input	Nominal	아니요		아니요	.	.
INSTALL_R	Input	Interval	아니요		아니요	.	.
JOB	Input	Nominal	아니요		아니요	.	.
N_EXIST	Input	Interval	아니요		아니요	.	.
N_PEOPLE	Input	Interval	아니요		아니요	.	.
PERSONAL	Input	Nominal	아니요		아니요	.	.
PROPERTY	Input	Nominal	아니요		아니요	.	.
PURPOSE	Input	Nominal	아니요		아니요	.	.
RESIDENCE	Input	Interval	아니요		아니요	.	.
SAVE_A	Input	Nominal	아니요		아니요	.	.
TEL	Input	Interval	아니요		아니요	.	.

[그림 6-45] 데이터 변수 편집

③ 스코어 노드를 실행시킨 다음, 스코어 노드의 속성 창에서 내보낸 데이터에 있는 아이콘을 클릭한다.

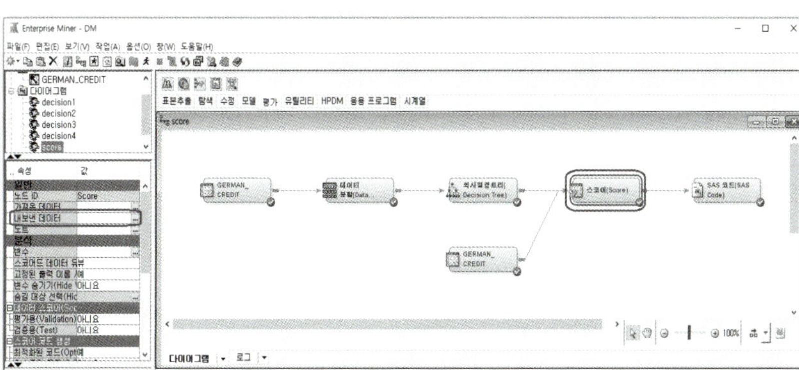

[그림 6-46] 스코어 노드 실행 및 내보낸 데이터 확인

④ 내보낸 데이터의 목록을 보면 새로 입력된 GERMAN_CREDIT 자료의 스코어 결과인 EMWS5.Score_SCORE 테이블을 확인할 수 있다. 여기서는 CREDIT에 대한 예측 확률과 예측값을 확인한다.

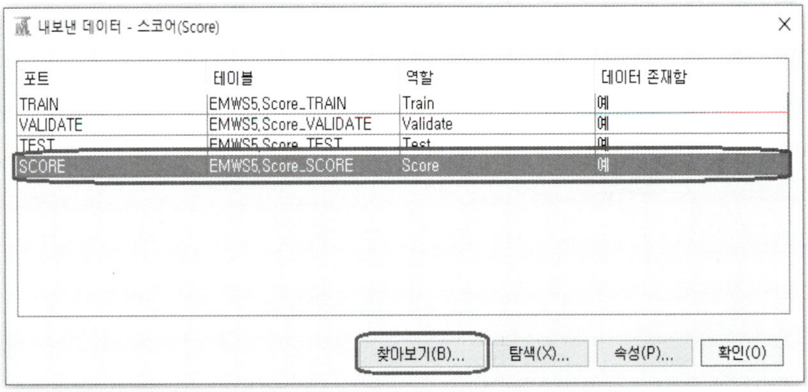

[그림 6-47] **스코어노드의 내보낸 데이터**

⑤ GERMAN_CREDIT자료에 대한 스코어 노드 실행결과인 EMWS4.Score_SCORE를 통하여 Rejected된 CREDIT 변수의 0 또는 1에 대한 예측확률을 확인할 수 있으며, 실제값과 예측값을 비교해 볼 수 있다.

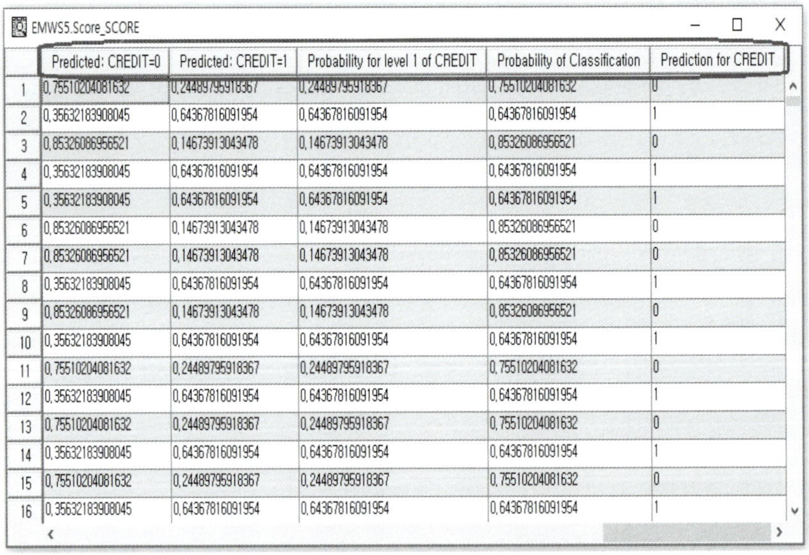
EMWS5.Score_SCORE

	Predicted: CREDIT=0	Predicted: CREDIT=1	Probability for level 1 of CREDIT	Probability of Classification	Prediction for CREDIT
1	0.75510204081632	0.24489795918367	0.24489795918367	0.75510204081632	0
2	0.35632183908045	0.64367816091954	0.64367816091954	0.64367816091954	1
3	0.85326086956521	0.14673913043478	0.14673913043478	0.85326086956521	0
4	0.35632183908045	0.64367816091954	0.64367816091954	0.64367816091954	1
5	0.35632183908045	0.64367816091954	0.64367816091954	0.64367816091954	1
6	0.85326086956521	0.14673913043478	0.14673913043478	0.85326086956521	0
7	0.85326086956521	0.14673913043478	0.14673913043478	0.85326086956521	0
8	0.35632183908045	0.64367816091954	0.64367816091954	0.64367816091954	1
9	0.85326086956521	0.14673913043478	0.14673913043478	0.85326086956521	0
10	0.35632183908045	0.64367816091954	0.64367816091954	0.64367816091954	1
11	0.75510204081632	0.24489795918367	0.24489795918367	0.75510204081632	0
12	0.35632183908045	0.64367816091954	0.64367816091954	0.64367816091954	1
13	0.75510204081632	0.24489795918367	0.24489795918367	0.75510204081632	0
14	0.35632183908045	0.64367816091954	0.64367816091954	0.64367816091954	1
15	0.75510204081632	0.24489795918367	0.24489795918367	0.75510204081632	0
16	0.35632183908045	0.64367816091954	0.64367816091954	0.64367816091954	1

[그림 6-48] **EMWS4.Score_SCORE 테이블의 데이터**

⑥ EMWS4.Score_SCORE를 통하여 전체자료에 대한 CREDIT변수에 대한 예측값을 확인해 볼 수 있으며 Rejected된 CREDIT 값과 예측값에 대한 정오분류표를 확인하기 위하여 SAS코드의 속성창에 코드편집기 옆에 있는 아이콘을 클릭하여 코드편집기 창을 활성화 시킨다.

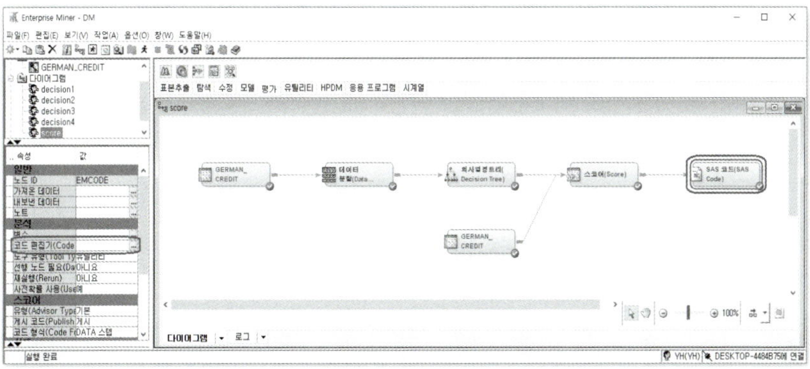

[그림 6-49] SAS 코드 노드의 코드 편집기 활성화

⑦ 새로운 데이터에 대한 정오분류표를 확인하기 위하여 코드 편집기 창의 분석용 코드란에 아래의 그림과 같이 코딩문을 작성하고 실행시켜 결과를 확인한다. 여기서는 CREDIT과 I_CREDIT변수를 사용한다.

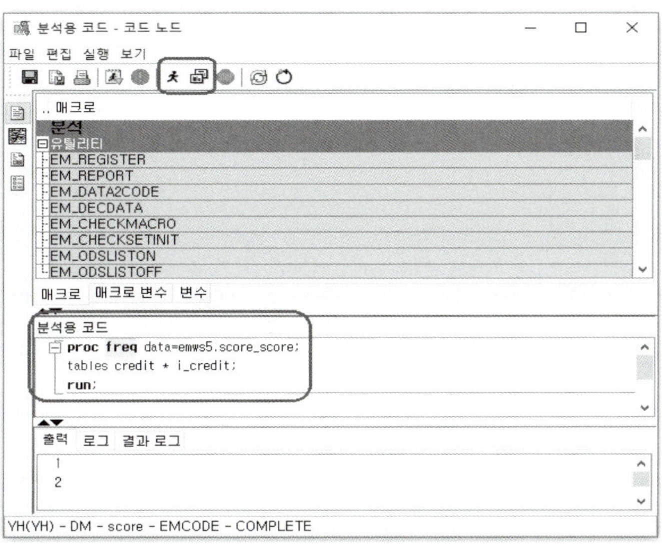

[그림 6-50] 코드 편집기에서 코딩문 작성

⑧ 정오분류표를 보면 정분류율이 76.40이고 오분류율이 23.60이 됨을 알 수 있다.

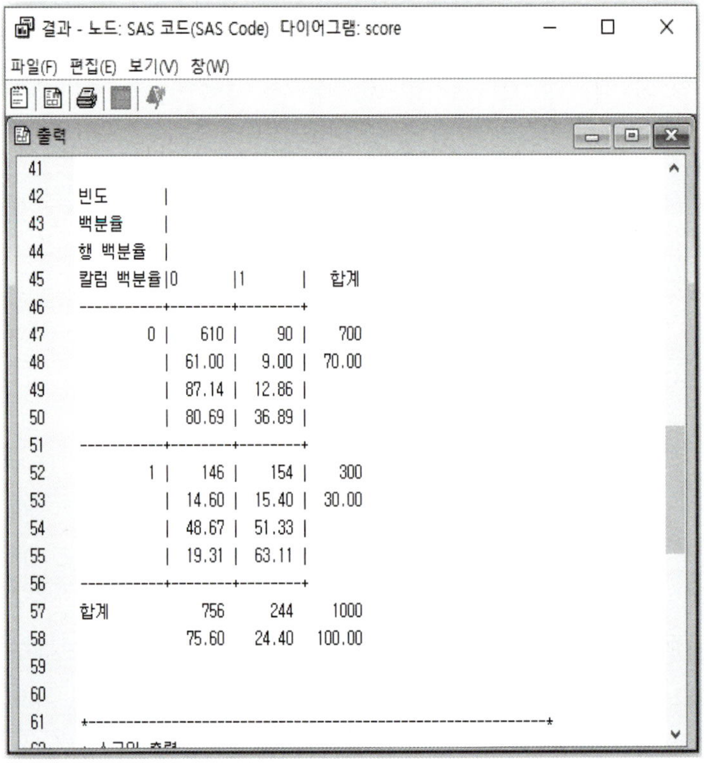

[그림 6-51] GERMAN_CREDIT자료의 정오분류표

연습문제

1 다음은 100명의 학생들에 대한 성별과 혈액형에 관한 자료이다. 이 자료를 이용하여 의사결정나무분석을 하려고 한다. 목표변수는 성별이고 입력변수는 혈액형이다.

	A	B	O	계
남	10	15	25	50
여	15	10	25	50
계	25	25	50	100

단, 자식노드의 노드 수는 2이다.

1) 부모노드에서의 지니지수 값을 구하여라.

2) 지니지수를 이용하여 최적의 분리기준을 구하여라.

3) 부모노드와 자식노드의 지니지수의 변화를 비교하여라.

2 0과 1로 이루어진 목표변수에 대한 1에 대한 예측에 관심이 있는 문제에서 의사결정나무분석에 의해 다음과 같은 결과를 얻었다.

실제값	0	0	0	0	0	0	0	1	1	1	1	1
예측값	0.1	0.2	0.4	0.3	0.2	0.5	0.6	0.3	0.4	0.5	0.6	0.7

1) 위의 12개의 예측값(스코어)에서 분계점(threshold)을 0.45로 하였을 때의 정오분류표와 정분류율을 구하여라.

2) 1)의 결과로 얻어지는 정오 분류표를 이용하여 다음을 각각 구하여라.

① 정분류율 ② 민감도 ③ 특이도 ④ Lift

3 잎이 많아짐에 따라 분석용(training) 데이터와 검증용(validation) 데이터에서의 오분류률이 어떻게 달라지는지 설명하여라.

4 좋은 모형의 경우에 분계점이 높아짐에 따라 민감도와 특이도는 어떻게 변하는지 설명하여라.

5 예제 6.2에 있는 기온과 습도와 바람에 대한 자료를 이용하여 카이제곱통계량을 이용하여 최적의 분리기준을 구하여라.

6 예제 6.2에 있는 기온과 습도와 바람에 대한 자료를 이용하여 엔트로피지수를 이용하여 최적의 분리기준을 구하여라.

7 예제 6.3에 있는 학년과 성별 및 키 자료를 이용하여 키에 대한 분산의 감소량을 최대로 하는 입력변수와 그 때의 분리기준을 구하여라.

8 German Credit 데이터를 활용한 의사결정나무에 관한 다음 물음에 답하여라.

German Credit 데이터는 독일인의 신용상태에 영향을 주는 요소를 예측하고, 각 변수들에 따른 신용불량에 대한 특성을 파악함은 물론 신용불량자를 조기에 선별하는데 도움을 줄 수 있는 신용불량자에 대한 규칙을 발견하는 것을 목적으로 한다.

1) German이라는 이름으로 새로운 다이어그램을 생성하여라.

2) German Credit 데이터를 프로젝트를 위한 자료집합으로 정하고 아래와 같이 정의하여라.
   ① 목표변수를 Credit의 역할을 Target으로 레벨을 Binary로 지정하라.
   ② 목표변수인 Credit의 변수탐색을 통하여 목표변수의 빈도표를 구하여라.

3) 데이터분할 노드를 다이어그램에 추가하고 분석용과 평가용을 각각 50%로 지정하고 이를 German Credit 자료와 연결하라.

4) 모형노드 중 의사결정트리를 추가하고 이를 데이터분할 노드와 연결 후 이를 실행하여 결과를 보고 다음 물음에 답하여라.
   ① 최종으로 얻어진 나무 구조의 잎의 수는 몇 개인가?
   ② 최초에 뿌리 노드의 분리에 사용된 변수는 무엇인가?
   ③ 대화식 노드를 이용하여 최초 분리에서 사용될 수 있는 변수 선택 방법과 이에 따라 선택된 분리 변수는 무엇인가?
   ④ 최종으로 얻어진 모형에서 목표변수에 대한 오분류율은 분석용자료와 평가용자료에서 각각 얼마인가?
   ⑤ 결과창의 보기 → 모델 → 노드규칙에서 오분류율에 따른 도표를 보고 최종 잎의 결정과정을 설명하여라.

9 **Boston Housing 데이터를 활용한 의사결정나무 실습에 관한 다음 물음에 답하여라.**
Boston Housing 데이터는 1978년 미국의 보스턴 근교의 집의 가치에 대한 각 변수들에 대한 특성을 파악함은 물론 집의 가치에 영향을 주는 변수를 알아내고 이러한 변수들에 따른 집의 가치에 대한 규칙을 발견하는 것을 목적으로 한다.

1) Boston이라는 이름으로 새로운 다이어그램을 생성하여라.

2) Boston Housing 데이터를 프로젝트를 위한 자료집합으로 정하고 다음 물음에 답하여라.
   ① 변수 LGMEDV를 Taget 변수로 지정하고 OBS 역할을 ID로 지정하라.
   ② 목표변수 LGMEDV의 레벨을 Interval로 지정하라.

3) 데이터분할 노드를 다이어그램에 추가하고 분석용과 평가용을 각각 50%로 지정하고 이를 Boston Housing 데이터 와 연결하라.

4) 모형노드 중 의사결정트리를 추가하고 이를 데이터분할 노드와 연결한 다음 이를 실행하여 결과를 보고 다음 물음에 답하여라.
   ① 최종으로 얻어진 나무 구조의 잎의 수는 몇 개인가?
   ② 최초에 뿌리 노드의 분리에 사용된 변수는 무엇인가?
   ③ 대화식 노드를 이용하여 최초 분리에서 사용될 수 있는 변수 선택 방법과 이에 따라 선택된 분리 변수는 무엇인가?
   ④ 최종적으로 얻어진 모형에서 목표변수(lgMEDV)에 대한 평균제곱오차는 분석용 자료와 평가용 자료에서 각각 얼마인가?

5) 필터링 노드를 Boston Housing 데이터와 데이터 분할노드 사이에 추가하여 연결한 후 다음 물음에 답하여라.
   ① Crime 변수에 대한 탐색을 통하여 Crime 변수에 대한 상한과 하한을 각각 55.6과 0으로 지정하여라.
   ② 기본적인 속성값으로 되어 있는 의사결정트리를 추가하여 연결한 후 모형 평가 노드를 이용하여 검증용자료에 대한 평균제곱오차를 통하여 두 모형을 비교하여라.

10 Organics 자료를 활용한 의사결정나무 실습에 관한 다음 물음에 답하여라. Organics 자료는 어느 슈퍼마켓은 새로운 유기농 제품을 제공하기 위해 어느 고객들이 이러한 제품들을 구매할 가능성이 있는지를 알아보기 위해 수집한 자료이다.

1) Organics라는 이름으로 새로운 다이어그램을 생성하라.

2) 위의 자료를 프로젝트를 위한 자료집합으로 정하고 아래와 같이 정의하라.
   ① 아래 표와 같이 변수의 역할을 지정하라.

Name(변수이름)	Model Role	Measurement Level (척도)	변수 설명(Description)
ID	ID	Nominal(명목 척도)	고객 식별 번호
DemAffl	Input	Interval(연속형 척도)	부유한 정도(1~30)
DemAge	Input	Interval(연속형 척도)	나이(연수)
DemCluster	Input	Nominal(명목 척도)	거주지역 형태
DemClusterGroup	Rejected	Nominal(명목 척도)	근린 집단
DemGender	Input	Nominal(명목 척도)	M=남, F=여, U=모름
DemReg	Input	Nominal(명목 척도)	지역
DemTVReg	Input	Nominal(명목 척도)	TV 지역
PromClass	Input	Nominal(명목 척도)	충성도 정도: tin:동,silver:은, gold:금 platinum:백금
PromSpend	Input	Interval(연속형 척도)	사용 총 금액
PromTime	Input	Interval(연속형 척도)	충성카드기간
TargetBuy	Target	Binary(이진 척도)	구매여부 1=예, 0= 아니오
TargetAmt	Rejected	Interval(연속형 척도)	구매 유기농제품 수

② 목표변수인 TargetBuy에 대한 분포에서 구매한(TargetBuy=1) 경우의 비율은 얼마인가?

③ TargetAmt가 입력변수가 될 수 있는가? 이유는?

3) Data 분할노드를 다이어그램에 추가하고 분석용과 평가용을 각각 50%씩 지정하라.

4) 모형노드 중 의사결정트리를 추가하고 이를 데이터분할 노드와 연결한 후 옵션을 디폴트로 하여 얻어진 결과를 보고 다음 물음에 답하여라.

① 최종으로 얻어진 나무 구조의 잎의 수는 몇 개인가?

② 최초에 뿌리 노드의 분리에 사용된 변수는 무엇인가?

③ 대화식 노드를 이용하여 최초 분리에서 사용될 수 있는 변수 선택 방법과 이에 따라 선택된 분리 변수는 무엇인가?

④ 최종으로 얻어진 모형에서 목표변수에 대한 오분류율은 분석용자료와 평가용자료에서 각각 얼마인가?

5) 두 번째 의사결정트리를 다이어그램에 추가하고 이를 데이터분할 노드와 연결하고 유의수준 0.05로 최대깊이를 3으로 평가기준을 평균제곱오차로 지정하여 실행한 후 다음에 답하여라.
   ① 얻어진 나무구조의 잎의 수는 얼마인가?
   ② 얻어진 나무구조에서 순도가 가장 높은 잎의 규칙을 말하여라.
   ③ ID가 140인 경우는 어느 잎으로 속하게 되며 구매 혹은 비 구매 중 어디로 분류되는가?

6) 모형비교 노드를 추가하여 두 개의 의사결정트리와 연결하고 이를 실행한 후 다음 물음에 답하여라.
   ① 최종으로 얻어진 두 개의 나무구조에서 평가용자료에 대한 평균제곱오차를 각각 구하고 이를 해석하여라.
   ② 최종으로 얻어진 두 개의 나무구조에서 평가용자료에 대한 오분류율을 각각 구하고 이를 해석하여라.

7) Decision Tree2에 Score 노드를 이용하여 평가용자료에 대한 구매확률의 예측값을 구하는 방법을 설명하여라.
   ① 가장 작은 ID에 대한 TargetBuy의 예측값은 얼마인가?
   ② 가장 작은 ID는 구매 혹은 비구매 중 어디로 분류되는가?
   ③ 정오분류표를 만들어라.

VII

회귀모형

이 장에서는 회귀분석과 로지스틱 회귀모형에 대한 이론을 소개하고 SAS E-Miner를 통하여 이를 구현하는 방법을 다루고자 한다.

7.1 단순선형회귀모형

아래 [그림 7-1]은 체형의 삼두근 두께와 체지방을 그래프로 표현한 것이다. 삼두근의 두께와 체지방이 어느 정도 연관관계를 갖고 있는지 알아보고자 한다. 그래프로부터 삼두근의 두께가 증가하면 체지방도 선형적으로 증가한다는 것을 알 수 있다. 따라서 다음과 같은 일차 선형방정식으로 두 변수의 관계를 표현하는 것이 가능할 것이다.

$$y = \alpha + \beta x$$

이와 같이 두 양적 변수에 대하여 한 변수(반응변수 혹은 종속변수)가 다른 변수(설명변수 혹은 독립변수)에 의해서 어떻게 설명 또는 예측되는지를 알아보기 위해 이러한 변수들의 관계를 적절한 함수식으로 표현하여 분석하는 통계적 방법을 회귀분석 (regression analysis)이라 한다.

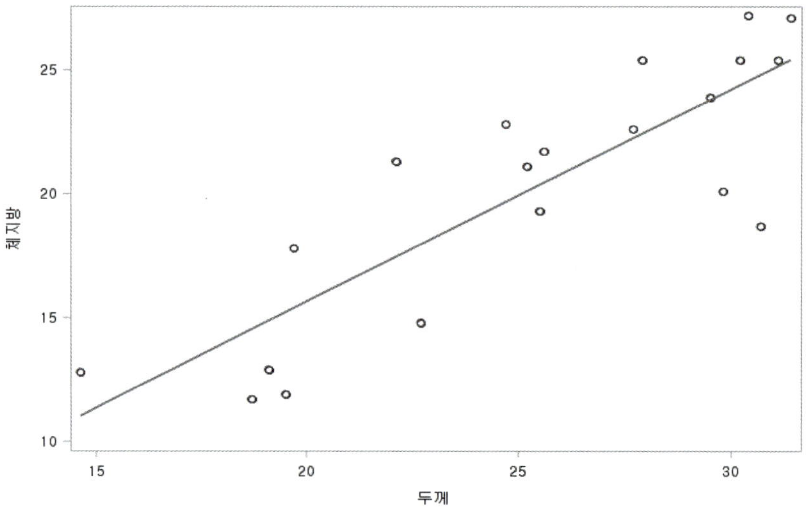

선형회귀분석(linear regression analysis)은 기본적으로 하나의 반응변수와 하나 이상의 설명변수를 가정하며 설명변수의 수에 따라 단순선형회귀 혹은 다중선형회귀(multiple linear regression) 모형으로 분류한다.

단순선형회귀 모형은 위 예제처럼 설명변수를 하나만 사용한 가장 간단한 모형이다. 실제

사회현상에서 설명변수를 하나만 고려하는 경우는 많지 않지만 이론적 전개과정은 다중회귀에서도 그대로 적용되기 때문에 회귀분석의 기본개념을 이해하는데 매우 중요한 모형이라 할 수 있다. 반면에 설명변수가 2개 이상 사용한 모형을 다중선형회귀모형이라 부른다.

7.1.1 회귀모형의 구축

[그림 7-1]에서 각각의 자료는 $y = \alpha + \beta x$ 라는 직선식에 정확하게 일치하는 것이 아니고 직선을 중심으로 어느 정도 오차를 갖고 흩어져 있다. 따라서 각각의 자료를 정확하게 표현하려면 이러한 오차를 반영하는 직선을 고려하는 것이 바람직할 것이다. 단순선형회귀모형은 반응변수 y와 설명변수 x의 관계를 다음과 같은 일차식으로 표현한 것을 말한다.

$$y = \alpha + \beta x + \epsilon \tag{7.1.1}$$

여기서 α와 β는 각각 절편과 기울기를 나타내는 회귀계수(regression coefficient)로 불리며 자료로부터 추정되어야 할 회귀모수(regression parameter)이다. ϵ은 오차항(error term)으로 보통 기댓값과 분산이 각각 0, σ^2인 정규분포를 따르는 것으로 가정한다.

위 모형에서 $\alpha + \beta x$는 반응변수의 변동량을 함수적으로 설명하는 부분(결정적 부분)을 나타내며, 오차항은 반응변수의 변동량 중에서 함수적으로 설명 안 되는 부분을 나타내는 것으로 잡음(noise) 부분이라 부르기도 한다.

따라서 좋은 모형은 반응변수의 총변동량 중에서 변동량을 설명하는 함수적 부분이 크고, 오차항의 부분이 적은 모형을 말한다. 오차항이 커지는 이유는 여러 가지 원인이 있을 수 있으나 가장 중요한 원인으로는 설명변수 x와 반응변수 y의 관계를 적절하게 표현하지 못한 경우에 주로 발생한다. 이는 모형설정이 잘못된 경우로서 설명변수 하나만으로는 반응변수 y를 설명하기에 부족하거나 가정된 회귀 모형이 자료에 적합되지 않은 경우에 큰 값으로 나타날 수 있다.

이러한 경우에는 1차적으로 설명변수를 추가하여 다중선형회귀모형 혹은 다항회귀모형(polynomial regression model)을 고려할 수 있다. 다른 방법으로는 설명변수 혹은 반응변수에 대하여 변수변환을 적극적으로 시도하여 보는 것이 모형의 적합도를 향상시킬 수 있다.

상기 방법 외에도 비선형회귀, 의사결정나무분석, 신경망과 같은 비선형 모형을 시도해 보는 것도 좋은 대안이 될 수 있다. 또한 오차항은 측정오류(measurement error)나 입력오류와 같은 것들이 포함될 수 있으므로 연구자는 발생할 수 있는 오류들에 대해서 사전에 충분히 검토하여 분석하여야 한다. E-Miner의 탐색(exploration)노드와 변환(modifying)노드를 이용하면 이러한 오류를 탐색하고 수정하는 일련의 작업들을 쉽게 수행할 수 있다.

7.1.2 회귀계수의 추정

단순선형회귀모형에서 모수 α와 β를 추정하기 위해서 일반적으로 최소제곱법 (least square method) 혹은 최우추정법(maximum likelihood method)을 사용한다. 최소제곱법은 오차들의 제곱합이 최소가 되도록 회귀계수를 추정하는 방법이다. 즉 회귀계수 α와 β의 최소제곱추정량은 다음과 같은 오차제곱합

$$\sum_{i=1}^{n}\epsilon_i^2 = \sum_{i=1}^{n}(y_i - \alpha - \beta x_i)^2 \tag{7.1.2}$$

을 최소화하는 것이다(관측값의 수가 n개인 경우). 여기에서 y_i와 x_i 그리고 ϵ_i는 i번째 자료의 반응변수, 설명변수 그리고 오차항의 값을 나타낸다. 회귀계수 α와 β의 최소제곱 추정치를 각각 a와 b라고 할 때, 이는 다음과 같은 수식에 의해서 계산될 수 있다.

$$b = \sum_{i=1}^{n}(x_i - \bar{x})(y_i - \bar{y}) / \sum_{i=1}^{n}(x_i - \bar{x})^2 \tag{7.1.3}$$

$$a = \bar{y} - b\bar{x}$$

$$\text{단, } \bar{x} = \sum_{i=1}^{n} x_i / n, \quad \bar{y} = \sum_{i=1}^{n} y_i / n$$

이제 반응변수에 대한 예측값을 $\hat{y}$ 이라고 하면, 추정된 모형식은 다음과 같이 표현된다.

$$\hat{y} = a + bx$$

〈표 7-1〉은 앞의 체형 자료에 대해서 회귀분석을 수행한 결과를 보여준다.

〈표 7-1〉 체형의 체지방 예측

설명 변수 (x)	19.5	24.7	30.7	29.8	19.1	25.6	31.4	27.9	22.1	25.5
	31.1	30.4	18.7	19.7	14.6	29.5	27.7	30.2	22.7	25.2
반응 변수 (y)	11.9	22.8	18.7	20.1	12.9	21.7	27.1	25.4	21.3	19.3
	25.4	27.2	11.7	17.8	12.8	23.9	22.6	25.4	14.8	21.1
추정된 모형식	$\hat{y} = -1.4961 + 0.8572x$									
예 측 값 ($\hat{y}$)	15.22	19.68	24.82	24.05	14.88	20.45	25.42	22.42	17.45	20.36
	25.16	24.56	14.53	15.39	11.02	23.79	22.25	24.39	17.96	20.11

7.1.3 회귀계수에 대한 해석 및 타당성 평가

선형회귀모형에서는 추정된 회귀계수 b는 설명변수 x에 대한 기울기를 나타내는 것으로 이는 설명변수 x가 1단위 증가할 때 반응변수 y가 변화하는 양을 나타낸다. 예를 들어, 앞의 예에서 추정된 회귀계수 b가 0.86라는 것은 삼두근의 두께가 1(mm)단위 증가하면 체지방이 0.86단위 증가한다는 것을 나타낸다. 회귀계수가 양의 값으로 추정되었다는 것은 x가 증가하면 y도 증가한다는 의미이고, 회귀계수가 음의 값으로 추정되었다는 것은 x가 증가하면 y는 오히려 감소한다는 의미를 갖는다.

그런데 상기와 같은 회귀계수에 대한 해석은 가정된 회귀모형이 설명변수 x와 반응변수 y의 관계를 잘 설명하고 있다는 전제 조건하에 가능하다. 즉 추정된 회귀모형이 주어진 자료에 적절하지 못하다면 이로부터 얻어지는 결과는 의미를 상실하게 될 것이다. 따라서 주어진 자료에 회귀모형을 적합시키고 나면 반드시 추정된 회귀직선식이 주어진 자료에 잘 적합되었는지를 검토하여 보아야 할 것이다. 이를 검토하는 방법으로는 결정계수, 회귀계수에 대한 t-검정, 분산분석의 F-검정 등 몇 가지가 알려져 있다. 이 절에서는 먼저 t-검정에 대하여 설명하고 나머지는 중회귀분석에서 언급하고자 한다.

(1) 회귀계수에 대한 t-검정

회귀계수에 대한 t-검정은 $y=\alpha+\beta x+\epsilon$라는 모형에 대하여 설명변수의 기울기인 $H_0 : \beta=0$이라는 가설을 검정하는 것을 말한다.

이에 대한 검정통계량은

$$t=\frac{b-\beta}{s(b)} \tag{7.1.4}$$

로 귀무가설이 사실이면 자유도가 n-2 인 t-분포를 따른다. 여기서 $s(b)$는 b의 표준오차(standard error)이다. 상기의 t-통계량을 SAS E-Miner에서는 일명 T-score라고 부르기도 한다. 대부분의 상용화된 통계패키지에서는 디폴트로 회귀계수의 검정을 위한 t-통계량과 유의확률을 출력하여 준다. 이러한 사실을 이용하여 회귀계수에 대한 검정을 쉽게 수행할 수 있다. [결과 7-1]은 SAS를 이용한 회귀계수(절편과 기울기)에 대한 검정 결과이다.

Parameter Estimates					
Variable	DF	Parameter Estimate	Standard Error	t Value	Pr > |t|
Intercept	1	−1.4961	3.3192	−0.45	0.6576
X	1	0.8572	0.1288	6.66	<.0001

[결과 7-1] **체형자료에 대한 회귀계수의 검정**

[결과 7-1]은 체형 자료에 대한 E-Miner의 회귀분석 출력결과 중 일부로서 기울기 β에 대한 추정치가 b=0.8572라는 것과 표준오차가 0.1288 그리고 t 통계량의 값이 6.66이라는 것을 보여주고 있다. 여기에서 t 통계량의 값 6.66에 대한 유의확률(p-값)은 0.0001보다 작다. 따라서 유의수준을 어떤 기준(α=0.01, 0.05, 0.10)을 사용하더라도 유의수준 보다 작기 때문에 회귀계수의 기울기는 통계적으로 유의함을 알 수 있다. 즉, 설명변수인 삼두근의 두께는 반응변수인 체지방을 설명하는데 도움을 주고 있다고 결론 내릴 수 있다.

마찬가지 방법으로 다중 선형회귀모형에서도 각각의 설명변수에 대하여 t-통계량에 의한 유의성 검정을 실시할 수 있다. 또한 절편항인 α에 관한 가설검정도 실시할 수 있으나, 이는 설명변수와 반응변수의 관계를 설명하는데 직접적인 관련이 없으므로 더 이상 설명을 생략한다.

(2) 결정계수

결정계수는 반응변수의 총 변동 중에서 설명변수에 의하여 설명되어지는 변동량을 나타내는 것으로 보통 R^2로 나타내며 0과 1 사이의 값을 갖는다. 자세한 설명은 7.2.1절의 다중회귀분석의 결정계수를 참조하기 바란다.

(3) 분산분석의 F-검정

가정된 회귀모형에 대한 타당성을 검토하는 방법으로 분산분석의 F-검정이 있는데 단순선형회귀모형에서는 앞에서 설명한 회귀계수에 대한 t-검정 결과와 동일하다. 다중회귀모형에 대한 분산분석의 F-검정은 7.2.1절을 참조하기 바란다.

단순선형회귀에 대한 모형의 적합도를 평가하는 방법은 상기 언급한 방법 이외에도 많은 통계량이 소개되어 있지만 여기서는 생략한다. 보다 더 자세히 검토하고자 한다면 회귀분석에 관한 서적을 참고하기 바란다.

7.2 다중선형회귀모형

일반적으로 사회적 또는 자연적 현상을 설명하는데 있어서 반응변수 y의 변화는 하나의 설명변수만으로 충분히 설명되는 경우는 거의 없다고 해도 과언이 아니다. 따라서 적절한 설명변수를 여러 개 선택하여 이들의 함수로서 반응변수를 설명한다면 보다 정확한 예측을 할 수 있을 것이다. 반응변수 y에 대해서 p개의 설명변수 $x_1, x_2, \cdots, x_p$가 있다면, 다중선형회귀모형은 다음과 같이 표현된다.

$$y = \alpha + \beta_1 x_1 + \beta_2 x_2 + \cdots + \beta_p x_p + \epsilon \tag{7.2.1}$$

여기서 α, β_1, β_2, $\cdots$, β_p는 추정되어야 할 $(p+1)$개의 회귀계수이며, ϵ은 오차항으로 단순회귀에서와 마찬가지로 기대값과 분산은 각각 0, σ^2인 정규분포를 따르는 것으로 가정한다. 다중선형회귀모형에서도 회귀계수들의 추정치 a, b_1, b_2, $\cdots$, b_p는 오차제곱합을 최소로 하는 최소제곱법이나 혹은 최우추정법에 의하여 구할 수 있다.

7.2.1 추정된 회귀식의 적합도 평가

모형을 적합시키고 나면 가정된 선형회귀모형이 자료에 얼마나 잘 적합 되었는지를 검토하는 것은 회귀분석에서 매우 중요한 절차이다. 이를 평가하는 몇 가지 기준을 이 절에서 소개하고자 한다.

(1) 회귀계수에 대한 t-검정

각 회귀계수들에 대한 유의성 검정은 단순선형회귀모형에서와 마찬가지로 각각의 회귀계수에 대하여 t-통계량을 이용하여 실시할 수 있다.

(2) 결정계수

추정된 회귀모형에 대한 적합도를 평가하는 측도로 결정계수라는 것이 있다. 이는 해석의 용이성 때문에 가장 많이 이용되는 통계량으로 다음과 같이 총제곱합을 회귀제곱합과 오차제곱합으로 분할하는 관계식을 이용하여 검토할 수 있다.

$$\sum_{i=1}^{n}(y_i - \bar{y})^2 = \sum_{i=1}^{n}(\hat{y_i} - \bar{y})^2 + \sum_{i=1}^{n}(y_i - \hat{y_i})^2 \tag{7.2.2}$$

여기서 좌변을 총제곱합(SST, Total Sum of Squares)이라 부르며, 우변의 첫째 항을 회귀제곱합(SSR, Sum of Squares due to Regression), 우변의 둘째 항을 오차제곱합(SSE, Sum of Squares due to Error)이라 부른다. 총제곱합은 반응변수의 총편차제곱합을 나타내기 때문에 설명변수의 수나 가정된 모형에 상관없이 항상 일정하다. 이를 이용히여 회귀식의 적합도(goodness of fit)를 판단하는 쉬우면서도 가장 많이 사용되는 한 가지 측도는 총제곱합 중에서 회귀제곱합이 차지하는 비율이다. 즉 총 변동을 설명하는데 있어서 회귀식에 의하여 설명되는 변동의 비율을 나타내는 결정계수(coefficient of determination), R^2이다. 즉, 결정계수는 다음과 같이 정의된다.

$$R^2 = \frac{SSR}{SST} = 1 - \frac{SSE}{SST} \tag{7.2.3}$$

R^2의 값이 1에 가까울수록 회귀식이 자료를 잘 설명하는 것으로 해석하며, 0에 가까울수록 설명력이 없다고 할 수 있다($0 \le R^2 \le 1$). 예를 들어, 결정계수 값이 0.8이면 반응변수의 총제곱합에 대하여 설명변수가 80% 정도 설명한다고 볼 수 있다.

(3) 분산분석의 $F-$검정

앞에서 언급한 결정계수로 적합된 회귀모형의 타당도를 평가하는 것은 주관적일 가능성이 크다. 따라서 설명변수 x_1, x_2, ⋯, x_p가 반응변수 y를 설명하는데 통계적으로 유의한지를 판단하기 위하여 분산분석의 F-검정법을 많이 이용한다.

이에 대한 검정통계량은

$$F = \frac{SSR/p}{SSE/(n-p-1)} = \frac{MSR}{MSE} \tag{7.2.4}$$

로 F-통계량은 자유도 $(p,\ n-p-1)$인 F-분포를 따른다.

분산분석의 F-검정 결과, 설명변수들이 반응변수를 설명하는데 통계적으로 유의하다고 결론이 나더라도 이는 모든 설명변수가 유의하다는 의미가 아니라 적어도 하나 이상의 설명변수가 반응변수를 설명하는데 유의하다는 의미이다. 따라서 각각의 설명변수에 대한 유의성은 회귀계수에 대한 t-검정 결과를 이용하여야 한다.

이제 하나의 예를 통해서 다중회귀식의 적합도를 검정하는 것을 살펴보자. [결과 7-2]는 6개의 설명변수에 의해서 다중회귀분석을 실행하여 얻은 결과이다. 먼저 전반적인 회귀모형에 대한 검정으로 분산분석의 F-검정 결과를 살펴보면, F-검정 통계량의 값이 484.52이며,

이에 대한 p−값이 0.0001 미만(SAS 결과에서는 〈.0001로 표현))으로 6개의 설명변수 중 적어도 하나 이상이 반응변수를 설명하는데 통계적으로 유의하게 기여하고 있음을 알 수 있다. 만약 p−값이 유의수준보다 커서 통계적으로 유의하지 않다면 각 회귀계수에 대한 더 이상의 해석은 의미가 없을 수 있다.

모형평가에 대한 또 다른 측도로 결정계수를 살펴보면, 상기 회귀식의 결정계수는 0.9955로서 반응변수의 총변동 중 99.55%가 설명변수에 의한 회귀식으로 설명되고 있음을 알 수 있다. 그러므로 가정된 회귀모형은 주어진 자료에 매우 잘 적합되고 있다는 결론을 내릴 수 있다. 다음으로 가정된 회귀 모형이 적절하다면 모든 설명변수가 반응변수를 설명하는데 의미 있는 기여를 하고 있는지 검토하여 보아야 할 것이다. 이를 확인하기 위하여 각각의 회귀계수에 대한 t−검정 결과를 살펴보면, 유의수준을 5%(α=0.05) 기준으로 볼 때 6개의 설명변수 중에서 처음 3개(x1, x2, x3)의 변수에 대해서만 유의확률(p−값)이 유의수준 0.05보다 작다. 따라서 3개의 설명변수는 반응변수의 변동량을 설명하는데 의미 있는 기여를 하고 있지만 나머지 3개(x4, x5, x6)는 이미 기타변수가 포함되어 있다면 의미 있는 설명력을 갖지 못하는 것으로 보인다. 이는 변수 선택 기준을 유의수준 0.05로 변수선택 방법을 적용한다면 3개(x4, x5, x6)의 설명변수는 제거되고 3개(x1, x2, x3)의 설명변수만 최종 모형에 포함될 가능성이 크다는 것을 시사한다고 볼 수 있다.

Analysis of Variance

Source	DF	Sum of Squares	Mean Square	F Value	Pr 〉 F
Model	6	557.50696	92.91783	484.52	〈.0001
Error	13	2.49304	0.19177		
Corrected Total	19	560.00000			

Root MSE	0.43792	R−Square	0.9955
Dependent Mean	114.00000	Adj R−Sq	0.9935
Coeff Var	0.38414		

Parameter Estimates

Variable	DF	Parameter Estimate	Standard Error	t Value	Pr 〉 |t|
Intercept	1	−13.67611	3.10549	−4.40	0.0007
X1	1	0.70893	0.07075	10.02	〈.0001
X2	1	0.91897	0.05607	16.39	〈.0001
X3	1	4.54529	1.60128	2.84	0.0140
X4	1	0.05293	0.05196	1.02	0.3270
X5	1	−0.02755	0.03685	−0.75	0.4679
X6	1	0.00358	0.00341	1.05	0.3129

[결과 7−2] 다중회귀분석의 검정

7.2.2 표준화 회귀계수

앞에서 다루었던 체형 자료는 삼두근의 두께 단위가 1(mm)로 되어 있다. 그런데 삼두근의 단위를 1cm(10mm)로 바꾸어 코딩하면 어떻게 될까? 이 경우에는 다음과 같은 회귀식을 얻게 된다.

$$\hat{y} = -1.4961 + 8.572x \tag{7.2.5}$$

이와 같이 설명변수의 단위를 바꾸면 해당 변수의 회귀계수의 크기도 변하게 되지만, 그 변수의 회귀계수 자체에 대한 해석에는 아무런 차이가 없다(즉, '삼두근이 1(10mm)단위 증가하면 체지방이 8.572단위 증가한다'는 해석은 앞에서의 '삼두근의 두께가 1mm 증가하면 체지방이 0.8572 증가한다'는 해석과 의미상 다를 바가 없다).

그러나 다중회귀모형에서 회귀계수의 크기가 각 설명변수의 단위에 의존하기 때문에 단순히 회귀계수의 크기만으로 각 설명변수의 중요도를 서로 비교하는 것에는 문제가 있다. 이러한 문제점을 어느 정도 극복하기 위하여 표준화 회귀계수(standardized coeffcient)를 사용하기도 한다. 표준화 회귀계수는 각 설명변수를 다음과 같이 표준화한 후

$$z_i = (x_i - \overline{x_i})/s(x_i), \quad i = 1, 2, \cdots, p \tag{7.2.6}$$

표준화된 변수들 $z_1, z_2, \cdots, z_p$를 이용하여 얻은 회귀계수이다. 따라서 표준화 변수는 설명변수의 단위에 영향을 받지 않기 때문에 각 설명변수의 상대적 중요도를 비교하기 위한 측도로 흔히 사용된다.

7.2.3 설명변수의 선택

회귀분석이란 앞에서 언급한 것처럼 반응변수에 영향을 미칠 수 있는 몇 개의 설명변수로 반응변수를 설명 또는 예측하는 통계적 방법이다. 따라서 주어진 자료에 적절한 모형을 잘 구축하는 것도 중요하지만 설명변수를 어떻게 선택하느냐가 매우 중요한 일이다. 여기에는 중요한 2가지 원칙이 있다.

① 반응변수에 영향을 미칠 수 있는 설명변수를 가능한 충분히 포함시킨다.

② 너무 많은 설명변수가 관련되어 있으면 자료를 획득, 분석하고 변수들의 변화를 탐지, 관리하는데 많은 노력과 비용이 요구된다.

위의 두 가지 원칙은 서로 이율배반적이므로 적절한 타협점이 찾아져야 한다. 따라서 적절한 변수선택 방법을 사용하여 의미가 없는 설명변수는 제거하고 필요한 설명변수로 구성된 최적의 회귀모형을 구축하여야 한다. 이때에 변수 선택의 판정기준을 사용하게 되는데 SAS에서는 몇 가지 방법을 옵션으로 제공하고 있다. 설명변수의 수가 과다하게 많아지면 상기와 같은 문제 이외에도 소위 다중공선성(multicollinearity)과 같은 문제가 발생하게 되어 일부 회귀계수 추정치의 분산이 매우 커지게 되어 이를 신뢰할 수 없게 된다.

SAS E-Miner에서는 탐색과 변형 단계에서 사전에 반응변수에 영향을 주는 변수를 탐색하는 다양한 방법들이 제공되고 있다. 선형회귀분석의 장점 중의 하나는 모형화 과정에서 필요한 설명변수를 선택하는 작업을 포함시킬 수 있다는 것이다. SAS E-Miner의 회귀분석 노드를 열어서 'Selection Method'를 클릭하여 아래와 같은 Forward, Backward, Stepwise, None 4가지의 변수선택 방법을 지정할 수 있다.

- 앞으로부터 선택법(forward) : 반응변수에 대한 설명변수의 설명력이 높은 변수부터 하나씩 추가하면서 선택하는 방법이다. 물론 이 경우에 변수선택 기준을 만족하는 유의한 설명력을 갖는 변수만 선택되어 진다. 앞으로부터 선택법의 특징은 계산시간이 빠르다는 장점도 있지만, 한 번 선택된 변수는 다른 변수가 추가됨으로 중요성을 잃게 되더라도 절대로 제거되지 않는다는 단점이 있다.
- 뒤로부터 제거법(backward) : 모든 변수를 포함하는 모형(saturated model)으로부터 시작하여 가장 설명력이 낮은 변수부터 하나씩 제거해 나가는 방법이다. 물론 이때도 변수선택 판정기준에 따라 유의한 설명력을 갖지 않는 경우에만 제거된다. 여기서도 한 번 제외된 변수는 다시 선택되지 못한다는 단점이 있다.
- 단계적 선택법(stepwise) : 앞으로부터 선택법을 보완한 방법으로 진행과정은 앞으로부터 선택법과 거의 유사하다. 즉 앞으로부터 선택법에서 한 번 선택된 변수는 제거되지 않는다는 점을 보완한 방법으로 매 단계마다 선택과 제거를 반복하면서 중요한 변수를 찾아내는 방법이다. 이 방법은 중요한 변수를 하나씩 추가로 선택하면서 이미 선택된 변수들이 제거될 수 있는지를 매 단계마다 검토하는 방법이다. 따라서 단계적 선택법은 변수선택과 제거를 위한 판정기준에 대한 유의수준을 설정하여야 한다. 물론 SAS 프로그램은 디폴트로 특정한 값을 지정하고 있다.
- 모든 설명변수를 포함하는 회귀(none) : 모든 설명변수들을 포함하는 모형을 말한다. 즉

변수선택을 하지 않는 경우를 말하는 것으로 SAS E-Miner의 '모델선택(Selection Method)'에서 없음(None)을 선택하면 모든 Input 변수를 설명변수로 처리하여 회귀분석을 실시하여 준다.

상기의 변수선택 방법을 적용하기 위해서는 선택기준(selection criterion)이 필요하다. 주로 사용되는 판정기준으로는 결정계수, 수정결정계수, 맬로우스(Mallows)의 C_p, 아카이케(Akaike)의 정보기준(Information Criteria, AIC) 등이 있다. 모형선택기준은 변수선택의 절대적인 판단 기준이라기보다는 하나의 참고 사항이라고 할 수 있다. 연구자는 상기의 기준에 따라 적절한 설명변수를 찾았다 하더라도 이것으로 모형 구축이 완료되는 것은 아니다. 다음으로 이러한 변수들로 구축된 모형에 대한 잔차 및 영향력 검토, 다중공선성, 이상치의 존재 여부, 자료 해석상의 실제적인 의미 등을 종합적으로 고려하여 최종적인 모형을 선택하는 것이 바람직하다. 모형선택의 기준들에 대한 자세한 설명은 회귀분석에 관한 전문서적을 참조하기 바란다.

7.3 로지스틱 회귀모형

앞에서는 주어진 설명변수 x값에 대하여 반응변수가 정규분포를 따르는 것으로 가정하였지만 실제 반응변수가 이진형(binary type) 또는 순서형(ordinal type)으로 나타나는 경우를 흔히 접할 수 있다. 이진변수는 반응 값이 둘 중의 하나로 나타나는 경우를 말하는데 예를 들면, 특정한 질병에 걸린 환자를 치료하는 경우(결과가 치료=1, 치료 안됨=0)라든가 어떤 소비자가 어떤 상품을 구입할 것인지 아닌지(구입=1, 구입하지 않음=0)를 나타내는 경우는 반응변수가 이진형이 된다. 반응변수가 순서형인 경우는 크기를 정확하게 나타낼 수는 없지만 순서는 갖고 있는 경우를 말한다. 예를 들면, 어떤 식품에 대한 기호도 조사에서 3점 척도(좋아한다=3, 보통이다=2, 싫어한다=1)를 사용한 경우나 고객의 신용등급(A=매우 좋음, B=좋음, C=좋지 않음, D=매우 좋지 않음)을 나타내는 변수는 순서형에 속한다. 이진형에서는 보통 관심이 있는 경우를 1, 나머지를 0으로 표기한다. 이와 같이 반응변수가 이진형 또는 순서형인 경우에는 앞서 설명하였던 선형회귀모형을 사용할 수가 없으며, 이 절에서 소개하는 로지스틱 회귀모형 등을 이용하여 분석해야 한다.

로지스틱 회귀모형은 관심을 갖고 있는 쪽의 결과로 나타나는 반응확률과 설명변수 사이의 관계를 연구하기 위하여 사용되는 회귀모형으로 자세한 이론적 설명은 Collett(1991), Agresti(1990), Cox and Snell(1989), Hosmer & Lemeshow(2000)을 참고할 수 있다.

이 절에서는 먼저 이항 반응변수를 하나의 설명변수로 설명하기 위한 로지스틱 단순회귀모형을 소개한 다음, 여러 개의 입력 변수들을 고려한 로지스틱 다중회귀모형의 개념을 설명하고자 한다.

7.3.1 단순 로지스틱 회귀모형

나이 x를 설명변수로 하고 어떤 질병에 걸릴 확률을 반응변수로 설정하는 모형을 생각해 보자. 이 경우 반응변수 y는 0 혹은 1의 값(1=질병에 걸림, 0=질병에 걸리지 않음)을 갖는 이진형으로 볼 수 있다. 이와 같은 경우에 앞에서와 같은 단순선형회귀모형

$$y = \alpha + \beta x + \epsilon \tag{7.3.1}$$

을 고려하는 것은 여러 가지 문제점을 가지고 있다.

그 중 하나는 반응변수 y의 관측값은 이진형이지만 예측값의 유형은 이진형이 아니라는 것이다. 예를 들어, α의 추정값이 0.1이고 β의 추정값이 0.02이라면 $x=10$일 때 y의 예측값은 0.3이지만 $x=50$일 때는 y의 예측값이 1.1이 된다. 즉, y의 범위를 벗어나는 예측값이 생기게 된다.

또 다른 문제점은 반응변수 y에 대한 확률분포가 선형회귀모형에서 가정되는 확률분포와 맞지 않다는 것이다. 즉, y가 이진형이기 때문에 베르누이 분포와 같이 이진변수를 갖는 분포를 가정한 모형을 구축하여야 하는데 선형회귀모형에서는 y를 연속형인 것으로 간주하고 보통 정규성을 가정하기 때문에 이진형 반응변수에 대하여 선형회귀 모형은 적절한 모형이 될 수 없다.

로지스틱 회귀모형은 반응변수가 이진형일 때 선형회귀모형의 이러한 단점을 극복하기 위해 확률에 대한 로짓변환을 고려하여 분석하는 것이다. 즉, $E(y) = P(y=1|x) = p$라고 하면

$$\log\left(\frac{p}{1-p}\right) = \alpha + \beta x \tag{7.3.2}$$

와 같은 모형을 구축하여 회귀식의 좌변과 우변이 모두 실수 값을 갖도록 하는 것이다.

위 모형식의 로짓함수와 같이 확률과 선형함수를 연결하는 함수를 연결함수(link function)라고 하는데, 로짓함수 이외에도 cloglog(complementary log－log)함수와 프로빗(probit)함

수 등이 있다. 연결함수로 cloglog을 사용하는 경우를 곰페르츠(Gompertz) 모형이라고 하고, 프로빗을 사용하는 경우를 프로빗 모형이라고 하는데, 이들은 다음과 같은 형태를 가지고 있다.

반응변수 y의 기대값을 $E(y) - P(y=1|x) = p$리고 하면,

- 로짓모형 : $\log\left(\dfrac{p}{1-p}\right) = \alpha + \beta x$
- 곰페르츠 모형 : $\log[-\log(1-p)] = \alpha + \beta x$
- 프로빗 모형 : $\Phi^{-1}(p) = \alpha + \beta x$

Φ함수는 표준정규분포의 누적확률 분포이다. SAS E-Miner에서는 이러한 연결함수를 사용자가 선택하여 분석할 수 있도록 옵션으로 제공하고 있다.

7.3.2 다중 로지스틱 회귀모형

단순로짓모형은 설명변수의 개수가 p개인 경우에도 자연스럽게 확장되어 사용될 수 있다. 즉, 설명변수 $x_1, x_2, \cdots, x_p$에 대해서 다중 로지스틱 회귀모형은 $E(y) = p$ 라고 하면

$$\log\left(\frac{p}{1-p}\right) = \alpha + \beta_1 x_1 + \beta_2 x_2 + \cdots + \beta_p x_p \qquad (7.3.3)$$

으로 정의된다. 로지스틱 회귀분석의 목적은 흔히 추정된 로짓모형을 이용하여 반응변수 y의 사후 확률을 구하는 것이지만 데이터마이닝에서는 이러한 확률을 이용하여 자료를 분류하는데 많이 이용된다. 따라서 일반적인 판별분석과 비교하여 로지스틱 판별분석(logistic discrimination analysis)이라 부르기도 한다.

위의 모형식으로부터 추정된 회귀계수 a, b_1, b_2, $\cdots$, b_p를 이용하여 다음과 같이 사후확률에 대한 추정식을 얻을 수 있다. 즉,

$$\hat{p}(y=1|x_1, \cdots, x_p) = \frac{\exp(a + b_1 x_1 + \cdots + b_p x_p)}{1 + \exp(a + b_1 x_1 + \cdots + b_p x_p)} \qquad (7.3.4)$$

이렇게 얻어진 각 개체에 대한 사후확률(posterior probability)은 그 개체를 분류하기 위해 사용될 수 있다. 즉, 추정된 사후확률은 0과 1 사이의 값을 가지게 되므로, 적절한 절단값을 정하여 이 값을 기준으로 각 개체를 0과 1로 분류하는 것이다.

7.3.3 회귀계수에 대한 해석

로지스틱 모형에서 추정된 회귀계수는 선형회귀모형에서의 회귀계수처럼 설명변수에 대한 단순한 기울기를 의미하는 것은 아니며 오히려 오즈비(odds ratio)의 계산에 유용하게 사용되어 진다. 즉, 로지스틱 모형에서 추정된 회귀계수는 설명변수와 반응변수의 관계를 표현하는 오즈비로 설명되어 진다.

(1) 오즈(Odds)

오즈와 로지스틱회귀모형의 관계를 정의하기 위하여 다음과 같은 단순로지스틱 모형을 고려하여 보자. 먼저 반응변수 y를 관심 있는 사건이 일어나면 1, 사건이 일어나지 않으면 0의 값을 갖는 경우를

$$y = \begin{cases} 1 & \text{사건이 일어나면} \\ 0 & \text{일어나지 않으면} \end{cases}$$

이고, $E(y) = P(y=1|x) = p$라고 하면

$$\log\left(\frac{p}{1-p}\right) = \alpha + \beta x \qquad (7.3.5)$$

이 경우에 설명의 편의를 위하여 설명변수 x를 위험인자를 나타내는 이진변수로 가정하자. 즉, 설명변수의 값을 위험인자가 있으면 $x=1$, 위험인자가 없으면 $x=0$ 라고 하면, 위험인자가 있는 경우의 $y=1$에 대한 오즈는 $p/(1-p) = \exp(\alpha+\beta)$이고, 위험인자가 없는 경우에 대한 오즈는 $\exp(\alpha)$로 정의된다. 예를 들어 위험인자가 흡연 여부를 나타내는 것이라면 흡연자 그룹은 $x=1$, 비흡연자 그룹은 $x=0$으로 나타낼 수 있다.

(2) 오즈비(odds ratio)

• 설명변수가 분류변수인 경우

(7.3.5) 식에서 설명변수 x를 비흡연과 흡연으로 구분하여 비흡연자 그룹이면 $x=0$, 흡연자 그룹이면 $x=1$로 나타낸다면 각각의 오즈는 $Odds_0 = p_0/(1-p_0) = \exp(\alpha)$, $Odds_1 = p_1/(1-p_1) = \exp(\alpha+\beta)$ 로 계산되어 진다. 따라서 비흡연자에 대한 흡연자의 오즈비는 $\exp(\alpha+\beta)/\exp(\alpha) = \exp(\beta)$가 된다. SAS의 E-Miner에서는 모형에 포함된 각각의 분류변수에 대하여 어느 한 그룹을 기준으로 다른 그룹의 오즈비를 구하여 준다. 이때에 사용자가 기준범주를 지정할 수 있다.

• 설명변수가 연속변수인 경우

설명변수가 연속인 경우에도 이산형인 경우와 동일한 방법으로 해석할 수 있다. 만약 식 (7.3.5)과 같은 단순로지스틱 회귀모형에서 설명변수 x가 연속변수인 경우에 주어진 x값에 대한 오즈는 $Odds_0 = p_0/(1-p_0) - \exp(\alpha+\beta x)$가 될 것이다. 그리고 x가 1단위 증가하는데 따른 $Odds_1 = p_1/(1-p_1) = \exp[(\alpha+\beta(x+1)]$이다. 따라서 x가 1단위 증가하는데 따른 오즈비는 다음과 같이 계산된다.

$$\text{오즈비} = \frac{\exp(\alpha+\beta(x+1))}{\exp(\alpha+\beta x)} = \exp(\beta) \tag{7.3.6}$$

따라서 설명변수가 연속변수인 경우 회귀계수 추정치가 0이면 오즈비는 exp(0)=1이 된다. 즉 x 값의 증가 혹은 감소에 따라 사건의 확률 $p(y=1)$은 영향을 받지 않게 된다. 오즈비가 1보다 크면 x가 1단위 증가할 때 $p(y=1)$는 커지며 오즈비가 1보다 작은 값을 갖으면 x가 증가함에 따라 $p(y=1)$는 감소하게 된다.

• 설명변수가 여러 개인 경우

설명변수가 여러 개인 다중로지스틱 모형에서도 나머지 설명변수들의 값이 특정한 값으로 고정되어 있을 경우 특정한 설명변수에 대한 오즈비는 동일한 의미를 갖는다. 만약 p개의 설명변수 중에서 연구자가 i번째 설명변수 x_i에 대하여 관심을 갖고 있다고 하면, 다른 모든 설명변수의 값을 고정시켰을 때, x_i가 1단위 증가하는데 따른 오즈비는 다음과 같이 계산된다.

$$\frac{\exp(\alpha+\beta_1 x_1+\cdots+\beta_i(x_i+1)+\cdots+\beta_p x_p)}{\exp(\alpha+\beta_1 x_1+\cdots+\beta_i(x_i)+\cdots+\beta_p x_p)} = \exp(\beta_i) \tag{7.3.7}$$

여기서 오즈비가 1보다 작다(회귀계수가 음의 값)는 것은 설명변수 x_i가 한 단위 증가하면 반응변수에 대한 오즈는 감소한다는 것을 의미하며, 반대로 오즈비가 1보다 크다(계수가 양의 값)는 것은 증가 방향으로 영향을 미친다는 것을 의미한다. 예를 들어, 나이 x(단위:연)를 설명변수로 하고 어떤 질병에 걸리는 여부(1=질병에 걸림, 0=질병에 걸리지 않음)를 검토하는 경우, 회귀계수의 추정치 b가 3이라는 것은 나이가 1세 증가하면 질병에 걸릴 확률의 오즈비는 exp(3)=20.09배 증가한다는 것을 의미한다. SAS E-Miner에서는 디폴트로 모형에 포함된 각각의 연속변수에 대하여 1단위 증가하는데 따른 오즈비를 구하여 준다.

로지스틱 모형에서 $y=1$인 쪽 $[\hat{p}(y=1|x_1,\cdots,x_p)]$에 관심을 두지 않고 $y=0$인 쪽 $[\hat{p}(y=0|x_1,\cdots,x_p)]$에 관심을 갖고 있다면, 즉 분자 분모를 역으로 처리하면 결과는 어떻게 변할까? 이 때에는 회귀계수는 부호가 바뀌고 오즈비는 역수가 되어 나타난다. SAS E-Miner에서는 디폴트로 알파벳 순서에서 큰 반응변수의 값을 분자로 두고 있다. 물론 사용자는 해석을 편리하게 하기 위해서 이에 대한 설정을 바꿀 수 있다. 즉 입력 데이터 소스 노드의 분류변수 탭에서 반응변수에 대한 순서를 변경하면 된다. 디폴트는 내림차순이다.

7.3.4 추정된 모형에 대한 적합도 평가

로지스틱 회귀모형 역시 적합도를 평가하는 통계량으로 7.2.1에서 소개한 각각의 회귀계수들에 대한 Wald 카이제곱 통계량, 오즈비를 비롯하여 AIC, SBC MISC 등의 통계량을 출력하여 준다. 이들 통계량에 대한 설명은 사례분석에서 다루기로 한다. 추가적인 도움이 필요한 독자는 SAS 도움말이나 로지스틱 혹은 일반화선형 모형에 관한 전문서적을 참고하기 바란다.

7.4 회귀분석의 장점과 단점

(1) 장점

회귀모형의 첫 번째 장점으로는 목표변수와 설명변수의 관계를 분석하는 모형으로서 보편성이라고 볼 수 있다. 선형회귀모형은 아마도 가장 널리 사용되고 있는 통계적 방법 중의 하나일 것이다. 또한 다중 로지스틱 회귀모형은 의료 보건통계학 분야에서 많이 사용되어 왔으나 최근에 데이터마이닝이 활성화되면서 리스크 관리나 이탈 고객의 특성 분석 등에 많이 활용되고 있다. 현재 상용화되어 있는 많은 통계 소프트웨어를 이용하여 선형 또는 로지스틱 회귀분석을 쉽게 수행할 수 있다. SAS 소프트웨어의 경우, LOGISTIC 절차(Procedure) 혹은 GENMODE 절차를 이용하면 SAS E-Miner에서 얻을 수 있는 통계량 보다 훨씬 다양한 통계량을 산출할 수 있다.

두 번째 장점으로는 분석결과에 대한 해석이 용이하다는 점이다. 회귀분석 모형은 이미 앞에서 설명한 바와 같이 회귀계수나 오즈비와 같은 회귀분석을 통하여 얻어진 통계량은 반응변수와 설명변수의 관계에 대한 많은 유용한 정보를 제공한다. 예를 들어, 좋은 예측모형을 만들기 위해서 어떤 정보를 수집하고 관리 해야 할 것인지, 상품의 구매비율을 높이기 위해서 어떤 속성의 고객을 주 대상으로 홍보를 하여야 할 것인지와 같은 문제를 해결하기 위한 유용한 정보를 얻을 수 있다. 신경망과 같은 분석결과로부터 이러한 해석적 정보를 얻는다는 것은 매우 어렵다.

(2) 단점

회귀모형을 구축할 때 설명변수를 얼마나 많이 모형에 포함시키느냐는 중요한 문제라고 할 수 있다. 가능하면 충분한 입력변수를 분석에 포함시키는 것이 예측력을 높이는 전략이 될 수 있지만, 이는 많은 대가를 요구한다. 즉, 입력 정보가 많을수록 반응변수에 대한 추정이 좋아진다는 것을 의미하지만 반응변수와 관련성이 없거나 설명력이 약한 변수를 지나치게 많이 포함시키는 것은 모형의 일반성을 잃게 되는 단점을 갖고 있다. 또한 회귀모형의 특성상 입력변수들 간에 높은 상관관계가 존재하면 다중공선성 문제가 발생되어 회귀계수 추정 값이 불안정하게 되는 원인이 될 수 있다.

다음으로 결측 값이 있는 경우, 결측 값으로 인한 정보 손실이 단점으로 작용할 수 있다. 회귀모형의 특성상 입력변수들 중 어느 한 변수의 변수 값이라도 결측이 발생하면 그러한 케이스는 최종 분석에서 제외된다. 따라서 의사결정나무 모형에 비하여 결측 값으로 인한 정보 손실이 클 수 있다.

마지막으로 비선형성 문제를 처리할 수 없는 것도 단점으로 작용할 수 있다. 회귀모형의 단순성과 해석상의 편리함은 선형성을 가정하기 때문에 가능하다. 로지스틱 회귀모형에서도 반응변수와 설명변수의 관계가 원천적으로는 선형 관계가 아니지만 연결함수를 이용하여 선형으로 변환이 가능하였다. 이러한 선형성의 가정을 충족하지 않는 경우에는 적합성(예측의 효용성) 측면에서는 한계가 있게 된다. 이외에도 선형회귀분석은 좁은 지면에 다 언급할 수 없을 정도로 많은 장점과 단점을 갖고 있다. 추가적인 정보를 얻고자 한다면 전문서적을 참조하기 바란다.

7.5 사례분석

이 절에서는 예제를 통하여 SAS의 데이터마이닝 도구인 SAS E-Miner를 이용하여 실습하고자 한다.

7.5.1 Home Price 자료를 이용한 선형회귀 분석

다음은 다중회귀분석에 대한 사례로 주택가격 자료를 이용하여 회귀분석을 실시하여 결과를 설명하고자 한다. 사용한 변수로는 아래 〈표 7-2〉에 설명되어 있듯이 주택가격(PRICE)을 반응변수(Target)로 설정하고, 설명변수(Input)로는 전용면적(SQFT), 사용기간(AGE), 편의시설 개수(FEATS), 집의 방향(NE), 주택형태(CUST), 주택위치(COR), 연간세금(TAX)을 사용하였다. 주택가격을 예측하는 통계적 모형으로는 다중회귀분석을 사용하기로 한다.

〈표 7-2〉 Home Price 자료

일련번호	변수명	속 성	설 명	비 고
1	AGE	Interval	사용기간(단위: years)	Input
2	COR	Interval	집의 위치: 우수=1, 기타=0	Input
3	CUST	Binary	맞춤형=1, 기타=0	Input
4	FEATS	Interval	편의시설 개수(11개 편의시설: (냉장고, 식기세척기, 전자렌지, 세탁기, 건조기, 싱크대분쇄기, 인터폰, 천장 채광창, 장애인시설, 쓰레기압축기, 케이블 TV 시설)	Input
5	NE	Interval	남향=1, 기타=0	Input
6	PRICE	Interval	판매가격(단위: $100)	target
7	SQFT	Interval	전용면적(단위: Square feet)	Input
8	TAX	Interval	연간세금 (단위:$)	Input

• 분석흐름도 작성과 각 노드의 설명

[그림 7-2]와 같이 새로운 프로젝트와 분석흐름도를 작성한다. 도구모음에서 각 노드에 해당하는 단축 아이콘을 끌어다 작업공간에 분석 흐름도를 작성한다.

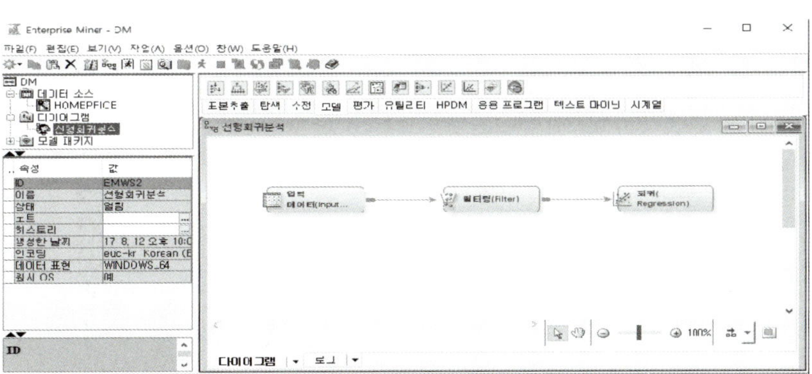

[그림 7-2] 회귀분석 분석흐름도

- 입력 데이터 노드의 설정

① [그림 7-2]의 입력 데이터(Input Data) 노드를 클릭, 왼쪽 속성 창의 데이터 선택을 새로운 테이블로 바꾸어 주고 아래쪽의 테이블 이름에서 데이터 셋을 지정한다. 이때 테이블 이름 입력상자 오른쪽의 버튼을 이용하여 라이브러리(DMDATA)의 SAS 자료(HomePrice)을 지정한다. 이러한 과정이 성공적으로 실행되면 다이어그램의 입력 데이터 노드가 HOMEPRICE로 바뀐다.

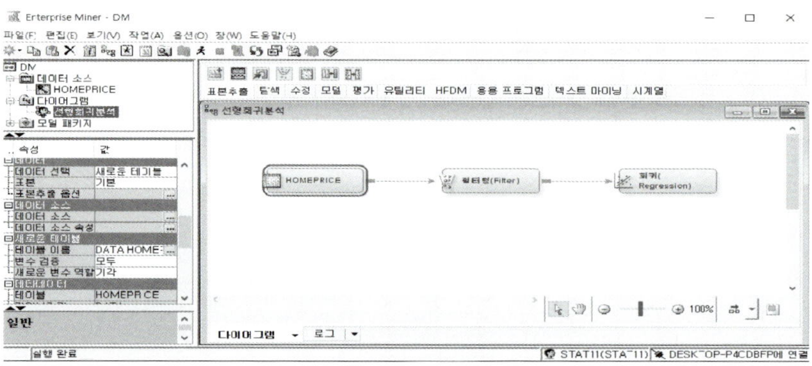

[그림 7-3] 입력 데이터 노드

② 속성 패널에서 '변수' 대화상자 오른쪽 버튼 또는 HOMEPRICE 테이블로 지정된 입력 데이터 소스 노드에서 마우스 오른쪽 클릭 후, '변수 편집'을 선택하면 [그림 7-4]와 같은 변수 대화상자가 나타난다. [그림 7-4]의 변수 대화상자에서 〈표 7-2〉의 변수 역할과 레벨을 지정하고 저장한다. 역할 필드에서 반응변수와 설명변수를 각각 Target, Input으로 지정한다. 또한 범주형 설명변수는 레벨 필드에 nominal로 지정해 놓으면 자동으로 가변수 처리된다.

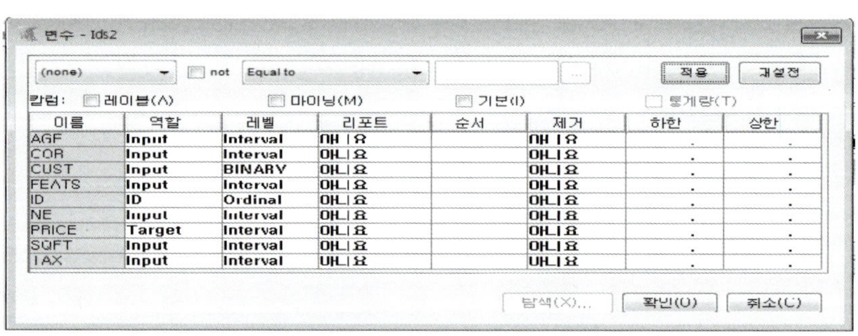

[그림 7-4] 각 변수 역할 지정

③ 다이어그램 메뉴의 표본추출을 클릭한 다음, 작업공간 상단의 필터링 아이콘을 작업공간으로 끌어온다. 필터링(Filter)은 반드시 사용하여야 할 노드는 아니지만 이를 통하여 분석에 사용할 자료의 각 변수에 대한 값의 범위를 지정할 수 있다. 양적변수에 대한 범위를 지정할 수 있을 뿐만 아니라 이상치 등을 분석에서 제외시킬 수 있다. 또한 CLASS 변수의 각 범주 값에 대하여 사례수가 너무 적은 범주를 분석에서 제외시키고자 한다면 필터링의 속성 패널을 이용하여 이를 지정할 수 있다. 물론 각 변수의 자료값에 대하여 필터링 할 값이 없으면 필터링 노드를 사용하지 않아도 된다. 본 분석의 [그림 7-5]는 10개 미만의 범주 값을 갖는 범주형 변수에 대하여 자료의 개수가 5개 미만인 범주를 분석에서 제외하고, Interval 변수에 대해서는 필터링을 사용하지 않는다는 내용을 보여주고 있다.

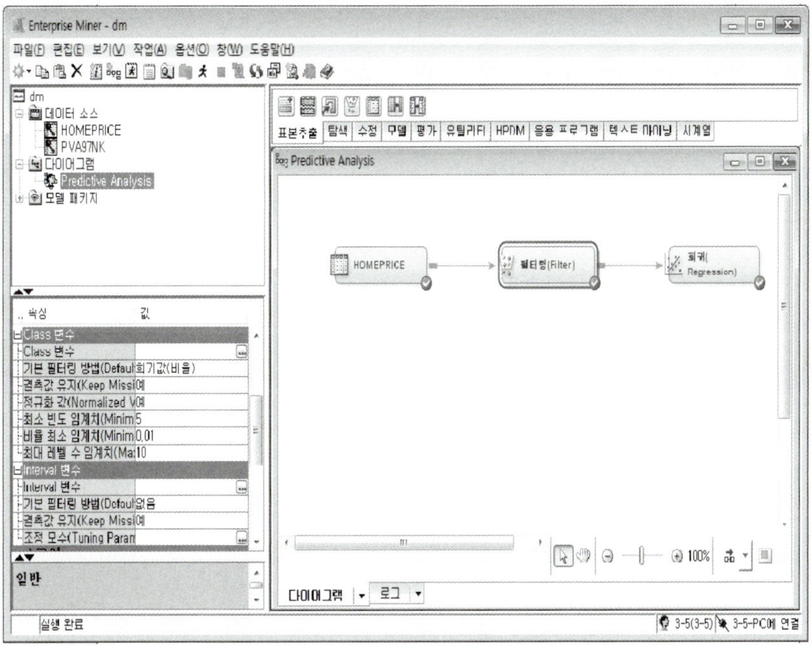

[그림 7-5] **필터링 노드의 설정**

④ 회귀(Regression)노드의 속성 패널에서 회귀유형을 보면 회귀유형(regression type)은 선형회귀로 설정되어 있을 것이다. 입력코딩은 Deviation 혹은 GLM을 선택할 수 있다.

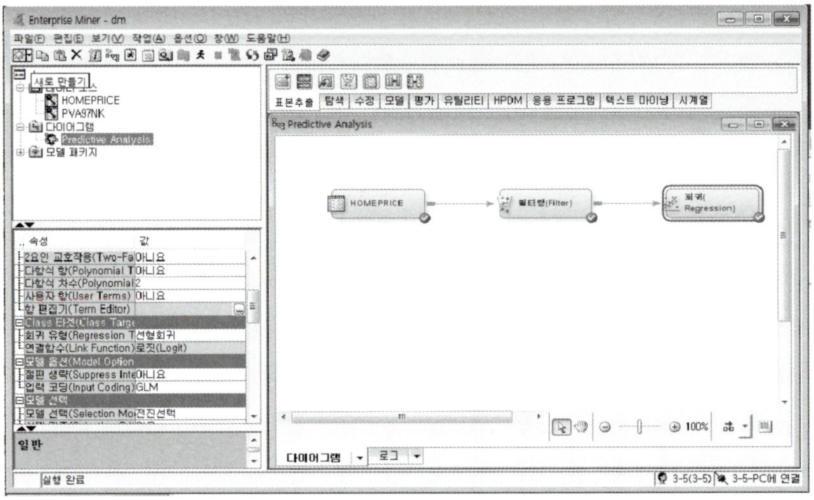

[그림 7-6] **회귀 노드 속성 패널**

- 회귀 유형(Regression Type)

  선형회귀 : 목표변수가 연속형일 경우에 주로 사용하며, 선형 회귀분석을 실행한다. 로지스틱회귀 : 목표변수가 이진형이나 순서형일 경우에 사용하며 로지스틱 회귀분석을 실행한다.

- 연결함수(Link Function)

  회귀유형을 선형회귀로 지정하면 연결함수 선택 옵션이 없으며 로지스틱회귀로 설정되어 있는 경우에 한하여 보 로그-로그(Cloglog), 로짓(Logit), 프로빗(Probit) 연결함수를 선택할 수 있다.

- 입력 코딩(Input Coding)

  Deviation : 범주형 설명변수에 대한 가변수 설정시 마지막 범주를 -1로 정하고, 나머지 범주를 1로 설정한다. 따라서 이러한 가변수에 대한 모수 추정치는 각각의 범주와 전체 평균과의 차를 측정할 수 있다.

  GLM : 가변수 설정에 있어, 마지막 범주를 0으로 설정하고 나머지 범주를 1로 코딩한다. 따라서 이때의 회귀계수 추정치는 마지막 범주와 각 범주의 차에 대한 효과를 측정할 수 있게 한다.

⑤ Input 변수에 대하여 변수선택 방법으로 단계별 선택을 지정하고자 한다면 속성 패널의 모델선택에서 단계별 선택을 지정한다. 선택 기준은 '기본', 선택 옵션 기본값 사용은 '예' 혹은 '아니오'를 선택할 수 있다. 만약 '아니오'를 선택한다면 선택옵션 창[그림7-7]을 열어서 사용자가 원하는 값을 지정할 수 있다. 변수선택방법에 대해서는 7.2.3절의 이론부분을 참고하기 바란다.

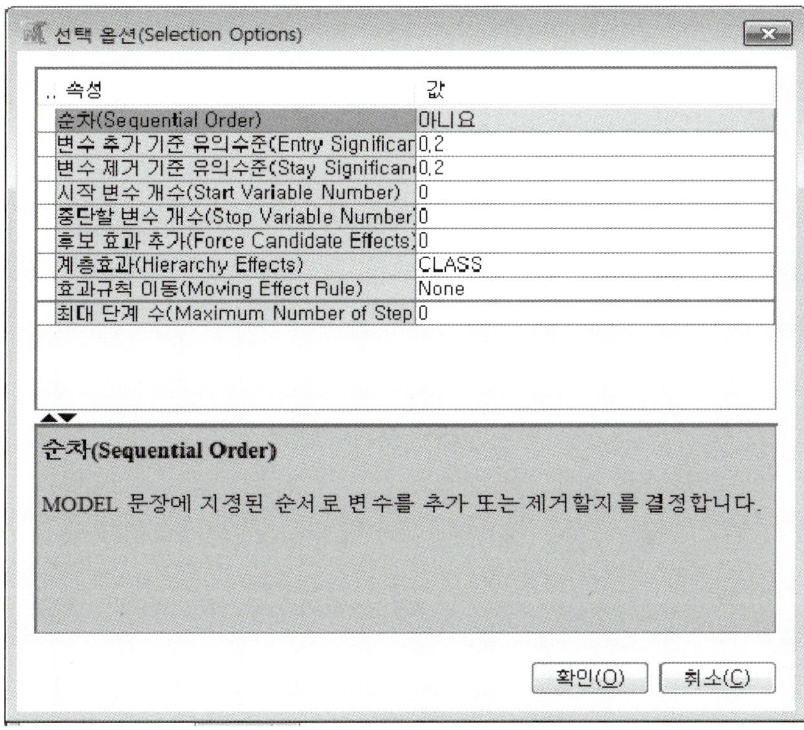

[그림 7-7] **모델 선택의 선택옵션 창**

- **변수선택 기준**

변수선택 기준을 기본으로 선택하지 않고 사용자가 지정하는 경우에는 [그림 7-7] 화면 속성 패널 부분의 선택기준을 클릭하여 아래와 같은 기준을 사용할 수 있다.

– Akaike's Information Criterion(AIC)는 $n \cdot \ln(SSE/n) + 2p$로 계산되며, n은 관측치의 개수, SSE는 잔차제곱합, p는 모수의 개수이다. AIC값이 작을수록 좋은 모형이라고 할 수 있다.

- Schwarz's Bayesian 기준(SBC)는 $n \cdot \ln(SSE/n) + p \cdot \ln(n)$으로 계산되며, 작을수록 좋은 모형이라고 할 수 있다
- 평가용 데이터 오차(Validation Error) : 평가용 자료에서 가장 작은 오차율을 갖는 모형을 선택한다. 선형회귀분석의 오차율은 SSE를 사용하고, 로지스틱 회귀분석에서는 우도함수에 -1을 곱한 값으로 사용한다.
- 평가용 데이터 오분류(Validation Misclassification) : 평가용 자료에서 가장 작은 오분류율을 갖는 모형을 선택한다.
- 교차검증 오차(Cross-Validation Error) : 교차타당성 검사에 의한 오차율을 의미한다.
- 교차검증 오분류(Cross-Validation Misclassification) : 교차타당성 검사에 의한 오차율을 의미하며, 가장 작은 오분류율을 갖는 모형을 선택한다.
- 이익/손실(Profit/Loss) : 지정된 이윤 및 손실행렬에 의해 이윤을 최대로 하거나, 손실을 최소로 하는 방법에 의해 입력변수(설명변수)를 선택한다.
- 평가용 데이터 이익/손실(Validation Profit/Loss) : 평가용 자료에 Profit/Loss 방법으로 입력변수를 선택한다.
- 교차검증 이익/손실(Cross-Validation Profit/Loss) : Profit/Loss 방법을 교차검증함으로써 입력변수를 선택한다.
- 없음 : 선택기준을 사용하지 않으며 모형선택 과정을 수행하지 않는다.

• 선택옵션

- 순차(Sequential Order) : MODEL 문장에 지정된 순서로 변수를 추가 또는 제거할지를 결정한다.
- 변수추가 기준 유의수준(Entry Significance Level) : 전진선택 또는 단계별 선택회귀에서 변수를 추가하는 데 대한 유의수준이다.
- 변수 제거 기준 유의수준(Stay Significance Level) : 후진제거 또는 단계별 선택회귀에서 변수를 제거하는 데 대한 유의수준이다.
- 계층효과(Hierarchy Effects) : Class 변수 또는 Class 및 Interval 변수 모두가 계층에 종속될지를 결정합니다. Class는 계층규칙이 class 변수에만 적용되는 데 반해, All은 계층규칙이 모든 설명변수에 적용된다.

⑥ 옵션 지정이 끝나면, 회귀노드를 마우스 오른쪽으로 클릭하여 '실행'을 선택한다. 회귀노드를 실행시키고 나면, 회귀노드의 '결과'를 선택하여 실행결과를 확인할 수 있다. 결과를 클릭하여 [그림 7-8-1]과 같이 효과 도표에 변수의 중요도를 나타내는 절대 T 값을 그래프에 나타내기 위해서는 그래프시트에서 마우스 오른쪽을 클릭하여 '데이터 옵션'을 클릭한다. Abscoefficient가 반응변수로 지정되어 있는 것을 abstvalue를 반응변수로 지정하고 범주를 EffectNum이 아닌 EffectLabel로 지정한 후 정렬을 내림차순으로 지정하여 확인을 누른다. 절대 T 값의 크기가 크면 클수록 목표변수에 대한 상대적 설명력이 큰 변수임을 의미한다. [그림 7-8-2]의 결과를 살펴보면 주택가격에 가장 영향력 있는 설명변수로는 TAX이며, 다음으로 SQFT, CUST 순임을 알 수 있다. 이러한 결과에 대한 보다 더 자세한 결과 값을 확인하고 싶으면 출력 창을 선택하여 구체적인 결과 값을 확인할 수 있다.

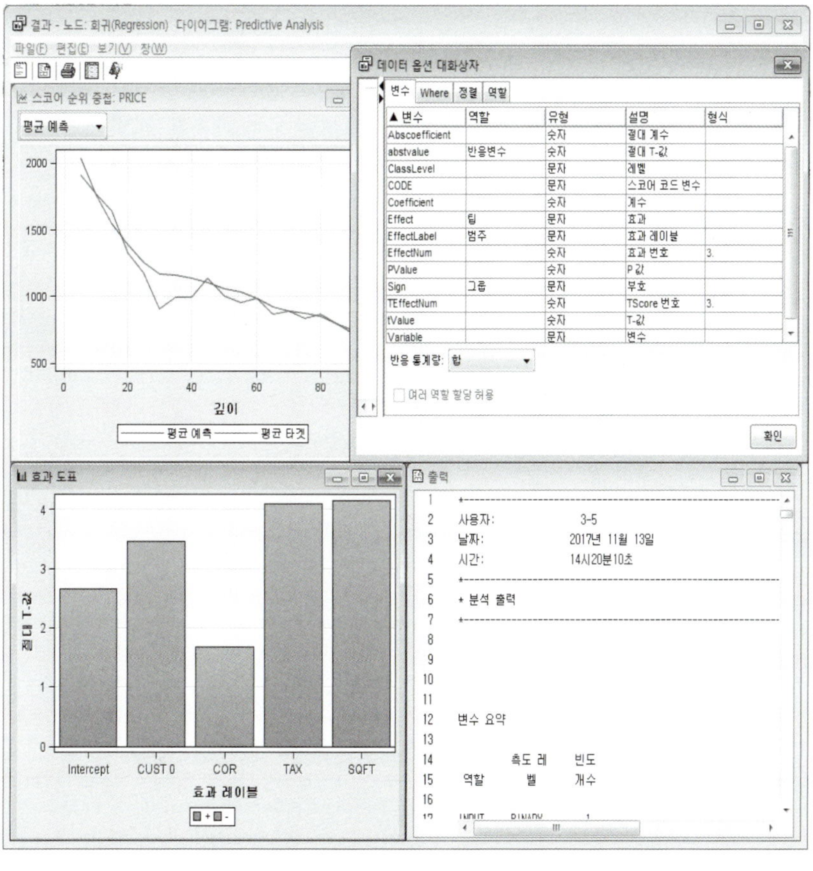

[그림 7-8-1] 회귀분석결과 : 효과 도표 자료 옵션

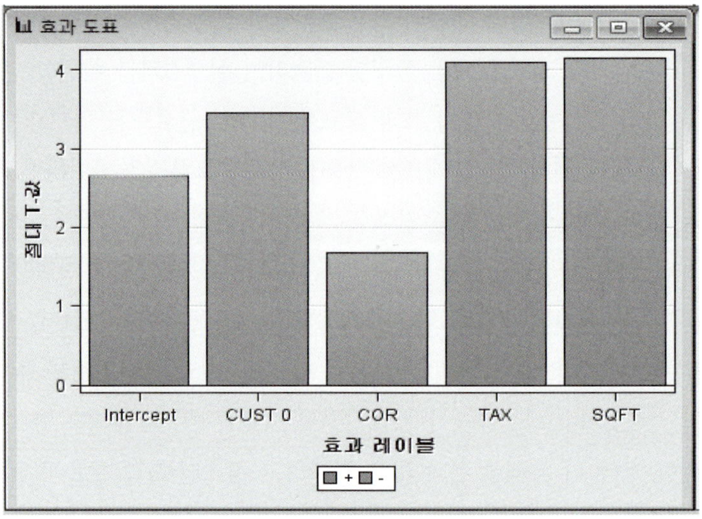

[그림 7-8-2] **회귀분석결과 : 효과 도표**

⑦ 회귀(Regression) 결과 창의 출력 창을 선택하면 [그림 7-9]와 같은 회귀분석 결과를 출력하여 준다. [그림 7-9]의 화면에서는 지면 관계상 내용을 충분히 확인할 수 없기 때문에 변수선택(stepwise)에 대한 최종 단계의 결과를 아래 별도로 첨부하였다.

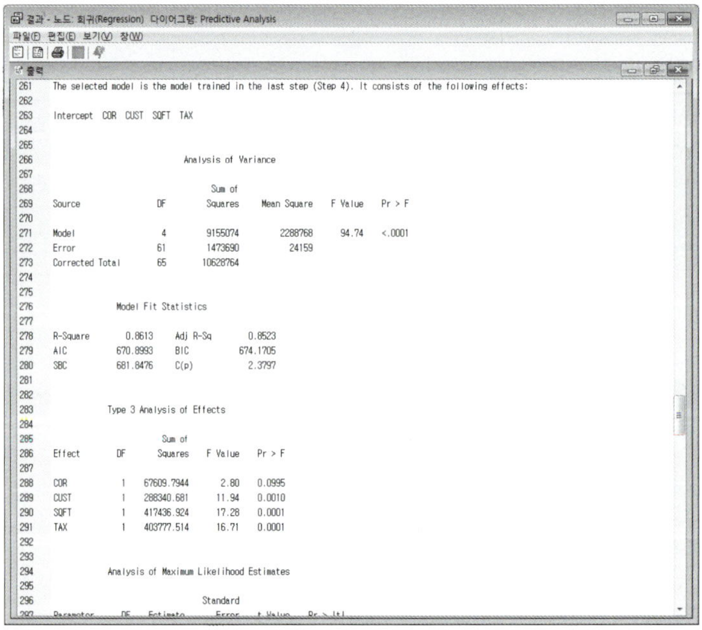

[그림 7-9] **회귀분석결과**

Analysis of Variance

Source	DF	Sum of Squares	Mean Square	F Value	Pr > F
Model	4	9155074	2288768	94.74	<.0001
Error	61	1473690	24159		
Corrected Total	65	10628764			

Model Fit Statistics

R-Square	0.8613	Adj R-Sq	0.8523
AIC	670.8993	BIC	674.1705
SBC	681.8476	C(p)	2.3797

Type 3 Analysis of Effects

Effect	DF	Sum of Squares	F Value	Pr > F
COR	1	67609.7944	2.80	0.0995
CUST	1	288340.681	11.94	0.0010
SQFT	1	417436.924	17.28	0.0001
TAX	1	403777.514	16.71	0.0001

Analysis of Maximum Likelihood Estimates

Parameter		DF	Estimate	Standard Error	t Value	Pr > |t|
Intercept		1	275.1	103.6	2.66	0.0101
COR		1	-77.8223	46.5198	-1.67	0.0995
CUST	0	1	-177.2	51.2876	-3.45	0.0010
CUST	1	0	0	.	.	.
SQFT		1	0.3364	0.0809	4.16	0.0001
TAX		1	0.5231	0.1279	4.09	0.0001

[결과 7-3] **회귀분석결과**

• 회귀분석 결과 살펴보기

회귀노드의 결과에서 출력 결과를 살펴보면, 단계별 선택의 최종 단계에서 4개의 설명변수가 채택되었으며, 결정계수가 0.85으로 4개의 설명변수가 주택가격의 총 변동 중에서 85%를 설명하고 있다는 것을 알 수 있다. 또한 4개의 설명변수를 사용한 회귀모형은 분산분석의 F-검정 결과에서 유의확률이 0.0001보다 작으므로 주택가격의 변동을 설명하는데 매우 유의하다고 볼 수 있다. 이를 세부적으로 살펴보기 위해서, 회귀계수의 유의성에 대한 t-검정

결과를 살펴보면 유의수준 α=0.01 기준으로 SQFT, CUST 그리고 TAX 가 주택 가격에 매우 유의한(유의확률〈0.01) 설명력을 갖고 있음을 알 수 있다. 다음으로 회귀계수의 의미를 해석하는데 있어서 최종모형에 포함된 변수 중에서 SQFT와 TAX는 연속변수(양적변수)이기 때문에 회귀계수의 추정값을 해석하는데 어려움이 없다. 즉 SQFT가 1단위(1 평방피트) 증가하면 모수추정치인 0.3364 만큼 주택가격이 증가하는 것으로 해석할 수 있다. 그런데 CUST는 분류변수이기 때문에 모수추정치의 의미가 다르다. 즉 CUST의 값이 0(기타)인 경우는 1(맞춤)인 경우에 비하여 주택가격이 평균적으로 −177.2, 1 만큼 낮다는 것을 의미한다.

7.5.2 지방간 자료를 이용한 로지스틱 회귀분석

아래 자료를 이용하여 로지스틱 회귀분석 과정을 살펴보도록 한다. 목표변수로 사용할 지방간의 상태를 4단계로 구분(0=정상, 1=약, 2=심각, 3=매우 심각)하여 조사하였기 때문에 로지스틱 회귀모형에 적용하기 위하여 정상과 지방간을 갖고 있는 경우로 재분류하여 분석하고자 한다. 이 경우 반응변수(목표변수)는 이진변수가 되기 때문에 로지스틱 모형을 사용하는 것이 바람직할 것으로 생각된다. 우선 로지스틱 모형을 적합시켜 회귀 모수를 추정하고 적합모형에 대한 타당도를 검토하며 이를 바탕으로 사후 확률에 대한 정오 분류표를 작성하여 예측값과 관측값을 비교 검토한다.

〈표 7-3〉 **지방간 유무에 관한 자료**

변수명	속성	값 설명	비 고
AGE	Interval	연령	Input
ALB	Interval	알부민 수치	Input
BMI	Interval	비만도 측정 지수	Input
DRINK	Ordinal	1=금주, 2=가끔, 3=자주	Input
DIABP	Interval	이완기 혈압	Input
FATLIVER	Binary	0=정상, 1=지방간	Target
GENDER	Binary	1=남, 2=여	Input
GLUCO	Interval	당뇨검사	Input
GOT	Interval	간기능검사 수치	Input
GPT	Interval	간기능검사 수치	Input
HB	Interval	혈색소	Input
HDLC	Interval	HDL 콜레스트롤	Input
LDLC	Interval	LDL 콜레스트롤	Input
Rawfatliver	Ordinal	0=정상, 1=약, 2=심각, 3=매우 심각	Rejected
SMOKING	Ordinal	1=금연, 2=과거흡연, 3=흡연	Input
SYSBP	Interval	수축기 혈압	Input
TCHOL	Interval	콜레스트롤 수치	Input
TG	Interval	중성지방	Input

- 분석흐름도 작성과 각 노드의 설명

[그림 7-10]과 같이 분석흐름도를 작성한 다음, 입력 데이터 소스 노드에 분석에 사용할 자료를 지정한다.

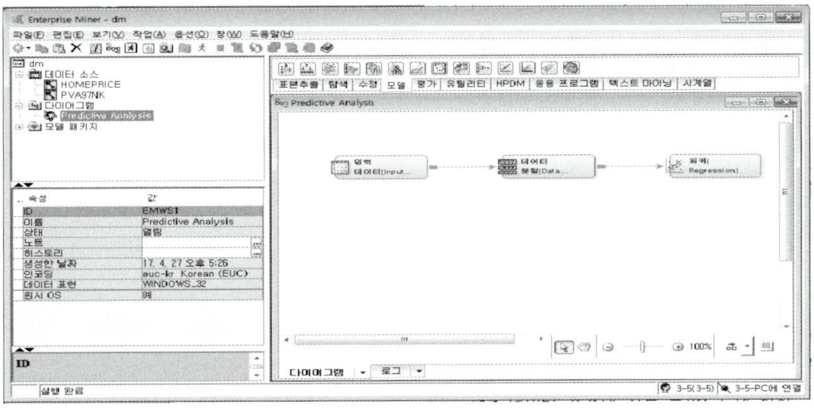

[그림 7-10] 로지스틱 회귀모형 분석흐름도

- 입력 데이터와 자료 분할노드의 설정

① 입력 데이터 소스 노드를 클릭, 왼쪽 속성 창의 데이터 선택을 새로운 테이블로 바꾸어 아래 새로운 테이블(New Table)을 활성화하여 테이블 이름 항목의 오른쪽을 클릭하여 분석에 사용할 자료를 선택한다. 만약 분석에 사용할 자료 셋이 DM 라이브러리에 자료명 FATLIV로 저장되어 있다면 [그림 7-11]과 같이 라이브러리 DM에서 자료 셋 FATLIV를 선택한다.

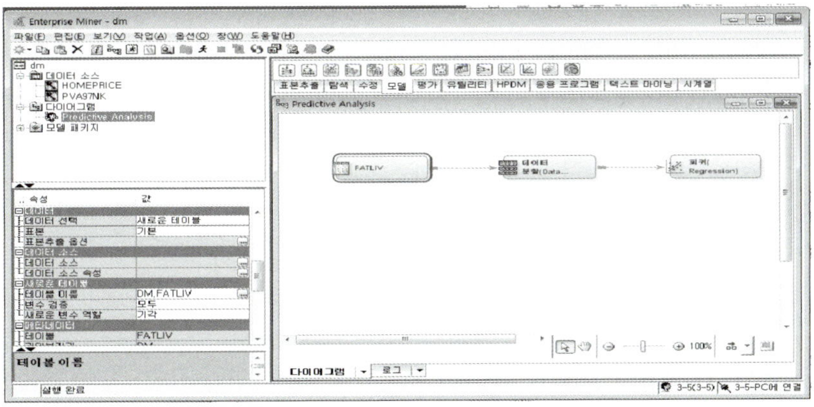

[그림 7-11] 입력 데이터(Input Data)노드의 속성

② 입력 데이터 노드에서 마우스 오른쪽 버튼을 클릭 후, 변수편집을 선택하여 [그림 7-12]와 같이 변수 역할을 지정한다.

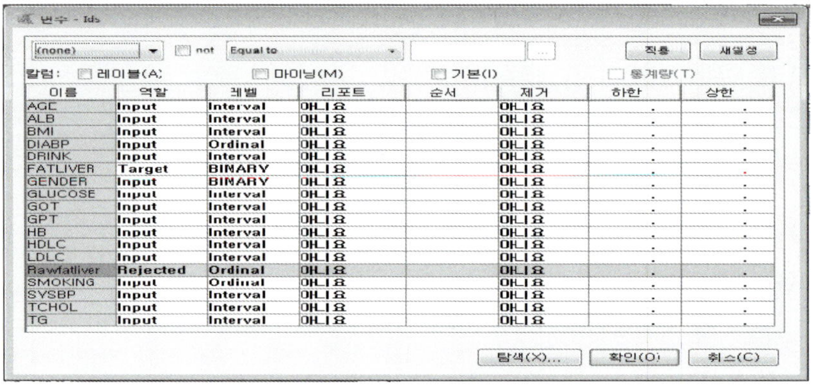

[그림 7-12] **변수선택**

③ 변수선택 창을 닫는다.

④ 데이터 분할 노드의 데이터셋 할당에서 [그림 7-13]과 같이 자료를 분석용 50%, 평가용 50%로 지정한다. 추출에 대한 초기값을 동일하게 유지하면 매번 같은 데이터셋들로 분할된다.

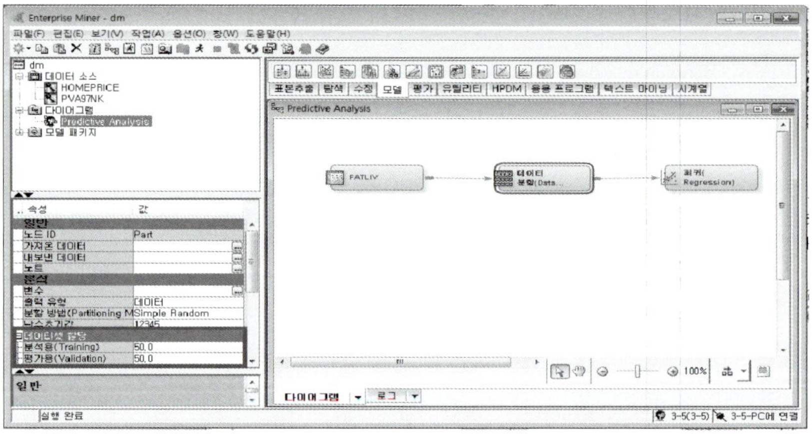

[그림 7-13] **자료 할당(Data Partition) 노드의 속성 패널**

- 교호작용과 이차항의 추가

① 회귀(Regression) 노드에서 사용자 항(User Terms)를 '예'로 지정한다.

② 항 편집기(Term Editor) 활성화 ▸ 대화상자 오른쪽 버튼을 클릭한다.

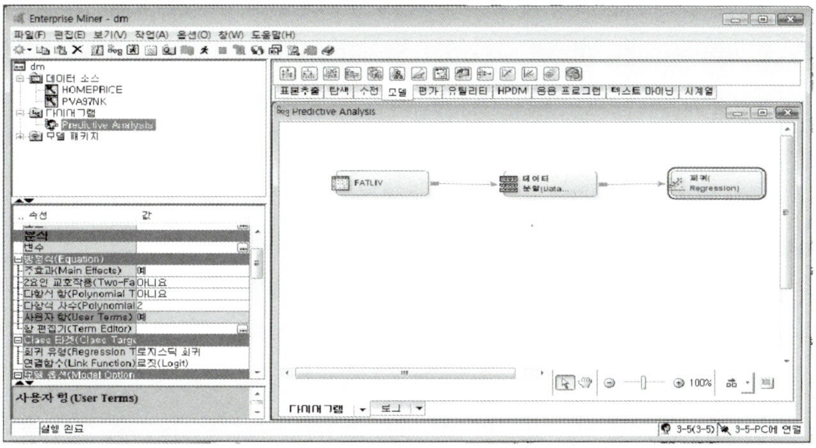

[그림 7-14] 사용자 항(User Terms)과 항 편집기(Term Editor) 선택

③ 대화식 빌더 대화상자의 변수필드에서 [그림 7-15]와 같이 각 변수를 선택하여 ▸버튼을 누르면 항 필드로 이동하며 저장을 선택하면 상위 대화상자에 선택된 변수가 포함된다. 이차 교호작용항과 교차 교호작용항을 포함하려면, 변수 필드에서 ctrl을 누른 상태에서 위 방법과 동일하게 실행한다.

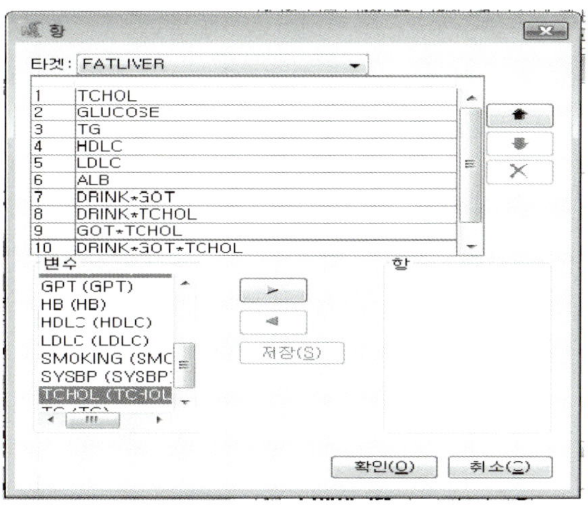

[그림 7-15] 대화식 빌더 원도우

④ 확인을 선택하여 항 윈도우를 닫는다.

- 변수선택 방법의 지정

① 회귀(Regression) 속성 패널에서 모델 선택으로 이동한다.

② 모델 선택(Selection Model)필드에서 단계별 선택을 선택한다.

③ 선택 기준(Selection Criteria)필드에서 평가용 데이터 오차(Validation Error)를 선택한다.

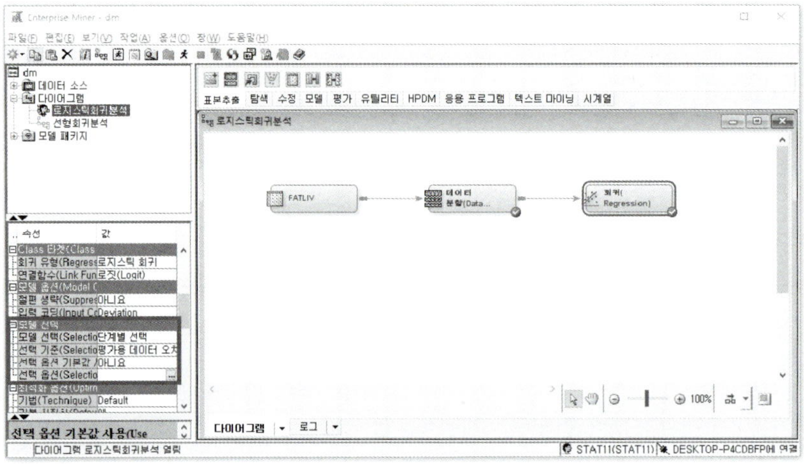

[그림 7-16] **변수선택방법의 지정**

④ 선택 옵션 기본값을 '아니오'로 선택하여 [그림 7-17]과 같이 지정한다. 예제처럼 변수 추가 기준 유의수준 값을 0.05로 지정하면, 유의수준 0.05에서 통계적으로 유의한 변수는 모형에 포함되고, 변수 제거 기준 유의수준 값을 0.05로 지정하면 포함된 변수들 중에서 유의수준 0.05에서 유의한 변수만 남게 된다.

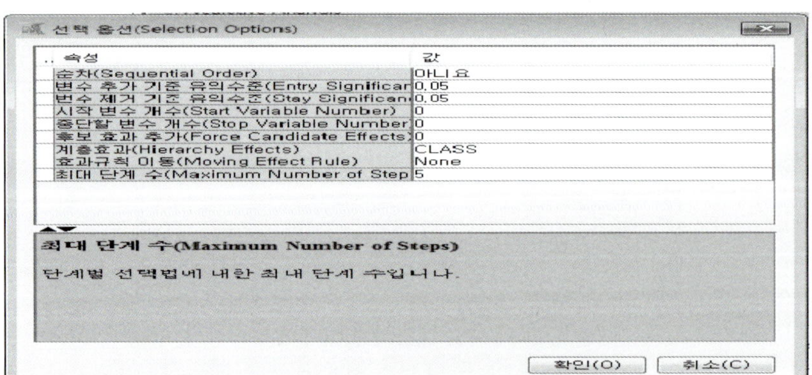

[그림 7-17] **모델 선택의 선택 옵션 지정**

⑤ 분석 흐름도에서 오른쪽 마우스로 회귀 노드를 클릭하여 실행시킨다.

- 타당성 평가

이제 회귀(Regression) 노드를 실행하고 모형을 평가해보자.

① 회귀(Regression)노드를 실행 후 실행상태 창이 나타나면 결과를 선택한다.

② 결과 윈도우 창의 스코어 순위 중첩(Scoring Rank Overlay) 창에서 누적반응률을 선택하면 누적반응률, 기준누적반응률, 최적누적반응률 3개의 차트가 화면에 표시된다.

[그림 7-18]의 누적반응률 도표에서 마우스를 Logistic 라인 가운데에 위치시킨 다음, 왼쪽 버튼을 누르면 info window에서 질병이 있을 사후확률의 상위 20%(깊이 20)에서 80.4%가 지방간이 있음을 알 수 있고, Percentile이 100일 때(깊이 100)는 Logistic 라인의 마지막 지점을 왼쪽 마우스 버튼으로 클릭하면 알 수 있는데 이때의 지방간 유병률은 28.24%임을 알 수 있다.

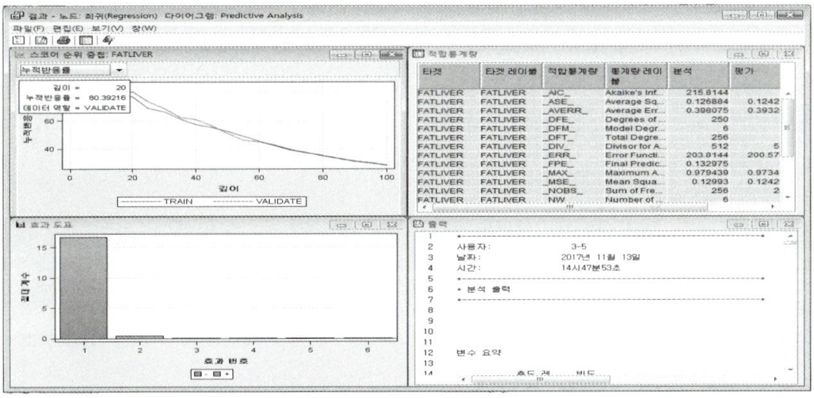

[그림 7-18] 로지스틱 회귀모형의 평가

- 회귀분석 결과 보기

① 분석흐름도의 회귀(Regression)노드에 오른쪽 마우스 버튼을 클릭하여 결과를 선택한다.

② 회귀결과창의 출력 창을 선택한다.

③ 스크롤 바를 이용하여 출력 대화상자의 맨 마지막으로 가면 [그림 7-19]와 같은 변수 선택 과정에 대한 요약 결과를 볼 수 있다. 최종적으로 회귀모형에 포함된 설명변수는 AGE, BMI, GOT, GPT, HB임을 알 수 있다.

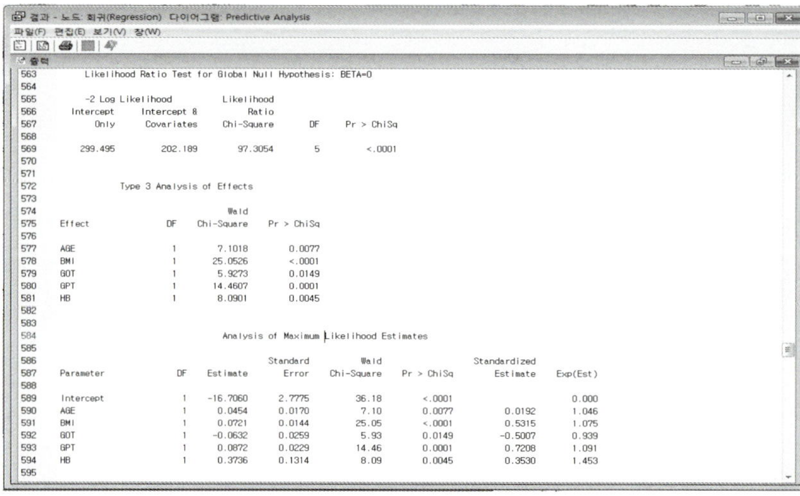

결과 - 노드: 회귀(Regression) 다이어그램: Predictive Analysis

Likelihood Ratio Test for Global Null Hypothesis: BETA=0

-2 Log Likelihood Intercept Only	-2 Log Likelihood Intercept & Covariates	Likelihood Ratio Chi-Square	DF	Pr > ChiSq
299.495	202.189	97.3054	5	<.0001

Type 3 Analysis of Effects

Effect	DF	Wald Chi-Square	Pr > ChiSq
AGE	1	7.1018	0.0077
BMI	1	25.0526	<.0001
GOT	1	5.9273	0.0149
GPT	1	14.4607	0.0001
HB	1	8.0901	0.0045

Analysis of Maximum Likelihood Estimates

Parameter	DF	Estimate	Standard Error	Wald Chi-Square	Pr > ChiSq	Standardized Estimate	Exp(Est)
Intercept	1	-16.7060	2.7775	36.18	<.0001		0.000
AGE	1	0.0454	0.0170	7.10	0.0077	0.0192	1.046
BMI	1	0.0721	0.0144	25.05	<.0001	0.5315	1.075
GOT	1	-0.0632	0.0259	5.93	0.0149	-0.5007	0.939
GPT	1	0.0872	0.0229	14.46	0.0001	0.7208	1.091
HB	1	0.3736	0.1314	8.09	0.0045	0.3530	1.453

[그림 7-19] 로지스틱 회귀모형의 결과

④ 추정된 회귀계수를 이용하여 반응확률에 대한 예측 모형식을 다음과 같이 만들 수 있다.

$$\begin{aligned} logit\ (\hat{p}) = & -\ 16.7060 + 0.0454 \times AGE\ + 0.0721 \times BMI \\ & -\ 0.0632 \times GOT\ + 0.0872 \times GPT\ + 0.3736 \times HP \end{aligned}$$

⑤ 효과도표 창을 선택하면 추정된 회귀모수에 대한 $t-$검정통계량을 막대 도표의 형식으로 출력하지만, $t-$검정통계량의 값이 아닌 절대값으로 나타난다. 자료 옵션을 이용해서 절대 $T-$값과 EffectLabel을 각각 반응변수와 범주로 지정한다. 옵션을 지정한 후 [그림 7-20]을 보면 BMI, GPT, HB가 중요도가 높음을 알 수 있다.

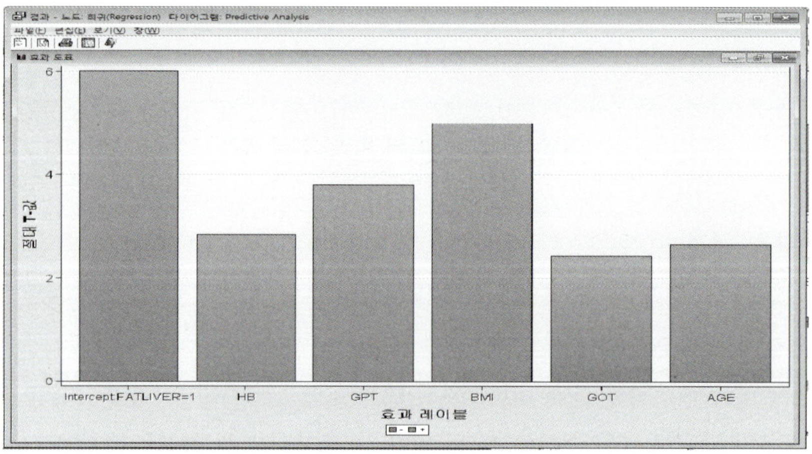

[그림 7-20] Estimates 대화상자

⑥ [그림 7-21]에서 출력 창의 아래 부분에서 분석용자료와 평가용자료의 분류 테이블을 볼 수 있다.

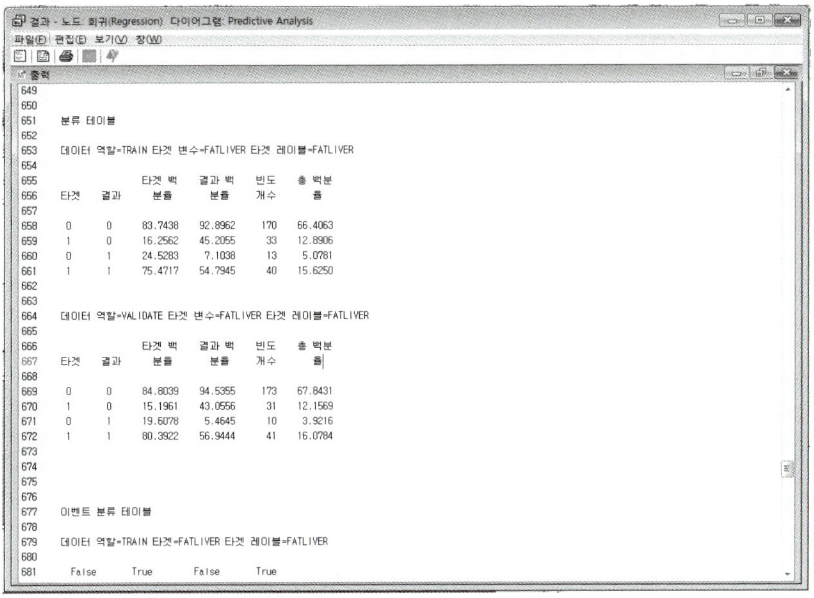

[그림 7-21] 분석용자료와 평가용자료의 분류 테이블

7.5.3 German Credit 데이터를 이용한 로지스틱 회귀분석

본 예제 자료는 독일 은행 자료인 German Credit 데이터를 이용하여 신용 상태에 관련 있는 변수를 탐색하고자 한다. 보다 자세한 변수설명은 부록의 설명을 참고하기 바란다.

〈표 7-4〉 German Credit 데이터 변수 설명

변수이름	척도	설명		비 고
AMOUNT	Interval			input
AGE	Interval			input
CREDIT	Binary	1=신용 불량	0=신용 양호	target
CHECK_A	Nominal	· CA0: 구좌 無	· CA1: <0	input
		· CA2: ≥0, <200	· CA3: ≥200	input
C_HIST	Nominal	· CH0: 대출(연체) 無	· CH1: 당행 연체 無	input
		· CH2: 현재 대출연체 無	· CH3: 과거 연체기록 有	input
		· CH4: 타행 대출 or 당행 불량		input

〈계속〉

변수이름	척도	설명		비 고
DURATION	Interval			
EMPLOY	Nominal	· EP0: 무직	· EP1: <1	input
		· EP2: ≥1, <4	· EP3: ≥4, <7	input
		· EP4: ≥7		input
FOREIGN	Binary	· 1: 외국인	· 0: 내국인	input
GUARANTEE	Nominal	· GT0: 無보증	· GT1: 연대 보증	input
		· GT2: 보증인 有		input
HOUSING	Nominal	· HS0:타가 / 주거지 無	· HS1: 임대	input
		· HS2: 자가 주택		input
INSTALL_P	Nominal	· IS0:할부 無	· IS1:MS행 (분할 상환)	input
		· IS2:가계 (신용카드 할부)		input
INSTALL_R	Ordinal			input
JOB	Nominal	· JB0: 무직 / 비기술직	· JB1: 비기술직 / 실습생	input
		· JB2: 기술직 / 사무직	· JB3: 경영자 / 자영업 등	input
N_EXIST	Ordinal			input
N_PEOPLE	Binary			input
PURPOSE	Nominal	· PU1: 새 차 구입	· PU2: 중고차 구입	input
		· PU3: 가구/설비 구입	· PU4: 라디오/TV 구입	input
		· PU5: 가내용품 구입	· PU6: 보수/수리	input
		· PU7: 교육비	· PU8: 재교육비	input
PERSONAL	Nominal	· PS1: 男 이혼/별거	· PS2: 女 이혼/별거/기혼	input
		· PS3: 男 미혼	· PS4: 男 기혼/별세	input
		· PS5: 女 미혼		input
PROPERTY	Nominal	· PR1: 부동산	· PR2: 연금 / 생명보험	input
		· PR3: 자동차 or 기타	· PR4: 결측 / 담보無	input
RESIDENCE	Ordinal			input
SAVE_A	Nominal	· SA0: 결측 / 예금無	· SA1: <100	input
		· SA2: ≥100, <500	· SA3: ≥500, <1,000	input
		· SA4: ≥1,000		input
TEL	Binary	· 1: 전화 有	· 0: 전화 無	input

• 분석흐름도와 작성과 각 노드의 설명

먼저 [그림 7-22]과 같이 분석흐름도를 작성하여 독일 은행 자료에 대하여 로지스틱 회귀분석을 실시하여 보자.

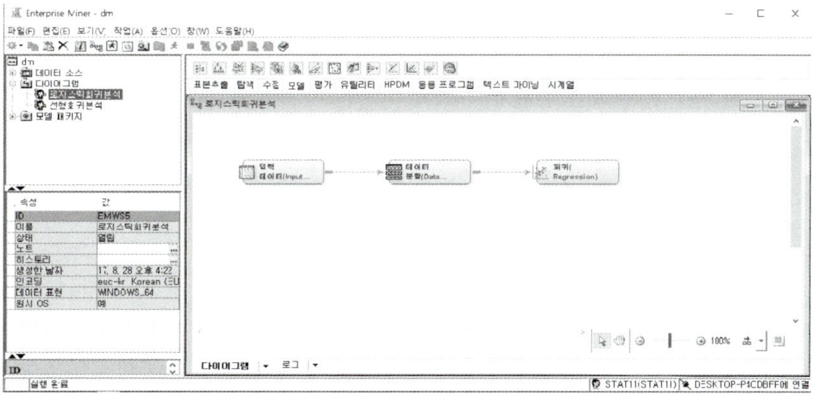

[그림 7-22] 분석흐름도 작성

• 입력 데이터 소스 노드의 설정

① 입력 데이터 소스(Input Data Source)노드를 열고 분석에 사용할 자료를 DMDATA 라이브러리의 GERMAN_CREDIT 데이터 셋을 지정한다.

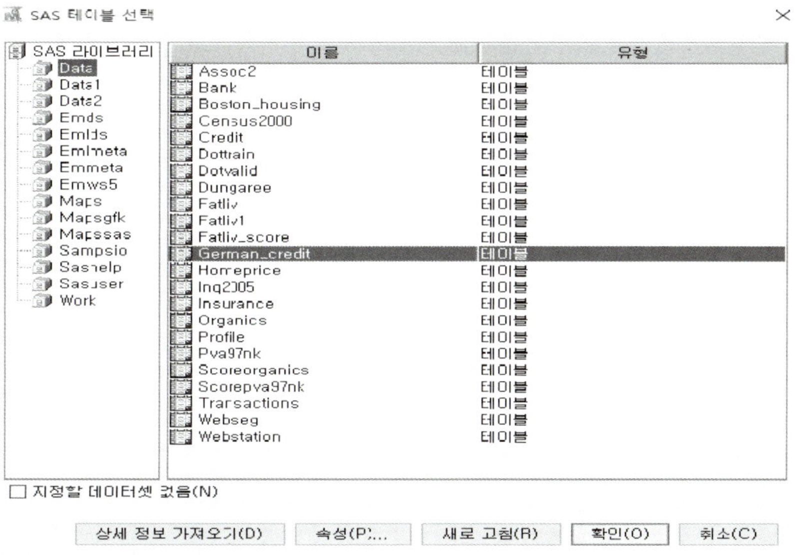

[그림 7-23] 입력 데이터 소스 노드 대화상자

② 다음 단계로 변수 대화상자 오른쪽 버튼을 클릭하여 역할에서 신용상태를 나타내는 이진변수인 CREDIT를 Target변수로 설정하고, 나머지 변수는 모두 Input변수로 지정한 다음, 레벨 칸으로 커서를 옮긴 후, 오른쪽 마우스를 클릭하여 변수 속성에 따라 변수 유형을 지정한다. 각 변수를 클릭하고 탐색을 눌러 분석에 사용할 변수 값의 범위를 확인한다.

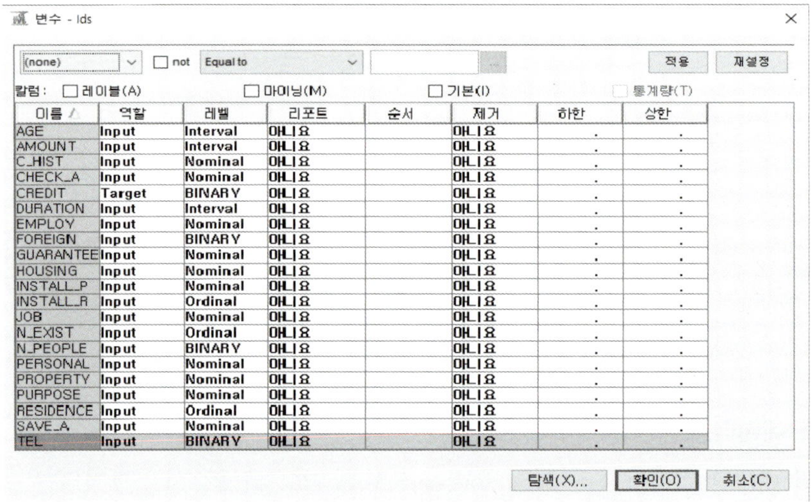

이름	역할	레벨	리포트	순서	제거	하한	상한
AGE	Input	Interval	아니요		아니요	.	.
AMOUNT	Input	Interval	아니요		아니요	.	.
C_HIST	Input	Nominal	아니요		아니요	.	.
CHECK_A	Input	Nominal	아니요		아니요	.	.
CREDIT	Target	BINARY	아니요		아니요	.	.
DURATION	Input	Interval	아니요		아니요	.	.
EMPLOY	Input	Nominal	아니요		아니요	.	.
FOREIGN	Input	BINARY	아니요		아니요	.	.
GUARANTEE	Input	Nominal	아니요		아니요	.	.
HOUSING	Input	Nominal	아니요		아니요	.	.
INSTALL_P	Input	Nominal	아니요		아니요	.	.
INSTALL_R	Input	Ordinal	아니요		아니요	.	.
JOB	Input	Nominal	아니요		아니요	.	.
N_EXIST	Input	Ordinal	아니요		아니요	.	.
N_PEOPLE	Input	BINARY	아니요		아니요	.	.
PERSONAL	Input	Nominal	아니요		아니요	.	.
PROPERTY	Input	Nominal	아니요		아니요	.	.
PURPOSE	Input	Nominal	아니요		아니요	.	.
RESIDENCE	Input	Ordinal	아니요		아니요	.	.
SAVE_A	Input	Nominal	아니요		아니요	.	.
TEL	Input	BINARY	아니요		아니요	.	.

[그림 7-24] **입력 데이터 소스 노드의 변수 대화상자**

③ 데이터 분할 노드를 열어서 분석용(Training), 평가용(Validation), 검증용(Test)에 자료의 할당 비율을 지정한다.

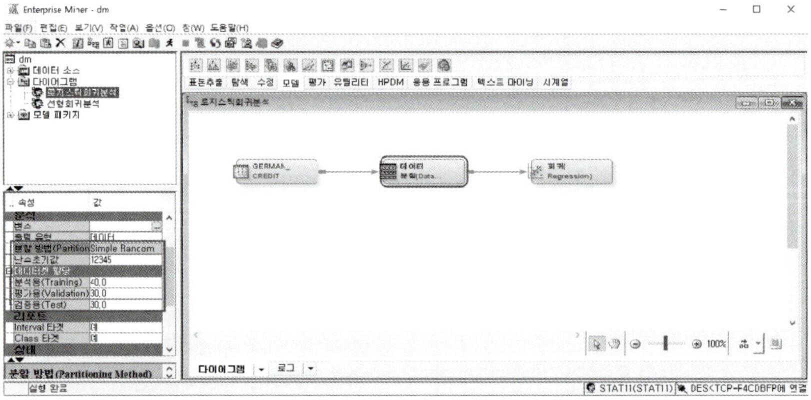

[그림 7-25] **자료 분할(Data Partition)노드의 자료셋 할당**

④ 회귀(Regression) 노드를 열어서 모델옵션의 입력코딩(Input Coding)을 GLM으로 지정한다.

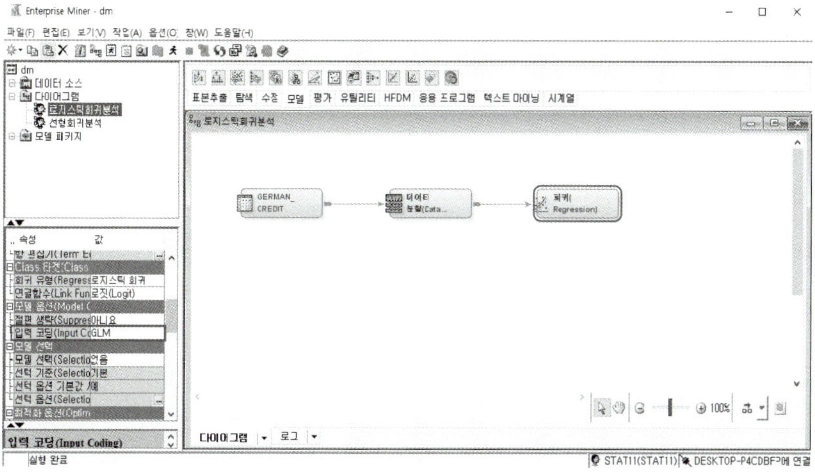

[그림 7-26] 회귀(Regression)노드의 모델 옵션

⑤ 모델선택(Selection Model)을 클릭하여 변수선택 방법을 지정한다. 변수선택 방법에서 없음을 지정하면 모든 Input 변수가 설명변수로 처리되어 회귀분석을 실시한다. 본 예제에서는 설명변수의 수가 많기 때문에 변수선택 방법을 지정하여 중요하지 않은 변수를 어느 정도 제거하여 주는 것이 모형의 구축과 해석에 바람직하다. 물론 변수선택 방법을 지정한 다음, 아래쪽의 선택기준을 클릭하여 변수선택의 기준을 지정할 수 있다.

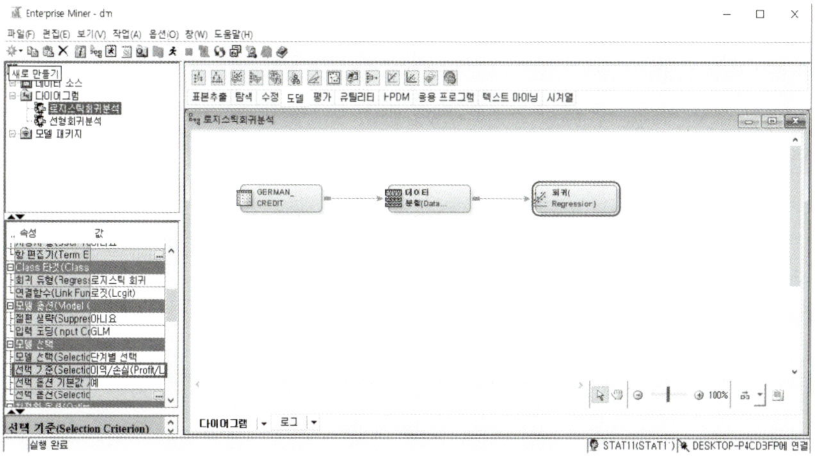

[그림 7-27] 회귀 노드의 모델 선택

⑥ 회귀분석 노드의 실행을 클릭하여 회귀분석을 실행시킨다.

• 회귀 노드의 결과 보기

상기의 과정이 성공적으로 실행되었을 경우, 회귀분석 노드의 결과를 클릭하면 [그림 7-28]과 같은 대화상자가 나타난다. 효과 도표 창에서 앞 절에서 보였던 절대 T-값으로 변경하여 보도록 한다.

① 효과 도표 창에서 오른쪽 클릭 → 데이터 옵션 클릭

② abstvalue를 반응변수로, EffectLabel을 범주로 지정한 후 확인을 클릭한다.

위 순서에 따라 나타난 효과도표는 t − 검정 통계량의 절대값을 표시하여 준다([그림 7-29]). 효과도표를 클릭한 후 회귀노드 결과 창의 메인메뉴에서 보기→ 테이블을 클릭하면 Effect T-scores, Estimates등 구체적인 값들을 확인할 수 있다([그림 7-30]).

아래의 [그림 7-30]에 나타난 결과에 의하면 입력변수 중 신용도에 가장 영향력이 큰 변수는 DURATION이며, 다음으로 INSTALL_P IS0, HOUSING HS1, CHECK_A CA0, SAVE_A SA1의 순으로 신용도에 설명력을 갖는 것을 알 수 있다.

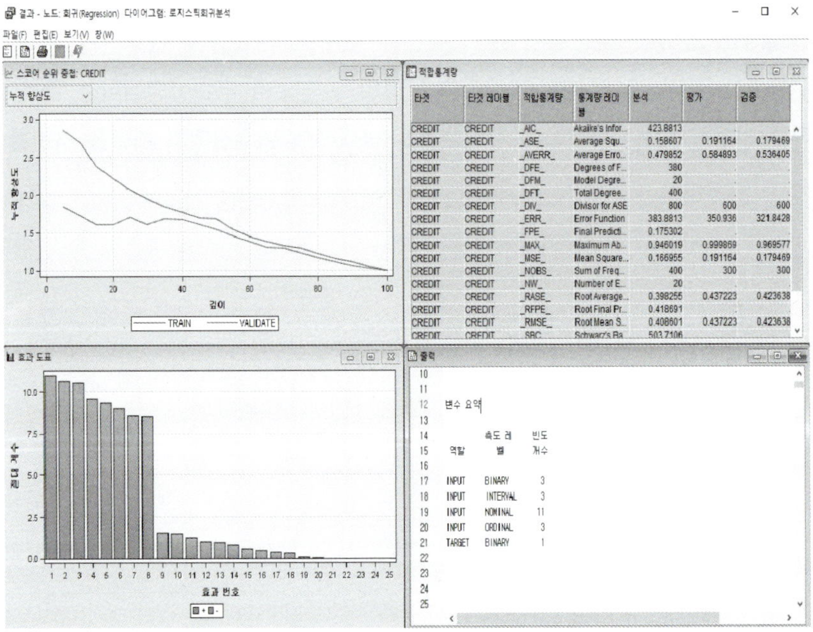

[그림 7-28] 회귀 노드 결과1

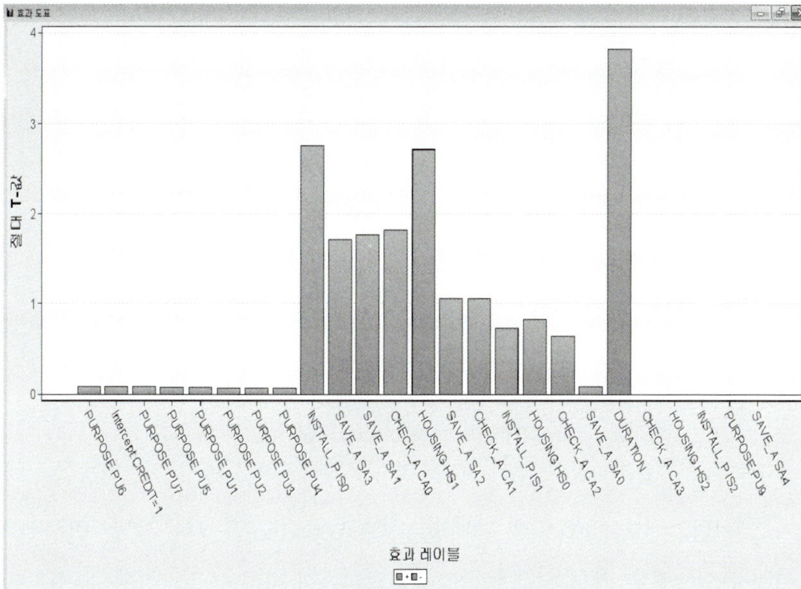

[그림 7-29] 회귀 노드 결과2

테이블: 효과 도표

변수	레벨	효과	효과레이블	계수	T-값	P값	스코어 코드변수	부호	절대 계수	절대 T-값	TScore 번호	효과번호
PURPOSE	PU6	PURPOSE...	PURPOSE ...	10.98924	0.089858	0.9284	_14_5	+	10.98924	0.089858	12	1
Intercept	1	Intercept	Intercept:C...	-10.6203	-0.08684	0.930798		-	10.62034	0.086841	14	2
PURPOSE	PU7	PURPOSE...	PURPOSE ...	10.52154	0.086035	0.931439	_14_6	+	10.52154	0.086035	15	3
PURPOSE	PU5	PURPOSE...	PURPOSE ...	9.577416	0.078312	0.93758	_14_4	+	9.577416	0.078312	16	4
PURPOSE	PU1	PURPOSE...	PURPOSE ...	9.330128	0.076293	0.939186	_14_0	+	9.330128	0.076293	17	5
PURPOSE	PU2	PURPOSE...	PURPOSE ...	8.963634	0.073296	0.941571	_14_1	+	8.963634	0.073296	18	6
PURPOSE	PU3	PURPOSE...	PURPOSE ...	8.60523	0.070366	0.943903	_14_2	+	8.60523	0.070366	19	7
PURPOSE	PU4	PURPOSE...	PURPOSE ...	8.524324	0.069704	0.944429	_14_3	+	8.524324	0.069704	20	8
INSTALL_P	IS0	INSTALL_P...	INSTALL_P...	-1.52961	-2.74306	0.006087	_7_0	-	1.529606	2.743056	2	9
SAVE_A	SA3	SAVE_ASA3	SAVE_A SA3	1.479645	1.713846	0.086557	_16_3	+	1.479645	1.713846	6	10
SAVE_A	SA1	SAVE_ASA1	SAVE_A SA1	1.232314	1.766916	0.077242	_16_1	+	1.232314	1.766916	5	11
CHECK_A	CA0	CHECK_A...	CHECK_A ...	-0.98658	-1.82406	0.068142	_1_0	-	0.986579	1.824065	4	12
HOUSING	HS1	HOUSINGH...	HOUSING ...	0.937497	2.707042	0.006789	_6_1	+	0.937497	2.707042	3	13
SAVE_A	SA2	SAVE_ASA2	SAVE_A SA2	0.820255	1.056045	0.290948	_16_2	+	0.820255	1.056045	8	14
CHECK_A	CA1	CHECK_A...	CHECK_A ...	0.545264	1.056364	0.290802	_1_1	+	0.545264	1.056364	7	15
INSTALL_P	IS1	INSTALL_P...	INSTALL_P...	-0.45134	-0.72976	0.465537	_7_1	-	0.451337	0.72976	10	16
HOUSING	HS0	HOUSINGH...	HOUSING ...	0.339982	0.829455	0.406847	_6_0	+	0.339982	0.829455	9	17
CHECK_A	CA2	CHECK_A...	CHECK_A ...	0.334953	0.642448	0.520583	_1_2	+	0.334953	0.642448	11	18
SAVE_A	SA0	SAVE_ASA0	SAVE_A SA0	-0.06682	-0.08715	0.930554	_16_0	-	0.06682	0.087148	13	19

[그림 7-30] 회귀 노드 결과3

⑧ 다음으로 출력창을 보면 [그림 7-31]과 같이 분석에 사용된 자료의 개수, 변수선택과정, 모형의 적합도, 각 변수에 대한 추정치, 오즈비 등을 보여 준다. 출력창의 결과 중에서 자주 사용되는 몇 가지 중요한 통계량만 별도로 요약하여 살펴보자.

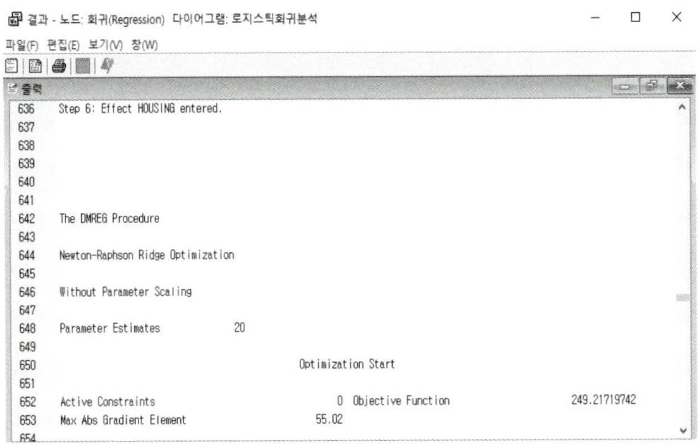

[그림 7-31] 회귀(Regression)노드 결과 창의 출력창

[결과 7-4]는 변수선택 방법으로 단계별 선택(stepwise)을 사용하고, 변수선택 기준을 기본으로 선택하였을 경우 변수가 단계적으로 선택되어진 과정을 요약하여 보여준다. 1단계로 CHECK_A가 선택되었으며 마지막 단계에서 HOUSING이 선택되었음을 알 수 있다.

Summary of Stepwise Selection

Step	Effect Entered	DF	Number In	Score Chi-Square	Wald Chi-Square	Pr > ChiSq
1	CHECK_A	3	1	41.8295		<.0001
2	DURATION	1	2	18.0269		<.0001
3	PURPOSE	7	3	21.3041		0.0033
4	INSTALL_P	2	4	10.4365		0.0054
5	SAVE_A	4	5	12.6607		0.0131
6	HOUSING	2	6	7.5890		0.0225

[결과 7-4] 변수선택 과정 요약

[결과 7-5]를 살펴보면 모형 적합도에 대한 판정 기준으로는 – 2 LOG Likelihood가 출력되어 있다. 이 경우 절편만 사용한 모형(설명변수를 사용하지 않은 모형)과 6개의 설명변수를 사용한 모형의 카이제곱 통계량의 차이가 114.5531(자유도 19)로 매우 유의함을 알 수 있다. 한편, Type 3 Analysis of Effects에서는 특정한 변수를 삭제하였을 경우 Wald 카이제곱 통계량의 감소분에 대한 유의성 검정 결과를 보여주고 있다. CHECK_A가 가장 유의함을 알 수 있다.

Likelihood Ratio Test for Global Null Hypothesis: BETA=0

−2 Log Likelihood Intercept Only	Intercept & Covariates	Likelihood Ratio Chi−Square	DF	Pr 〉 ChiSq
498.434	383.881	114.5531	19	〈.0001

Type 3 Analysis of Effects

Effect	DF	Wald Chi−Square	Pr 〉 ChiSq
CHECK_A	3	22.1797	〈.0001
DURATION	1	14.5973	0.0001
HOUSING	2	7.3954	0.0248
INSTALL_P	2	14.9159	0.0006
PURPOSE	7	19.7513	0.0061
SAVE_A	4	13.4537	0.0093

[결과 7-5] **모형도 적합도 검정 결과**

Analysis of Maximum Likelihood Estimates

Parameter	DF	Estimate	Standard Error	Wald Chi−Square	Pr 〉 ChiSq	Standardized Estimate	Exp(Est)
Intercept	1	−1.8744	15.2920	0.02	0.9024	0.153	
CHECK_A CA0	1	−0.9600	0.2439	15.49	〈.0001	0.383	
CHECK_A CA1	1	0.5719	0.2216	6.66	0.0099	1.772	
CHECK_A CA2	1	0.3615	0.2236	2.61	0.1059	1.436	
DURATION	1	0.0412	0.0108	14.60	0.0001	0.288	1.042
HOUSING HS0	1	−0.0858	0.2731	0.10	0.7533	0.918	
			.				
			.				
			.				
SAVE_A SA2	1	0.1272	0.3636	0.12	0.7265		1.136
SAVE_A SA3	1	0.7866	0.4600	2.92	0.0873		2.196

[결과 7-6 A] **회귀모수 추정치(Deviation)**

Analysis of Maximum Likelihood Estimates

Parameter	DF	Estimate	Standard Error	Wald Chi-Square	Pr > ChiSq	Standardized Estimate	Exp(Est)
Intercept	1	-10.6203	122.3	0.01	0.9308		0.000
CHECK_A CA0	1	-0.9866	0.5409	3.33	0.0681		0.373
CHECK_A CA1	1	0.5453	0.5162	1.12	0.2908		1.725
CHECK_A CA2	1	0.3350	0.5214	0.41	0.5206		1.398
CHECK_A CA3	0	0	.	.	.	.	.
DURATION	1	0.0412	0.0108	14.60	0.0001	0.2875	1.042
HOUSING HS0	1	0.3400	0.4099	0.69	0.4068		1.405
.							
.							
.							
SAVE_A SA3	1	1.4796	0.8633	2.94	0.0866		4.391
SAVE_A SA4	0	0	.	.	.	.	.

[결과 7-6 B] **회귀모수 추정치(GLM)**

연속변수(Interval)에 대한 회귀모수 추정치는 고전적 회귀분석과 동일한 의미를 갖으며, 분류변수에 대한 회귀 모수 추정치는 모형 설정 단계의 Input Coding에서 Deviaton, GLM 어느 옵션을 선택하였느냐에 따라 약간 달라질 수 있다. GLM을 옵션으로 선택하면 마지막 범주의 추정값을 0으로 가정하고 이를 기준으로 각 범주간 차에 대한 효과를 추정값으로 출력하여 준다.

[결과 7-6 A]와 [결과 7-6 B]의 Exp(Est) 추정은 추정 방법이 달라 값은 다르지만 두 결과에 대한 오즈비는 같다.

다음으로 오즈비 추정치를 살펴보자. SAS E-Miner에서는 분류변수에 대한 오즈비는 마지막 범주를 기준으로 나머지 각각의 범주에 대한 오즈비 추정값을 계산하여 주며, 연속변수(Interval)에 대한 오즈비 추정값은 설명변수의 값이 1단위 증가하는데 따른 오즈의 변화량을 계산하여 준다.

[결과 7-7]의 오즈비의 결과를 살펴보면, 분류변수 CHECK_A는 CA3에 비하여 CA0의 오즈비가 0.373이다. 이는 직불카드 구좌가 없는 그룹은 200마르크 이상의 직불카드 계좌를

갖고 있는 그룹에 비하여 신용 불량률에 대한 오즈비가 0.373배라는 의미이다. CA1은 CA3에 비하여 1.725배이며, CA2는 CA3에 비하여 1.398배로 해석할 수 있다. 즉 직불카드 구좌가 없는 그룹은 신용 불량률이 높지 않다는 의미를 갖는다. 나머지 분류변수에 대한 오즈비의 해석도 이와 같은 방법으로 하면 될 것이다. 연속변수인 DURATION은 Duration이 1단위 증가하면 오즈비가 1.042배 증가한다는 의미로 해석할 수 있다. 연속변수인 경우에 변수값의 척도에 비하여 1단위가 지나치게 큰 값이면 오즈비가 지나치게 클 수 있고, 너무 작은 값이면 오즈비가 1에 가까워 특별한 의미를 갖지 못하는 경우가 있다.

Odds Ratio Estimates

Effect		Point Estimate
CHECK_A	CA0 vs CA3	0.373
CHECK_A	CA1 vs CA3	1.725
CHECK_A	CA2 vs CA3	1.398
DURATION		1.042
HOUSING	HS0 vs HS2	1.405
HOUSING	HS1 vs HS2	2.554
INSTALL_P	IS0 vs IS2	0.217
INSTALL_P	IS1 vs IS2	0.637
PURPOSE	PU1 vs PU9	999.000
PURPOSE	PU2 vs PU9	999.000
PURPOSE	PU3 vs PU9	999.000
PURPOSE	PU4 vs PU9	999.000
PURPOSE	PU5 vs PU9	999.000
PURPOSE	PU6 vs PU9	999.000
PURPOSE	PU7 vs PU9	999.000
SAVE_A	SA0 vs SA4	0.935
SAVE_A	SA1 vs SA4	3.429
SAVE_A	SA2 vs SA4	2.271
SAVE_A	SA3 vs SA4	4.391

[결과 7-7] **오즈비 추정치**

다음 [결과 7-8]은 회귀분석 결과의 정오 분류표를 제공하고 있다.

분류 테이블

자료 역할=TRAIN 목표변수=CREDIT

타겟	결과	타겟 백분율	결과 백분율	빈도 개수	총 백분율
0	0	79.4212	90.1460	247	61.75
1	0	20.5788	50.7937	64	16.00
0	1	30.337	9.8540	27	6.75
1	1	69.6629	49.2063	62	15.50

자료 역할=VALIDATE 목표변수=CREDIT

타겟	결과	타겟 백분율	결과 백분율	빈도 개수	총 백분율
0	0	77.4336	82.1596	175	58.3333
1	0	22.5664	58.6207	51	17.0000
0	1	51.3514	17.8404	38	12.6667
1	1	48.6486	41.3793	36	12.0000

[결과 7-8] **분류 테이블**

연습문제

1 Boston Housing 데이터를 이용하여 집의 가격과 이들 가격에 영향을 주는 변인들의 관계를 알아보기 위하여 중회귀분석을 실시하고자 한다. 지역 집값의 중앙값에 대한 로그 변환 값을 목표변수(target), 나머지 변수를 설명변수(input)로 설정하여 일련의 회귀분석 과정을 실행하고 아래 물음에 답하여라.

1) 변수선택방법 중 뒤로부터 제거를 사용하여 설명력이 약한 설명변수를 제거하고 최적의 회귀모형을 구축하여라. 변수제거에 대한 유의수준은 0.1을 사용하여라.
2) 최종 선택된 모형의 타당성을 평가하여라.
3) 선택된 회귀모형의 회귀식을 추정하고 각 설명변수의 유의성을 설명하여라.
4) INDUS, ZN, AGE 3개의 변수가 최초 모형(모든 변수를 사용한 모형)에서 단계적으로 삭제되면서 결정계수(R-Square)는 변화하지 않는 이유를 설명하여라.

2 Organics 데이터를 사용하여 구매 가능성과 이에 영향을 미치는 변인을 로지스틱 회귀모형을 이용하여 분석하고자 한다. 구매 가능성을 목표변수(TargetBuy)로 지정하고 아래 물음에 답하여라.

1) 아래 9개의 설명변수를 사용하여 로지스틱 회귀분석을 실시하여라.
   DemAffl demage DemClusterGroup DemGender DemReg PromClass PromSpend PromTime TargetAmt
   ① Organics 자료의 총 관측(observation) 수는 몇 개인가?
   ② 실제 분석에 사용된 관측 수는 몇 개인가?
   ③ 왜 실제 분석에서 총 관측수를 사용하지 않았는가?
   ④ 변수선택방법을 앞으로부터 선택(FORWARD)을 사용하면 몇 개의 설명변수가 선택되는가? 이 경우에 선택된 설명변수가 극히 소수인데 Percent Concordant가 100%로 나타나는 이유를 설명하라.

2) 다음으로 아래 7개의 설명변수를 사용하여 로지스틱 회귀분석을 실시하세요. 성별은 모름은 제외하고 남성과 여성만 분석에 포함시켜라.

DemAffl demage DemGender DemReg PromClass PromSpend PromTime

① 상기 가정된 모형에 대한 분석 결과로부터 적절한 통계량을 이용하여 모형의 타당성을 평가하여라.

② 상기 회귀모형에 대한 회귀식을 추정하고 각 설명변수의 유의성을 설명하여라.

③ 유기농 제품의 구매가능성은 남성 혹은 여성 어느 쪽이 높은가? 어느 정도로 높다고 설명할 수 있는가?

④ 최종 모형은 몇 개의 설명변수를 사용하는 것이 바람직하겠는가?

3 KOSPI200 데이터를 이용하여 거래량과 이에 영향을 미치는 변인들의 관계를 분석하고자 한다. 거래량을 목표변수(Target)로 나머지 변수를 입력변수(input)로 설정하여 일련의 회귀분석 과정을 실행하고 아래 물음에 답하여라.

1) 변수선택방법 중 단계별 선택을 사용하여 최대 단계 수는 3으로 지정하고 최적의 회귀모형을 구축하여 그 회귀계수들을 추정하세요. 변수제거에 대한 유의수준은 $\alpha = 0.1$을 사용하여라.

2) 최종 선택된 모형의 타당성을 평가하여라(적어도 3개 이상의 통계량을 이용할 것).

3) 상기 선택된 회귀모형에서 각 설명변수의 유의성을 평가하여라.

VIII

인공신경망

이 장에서는 인공신경망의 구성요소와 인공신경망이 분류와 예측문제에 어떻게 사용될 수 있는지에 대해 알아본다. 그리고 인공신경망의 가중치를 구하는 역전파알고리즘에 대해 자세히 설명한다.

8.1 신경망의 개요 및 배경

인간의 뇌는 약 100억 개의 뉴런(신경세포, neuron)이 그물망처럼 연결되어 있는데, 각 뉴런은 시냅스(synapse)를 통해 서로 전기 자극 신호를 주고받음으로써 다양한 정보를 받아들이고, 저장하는 기능을 한다. 즉, 어떤 신호(슬픈 영화를 본다)에 대해 반응(눈물을 흘린다)하는 구조로 이해할 수 있다. 이러한 구조를 인공적으로 재현하고자 하는 것이 신경망(인공신경망, artificial neural network)이다. [그림 8-1]은 뉴런과 간단한 신경망 구조를 나타내는데, 신경망은 입력층과 출력층 그리고 그들 사이에서 많은 역할을 하는 은닉층(hidden layer)으로 구성된다.

이세돌과 알파고의 세기적 바둑 대결을 통해 딥러닝(deep learning)이 많은 사람의 관심을 받기 시작했는데, 딥러닝은 단어의 뜻처럼 은닉층이 아주 많은 심층신경망([그림 8-2])의 학습 및 응용을 의미한다. 현재에는 은닉층이 100개를 훨씬 초과하는 신경망이 사용되기도 한다. 이전의 신경망은 얕은(shallow) 신경망에 해당한다고 볼 수 있다.

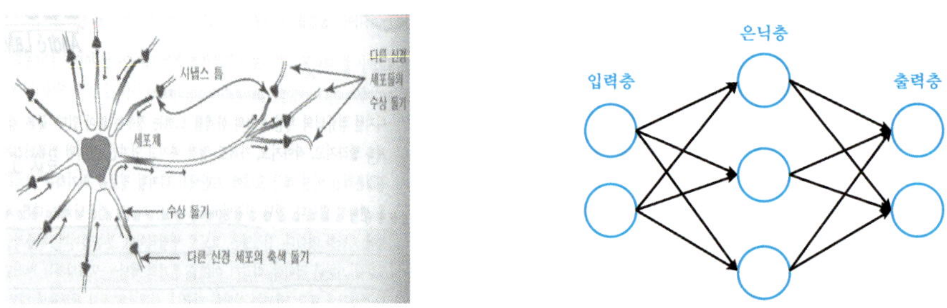

[그림 8-1] 생물학적 뉴런의 구조 및 간단한 신경망의 구조

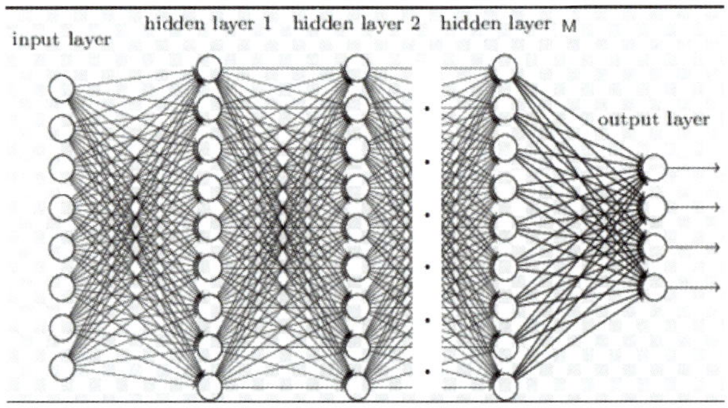

[그림 8-2] 심층 신경망 구조

신경망에 대한 첫 연구는 디지털 컴퓨터가 나오기 전인 1943년에 신경생리학자인 Warren McCulloch와 논리학자인 Waiter Pits의 신경노드를 설명하는 모형에서 시작되었다. 그리고 Rosenblatt은 퍼셉트론(perceptron)이라는 신경망모델을 1958년에 개발하였다. 퍼셉트론은 인지할 수 있다는 관점에서 상당한 관심을 모았으나 AND, OR 연산 등 선형분리 가능한 문제의 해결에만 사용될 수 있었고 XOR과 같은 비선형문제를 해결하지 못하는 단점을 가지고 있다. 컴퓨터의 성능 때문에 많은 계산을 요구하는 문제를 해결하지 못할 뿐 아니라 비선형문제를 해결하지 못하는 한계점 때문에 널리 이용되지 못하였으나, 1969년에 Minsky과 Papert는 입력층과 출력층 사이에 은닉층을 삽입하는 다층신경망이 비선형문제를 해결할 수 있음을 밝혀 잠깐 사람들의 관심을 끌었다. 그렇지만 다층신경망 학습 알고리즘이 개발되지 않아 신경망은 점차 사람들의 기억에서 사라져 갔다.

1980년대에 이르러 다시 신경망에 관한 연구를 다시 활성화한 중요한 역할을 한 사람은 Hopfield라 할 수 있는데 가장 중요한 업적은 다층신경망을 학습시키는 역전파(backpropagation) 알고리즘을 개발한 것이다. 또한, Tank와 함께 순환신경망 구조를 이용하여 TSP(traveling salesman problem) 문제를 해결하는 등 다양한 분야로의 응용 가능성을 제시하였다. Kohonen도 1982년에 자율 학습 방법의 일종인 SOM(Self Organizing Map)을 개발하여 음성인식, 경영, 패턴인식, 공학 등 여러 분야에서의 응용이 가능하게 되었다.

1990년부터 현재까지 인터넷이 보급되고 대량의 자료를 이용한 기계학습(machine learning)이 발전해오면서 다시 한 번 신경망이 붐을 일으킨다. IBM의 인공지능(AI, artificial intelligence) 왓슨(Watson)이 2011년에 미국 유명 퀴즈프로그램에서 인간 챔피언을 물리치고, 일본에서는 '본쿠라즈' 장기 프로그램이 일본 장기의 달인을 2012년도에 이긴다. 이러한 AI의 기저에는 신경망이 있으니 새로운 시대를 살아가기 위해서는 신경망에 대한 이해가 있어야 하겠다. 더욱이 이미지 인식을 위한 합성곱 신경망(convolution neural network)과 서열자료(sequence data) 분석을 위한 순환신경망(recurrent neural network)이 개발되면서 신경망은 더욱 더 폭넓게 사용되고 더 많은 사람이 관심을 갖게 된다. 자율주행차와 알파고 등 신경망을 활용한 많은 것들이 계속 개발되고 있는데 이러한 현상은 당분간 지속할 것으로 예상한다. 다음 절에서는 하나의 예를 통해 신경망에 관해 설명한다.

8.2 신경망의 예

사람이 경험과 교육을 통하여 학습하는 것처럼 신경망은 자료를 통하여 학습하여 자료에 내재된 패턴과 정보를 찾아낸다. 이러한 신경망의 학습으로 아파트 가격을 예측하는 예를 들어보기로 하자.

아파트 가격은 크기, 위치, 층 수, 학군 그리고 교통 등에 많은 영향을 받는다. 부동산 감정사는 근방의 유사한 아파트 가격과 정보 그리고 경험을 바탕으로 가격을 예측한다. 감정사 역할을 하는 신경망은 아파트 가격에 영향을 주는 여러 가지 정보를 입력받아 평가된 가격을 감정사 대신 출력한다.

신경망이 아파트 가격을 평가하도록 도와주는 것은 경험 즉 사전에 거래된 자료다. 다른 예측이나 분류와 마찬가지로, 가격을 정확하게 예측하기 위해서 가격에 영향을 주는 변수 즉 입력정보를 잘 선택해야 할 것이다. 부록에 있는 Boston Housing 데이터를 예로 들어본다.

이 자료는 506개의 관측치로 구성된 자료이며, 목표값은 집값인데 집값에 영향을 주는 13개의 변수를 고려했다. 〈표 8-1〉에 변수에 대한 목록이 나타나 있다.

〈표 8-1〉 Boston Housing 데이터 의 설명

변 수	값의 범위	자료 예	변환된 값
범죄 발생률	0.0063 ~88.976	0.0063	0
주거지역의 비율	0 ~100	18	0.18
상업지역의 비율	0.46 ~27.74	2.31	0.068
강변유무	0 ~1	0	0
질소산화물 농도	0.385 ~0.817	0.538	0.36
방의 평균 개수	3.561 ~8.78	6.575	0.58
노후된 집의 비율	2.9 ~100	65.2	0.64
도심까지의 평균거리	1.1296 ~12.127	4.09	0.27
고속도로 접근성 지표	1 24	1	0
재산세 비율	187 ~711	296	0.21
학생과 교사비율	12.6 ~22	15.3	0.29
흑인 비율	0.32 ~396.9	396.9	1
저소득층의 비율	1.73 ~37.97	4.98	0.09
집값의 중앙값	5 ~50	24	0.42

신경망을 예측에 이용하기 위해서는 먼저 학습(훈련)시켜야 한다. 일반적으로 신경망은

입력값(input)과 목표값(실제값, target)이 0과 1 사이의 값일 때 수행능력이 좋다는 연구 결과가 있으므로 모든 변수의 값을 0과 1 사이의 값으로 변환하는 것이 좋다.

신경망을 학습한다는 것은 자료를 통해 규칙을 만드는 과정인데, 출력값(output, 예측값, 추정값)이 목표값에 가까워지도록 신경망의 연결강도(가중치, weight)를 조정하는 것이다. 본 교재에서는 연결강도와 가중치를 같이 사용한다. 주어진 조건을 만족할 때까지 분석용자료(훈련용자료, 학습용자료, training data)를 이용한 학습을 하면서 신경망의 연결강도를 조정한다. 여기에서 주어진 조건이라는 것은 1) 연결강도들의 변화가 아주 적거나 2) 출력값이 목표값에 아주 가깝거나 혹은 3) 미리 지정된 횟수만큼의 학습을 거치는 것이다. 그리고 학습용 자료로부터 얻어진 신경망의 연결강도를 평가용자료(validation data)로 평가하여 가장 좋은 모형을 선택한다.

8.3 신경망 구조

입력층과 출력층만 있는 가장 단순한 신경망 구조를 설명하도록 하겠다. [그림 8-3]에는 3개의 노드를 가지는 입력층(input layer)과 1개의 노드를 가지는 출력층(output layer)으로 구성된 신경망을 나타낸다.

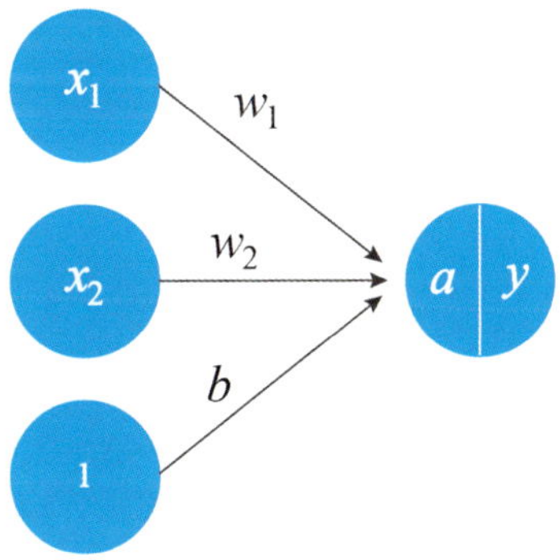

[그림 8-3] 입력층과 출력층으로 구성된 신경망

입력층에는 입력값 x_1, x_2를 가지는 두 개의 노드와 1의 값을 가지는 노드가 있다. 1을 가지는 노드는 절편역할을 하는 편의(bias)노드다. 출력층 노드에 있는 a는 여기를 향하는 세 개의 노드(x_1, x_2, 1)와 연결강도(w_1, w_2, b)의 결합함수(combination function) 값이다.

대부분의 신경망에서 사용하는 선형 결합함수를 사용하면 결합값 $a = w_1x_1 + w_2x_2 + b$이다. 그리고 y는 a가 신경망의 목적에 맞는 값을 출력되도록 활성화 시키는 역할을 하는 활성함수(σ, activation function)를 통한 활성값으로 $y = \sigma(w_1x_1 + w_2x_2 + b)$이다.

활성함수는 해결히고자 하는 문제에 따라 선형함수, 시그모이드(sigmoid) 함수, 쌍곡선 탄젠트(tanh, hyperbolic tangent), ReLU(rectified linear unit) 함수 그리고 softmax 함수 등을 많이 사용하는데 〈표 8-2〉에 활성함수를 정리하였고 [그림 8-4]에 그림으로 나타내었다. 특히 ReLU 함수는 최근에 그 효율성이 밝혀져 딥러닝에 많이 사용되고 있다.

은닉층과 출력층에서 사용되는 활성함수가 다를 수 있는데, 은닉층에서는 시그모이드와 쌍곡선탄젠트 함수가 많이 사용되고, 출력층에서는 목적에 따라 선형함수 (회귀분석 목적, 실수 출력), argmax 함수 (분류목적, 가능성 가장 높은 범주 출력) 그리고 softamx 함수 (분류목적, 각 범주의 확률 출력)를 많이 사용한다. 시그모이드 함수와 쌍곡선 탄젠트 함수는 입력값이 아주 크거나 작을 때는 입력값의 작은 변화가 출력값에 거의 영향을 주지 않는 반면, 0 근방에서는 입력값의 작은 변화가 출력값의 큰 차이를 만들 수 있는 장점을 가지지만 미분 값이 항상 1 이하이기 때문에 기울기 소멸(gradient vanishing)의 단점을 가진다. 항등 활성함수(identity activation function, $f(x) = x$)를 사용하여 [그림 8-3]을 수식으로 표현하면 $y = w_1x_1 + w_2x_2 + b$가 된다. 이 식이 통계학에서는 입력변수가 두 개인 선형회귀모형이지만 연결강도와 편의(통계학에서는 회귀계수) w_1, w_2, b를 구하는 방법이 다르다.

〈표 8-2〉 **활성함수**

함수 이름	함 수	출력값 범위
계단(step)함수	$f(x) = \begin{cases} 0, \text{if } x < \theta \\ 1, elsewhere \end{cases}$	0,1
선형(linear)함수	$f(x) = ax + b$	$(-\infty, \infty)$
ReLU(rectified linear unit)함수	$f(x) = \begin{cases} x, i\ x \ge 0 \\ 0, elsewhere \end{cases}$	$[0, \infty)$
시그모이드(sigmoid)	$f(x) = \frac{1}{1+e^{-x}}$	(0.1)
쌍곡선탄젠트(tanh, hyperbolic tangent) 함수	$f(x) = \frac{e^x - e^{-x}}{e^x + e^{-x}}$	$(-1,1)$
softmax 함수	$f(x_i) = \frac{\exp(x_i)}{\sum_j \exp(x_j)}$	(0,1)
argmax 함수	$f(p_1, \ldots, p_n) = \arg_i \max_{p_i} \sigma(p_1, \ldots, p_n)$	$\{1, \ldots, n\}$

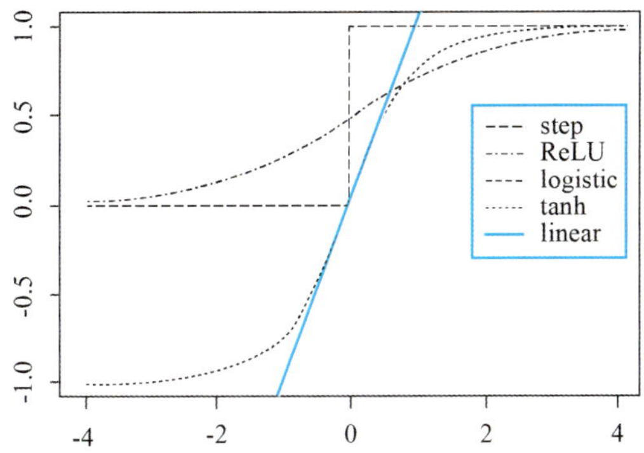

[그림 8-4] 활성함수

입력층과 출력층으로만 구성된 신경망은 아주 단순한 문제만 해결할 수 있으므로, 복잡한 문제를 해결하기 위해서는 은닉층을 추가해야 하는데 은닉층이 추가된 신경망을 다층신경망(multilayer neural network)이라 한다. [그림 8-5]에는 $p+1$개의 노드가 있는 입력층, q_1+1개의 노드를 가지는 첫 번째 은닉층, q_2+1개의 노드를 가지는 두 번째 은닉층 그리고 r개의 노드를 가지는 출력층으로 구성된 다층신경망의 구조가 나타나 있다. 이러한 신경망을 확장하여 은닉층과 노드수가 아주 많은 신경망도 만들 수 있다. 본 저서에서는 입력층을 0번째 층으로 시작하여 층 번호를 붙이고, 신경망의 층의 수는 입력층을 제외한 층의 수로 표기하므로 [그림 8-5]는 3층 신경망을 나타내고 있다.

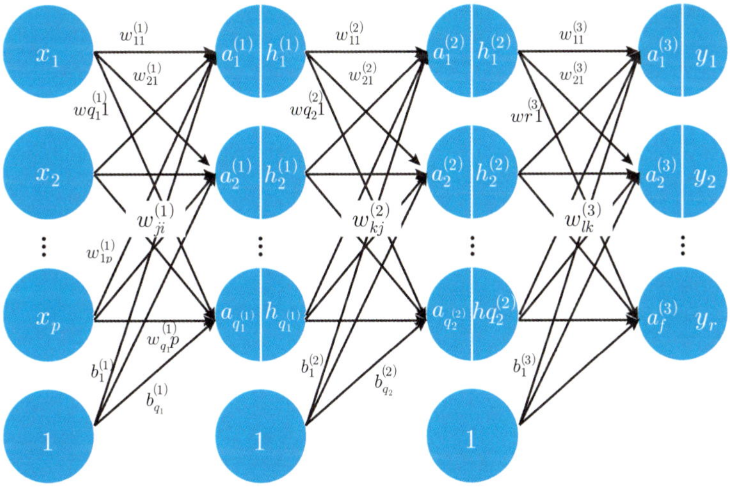

[그림 8-5] 3층 신경망 구조

여기에서 모든 노드의 활성함수는 σ 그리고 결합함수는 선형을 사용하도록 한다. 그리고 각 층의 노드에서 a는 가중합을 나타내고 h는 a의 활성함수 값 $h = \sigma(a)$을 나타낸다. 또한 입력층의 i번째 노드와 첫 번째 층의 j번째 노드의 연결강도는 $w_{ji}^{(1)}$, 첫 번째 층의 j번째 노드와 두 번째 층의 k번째 노드의 연결강도는 $w_{kj}^{(2)}$, 두 번째 층의 k번째 노드와 출력층의 l번째 노드의 연결강도는 $w_{lk}^{(3)}$으로 표기하고 편의도 층과 노드의 순서에 따라 $b_j^{(k)}$로 표기한다. 첫 번째 층 의 j ($j = 1,\ldots,q_1$)번째 노드의 결합(함수)값 $a_j^{(1)}$와 활성(함수)값 $h_j^{(1)}$는 아래와 같다.

$$a_j^{(1)} = \sum_{i=1}^{p} w_{ji}^{(1)} x_i + b_j^{(1)}, \ \ j = 1,\ldots,q_1$$
$$h_j^{(1)} = \sigma(a_j^{(1)}) \tag{8.3.1}$$

두 번째 층의 k ($k = 1,\ldots,q_2$)번째 노드의 결합값 $a_k^{(2)}$ 와 활성값 $h_k^{(2)}$는 아래와 같다.

$$a_k^{(2)} = \sum_{j=1}^{q_1} w_{kj}^{(2)} h_j^{(1)} + b_k^{(2)}, \ \ k = 1,\ldots,q_2$$
$$h_k^{(2)} = \sigma(a_k^{(2)}) \tag{8.3.2}$$

그리고 출력층(세 번째 층)의 l ($l = 1,\ldots,r$)번째 노드의 결합값 $a_l^{(3)}$과 활성값 (출력값, $h_l^{(3)}$) y_l은 아래와 같다.

$$a_l^{(3)} = \sum_{k=1}^{q_2} w_{lk}^{(3)} h_k^{(2)} + b_l^{(3)}, \ \ l = 1,\ldots,r$$
$$y_l = \sigma(a_l^{(3)}) \tag{8.3.3}$$

요약하면, m번째 층의 k번째 결합값 $a_k^{(m)}$과 활성값 $h_k^{(m)}$, $k = 1,\ldots,q_m$, $m = 1,2,3$, 은 다음과 같이 표현할 수 있다.

$$a_k^{(m)} = \sum_{j=1}^{q_{m-1}} w_{kj}^{(m)} h_j^{(m-1)} + b_k^{(m)}$$
$$h_k^{(m)} = \sigma(a_k^{(m)}) \tag{8.3.4}$$

여기에서 $q_0 = p,\ h_j^{(0)} = x_j$ 이다.

위에서 밝힌 수식을 행렬로 표기해보자. 입력값 벡터 $\boldsymbol{x}$, 각 층의 결합값 벡터 $\boldsymbol{a}^{(m)}$, 활성값 벡터 $\boldsymbol{h}^{(m)}$그리고 출력값 벡터 $\boldsymbol{y}$는 다음과 같이 표현된다.

$$\boldsymbol{x}=\begin{bmatrix} x_1 \\ \vdots \\ x_p \end{bmatrix},\ \boldsymbol{a}^{(m)}=\begin{bmatrix} a_1^{(m)} \\ \vdots \\ a_{q_m}^{(m)} \end{bmatrix},\ \boldsymbol{h}^{(m)}=\begin{bmatrix} h_1^{(m)} \\ \vdots \\ h_{q_m}^{(m)} \end{bmatrix},\ \boldsymbol{y}=\begin{bmatrix} y_1 \\ \vdots \\ y_r \end{bmatrix} \tag{8.3.5}$$

여기에서 $q_3 = r$이고, $\boldsymbol{h}^{(0)} = \boldsymbol{x}$, $\boldsymbol{h}^{(3)}=\boldsymbol{y}$이다. 입력층과 첫 번째 층의 연결강도 행렬 $W^{(1)}$, 첫 번째와 두 번째 층의 연결강도 행렬 $W^{(2)}$그리고 두 번째 층과 출력층의 연결강도 행렬 $W^{(3)}$을 이용하여 결합값과 활성값 벡터를 다음과 같이 표현할 수 있다.

$$\begin{aligned} \boldsymbol{a}^{(m)} &= W^{(m)}\begin{bmatrix} 1 \\ \boldsymbol{h}^{(m-1)} \end{bmatrix},\ m=1,2,3 \\ \boldsymbol{h}^{(m)} &= \sigma(\boldsymbol{a}^{(m)}) \end{aligned} \tag{8.3.6}$$

여기에서 $\boldsymbol{h}^{(0)} = \boldsymbol{x}$, $\boldsymbol{h}^{(3)} = \boldsymbol{y}$, 그리고

$$W^{(m)}=\begin{bmatrix} b_1^{(m)} & w_{11}^{(m)} & \cdots & w_{1,q_{m-1}}^{(m)} \\ b_2^{(m)} & w_{21}^{(m)} & \cdots & w_{2,q_{m-1}}^{(m)} \\ \vdots & & \ddots & \vdots \\ b_{q_m}^{(m)} & w_{q_m,1}^{(m)} & \cdots & w_{q_m,q_{m-1}}^{(m)} \end{bmatrix},\ m=1,2,3, \tag{8.3.7}$$

여기에서 $q_0 = p, q_3 = r$ 이다. 일반적으로 y는 $\boldsymbol{x}, W^{(1)}, W^{(2)}, W^{(3)}$의 비선형함수 $y = u(\boldsymbol{x}, W^{(1)}, W^{(2)}, W^{(3)})$로 쓸 수 있고 은닉층이 M개 있는 신경망의 구조는 다음 식의 반복으로 표현할 수 있다.

$$\begin{aligned} a_j^{(m+1)} &= \sum_{i=0}^{q_m} w_{ji}^{(m+1)} h_i^{(m)},\ m=0,1,\ldots,M \\ h_j^{(m+1)} &= \sigma(a_j^{(m+1)}) \end{aligned} \tag{8.3.8}$$

여기에서 $w_{i0}^{(m)} = b_j^{(m)}$, $h_0^{(m)} = 1$, $h_i^{(0)} = x_i$, $h_j^{(M+1)}=y_j$, $q_0 = p$, $q_{M+1} = r$ 이다. 그리고

각 노드의 연결관계를 다음과 같은 그림으로 표현할 수 있다.

$$h_i^{(m)} \xrightarrow[w_{ji}^{(m+1)}]{} a_j^{(m+1)} \xrightarrow[\sigma]{} h_j^{(m+1)}$$

간단한 예제를 통하여 다층신경망의 활용에 대해서 알아보자. 만약 x와 y의 관계가 [그림 8-6]의 실선과 같을 때 이를 신경망으로 표현할 수 있을까? 이 예제는 입력층과 출력층에 은닉층 1개를 추가한 신경망으로 해결할 수 있다. 이 문제를 해결하기 위해서는 은닉층에 노드가 2개 이상이어야 하는데 여기에서는 노드가 2개인 은닉층을 고려한다. [그림 8-6]에 나타난 파선(h_1)과 점선(h_2)은 다음과 같은 시그모이드 함수다.

$$\begin{aligned} h_1(x) &= \frac{1}{1+\exp(5x-10)} \\ h_2(x) &= \frac{1}{1+\exp(-2x+1)} \end{aligned} \qquad (8.3.9)$$

두 시그모이드 함수의 가중합 $y = 0.5h_1(x) + h_2(x)$로 목표함수를 표현할 수 있다. 이를 신경망으로 나타내면 [그림 8-6]의 형태가 되는데 그 과정을 수식으로 정리하면 다음과 같다. 단, 은닉층에서는 시그모이드함수, 출력층에서는 항등 활성함수를 사용하였다.

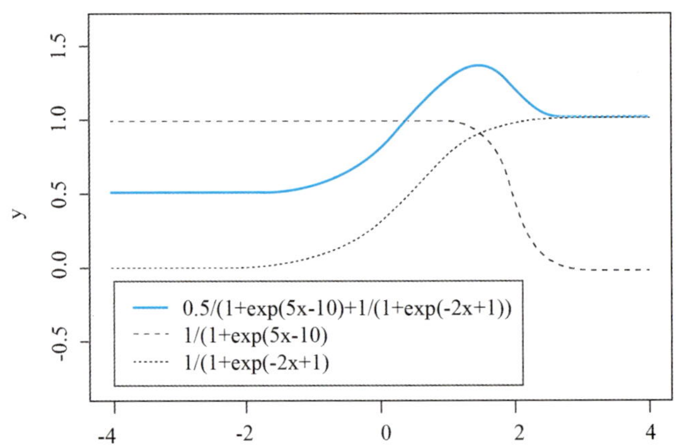

[그림 8-6] 목표 함수(실선)와 두 개의 시그모이드함수 h_1(파선)과 h_2(점선)

$$
\begin{aligned}
a_1^{(1)} &= -5x + 10 \\
a_2^{(1)} &= 2x - 1 \\
h_1^{(1)} &= \sigma(a_1^{(1)}) = \frac{1}{1+\exp(5x-10)} \\
h_2^{(1)} &= \sigma(a_2^{(1)}) = \frac{1}{1+\exp(-2x+1)} \\
a_1^{(2)} &= 0.5\,h_1^{(1)} + h_2^{(1)} \\
y &= a_1^{(2)}
\end{aligned}
\tag{8.3.10}
$$

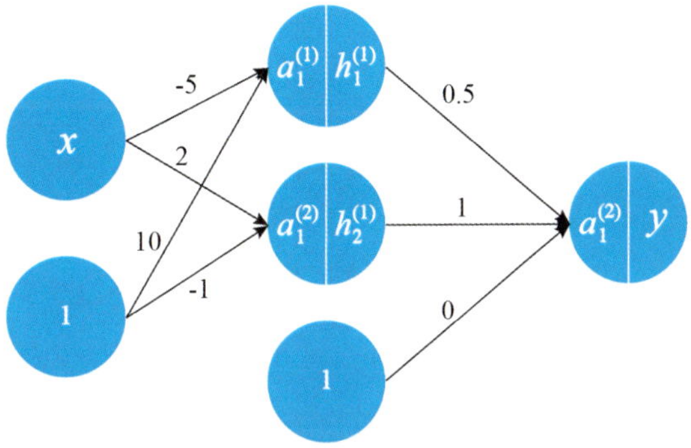

[그림 8-7] 예제의 신경망 구조

[그림 8-5]와 같은 다층신경망은 정보가 입력층부터 시작해서 은닉층을 거쳐 출력층 방향인 전방향(forward)으로 흐르기 때문에 전방향(feedforward) 신경망이 되고, 인접하는 층의 모든 노드가 서로 연결되어 있기 때문에 완전연결(fully connected) 신경망이 된다. 그리고 다층 신경망은 다음과 같이 해석할 수 있다.

1) p개의 정보(변수, 보고서)와 편의가 입력된다.

2) $p+1$개의 정보를 정리하여 q_1개의 정보(보고서)를 만들고, 이를 편의와 함께 전방향으로 전달한다.

3) q_1+1개의 정보를 정리하여 q_2개 정보(보고서)를 만들고, 이를 편의와 함께 전방향으로 전달한다.

⋮

M+1) 잘 정리된 정보를 바탕으로 의사결정한다.

여기에서 정보는 변수로 해석할 수 있는데 특징(feature) 혹은 파생변수(derived variable)라 불리기도 한다.

8.4 모형선택(model selection)

주어진 자료 $\{(x(1), t(1)), \ldots, (x(n), t(n))\}$, $x(i) = (x_1(i), \ldots, x_p(i))'$, $t(i) = (t_1(i), \ldots, t_r(i))'$, $i = 1, \ldots, n$의 예측에서 신경망의 수행능력을 측정하는 목적함수는 다음의 오차제곱합(sum of error squares)과 교차엔트로피(cross entropy)를 많이 고려한다.

$$E = \frac{1}{2}\sum_{i=1}^{n} E(i) = \frac{1}{2}\sum_{i=1}^{n}\sum_{k=1}^{r}(y_k(i) - t_k(i))^2 \tag{8.4.1}$$

$$E = \frac{1}{2}\sum_{i=1}^{n} E(i) = -\frac{1}{2}\sum_{i=1}^{n}\sum_{k=1}^{r} t_k(i)\log(y_k(i)) \tag{8.4.2}$$

여기에서 "'"는 전치(transpose)를, $y_k(i)$는 목표값 $t_k(i)$에 대한 신경망의 출력값(예측값)이다. $y_k(i)$와 $t_k(i)$가 실수로 주어지는 예측에서는 식 (8.4.1)의 오차제곱합을 사용하는 것이 적절하다. 그리고 $r = 1$인 이진분류 ($y_k(i)$=1 혹은 0), 혹은 $t(i) = (0, 1, 0, .., 0)'$, $y(i) = (0, 0, 1, \ldots, 0)'$ 처럼 목표값이 원핫코딩(one-hot coding)으로 치환되고 출력값이 목표값과 같은 크기의 벡터이면서 모든 원소가 0 혹은 1로 구성된 분류에서도 오차제곱합을 사용할 수 있다. 그러나 목표값 $t(i) = (0, 1, 0, .., 0)'$에 대해 출력값이 softmax 함수에 의해 $y(i) = (0.2,\ 0.03,\ \ldots,\ 0.21)'$처럼 확률로 표현되는 경우에는 식(8.4.2)의 교차엔트로피를 사용한다. 이와 같이 목표값과 출력값의 형태에 따라 사용되는 목적함수가 다를 수 있다.

〈표 8-3〉에 목적함수를 사용하는 예를 들었는데, 여기에서 i는 i번째 자료를 나타내는 것으로 신경망의 층과 노드의 순서와는 관계없다. i번째 자료는 표와 같이 계산되므로 모든 자료($i = 1, \ldots, n$)에 대해 합을 구한 것이 목적함수 E가 된다.

예측 문제에서 목표값이 $t(i) = 1.0$이고 출력값이 $y(i) = 1.5$이면 오차제곱은 $E(i) = (1 - 1.5)^2$이 된다. 그리고 목표값이 $t(i) = (1.2,\ 3.7)'$이고 출력값이 $y(i) = (2.0,\ 3.4)'$이면 식 (8.4.1)을 이용하여 오차제곱은 $E(i) = (1.2 - 2.0)^2 + (3.7 - 3.4)^2$이 된다.

0 과 1을 분류하는 이진 분류에서 목표값이 0이고 출력값이 1이면 오차제곱을 사용하여 $E(i)=(0-1)^2$로 계산할 수도 있고, 목표값과 출력값을 원핫코딩으로 각각 치환한 $(1,\ 0)'$과 $(0,\ 1)'$로 (8.4.1)식의 $E(i)=(1-0)^2+(0-1)^2$ 로 계산할 수 있다.

범주 {1,2,3}을 분류하는 문제에서 목표값 $t(i)=1$일 때 출력값 $y(i)=2$와 $y(i)=3$은 정확한 분류를 하지 못하는 값이다. 그런데 식 (8.4.1)을 이용하면 $y(i)=2$일 때의 오차제곱 $E(i)=(1-2)^2$은 $y(i)=3$일 때의 $E(i)=(1-3)^2$보다 더 작은 값이므로 $y(i)=2$로 분류하는 것이 $y(i)=3$으로 분류하는 것 보다 더 좋은 결과라는 잘못된 해석을 할 수 있다. 그러므로 이런 경우에 식 (8.4.1)을 목적함수로 설정하면 잘못된 결과를 가져올 수 있으므로 유의해야 한다. 분류 문제는 될 수 있으면 원핫코딩으로 치환하는 것이 좋다. 여기에서 목표값 $t(i)=1$와 출력값 $y(i)=2$의 원핫코딩 치환 값은 각각 $(1,\ 0,\ 0)'$과 $(0,\ 1,\ 0)'$이 되고 이를 식 (8.4.1)에 적용하여 $E(i)=(1-0)^2+(0-1)^2+(0-0)^2$로 계산한다.

일반적으로 신경망의 분류 문제는 목표값을 원핫코딩으로 치환하여 사용하고, 출력값은 softmax 함수를 통해 각 범주에 속할 확률, 예를 들어 $(0.3, 0.6, 0.1)'$을 출력한다. 이 경우에는 식 (8.4.2)을 사용한 $E(i)=-1\log(.3)-0\log(.6)-0\log(.1)$을 계산해야한다. 이상의 내용을 정리하면 〈표 8-3〉과 같다.

〈표 8-3〉 **오차함수 사용 예**

문제	목표값 ($t(i)$)	목표값 원핫코딩	출력값 ($y(i)$)	출력값 원핫코딩	사용된 식	$E(i)$
예측	1		1.5		(8.4.1)	$(1-1.5)^2$
예측	$(1.,3.1)'$		$(2.1,1.9)'$		(8.4.1)	$(1.-2.1)^2+(3.1-1.9)^2$
분류	$0(K=2)$		1		(8.4.1)	$(0-1)^2$
분류	$0(K=2)$	$(1,0)'$	1	$(0,1)'$	(8.4.1)	$(1-0)^2+(0-1)^2$
분류	$1(K=3)$	$(1,0,0)'$	2	$(0,1,0)'$	(8.4.1)	$(1-0)^2+(0-1)^2+(0-0)^2$
분류	$1(K=3)$	$(1,0,0)'$	$(.3,.6,.1)'$		(8.4.2)	$-1\log(.3)-0\log(.6)-0\log(.1)$

(K는 다중분류의 범주 수, $0\log0=0$)

신경망의 수행 능력에 직접적으로 영향을 주는 값은 연결강도($w_{ij}^{(m)}$)와 편의($b_j^{(m)}$)인데 이를 모수(parameter)라 한다. 그리고 간접적으로 영향을 주는 은닉층의 수, 은닉층의 노드

수 그리고 활성함수, 벌점화 모수 그리고 에포크(훈련 반복 수, epoch) 등을 초모수(hyper-parameter)라고 한다. 모형선택(model selection)은 초모수를 결정하는 것인데 모형선택을 위해 고려할 수 있는 방법은 다음과 같다.

① 시행착오(trial and error) : 은닉층의 수, 은닉층의 노드수, 활성함수를 변화시켜 가면서 가장 좋은 모형을 찾는 방법이다.
② 모형확장(constructive algorithms) : 선형모형의 전진선택법(forward selection)처럼 작은 모형에서 시작하여 모형을 키워가는 방법이다.
③ 모형축소(pruning) : 선형모형의 후진제거법(backward selection)처럼 큰 모형에서 시작하여 모형을 축소시키는 방법이다.
④ 벌점화(regularization) : 모형 복잡도(complexity)를 나타내는 벌칙항(regularization term)이 있는 목적함수를 최소화 하는 방법이다.
⑤ 평가용(validation)자료를 통한 모형선택

6장에서 다룬 평가용(validation)자료를 통한 모형선택에 대해 더 알아보자. 신경망을 이용하기 위해서는 먼저 은닉층의 수와 노드 수 등의 초모수를 결정해야 하는데 은닉층의 수와 노드수가 많아지면 오차제곱합인 목적함수 값이 작아지므로 단순히 목적함수를 최소화하는 초모수를 선택하면 일반화 오류(geralization error)를 범할 수 있다. 즉, 분석용 자료에서는 오차가 작은 모형이지만 새로운 자료에 대한 수행능력이 떨어질 가능성이 높다는 것이다. 일반화 오류를 작게 한다는 것은 모수 추정에 사용된 자료(분석용자료)에서뿐만 아니라 미래에 사용될 자료(평가용자료, 검증용자료)에서도 좋은 성과를 보이는 것을 의미한다. 그러므로 모수추정에 사용되지 않은 평가용자료로 모형선택을 해야 일반화 오류를 줄일 수 있다. 평가용자료를 사용하여 모형을 선택하는 방법에 대해 알아보자.

아래 〈표 8-4〉는 모형선택에 관한 예를 정리하였다. 예로 제시된 모형은 은닉층이 1개(노드 2개)인 모형1, 은닉층이 1개(노드가 5개)인 모형2, 은닉층이 2개(각 노드가 5개)인 모형3, 그리고 은닉층이 3개(각 노드가 5개)인 모형4, 모형이 점차 복잡해지고 모수의 수도 많아진다. 주어진 4개의 모형에서 분석용자료의 목적함수를 최소화하는 모수를 찾는다(모수를 찾는 방법은 후에 다룸). 그렇게 함으로써 4개의 모형이 완성되고 그 모형들은 각각의 구조에서는 분석용자료의 최소 목적함수값을 가진다. 그 완성된 4개의 모형에 평가용자료를 적용한 목적함수 값을 계산한다. 〈표 8-4〉는 얻어진 목적함수 최소값을 나타낸다. 모형이 복잡할수록 분석용자료의 목적함수는 감소하지만 평가용자료의 목적함수는 일정수준까지만 하락하다가 다시 증가함을 알 수 있다. 이 표에서는 평가용자료의 목적함수가 최소인 모형3을 최종 모형으로 선택한다.

〈표 8-4〉 모형 구조와 목적함수 최소값

	모형1	모형2	모형3	모형4
은닉층 수	1	1	2	3
노드 수	2	5	5,5	5,5,5
분석용자료	0.41	0.32	0.27	0.13
평가용자료	0.45	0.33	0.29	0.41

아래 [그림 8-8]에는 모형 복잡도와 목적함수의 관계를 나타내었다. 실선은 분석용자료, 점선은 평가용자료의 목적함수 값을 나타내는데, 모형 복잡도가 증가하면 분석용자료의 목적함수 값은 계속 감소하는 것을 알 수 있다. 반면에 평가용자료의 목적함수값은 복잡도가 증가하는 초기에는 감소하지만 어느 시점이후에는 차차 증가하는 추세를 보이는 것을 알 수 있다. 이는 위의 〈표 8-4〉에서 설명한 것과 일치한다. 모형 복잡도라는 것은 신경망 구조의 복잡도를 의미하는 것으로 은닉층의 수, 노드의 수 그리고 훈련의 반복수에 비례한다.

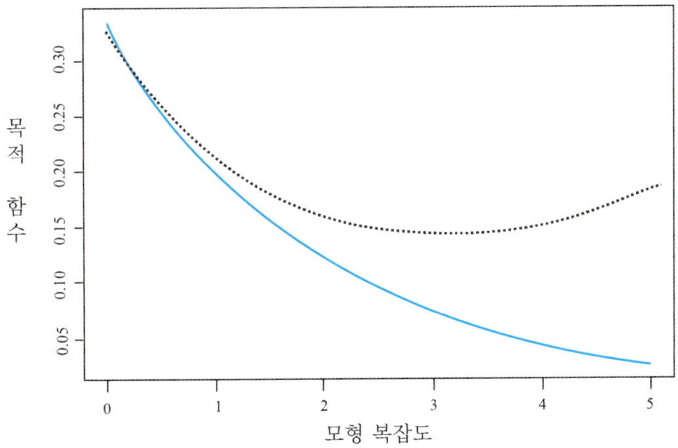

[그림 8-8] 모형 복잡도와 목적함수의 관계. 실선은 분석용자료, 점선은 평가용자료

자료가 충분하고 계산시간에 대한 부담이 없을 때는 평가용자료를 이용하여 모형선택할 수 있다. 그렇지만 자료가 분할할 만큼 충분하게 크지 않거나 계산 시간에 관심이 있을 때는 벌점화방법을 사용한다. 다음의 예를 들어 벌점화에 대해 알아보자..

[그림 8-9]에는 $y = \sin(2\pi x) + N(0, 0.2^2)$, $x - 0, ..., 1$ 으로 실험한 결과를 보이고 있다. 왼쪽 그림은 크기가 10인 모의자료와 목표값인 sine 함수를 나타내고 있다. 생성된 자료에 차수가 1, 3 그리고 9인 다항회귀모형을 적합한 결과를 그림 중간에서 보이고 있다. 1차로 적합시킨 선형회귀는 과소적합(oversmoothing)하는 반면 9차 다항회귀모형은 모든 자료를 지나치게 정확하게 예측하는 과다적합(ovefitting) 형태를 보임을 알 수 있다. 다만 3차 다항회귀 모형이 적절한 것으로 보인다. 오른쪽 그림은 평가용자료를 통해 모형의 적절성을 살펴본 것인데 선형모형은 여전히 과소적합하고 있다. 그리고 9차 모형은 0.02와 0.2 그리고 0.9 근방에서 과다적합으로 인한 큰 오차를 확인할 수 있고, 3차 모형은 평가용 자료에서도 적절하게 좋은 예측을 함을 알 수 있다. 이 예제의 분석용자료에서 목적함수가 0인 9차 다항회귀 모형과 평가용자료에서 목적함수가 가장 작은 3차 다항회귀 모형 중 어느 것을 최종 모형으로 선택해야 하는가에 대한 질문에 대한 답은 평가용자료에서 좋은 결과를 보이는 3차임을 확인할 수 있다.

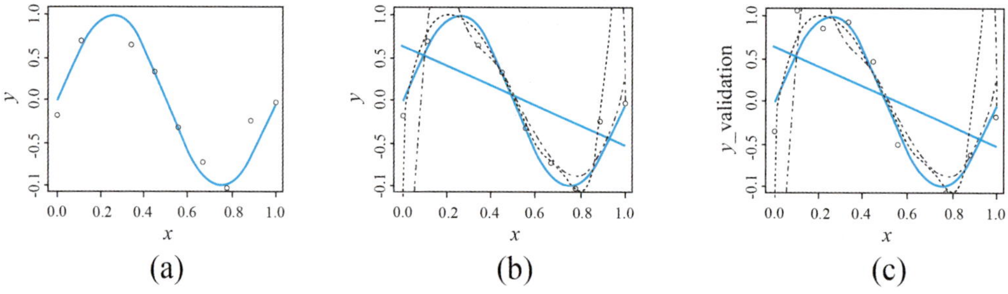

[그림 8-9] (a)분석용자료와 sine 함수, (b) 분석용자료의 1차, 3차, 9차 다항회귀 결과, (c) 평가용자료와 1차, 3차, 9차 다항회귀 결과. 실선은 1차, 점선은 3차 그리고 쇄선은 9차 다항회귀 모형.

위 예제의 1차 모형의 회귀계수 값(절편 생략)은 -1.174이고 3차 다항회귀 모형의 회귀계수 값은 각각 11.13, −32.21, 21.39이다. 그리고 9차 모형은 그 값이 각각 -108.12, 2593.71, 22349.51, 9.9924.31, -2.61077.0. 413625.6. −391303.0, 203324.6, -44630.46 이다. 여기서 확인할 수 있는 사실은 과적합이 될수록 회귀계수의 절대값이 크게 증가한다는 것이다. 또한 회귀계수 값이 증가하면 과적합이 된다고 할 수 있다 (Bishop, 2006). 이러한 사실을 이용하여, 계수 값이 증가하면 벌칙(penalty)를 가해서 계수의 증가를 방지하는 방법이 벌점화 방법이다. 대표적인 방법이 능형회귀(ridge regression)와 LASSO(least absolute shrinkage and selection operator)다. [그림 8-10]은 능형회귀모형의 결과인데 sine 함수(실선), 3차(점선), 9차 회귀모형 (쇄선) 그리고 9차 능형다항회귀(굵은 쇄선) 결과를 나타낸다. 9차 능형회귀모형이 과적합되지 않고 좋은 추정결과를 보이는 것을 알 수 있다. 그리고 회귀계수 값은 6.6, −12.90, −4.45, 2.94, 6.10, 5.78, 3.09, −1.09, −6.11로 작게 통제되고 있음을 알 수 있다.

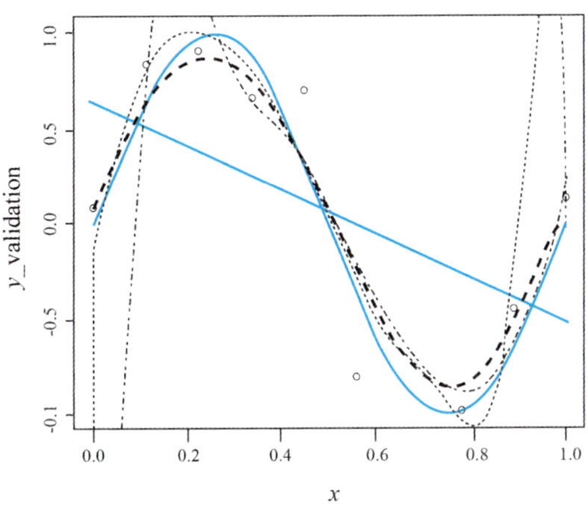

[그림 8-10] **능형회귀모형 결과. sine 함수 (실선), 3차(점선), 9차 회귀모형(쇄선) 그리고 9차 능형다항회귀모형(굵은 쇄선)**

능형회귀와 LASSO는 기존의 목적함수에 계수가 증가하는 것을 방지하는 벌칙항을 추가한 다음의 목적함수를 사용한다 (다중회귀 모형).

$$\text{능형회귀} : E = \frac{1}{2}\sum_{i=1}^{n}(t(i) - (\beta_o + \sum_{j=1}^{p}\beta_j x_j(i)))^2, \ \sum_{j=1}^{p}\beta_j^2 \le s \tag{8.4.3}$$

$$\text{LASSO} : E = \frac{1}{2}\sum_{i=1}^{n}(t(i) - (\beta_o + \sum_{j=1}^{p}\beta_j x_j(i)))^2, \ \sum_{j=1}^{p}|\beta_j| \le s \tag{8.4.4}$$

여기에서 n은 자료의 크기, p는 최고 차수 그리고 s는 초모수로 오차와 과적합을 통제하는 역할을 하는데 작은 s는 오차값이 커지더라도 회귀계수가 커지는 것을 방지하여 과적합을 막고, s값이 크면 약간의 과적합을 허용하면서 오차를 작게 하는데 중점을 두는 역할을 한다.

위에서 표기한 $y = u(\boldsymbol{x}, W^{(1)}, W^{(2)}, W^{(3)})$를 신경망에 적용하면 다음과 같다.

$$\text{능형회귀} : E = \frac{1}{2}\sum_{i=1}^{n}\sum_{k=1}^{r}(y_k(i) - t_k(i))^2, \quad \sum_{m,i,j} {w_{ij}^{(m)}}^2 \le s \tag{8.4.6}$$

$$\text{LASSO} : E = \frac{1}{2}\sum_{i=1}^{n}\sum_{k=1}^{r}(y_k(i) - t_k(i))^2, \quad \sum_{m,i,j} |w_{ij}^{(m)}| \le s \tag{8.4.7}$$

여기에서 r은 출력층 노드수이다. 이상에서 벌점화로 일반화 오류를 줄일 수 있는 방법에 대해 알아보았다. 벌점화 이외 일반화 오류를 작게하는 방법으로는 신경망 노드 중 랜덤하게 선택된 일부를 제거하고 학습하는 드랍아웃(dropout)과 활성값을 표준화하는 배치정규화(batch normalization) 등이 있는데, 자세한 내용은 이 책의 범위를 벗어나므로 생략한다.

8.5 최적화 (optimization)

목적함수를 다음과 같이 모수 $\theta = \left\{w_{ij}^{(m)}, b_i^{(m)}\right\}_{i,j,m}$와 함께 표현한다.

$$E(\theta) = \frac{1}{2}\sum_{i=1}^{n}E(i,\theta) = \frac{1}{2}\sum_{i=1}^{n}\sum_{k=1}^{r}(y_k(i,\theta) - t_k(i))^2 \tag{8.5.1}$$

최적화의 목표는 $E(\theta)$를 최소화하는 θ를 찾는 것이다. 즉,

$$\text{목표} \quad : \quad \text{argmin}_\theta \ E(\theta)$$

목적함수가 모수에 대한 볼록함수(convex)라면 $\frac{\partial E(\theta)}{\partial \theta} = 0$ 처럼 미분(기울기)가 0이 되는 모수를 찾으면 된다. 그렇지만 $E(\theta)$가 볼록함수라는 보장이 없어 전역(global)최소를 구하는 것은 불가능하기 때문에 국소최소(local minimum)를 구하는 방법을 강구한다. 신경망모형이 비선형이고 주어진 자료의 분포에 대한 어떠한 가정도 없기 때문에 최소화하는 모수를 수치해석적인 방법으로 해를 찾는다. 대표적인 알고리즘으로는 델타학습규칙(delta rule), 역전파알고리

즘(backpropagation method), 최대경사법(steepest gradient method), 쌍대경사법(conjugate gradient method), 확률적경사법(stochastic gradient method), 수정뉴턴법(modified Newton method) 등이 있다. 그 중에서 델타학습규칙에 대해 알아보자.

8.5.1 델타학습규칙

델타학습규칙은 최적화 알고리즘 중에서 가장 간단한 방법으로 그 알고리즘은 다음과 같다.

$$w^{new} = w^{old} + \alpha x e \tag{8.5.2}$$

여기에서 x는 입력값, $e\,(=t-y)$는 오차 그리고 α는 학습률(learning rate)인데 뒤에서 설명한다. 다음과 같은 자료가 주어졌을 때 델타학습규칙을 통하여 관계 $y = wx$의 w를 찾아보자. 여기에서 $\alpha = 0.3$으로 가정하자.

x	1	2	3
y	2.1	4.1	5.9

[0단계] w의 초기치 $w^{초기치} = 0.3$으로 주어졌다고 하자. (임의의 값)

[1단계] 첫 번째 입력값 $(x=1)$을 입력,

y 계산 : $y = w \times x = 0.3 \times 1 = 0.3$

e 계산 : $e = t - y = 2.1 - 0.3 = 1.8$

[2단계] $w^{new} = 0.3 + 0.3 \times 1 \times 1.8 = 0.84$

[3단계] 두 번째 입력값 $(x=2)$을 입력,

y 계산 : $y = 0.84 \times 2 = 1.68$

e 계산 : $e = t - y = 4.1 - 1.68 = 2.42$

[4단계] $w^{new} = 0.84 + 0.3 \times 2 \times 2.42 = 2.29$

[5단계] 세 번째 입력값 $(x=3)$을 입력,

y 계산 : $y = 2.29 \times 3 = 6.87$,

e 계산 : $e = t - y = 5.9 - 6.87 = -0.97$

[6단계] $w^{new} = 2.29 + 0.3 \times 3 \times (-0.97) = 1.42$

[7단계] 다시 첫 번째 입력값 $(x=1)$을 입력,

y 계산 : $y = 1.42 \times 1 = 1.42$,

e 계산 : $e = t - y = 2.1 - 1.42 = 0.68$

[8단계] $w^{new} = 1.42 + 0.3 \times 1 \times 0.68 = 1.624$

이렇게 계속하면 w의 값이 $0.3 \rightarrow 0.84 \rightarrow 2.29 \rightarrow 1.42 \rightarrow 1.624$로 갱신(update)되면서 2 근방으로 수렴하는 것을 알 수 있다.

신경망에서 가장 많이 쓰고 있는 델타학습규칙을 일반화시킨 경사하강법(gradient descent)에 대해 알아보자.

8.5.2 경사하강법(gradient descent method)

$E(\theta)$의 국소최소를 구하는 가장 일반적인 방법은 기울기(gradient)를 이용하는 것인데 기울기의 역 방향으로 계속 움직이면 국소최소에 도달할 수 있다. 그 알고리즘은 다음과 같다.

1) 임의의 초기 값 설정: $\theta_{new} = \theta(0)$
   조건을 만족 할 때 까지 2) ~ 5) 반복 (반복수=epoch)
2) 예측 값 계산: $y(i),\ i = 1, \ldots, n$
3) 오차 계산 : $E(\theta_{new})$계산
4) 기울기 계산 : $\nabla E = \frac{\partial E(\theta)}{\partial \theta}|_{\theta = \theta_{new}}$
5) 모수 갱신(update) : $\theta_{new} = \theta_{new} - \alpha \nabla E$

위 알고리즘의 5)의 α는 학습률인데, 학습 속도를 조정하는 역할을 한다. 이 값이 너무 작으면 해를 찾는데 너무 많은 시간이 걸리고, 너무 크면 해를 찾지 못하는 문제를 가지므로 적절한 학습률을 찾는 것도 신경망에서는 중요한 과제다.

델타학습규칙은 자료를 하나씩 사용하는 온라인(on-line)학습을 이용하지만 위 알고리즘은 모든 자료($i = 1, \ldots, n$)를 한꺼번에 사용하였는데, 이를 배치(batch)학습이라고 한다. 또한 자료를 랜덤(random)분할한 부분 자료(minibatch)를 차례로 이용하는 방법을 확률적 경사하강법이라고 한다. 딥러닝에서는 확률적 경사하강법을 많이 사용하는데 그 이유는 1) 국소최소에서 벗어날 가능성이 높고 2) 학습 진행 결과를 자세히 볼 수 있고 3) 학습이 빠르고 4) 대용량

자료의 계산이 가능하기 때문이다.

그런데, 경사하강법을 신경망에 적용하기 위해서 $\nabla E = \frac{\partial E(\theta)}{\partial \theta}|_{\theta = \theta_{new}}$ 를 계산해야 한다. 예를 들어 10개의 은닉층이 있는 신경망에서 $\frac{\partial E(\theta)}{\partial w_{11}^{(1)}} = \frac{\sum_i \sum_k (y_k(i) - t_k(i))}{\partial w_{11}^{(1)}}$ 를 계산하기 위해서 다음과 같이 $y_k(i)$를 계산해야 한다.

$$\begin{aligned} y_k(i) &= \sum_{i_{10}=0}^{q} \sigma(w_{ji_{10}}^{(11)} h_{i_{10}}^{(10)}) \\ &= \sum_{i_{10}} \sigma(w_{ji_{10}}^{(11)} \sum_{i_9} \sigma(w_{ji_9}^{(10)} h_{i_9}^{(9)})) \\ &= \sum_{i_{10}} \sigma(w_{ji_{10}}^{(11)} \sum_{i_9} \sigma(w_{ji_9}^{(10)} \sum_{i_8} \sigma(w_{ji_8}^{(9)} h_{i_8}^{(8)}))) \\ &\cdots \\ &= \sum_{i_{10}} \sigma(w_{ji_{10}}^{(11)} \sum_{i_9} \sigma(w_{ji_9}^{(10)} \sum_{i_8} \sigma(w_{ji_8}^{(9)} \cdots \sum_{i_1} \sigma(w_{ji_1}^{(1)} x_{i_1}(i)))))))))) \end{aligned} \tag{8.5.3}$$

여기에서 $w_{j0}^{(m)} = b_j^{(m)}$, $h_0^{(m)} = 1$이다. 식 (8.5.3)의 $y_k(i)$를 이용하여 $\frac{\partial E(\theta)}{\partial w_{11}^{(1)}}$를 구할 수 있다. 그러나 식 (8.5.3)에서 볼 수 있듯이 미분계산을 수학적으로 해결하는 것이 너무 어렵거나 불가능하기 때문에 수치적으로 해결하는 방법을 생각해야 한다. 그러나 이것도 매우 어려울 뿐 아니라 계산시간도 아주 많이 걸리므로 해결책이 되지 못한다. 이를 해결하기 위한 역전파 알고리즘이 있는데 이는 오차를 역 방향으로 전파시키면서 모수를 갱신하는 방법이다.

8.5.3 역전파 알고리즘(backpropagation algorithm)

신경망의 모수를 결정하는 가장 대표적인 역전파 알고리즘은

[1단계] 임의로 주어진 연결강도를 이용하여 출력값을 계산한다.

[2단계] 출력값과 목표값의 차이와 오차를 계산한다.

[3단계] 오차값을 은닉층과 입력층으로 역전파 시켜 연결강도를 조정한다.

역전파 알고리즘을 설명하기 위해 은닉층이 M개인 신경망의 마지막 부분을 [그림 8-11]과 같이 표현한다. 입력층, 은닉층 그리고 출력층의 노드수는 각각 p, q, r 이다.

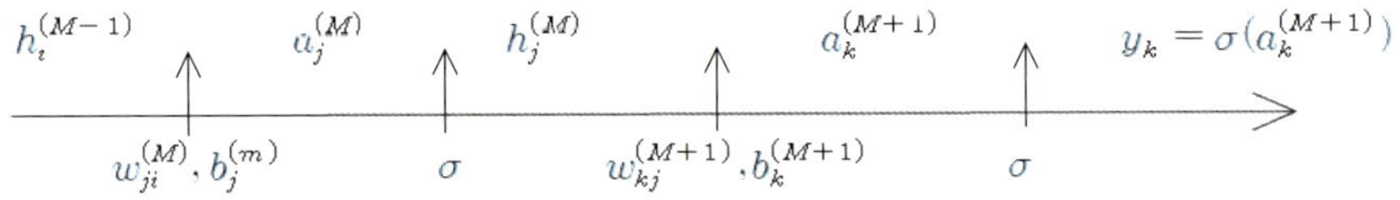

[그림 8-11] **은닉층이 M개인 신경망의 마지막 부분**

관측치 1개씩 차례로 이용하는 온라인학습의 알고리즘으로 먼저 설명한다. 그리고 간단하게 표기하기 위해 $(x_j(i), t_k(i)) = (x_j, t_k)$, $j = 1, \ldots, p, k = 1, \ldots, r$, $E = E(i)$로 나타내어 관측치 번호를 나타내는 i를 생략한다.

y_k가 E에 미치는 영향 혹은 E에 대한 y_k의 책임을 δ_{y_k}로 표기하고 다음과 같이 정의한다.

$$\begin{aligned} \delta_{y_k} &= \frac{\partial E}{\partial y_k} = \frac{\partial}{\partial y_k} \frac{1}{2} \sum_i^r (y_i - t_i)^2 \\ &= y_k - t_k = e_k \end{aligned} \tag{8.5.4}$$

$a_k^{(M+1)}$가 E에 미치는 영향 $\delta_{a_k^{(M+1)}}$는 다음과 같이 계산할 수 있다.

$$\begin{aligned} \delta_{a_k^{(M+1)}} &= \frac{\partial E}{\partial a_k^{(M+1)}} = \frac{\partial E}{\partial y_k} \frac{\partial y_k}{\partial a_k^{(M+1)}} \\ &= \delta_{y_k} \sigma'(a_k^{(M+1)}) = y_k - t_k = e_k \end{aligned} \tag{8.5.5}$$

시그모이드 함수의 미분은 $\sigma'(x) = \sigma(x)(1 - \sigma(x))$ 이므로
$a_k^{(M+1)} = b_k^{(M+1)} + h_1^{(M)} w_{k1}^{(M+1)} + h_2^{(M)} w_{k2}^{(M+1)} + \cdots + h_j^{(M)} w_{kj}^{(M+1)} + \ldots + h_q^{(M)} w_{kq}^{(M+1)}$,
$k = 1, \ldots, q$ 임을 이용하여 $h_j^{(M)}$이 E에 미치는 영향 $\delta_{h_j^{(M)}}$는 다음과 같이 계산할 수 있다.

$$\begin{aligned} \delta_{h_j^{(M)}} &= \frac{\partial E}{\partial h_j^{(M)}} = \sum_k \frac{\partial E}{\partial a_k^{(M+1)}} \frac{a_k^{(M+1)}}{\partial h_j^{(M)}} \\ &= \sum_k \delta_{a_k^{(M+1)}} w_{kj}^{(M+1)} \end{aligned} \tag{8.5.6}$$

이를 이용하여 연결강도와 편의의 변화량(gradient)을 다음과 같이 계산할 수 있다.

$$\begin{aligned}\frac{\partial E}{\partial w_{jk}^{(M+1)}} &= \frac{\partial E}{\partial y_k}\frac{\partial y_k}{\partial w_{jk}^{(M+1)}} \\ &= \delta_{y_k}\frac{\partial a_k^{(M+1)}}{\partial w_{jk}^{(M+1)}}\frac{\partial y_k}{\partial a_k^{(M+1)}} \\ &= \delta_{y_k} h_j^{(M)}\sigma'(a_k^{(M+1)})\end{aligned} \tag{8.5.7}$$

$$\begin{aligned}\frac{\partial E}{\partial b_k^{(M+1)}} &= \frac{\partial E}{\partial y_k}\frac{\partial y_k}{\partial b_k^{(M+1)}} \\ &= \delta_{y_k}\frac{\partial a_k^{(M+1)}}{\partial b_k^{(M+1)}}\frac{\partial y_k}{\partial a_k^{(M+1)}} \\ &= \delta_{y_k}\sigma'(a_k^{(M+1)})\end{aligned} \tag{8.5.8}$$

이 식을 이용하여 연결강도와 편의를 갱신한다.

$$\begin{aligned} w_{ji(new)}^{(m)} &= w_{ji}^{(m)} - \alpha \left.\frac{\partial E}{\partial w_{ji}^{(m)}}\right|_{w_{ji}^{(m)}} \\ b_{j(new)}^{(m)} &= b_j^{(m)} - \alpha \left.\frac{\partial E}{\partial b_j^{(m)}}\right|_{b_j^{(m)}} \end{aligned} \tag{8.5.9}$$

분석용 자료의 예제를 차례대로 거치면서 연결강도는 서서히 최적의 값으로 움직인다. 그러나 분석용 자료와 완전히 일치하는 연결강도를 구하고자 하는 것이 아니고 새로운 자료에 대해 정확한 출력을 구하는 것이 목적임을 유의해야 한다. 즉 과적합(overfitting)에 유의해야 한다는 것이다. 그리고 연결강도를 조정하는 것은 아주 서서히 많은 학습을 거친 후에 이루어진다는 것을 명심해야 한다. 그리고 충분한 학습을 거치면, 연결강도는 크게 변하지 않을 것이고, 오차도 더 이상 크게 줄어들지 않을 것이다. 이때 신경망은 학습용 자료를 충분히 학습을 한 것이다.

일반적으로 역전파 알고리즘을 사용하는 데에는 고려해야 할 두 가지의 중요한 초모수가 있다. 그 첫 번째가 모멘텀(momentum)이라는 것인데, 각 노드의 연결강도의 값을 변화시킬 때 연결강도가 변화하는 경향을 참고하기 위해 만들어진 값이다. 이 모멘텀을 적절히 조정함으로써 학습시간을 줄일 수 있다. 즉, 각 연결강도가 계속 커지거나 작아지면 모멘텀은 연결강도가 계속 같은 방향으로 진행하도록 도와준다. 모멘텀 값이 크면 연결강도의 부호가 바뀌는 것이 쉽지 않다. 그러므로 학습용 자료의 예제들이 유사한 것 끼리 순서화 되어 있으면 좋을 것이다. 모멘텀 값이 작으면 연결강도의 부호는 좀 더 쉽게 비뀔 수 있을 것이다.

두 번째 연결강도를 얼마나 크게 변화시키느냐를 결정하는 학습률이 역전파 알고리즘에서 중요한 역할을 하는 것이다. 학습률은 처음에는 크게 하고 그리고 신경망이 학습되어지면서 점점 작게 하는 것이 좋다. 처음의 연결강도는 임의로 주어지므로 큰 학습률이 주어짐으로써 최적의 연결강도 근처의 값을 빨리 갖도록 해야 한다. 그러나 신경망이 최적의 해에 가까워질수록 연결강도가 미세한 조정을 통해 최적의 값을 갖도록 학습률을 작게 해야 한다.

다음절에서는 실제로 신경망을 통해 작업을 하고자 할 때 주의해야 할 여러 가지 사항에 대해 알아본다.

8.6 분석용자료의 선택

분석용 자료라는 것은 목표값을 알고 있는 자료이다. 분석용 자료가 나쁘면 다른 과정이 아무리 잘 진행되더라도 좋은 결과를 보장하지 못한다. 그러므로 좋은 분석용 자료를 선택하는 것은 무엇보다도 중요하다. "Garbage in, garbage out"이라는 말은 이러한 맥락에서 나온 말이다. 다행히, 좋은 분석용 자료를 선택하는 것은 그리 어렵지 않다.

분석용 자료에는 모든 변수들이 취할 수 있는 범위의 모든 값을 가진 예제가 포함되어야 한다. 부동산평가의 예에서는 비싼 집과 아주 싼 집, 질소산화물의 농도가 낮은 자료, 높은 자료 등 모든 변수의 범위에 속하는 모든 값을 포함하는 예제가 있어야 한다. 그리고 일반적으로 범주형 변수나 이산형 변수의 각 값에 대응되는 예제가 25개 이상 되길 추천한다.

신경망을 학습시키는데 필요한 시간은 입력변수의 수에 많은 영향을 받는다. 입력변수의 수가 많아지면 학습시간이 많이 걸릴 뿐 아니라 나쁜 결과를 가져올 가능성이 많아진다. 결과에 큰 영향을 주지 않을 것이라고 생각되는 변수를 제외시킴으로써 좋은 결과를 가져오는 예가 종종 있다. 상관분석이나 의사결정나무분석 혹은 변수선택 과정을 통하여 중요한 변수를 먼저 선택한 다음 신경망을 학습시키면 좋겠다.

대개의 경우 입력값이 목표값보다 더 다양하다. 다양한 입력값을 잘 포함하도록 자료를 구성하면 다양한 목표값도 잘 포함 될 수 있다. 그러나 각 목표값의 빈도가 비슷하도록 분석용 자료를 구성하는 것도 중요하다. 예를 들어 고장율, 카드 부정사용, 대출의 부도율 등처럼 희귀하고 비용이 많이 드는 경우를 찾아내기 위해 신경망이 사용 될 때 분석용 자료에 희귀경우의 자료가 충분히 있지 않으면 좋은 결과를 얻어 내지 못한다. 이것을 해결하는 방법 중 하나가 희귀자료의 과표본법(oversampling)이라는 것이다. 목표값이 '0'인 10,000개의 자료와 목표값이 '1'인 10,000개의 자료로 구성된 분석용 자료는 목표값이 '0'인 100,000개 자료와 목표값이 '1'인 1,000개의 자료로 구성된 분석용 자료보다 더 좋은 결과를 가져온다. 후자 분석용 자료의 경우 출력값이 모두 '0'으로 되어도 99%의 정확도를 가지게 된다. 여기에서 정확도가 99%라는 것이 의미가 없다는 것은 잘 아는 사실이다.

그리고 마지막으로 중요한 것은 모든 입력값들이 0과 1사이에 있을 때 신경망의 수행능력이 좋은 것으로 알려져 있다.

8.7 자료의 변환

신경망을 이용하는데 입력 자료를 준비하는 것이 종종 가장 복잡한 문제가 되는 경우도 있다. 옳은 자료와 변수를 고르는 것은 데이터마이닝에서 아주 중요하다. 또한 입력 변수를 변환시켜 0과 1사이의 값을 가지도록 하는 것도 중요하다.

어떤 구간 사이의 값을 모두 가질 수 있는 연속형 변수 –예를 들어, 판매가격, 잔고, 월 판매액, 소득, 월 판매액의 평균, 소득과 부채의 비율, 거실의 크기, 온도 등은 0과 1사이로 변환을 시키기가 쉽다. 즉, 실제값을

$$\text{변환값} = \frac{\text{실제값} - \text{최소값}}{\text{최대값} - \text{최소값}} \tag{8.7.1}$$

으로 변환시키면 되지만 몇 가지를 고려하면 더 좋은 결과를 얻을 수 있다.

- 범위를 좀 더 넓게 고려한다. 학습용 자료의 질소 산화물의 농도는 0.385에서 0.817이지만 범위를 좀 더 넓혀 0.3을 0으로 0.9를 1로 생각하여 여유 있게 계산하여 향후를 대비한다.
- 일단 신경망의 훈련이 시작되면 학습용 자료의 범위를 벗어난 입력에 대한 결과는 믿을 수 없는 이상치로 간주하고 적절한 조치를 취한다.

연속형 자료에서 발생할 수 있는 또 다른 경우는 아래 [그림 8-12]에서 볼 수 있는 바와 같이 분포가 어느 한쪽으로 치우치는(왜도가 큰) 경우이다.

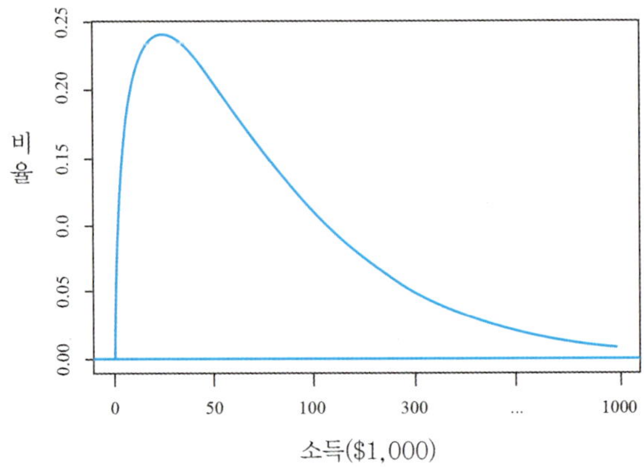

[그림 8-12] **소득분포**

이 자료의 경우에는 많은 비율의 사람의 소득이 $100,000 이하이지만, 범위는 $0에서부터 $1,000,000까지다. 위에서 언급한 대로 변수변환을 하면 $30,000은 0.03이고 $65,000은 0.065로써 그 차이는 0.035로 큰 차이가 없지만, 마케팅에서는 상당히 큰 의미를 가지는 차이이다. 한편 $250,000는 0.25, $800,000은 0.80으로 그 차이가 0.55로 아주 큰 차이를 보인다. 그러나 마케팅에서는 미세한 차이로 간주될 수도 있다. 소득이 작은 쪽으로 많이 치우쳐져 있으면 신경망이 이 변수를 올바르게 이용하기가 쉽지 않다. 일반적으로 치우친 자료를 신경망이 잘 활용할 수 있도록 하는 방법은 집단화 시키는 방법이 있다. 예를 들면,

$ 10,000 ~ $ 19,999 : 매우 낮음
$ 20,000 ~ $ 29,999 : 낮음
$ 30,000 ~ $ 59,999 : 중간
$ 60,000 ~ $ 99,999 : 높음
$100,000 ~ : 대단히 높음

으로 변환하는 것이다. 그러나 이러한 변환은 $65,000과 $98,0000 같은 값을 가지므로 어느 정도의 정보는 상실할 수 있다는 것은 알고 있어야 한다. 또 다른 방법은 자료가 왼쪽으로 치우쳐 있으므로 변수변환을 통하여 분포를 어느 정도 대칭이 되도록 하는 방법이 있다. 여기에서는 log 변환을 이용하여〈표 8-5〉에서 나온 것처럼 소득의 분포를 우리가 원하는 분포로 변환시켰다.

〈표 8-5〉 소득에 대한 log 변환

소 득	변환된 값	log(소득)	변환된 log(소득)
$ 10,000	0.0101	4.0000	0.0000
$ 18,000	0.0182	4.2553	0.1276
$ 32,000	0.0323	4.5051	0.2526
$ 63,000	0.0636	4.7993	0.3997
$ 100,000	0.1010	5.0000	0.5000
$ 250,000	0.2525	5.3979	0.6990
$ 800,000	0.8084	5.9031	0.9515
$1,000,000	1.0000	6.0000	1.0000

앞에서 연속형 변수를 집단화하여 순서형 변수로 변환하여 사용하는 방법에 대해서 알아보았다. 순서형 자료의 예로는, 개수, 나이, 학년 그리고 순서화된 범주형 자료(낮음, 중간, 높음) 등이 있다. 이들은 연속형 변수처럼 최대값과 최소값이 있다. 예를 들어, 자녀의 수는 0, 1, 2, 3, 4로 쓸 수 있다. 4 이상은 4로 간주한다. 이를 변환하는 것은 간단하다. 이 값들을 0과 1 사이에 등 간격으로, 0 → 0, 1 → 0.25, 2 → 0.5, 3 → 0.75 그리고 4 → 1로 변환하면 된다. 이러한 변환은 순서를 보유하고 있다.

또 다른 변환으로는 온도계코드 변환이라는 것이 있는데, 이는 한쪽 끝에서의 차이가 다른쪽 끝에서의 차이보다 더 큰 의미를 가지는 경우(성적의 경우처럼 A와 B차이가 D와 F의 차이와 다른 경우와 회사채 수익률을 표시하는 경우) 많이 사용한다. 이름이 의미하는 것처럼 이진코드의 한쪽 끝에서 1이 계속 증가하며 값을 대응시킨다. 예를 들어 성적의 경우

$$F \rightarrow 0000 \quad D \rightarrow 1000 \quad C \rightarrow 1100 \quad B \rightarrow 1110 \quad A \rightarrow 1111$$

로 대응시킨다. 그리고 이들 값을 십진수로 만든 다음 0과 1사이로 변환을 하면

$$A \rightarrow 0.9300 \quad B \rightarrow 0.8750 \quad C \rightarrow 0.7500 \quad D \rightarrow 0.5000 \quad F \rightarrow 0.0000$$

이 된다. 그러나 8개 이상의 값을 가지는 변수를 온도계코드로 변환시키면 큰 값의 차이가 미미해 보이기 때문에 효율이 떨어질 수 있다.

이러한 온도계코드는 사전의 정보를 이용하는 것이 되므로, 신경망의 수행능력을 향상시켜준다. 그러나 자신이 가진 정보만큼 각각의 값을 가깝게 하는데 너무 신경을 쓸 필요는 없다. 성별, 결혼여부, 상품코드, 우편번호 등 분류를 위한 값일 뿐, 우편번호에서 10014가 95407보다

02116에 더 가깝다고 할 이유가 없는 것처럼 크기에는 의미가 없는 변수, 즉 순서에는 의미가 없는 범주형 변수를 다루는 데는 두 가지 방법이 있다.

첫째로는 순서형 변수로 취급을 하는 것이다. 불행히도 신경망은 순서화 되지 않았다는 것을 이해하지 못한다. 결혼상태의 예에서 독신, 이혼, 결혼, 미망인, 모름을 0.00, 0.25, 0.50, 0.75, 1.00로 코드화시켰다면 신경망에서는 독신과 모름을 아주 다른 값으로 이혼과 결혼을 아주 가까운 값으로 인식을 할 수도 있다. 그러나 입력자료에서 이러한 암시적인 순서화는 아래와 같은 가상변수(dummy variable)를 만듦으로서 큰 영향을 주지 않게 할 수 있다. E-Miner에서는 이러한 가상변수를 자동으로 만들어 준다. 가상변수를 만드는 방법에는 deviation 코딩과 GLM 코딩이 있다. 두 코딩에 대한 예를 〈표 8-6〉과 〈표 8-7〉에 나타내었다. 원래의 변수 sex는 m(male), f(female), u(unknown)의 3가지 값을 가진다. 이를 deviation 코딩으로 하면 두개의 가상변수 var1, var2가 만들어진다. 이 변수가 가지는 값은 sex=m일 때 var1=1, var2=0이고, sex=u이면 var1=−1, var2=−1이다. 이에 반해 GLM 코딩으로 하면 세 개의 가상변수 var1, var2, var3가 생긴다. 이를 정리하여 〈표 8-6〉을 만들 수 있다. 앞에서 소개한 원핫코딩은 GLM 코딩과 유사하다.

〈표 8-6〉 가상변수의 예1

원래 변수	deviation coding		GLM coding		
sex	var1	var2	var1	var2	var3
m	1	0	1	0	0
f	0	1	0	1	0
u	−1	−1	0	0	1

〈표 8-7〉 가상변수의 예2

원래 자료			deviation coding				GLM coding				
ID	sex	age	ID	var1	var2	age	ID	var1	var2	var3	age
1	m	25	1	1	0	25	1	1	0	0	25
2	f	33	2	0	1	33	2	0	1	0	33
3	u	31	3	−1	−1	31	3	0	0	1	31
4	f	19	4	0	1	19	4	0	1	0	19

좀 더 나은 이해를 돕기 위하여 〈표 8-7〉를 만들었다. 크기가 4인 원래의 자료에는 두 개의 변수 sex, age가 있다. 이 자료가 deviation coding과 GLM coding을 통해 어떻게 변환되었는지 알 수 있다.

날짜변수는 특별하게 다루어야 하는 대표적인 변수이다. 보통 어떤 기준 시점으로부터 얼마만큼의 시간이 흘렀나를 표시하기 위해서는 단순히 며칠, 몇 분, 몇 초로 표시하면 된다. 그러나 어떤 거래가 이루어진 날을 표시하기 위해서는 단순히 날짜를 표시하는 것보다 무슨 요일, 몇 월을 기록하는 것이 어떤 요일 경향과 계절 경향을 찾아내는데 더 유리하다. 이처럼 자료에서 정보를 얻기 위해서 어떻게 표현하는 것이 좋은가를 항상 생각해야 한다.

8.8 결과 해석하기

통계학 측면에서 보면 신경망은 복잡한 구조를 가진 자료의 분류 및 예측에 사용되는 비선형모형이다. 그러므로 출력값에 대한 해석은 로지스틱회귀분석의 결과와 비슷할 수 있다.

입력값을 0과 1사이의 값으로 변환하였으므로 출력값은 역변환해야 하는 것은 당연하다. 예를 들어 앞의 부동산 감정의 예에서 5와 50이 각각 0과 1로 입력이 되었을 때 출력값이 0.5이면 27.5로 해석이 된다. 연속형 출력값은 역 변환을 통한 해석이 쉽다.

이진값이나 범주형의 값을 해석해야 하는 경우는 조금 더 신중해야 한다. 목표값이 이진(binary)일 때 신경망의 출력 결과가 0 혹은 1로만 나오면 해석이 쉬울 것인데 0과 1사이의 값을 다 가질 수 있으니 해석이 어렵다. 가장 쉽게 생각할 수 있는 접근법은 0.5를 기준으로 해석을 하는 것이다. 이 방법이 가장 단순하고 이해가 쉬운 방법일 뿐이지 가장 좋은 방법이 아니라는 것은 당연하다. 다른 방법은 0.33, 0.67을 경계로 3등분하여 양쪽 끝은 하나의 범주씩을 배정하고 중간은 "모름"으로 선언하는 방법이다. 또 다른 하나의 방법은 신뢰수준을 같이 쓰는 것이다. 즉 출력이 0.1일 때 신뢰도는 0.9, 0.8일 때는 0.2 라는 식으로 표현하는 것이다.

또 다른 좋은 방법은 학습된 신경망에 학습용 자료를 이용하여 출력의 해석을 돕는 방법이 있다. 예를 들어, 학습용 자료를 통하여 A에 속하는 출력은 적은 값을 가지고 B에 속하는 출력은 큰 값은 가진다는 결과를 이용하여 적당한 분계점(threshold)를 찾아내어 그것을 기준으로 하여 분류를 하면 된다.

또 다른 접근법은 출력층의 노드를 두개로 구성한다. 하나는 A탐지기, 나머지 하나는 B탐지기로 하여 실제의 값이 A일 때 A탐지기 값은 1, B탐지기 값은 0이 되도록 학습을 한다. 이렇게 학습된 신경망에서 출력값이 A탐지기에 0.8, B탐지기에 0.2로 나왔다면 A에 속할 확률은 0.8 B에 속할 확률은 0.2로 해석할 수 있다. 그래서 A로 분류될 수 있다.

만약 출력값이 0.1, 0.3으로 나왔다면 신뢰수준 0.3으로 B로 분류를 하나? 혹은 B로 분류될 확률이 A로 분류될 확률보다 3배 크므로 신뢰수준 0.75로 B로 분류를 하나? 이런 경우에는 softmax 함수를 사용하여 $\frac{\exp(0.3)}{\exp(0.3)+\exp(0.1)}=0.55$, $\frac{\exp(0.1)}{\exp(0.3)+\exp(0.1)}=0.45$ 처럼 확률을 가지도록 할 수 있다.

8.9 사례분석

8.9.1 Boston housing 데이터를 이용한 신경망분석 맛보기

군집분석과 의사결정나무분석에서 소개했던 Boston housing 데이터를 사용하여 집값을 추정하는 신경망모형을 만들어 보자.

① [그림 8-13]와 같이 새로운 프로젝트와 분석 흐름도를 작성하자.

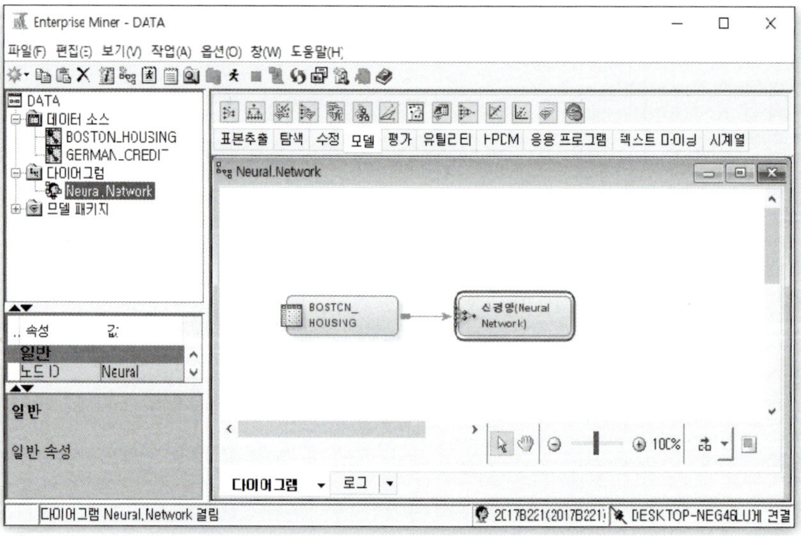

[그림 8-13] Boston Housing 신경망 분석흐름도

② 입력자료를 지정하고 LGMEDV를 target변수로 OBS를 ID로 지정한다. LGRAD의 변수속성을 ordinal에서 interval로 바꾸어주고 CHAS의 변수속성을 interval에서 binary로 바꾸어준다.

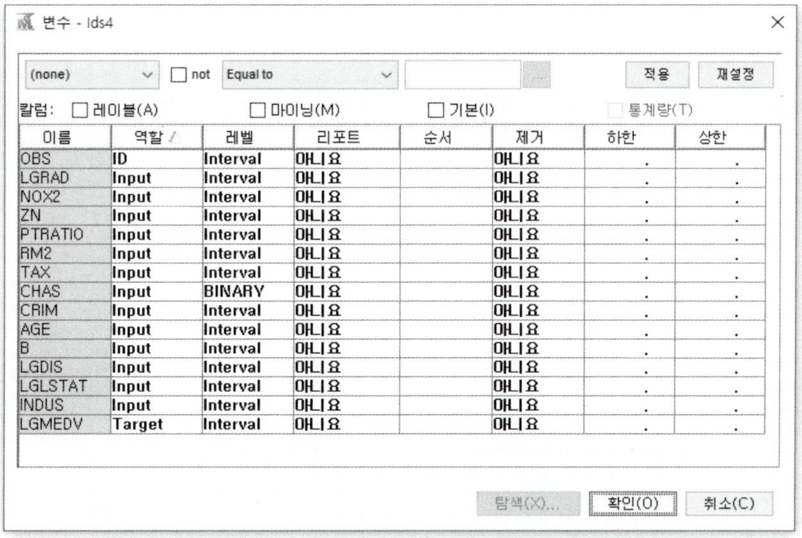

[그림 8-14] **입력 데이터노드의 변수 편집창**

③ 목표값이 연속형이므로 모델 선택 기준(Model selection criteria)을 평균 오차로 한다.

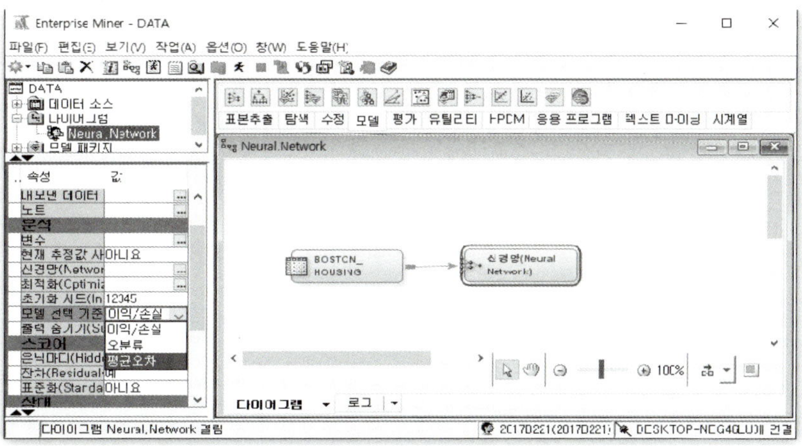

[그림 8-15] **신경망 속성창의 모델 선택 기준탭**

모델선택기준(Model Selection Criteria)

- 평균오차(Average Error) : 평가용 자료의 평균 오차를 최소화하는 것
- 오분류(Misclassfication) : 평가용 자료의 오분률율을 최소화하는 것
- 이익/손실(Profit/Loss) : 먼저 이익행렬(profit matrix)을 정의하고 이를 기준으로 평가용 자료의 이익을 최대화(손실을 최소화)하는 것

⑨ 신경망 노드의 속성창의 분석부분에서 신경망을 클릭하여 아래의 화면처럼 신경망의 구조와 여러 가지 특징을 결정할 수 있다. 구조는 MLP를 선택한다.

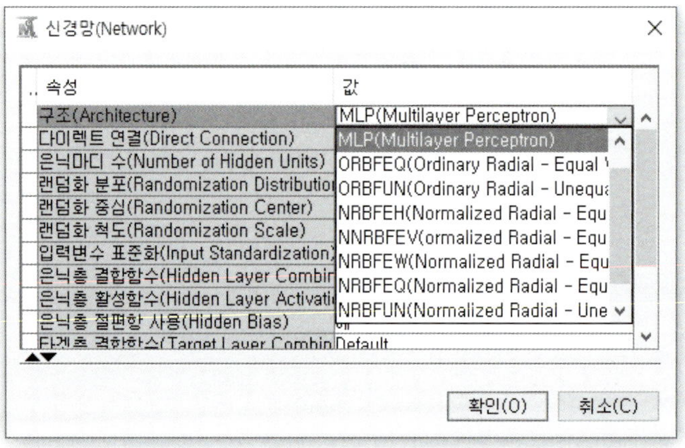

[그림 8-16] **신경망 노드 속성창의 구조탭**

은닉층의 노드수를 결정하는 방법에는 직접 노드수를 입력하는 방법이 있고, 자료의 오차의 크기에 따라 노드수가 E-Miner에서 자동으로 결정되는 방법이 있다. 여기에서 noise의 크기라는 것은 여러 가지로 표현이 가능한데 다음과 같은 표로 설명이 가능하다.

〈표 8-8〉 Noise의 크기

오차의 크기	오분류율	SNR	R^2
High Noise	〉40%	〈1	〈0.5
Moderate Noise	〉20%	〈4	〈0.8
Low Noise	〉10%	〈10	〈0.9
Noiseless	0%	infinity	1.0

여기에서 SNR이라는 것은 Signal to Noise Ratio이다.

$y_i = f(x_i) + e_i,\ i = 1, \ldots, n$ 이면

$SNR = \dfrac{std(y_i)}{std(e_i)}$ 이다.

Network architecture에서 신경망의 구조를 결정할 수 있다. E-Miner에는 크게 세 가지 종류의 신경망 -퍼셉트론, 원형기준함수 신경망, GLM-을 제공한다.

⑩ 연결강도는 초기치에 많이 의존한다. 초기치를 정하는 특별한 방법은 없고 E-Miner에서는 원하는 분포(normal, uniform 등)를 지정하여 임의의 난수를 생성하여 사용할 수 있다.

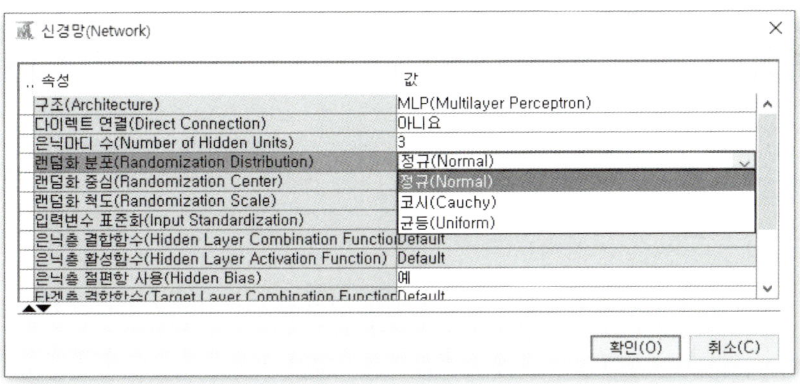

[그림 8-17] **신경망 노드 속성창의 랜덤화 분포탭**

⑫ 분석기법(training technique) : 신경망 노드의 속성창의 분석부분에서 최적화를 클릭하면 다양한 최적화 기법을 선택할 수 있으며 Default로 지정한다. 신경망을 훈련시키는 방법에는 전통적인 최적화 기법과 신경망을 훈련시키기 위해 개발된 방법이 있다.

- Levenberg-Marquardt : 오차의 분포가 정규분포를 따를 때 매우 빠르고 정확한 방법이다. 그러나 모수의 수의 제곱에 비례하는 메모리가 필요하다. 그러므로 작은 신경망에 유용하다.
- Quasi-Newton : 중간 크기의 신경망에 적합한 방법으로, 위 방법보다 적은 메모리를 요구한다.

- Conjugate-gradient : 추천하는 방법으로 큰 신경망에 적합하다. 가장 적은 메모리를 요구한다.
- Standard batch backpropagation : 가장 보편적인 방법이지만 느리고, 부정확하고, 학습률과 모멘텀을 정해야 하는 등 별로 추천하고 싶지 않은 방법이다.
- Standard incremental backpropagation : 훈련용 자료가 충분히 클 때 사용된다. 학습률을 결정할 때 시행착오를 거쳐야 한다.
- QuickProp Newton : Newton 방법을 역전파 알고리즘에 응용한 방법으로 빠르고 안정적이라는 평가를 받고 있다.
- RProp : 역전파 알고리즘을 응용한 알고리즘 중에서 가장 빠르고 안정적 이어서 추천하는 방법이다. 각 연결강도에 다른 학습률을 이용한다.

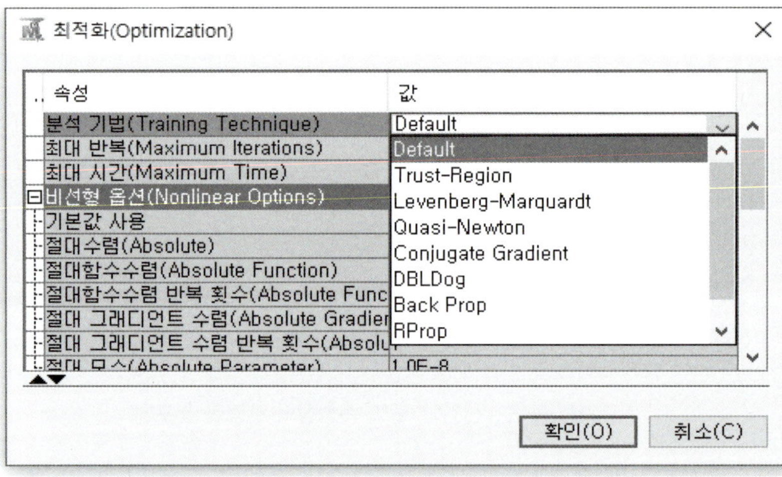

[그림 8-18] **최적화(Optimization)창의 분석 기법(Training Technique)탭**

⑬ 예비 분석(preliminary training) : 국소최소에 빠질 수 있는 위험을 줄이기 위해 여러 번의 예비 훈련을 통해 가장 좋은 초기치를 선택한다. 신경망 노드의 속성 창에서 최적화창을 활성화 한 후, 예비 분석을 수행할 수 있다. 본 예제에서는 사용설정을 "아니요"로 지정해준다.

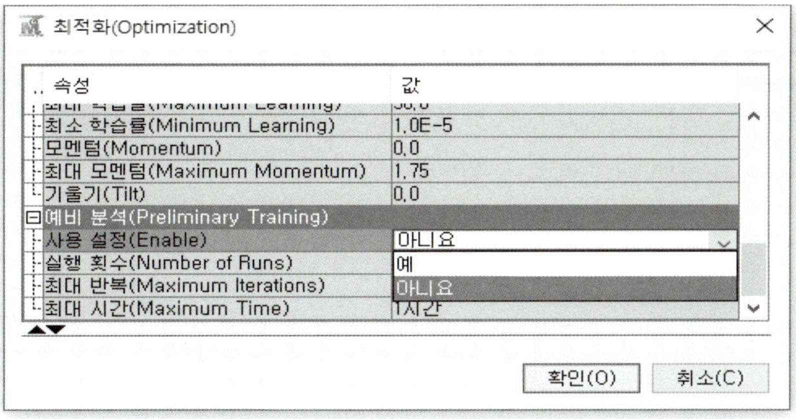

[그림 8-19] 최적화(Optimization)창의 예비 분석(Preliminary Training)탭

⑭ 입력 변수의 표준화 : 표준화(standardization)는 신경망의 훈련시간을 절감하고 국소최소에 빠지는 것을 방지하기 위해 입력층의 변수와 은닉층의 변수는 표준화하는 것이 좋다. 그 방법으로는 〈표 8-9〉와 같이 세 가지 방법이 있다.

〈표 8-9〉 **표준화 방법**

Midrange	Range	Standard Deviation
$\dfrac{x-median}{\frac{1}{2}(max-min)}$	$\dfrac{x-min}{max-min}$	$\dfrac{x-mean}{std}$

그러나 순서형과 범주형 변수는 표준화가 적용되지 않으므로 '없음'으로 지정한다.

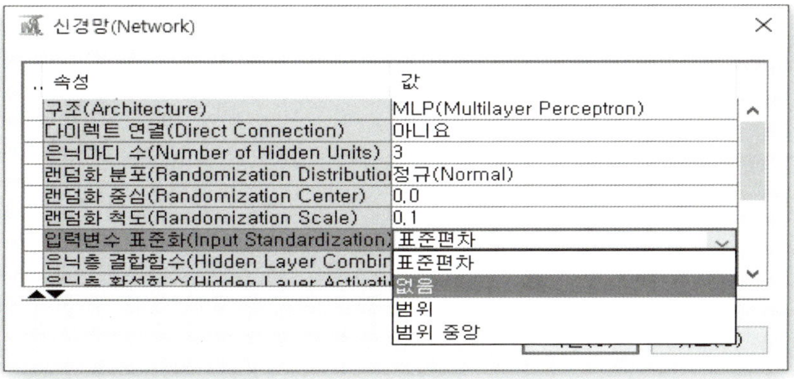

[그림 8-20] Input Data Source노드의 Advanced탭

⑮ 설정된 신경망 노드 속성의 신경망 창은 다음과 같다. 구조를 사용자정의로 설정한 경우 출력층 결합함수와 목적(오차)함수 등을 확인하고 아래와 같이 각 속성들을 지정할 수 있다.

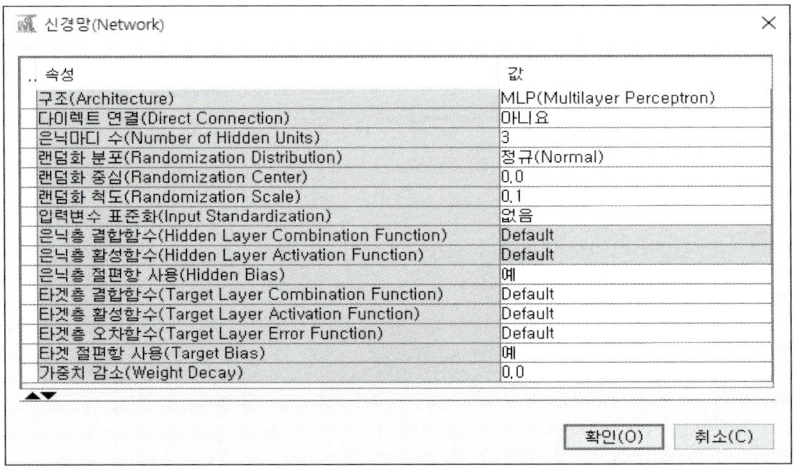

[그림 8-21] **신경망 창의 타겟층 결합함수(Target Layer Combination Function)탭**

- 결합함수 : 은닉층과 출력층에서 사용되어지는 결합함수에는 여러 가지가 있으나 신경망의 종류에 따라 달라진다. 퍼셉트론에서 많이 사용되는 것은 다음과 같다.
  - Additive : 이전의 노드에서 들어오는 값의 단순합
  - Linear : 이전의 노드에서 들어오는 값과 연결강도의 가중합
- 활성함수 : 문제의 성격이나 신경망의 종류에 따라 다르게 사용된다. 기본적으로 사용되는 은닉층 활성함수는 결합함수가 단순합일 때는 선형, 결합함수가 가중합일 때는 쌍곡선탄젠트함수다. 그리고 출력층 활성함수는 목표변수의 유형에 따라 연속형이면 linear, 순서형이면 logistic 그리고 명목형이면 softmax가 기본이다. 그리고 원형기준함수 신경망에서는 exp, softmax를 활성함수로 사용한다.
- 오차함수(error function) : 목표변수의 종류와 오차의 분포에 따라 선택할 수 있다.
  - Normal distribution : 연속형자료의 추정에 널리 쓰이는 방법으로 최소제곱오차 혹은 MSE criteria로 불리는 목적함수이다.
  - Huber M-estimator : 강건한 결과를 원할 때 혹은 목표값에 이상치가 있거나 꼬리 부분의 분포가 두꺼울 때 사용된다.

- Cauchy distribution : 평균보다 최빈값의 추정에 관심이 더 있을 때.
- Bernoulli distribution : 목표값이 0, 1의 값을 가질 때 사용된다.
- Multiple Bernoulli : 범주형 목표값에 적합한 오차함수를 제공한다.

⑯ 신경망 노드를 실행한 후, 아래와 같은 결과 창을 확인할 수 있다. 적합통계량 테이블의 _MISC_ 적합통계량의 값(오분류율)이 0임을 알 수 있으며, 내보낸 데이터 창을 활성화 시키면 출력된 훈련용자료의 결과를 볼 수 있다.

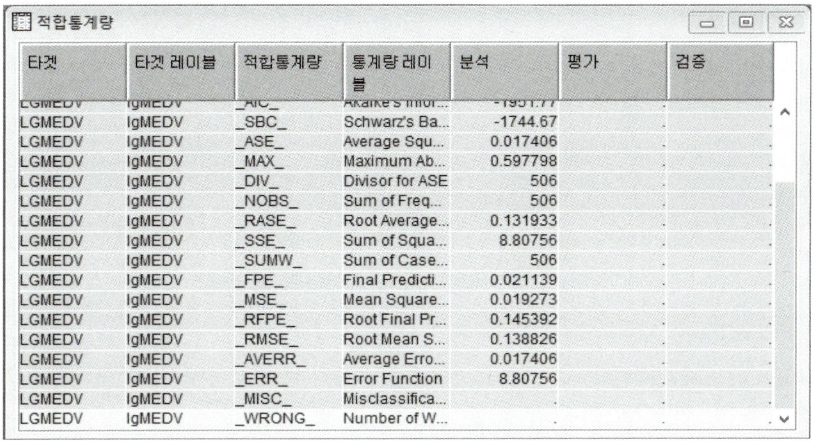

적합통계량

타겟	타겟 레이블	적합통계량	통계량 레이블	분석	평가	검증
LGMEDV	lgMEDV	_SBC_	Schwarz's Ba...	-1744.67	.	.
LGMEDV	lgMEDV	_ASE_	Average Squ...	0.017406	.	.
LGMEDV	lgMEDV	_MAX_	Maximum Ab...	0.597798	.	.
LGMEDV	lgMEDV	_DIV_	Divisor for ASE	506	.	.
LGMEDV	lgMEDV	_NOBS_	Sum of Freq...	506	.	.
LGMEDV	lgMEDV	_RASE_	Root Average...	0.131933	.	.
LGMEDV	lgMEDV	_SSE_	Sum of Squa...	8.80756	.	.
LGMEDV	lgMEDV	_SUMW_	Sum of Case...	506	.	.
LGMEDV	lgMEDV	_FPE_	Final Predicti...	0.021139	.	.
LGMEDV	lgMEDV	_MSE_	Mean Square...	0.019273	.	.
LGMEDV	lgMEDV	_RFPE_	Root Final Pr...	0.145392	.	.
LGMEDV	lgMEDV	_RMSE_	Root Mean S...	0.138826	.	.
LGMEDV	lgMEDV	_AVERR_	Average Erro...	0.017406	.	.
LGMEDV	lgMEDV	_ERR_	Error Function	8.80756	.	.
LGMEDV	lgMEDV	_MISC_	Misclassifica...	.	.	.
LGMEDV	lgMEDV	_WRONG_	Number of W...	.	.	.

[그림 8-22] 신경망 노드의 결과 창

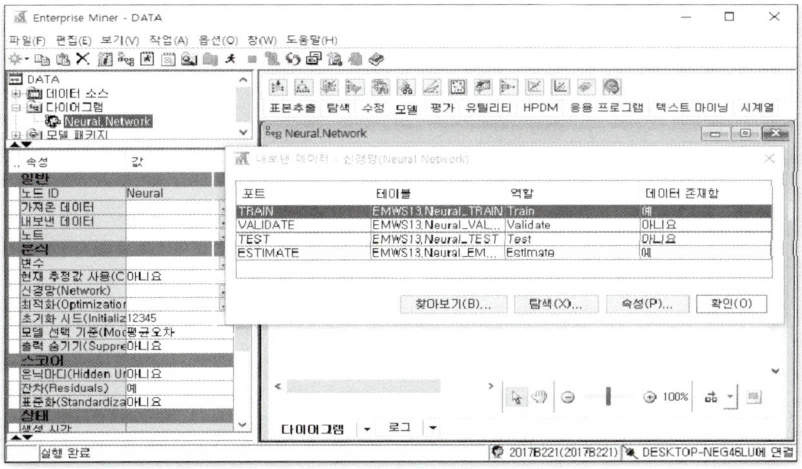

[그림 8-23] 신경망 노드의 내보낸 데이터 창

⑰ 내보낸 데이터 탐색을 선택하면, LGMEDV(실제 자료값)과 Predicted(모형의 결과)를 확인할 수 있다. 그리고 Residual은 실제값과 예측값의 차이이다.

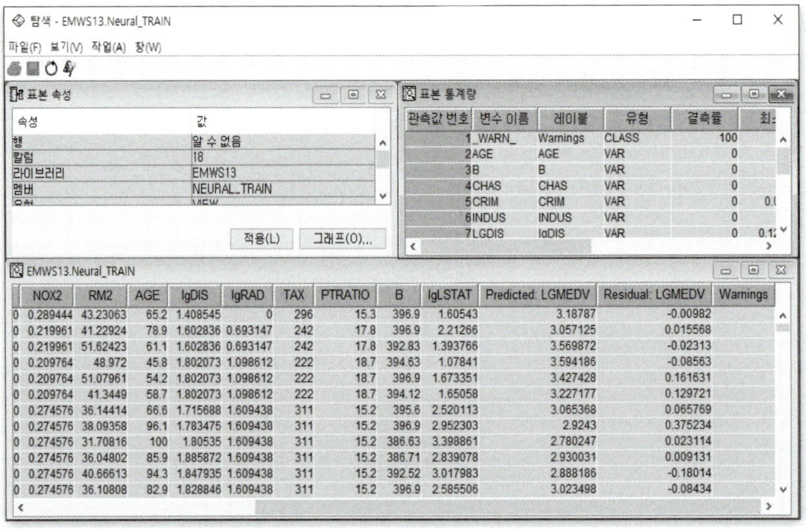

[그림 8-24] **내보낸 데이터의 탐색 창**

⑱ 풀다운 메뉴에서 결과 → 모델 → 가중치 - 히스토리를 클릭하여 결과를 보면 각 분석 반복수 별로 가중치가 계산되어 있다.

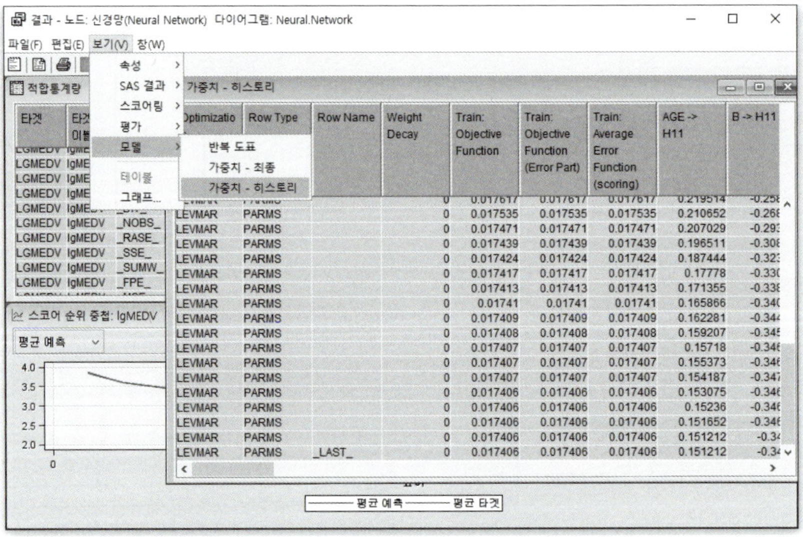

[그림 8-25] **결과창의 가중치 - 히스토리**

⑲ 보기→모델→반복 도표를 보면 분석 반복 39에 수직선이 하나 있다.

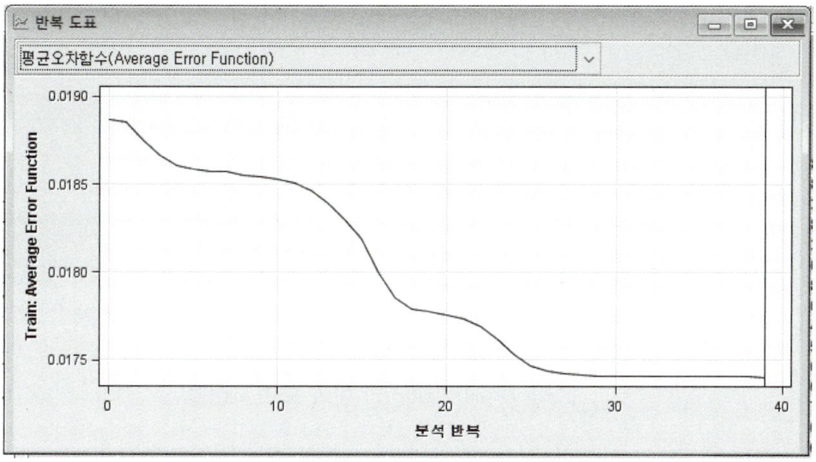

[그림 8-26] 결과창의 반복 도표

⑳ 연결강도가 초기치일 때, 즉 분석 반복수가 0일 때 오분류율 등을 보고 싶다면, 반복 도표를 한번 클릭한 후, 메뉴에서 보기→테이블을 클릭한다.

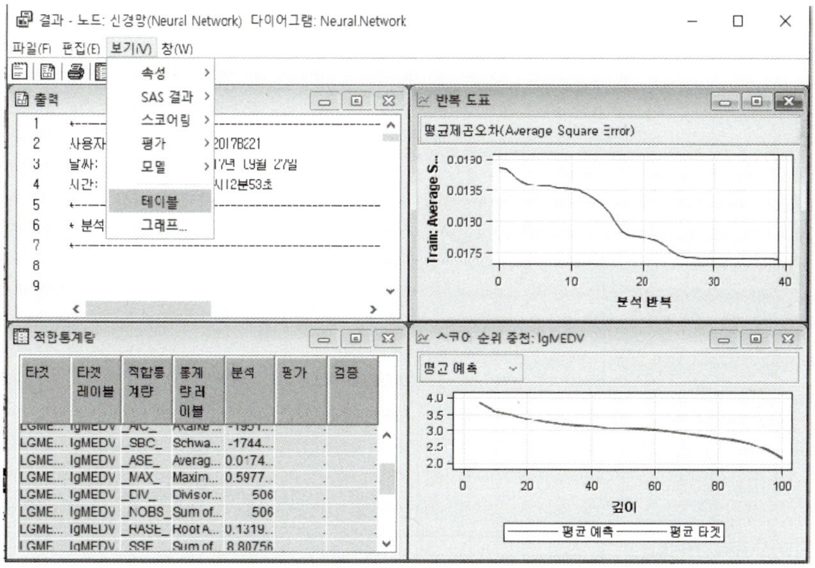

[그림 8-27] 결과창의 반복 도표 테이블

㉑ 아래와 같은 반복 도표 테이블이 활성화 되는데, 각 분석 반복수 별로 오분류율과 오분류된 관측치 수 등을 확인할 수 있다.

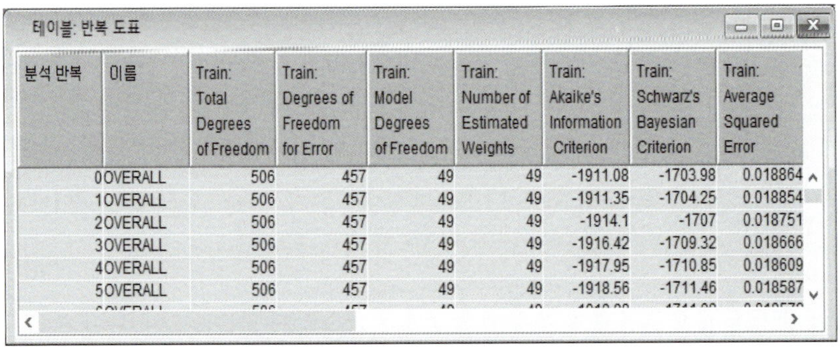

테이블: 반복 도표

분석 반복	이름	Train: Total Degrees of Freedom	Train: Degrees of Freedom for Error	Train: Model Degrees of Freedom	Train: Number of Estimated Weights	Train: Akaike's Information Criterion	Train: Schwarz's Bayesian Criterion	Train: Average Squared Error
0	OVERALL	506	457	49	49	-1911.08	-1703.98	0.018864
1	OVERALL	506	457	49	49	-1911.35	-1704.25	0.018854
2	OVERALL	506	457	49	49	-1914.1	-1707	0.018751
3	OVERALL	506	457	49	49	-1916.42	-1709.32	0.018666
4	OVERALL	506	457	49	49	-1917.95	-1710.85	0.018609
5	OVERALL	506	457	49	49	-1918.56	-1711.46	0.018587

[그림 8-28] 결과창의 반복 도표 테이블

8.10.2 Boston housing 데이터를 이용한 신경망 분석

신경망의 수행능력에 영향을 끼치는 요소가 많이 있는데 그 중에서 노드의 수가 가장 중요하다. 그러므로 노드의 수를 결정하기 위해서 노드의 수가 2, 3, 4인 신경망과 자동신경망 중에 수행능력이 좋은 것을 선택하도록 한다. 자동신경망 기법은 네트워크 구조(Architecture)와 은닉노드의 적절한 수를 자동으로 탐지한다.

① 자료와 연결된 네 개의 신경망 노드를 만든다.

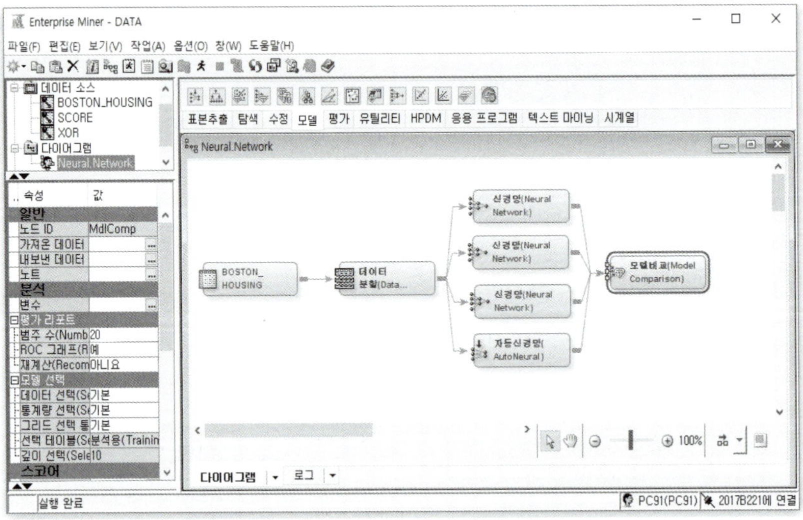

[그림 8-29] Boston Housing 신경망 분석흐름도

② 그리고 입력자료를 지정하고 LGMEDV를 target변수로 OBS를 ID로 지정한다. LGRAD의 변수속성을 ordinal에서 interval로 바꾸어주고 CHAS의 변수속성을 Binary로 바꾸어준다.

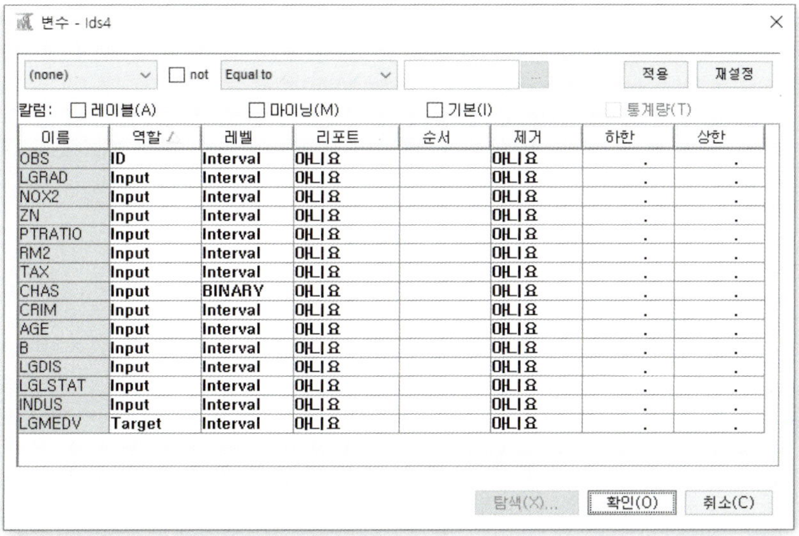

이름	역할	레벨	리포트	순서	제거	하한	상한
OBS	ID	Interval	아니요		아니요	.	.
LGRAD	Input	Interval	아니요		아니요	.	.
NOX2	Input	Interval	아니요		아니요	.	.
ZN	Input	Interval	아니요		아니요	.	.
PTRATIO	Input	Interval	아니요		아니요	.	.
RM2	Input	Interval	아니요		아니요	.	.
TAX	Input	Interval	아니요		아니요	.	.
CHAS	Input	BINARY	아니요		아니요	.	.
CRIM	Input	Interval	아니요		아니요	.	.
AGE	Input	Interval	아니요		아니요	.	.
B	Input	Interval	아니요		아니요	.	.
LGDIS	Input	Interval	아니요		아니요	.	.
LGLSTAT	Input	Interval	아니요		아니요	.	.
INDUS	Input	Interval	아니요		아니요	.	.
LGMEDV	Target	Interval	아니요		아니요	.	.

[그림 8-30] 입력 데이터노드의 변수 편집창

③ 목표값이 연속형이므로 모델 선택 기준을 평균 오차로 한다.

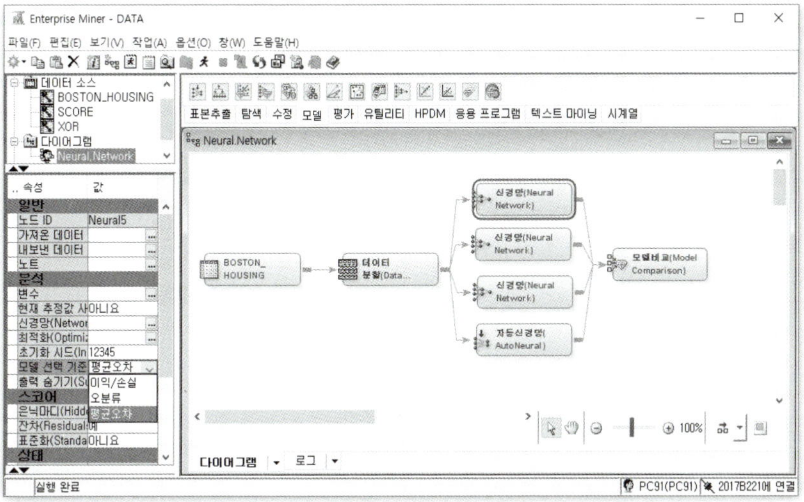

[그림 8-31] 신경망 속성창의 모델 선택 기준탭

④ 은닉층 노드 수를 2, 활성함수를 Hyperbolic Tangent 그리고 결합함수를 Liner-General로 지정한다.

신경망(Network)

속성	값
구조(Architecture)	사용자 정의
다이렉트 연결(Direct Connection)	아니요
은닉마디 수(Number of Hidden Units)	2
랜덤화 분포(Randomization Distributio	정규(Normal)
랜덤화 중심(Randomization Center)	0.0
랜덤화 척도(Randomization Scale)	0.1
입력변수 표준화(Input Standardization)	없음
은닉층 결합함수(Hidden Layer Combir	Linear
은닉층 활성함수(Hidden Layer Activati	Hyperbolic Tangent
은닉층 절편항 사용(Hidden Bias)	예
타겟층 결합함수(Target Layer Combin	Default
타겟층 활성함수(Target Layer Activatic	Default
타겟층 오차함수(Target Layer Error Fu	Default

확인(O) 취소(C)

[그림 8-32] **신경망 노드의 속성창**

다른 신경망노드는 은닉마디수를 각각 3, 4로하고 선택사항을 [그림 8-32]과 같이 기본사항으로 한다. 나머지 설정은 Default로 한다.

⑤ 자동신경망 노드에서는 분석 작업(Train Action)과 활성함수 사용여부 탭에 [그림 8-33]과 같이 지정해준다.

분석	
변수	...
모델 옵션(Model Options)	
구조(Architecture)	Single Layer
종료(Termination)	과적합(Overfitting)
분석 작업(Train Action)	Search
타겟층 오차함수(Target Layer Errc	Default
최대 반복(Maximum Iterations)	8
은닉마디 수(Number of Hidden Un	1
공차(Tolerance)	중간
총 시간(Total Time)	1시간
Increment 및 Search 옵션	
반복 보정(Adjust Iterations)	예
연결 고정(Freeze Connection)	아니요
은닉마디 총 개수(Total Number of	30
최종 분석(Final Training)	예
최종 반복(Final Iterations)	5
활성함수(Activation Functions)	
다이렉트(Direct)	아니요
지수(Exponential)	아니요
항등(Identity)	아니요
로지스틱(Logistic)	아니요
정규(Normal)	아니요
역(Reciprocal)	아니요
사인(Sine)	아니요
소프트맥스(Softmax)	아니요
제곱(Square)	아니요
쌍곡탄젠트(Tanh)	예

[그림 8-33] **자동신경망 노드의 속성창**

⑥ 모형비교노드는 통계량 선택을 평균 제곱오차로 지정하고 선택 테이블을 검증용으로 선택한다.

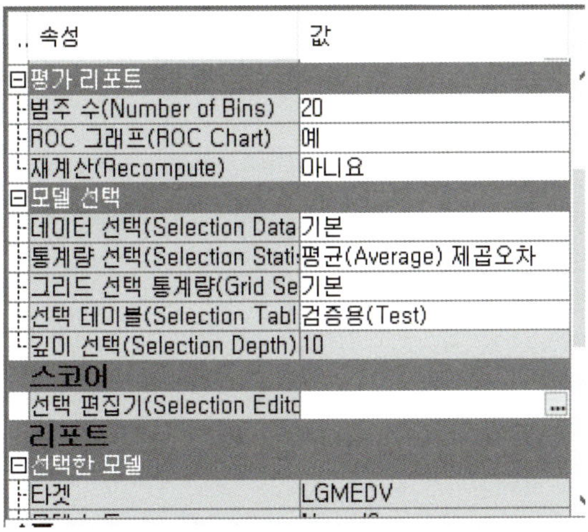

속성	값
평가 리포트	
범주 수(Number of Bins)	20
ROC 그래프(ROC Chart)	예
재계산(Recompute)	아니요
모델 선택	
데이터 선택(Selection Data	기본
통계량 선택(Selection Stati	평균(Average) 제곱오차
그리드 선택 통계량(Grid Se	기본
선택 테이블(Selection Tabl	검증용(Test)
깊이 선택(Selection Depth)	10
스코어	
선택 편집기(Selection Editc	...
리포트	
선택한 모델	
타겟	LGMEDV

[그림 8-34] **모형비교 노드의 속성창**

⑦ 실행 후, 결과를 보면 훈련용 자료에서는 노드 수가 4인 신경망4의 ASE값이 다른 값에 비해 약간 더 높게 나왔다. 하지만 평가용 자료를 기준으로 보면 노드수가 4인 신경망4 모형이 좋은 것으로 나온다. 즉, 최종모형으로는 신경망4로 결정한다.

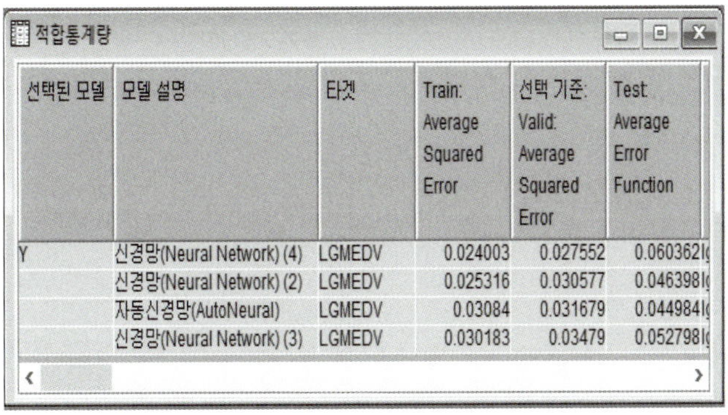

적합통계량

선택된 모델	모델 설명	타겟	Train: Average Squared Error	선택 기준: Valid: Average Squared Error	Test: Average Error Function
Y	신경망(Neural Network) (4)	LGMEDV	0.024003	0.027552	0.060362
	신경망(Neural Network) (2)	LGMEDV	0.025316	0.030577	0.046398
	자동신경망(AutoNeural)	LGMEDV	0.03084	0.031679	0.044984
	신경망(Neural Network) (3)	LGMEDV	0.030183	0.03479	0.052798

[그림 8-35] **모델비교노드 결과창의 적합통계량 테이블**

⑧ 신경망 노드(은닉층2) 결과창의 메뉴에서 보기 → 평가 → 스코어 분포 : LGMEDV를 클릭한다.

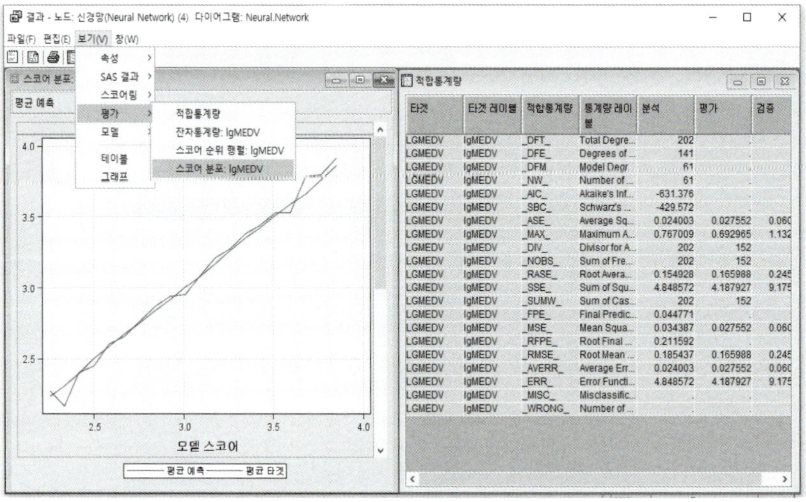

[그림 8-36] 신경망 노드 결과창의 스코어 분포 : LGMEDV

⑨ 아래 그림은 목표값을 x축에 출력값을 y축에 표시한다. 즉 기울기가 1인 직선위에 점이 몰려 있으면 예측이 잘 되는 모형으로 판단할 수 있는데 아래 그림으로 모형이 예측에도 좋은 것으로 판단된다.

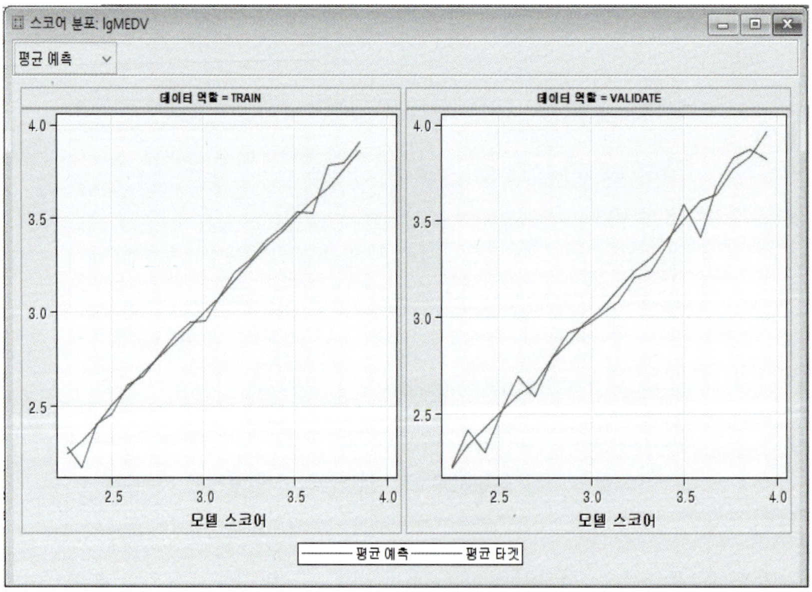

[그림 8-37] 평균 예측 도표

8.9.2 German Credit 데이터를 이용한 신경망 분석

① German Credit 자료를 신경망을 통해서 분석한다. 노드의 수가 3, 4, 5인 신경망과 자동신경망 중에서 가장 좋은 모형을 찾는다.

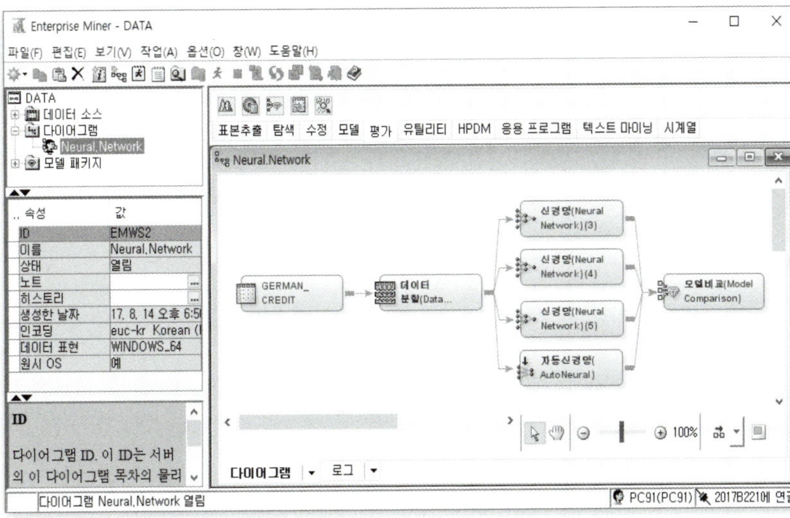

[그림 8-38] German Credit 신경망 분석흐름도

② CREDIT을 target으로 둔다.

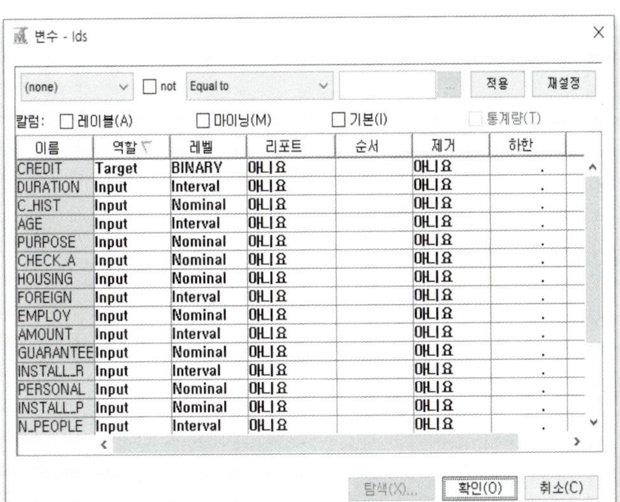

[그림 8-39] 입력 데이터노드의 변수 편집창

③ 목표값이 이진형이므로 모델 선택 기준을 오분류로 한다.

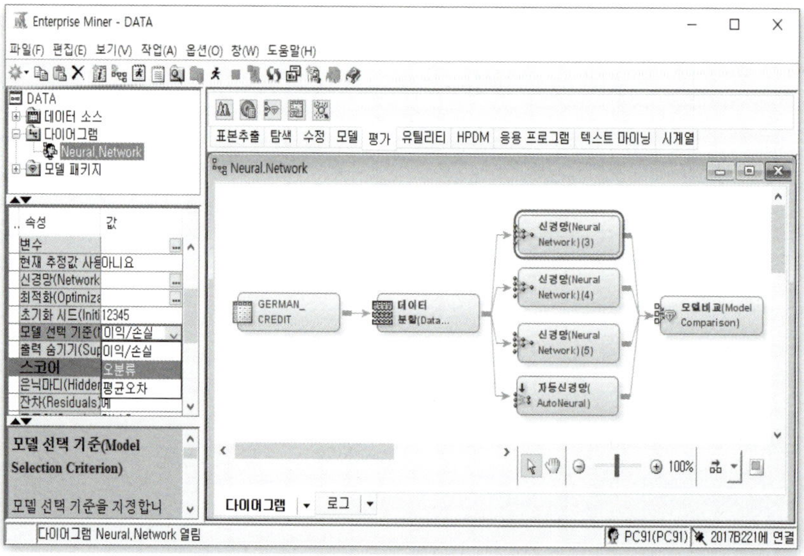

[그림 8-40] **신경망 노드 속성창의 모델 선택 기준탭**

④ 아래와 같은 방법으로 신경망 속성을 설정하고, 그 외의 옵션은 Default로 지정해준다.

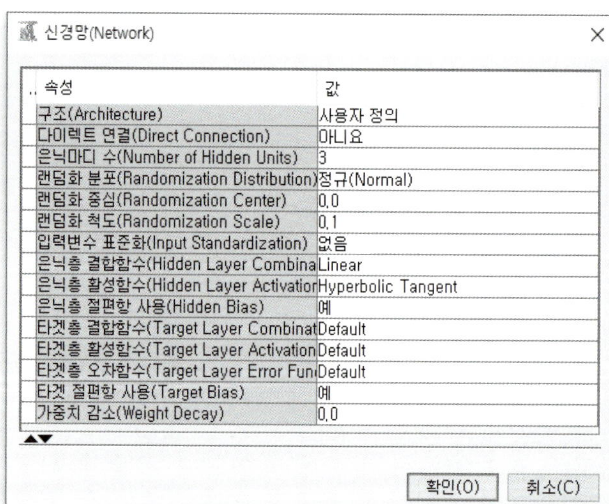
신경망(Network)

속성	값
구조(Architecture)	사용자 정의
다이렉트 연결(Direct Connection)	아니요
은닉마디 수(Number of Hidden Units)	3
랜덤화 분포(Randomization Distribution)	정규(Normal)
랜덤화 중심(Randomization Center)	0.0
랜덤화 척도(Randomization Scale)	0.1
입력변수 표준화(Input Standardization)	없음
은닉층 결합함수(Hidden Layer Combina	Linear
은닉층 활성함수(Hidden Layer Activatior	Hyperbolic Tangent
은닉층 절편항 사용(Hidden Bias)	예
타겟층 결합함수(Target Layer Combinat	Default
타겟층 활성함수(Target Layer Activation	Default
타겟층 오차함수(Target Layer Error Fun	Default
타겟 절편항 사용(Target Bias)	예
가중치 감소(Weight Decay)	0.0

확인(O) 취소(C)

[그림 8-41] **신경망 노드의 옵션 창**

분석	
변수	...
모델 옵션(Model Options)	
구조(Architecture)	Single Layer
종료(Termination)	과적합(Overfitting)
분석 작업(Train Action)	Search
타겟층 오차함수(Target Layer Erro	Default
최대 반복(Maximum Iterations)	8
은닉마디 수(Number of Hidden Un	1
공차(Tolerance)	중간
총 시간(Total Time)	1시간
Increment 및 Search 옵션	
반복 보정(Adjust Iterations)	예
연결 고정(Freeze Connection)	아니요
은닉마디 총 개수(Total Number of	30
최종 분석(Final Training)	예
최종 반복(Final Iterations)	5
활성함수(Activation Functions)	
다이렉트(Direct)	아니요
지수(Exponential)	아니요
항등(Identity)	아니요
로지스틱(Logistic)	아니요
정규(Normal)	아니요
역(Reciprocal)	아니요
사인(Sine)	아니요
소프트맥스(Softmax)	아니요
제곱(Square)	아니요
쌍곡탄젠트(Tanh)	예

[그림 8-42] **자동신경망 노드의 속성창**

⑤ 모델비교(model comparison) 노드의 속성창에서 아래의 그림과 같이 통계량 선택(selection statistic)과 선택 테이블(selection table)부분을 지정해준다.

분석	
변수	...
평가 리포트	
범주 수(Number of Bins)	20
ROC 그래프(ROC Chart)	예
재계산(Recompute)	아니요
모델 선택	
데이터 선택(Selection Data)	기본
통계량 선택(Selection Statistic)	오분류 비율
그리드 선택 통계량(Grid Selectior	기본
선택 테이블(Selection Table)	분석용(Training)
깊이 선택(Selection Depth)	분석용(Training)
스코어	평가용(Validation)
선택 편집기(Selection Editor)	검증용(Test)
리포트	
선택한 모델	

[그림 8-43] **신경망 노드 속성창의 Advanced탭**

⑥ 이 결과를 보면, 훈련용 자료에서는 자동신경망 모형에서 좋은 결과가 나타났지만 검증용 자료(test data)에서는 신경망3 모형이 가장 좋은 결과를 보인다.

적합통계량

선택된 모델	모델 설명	타겟 변수	선택 기준: Test: Misclassification Rate	Train: Misclassification Rate	Valid: Misclassification Rate
Y	신경망(Neural Network) (3)	CREDIT	0.225914	0.2375	0.29097
	신경망(Neural Network) (5)	CREDIT	0.242525	0.2325	0.284281
	신경망(Neural Network) (4)	CREDIT	0.27907	0.2525	0.250836
	자동신경망(AutoNeural)	CREDIT	0.315615	0.12	0.277592

[그림 8-44] **모델비교노드 결과창의 적합통계량 테이블**

〈표 8-10〉 Misclassification Rate 테이블

모 형	훈련용	평가용	검증용	비 고
신경망3	0.2375	0.2909	0.2259	은닉층 3
신경망4	0.2525	0.2508	0.2790	은닉층 4
신경망5	0.2325	0.2842	0.2425	은닉층 5
자동신경망	0.12	0.2775	0.3156	

⑦ 네 모형의 결과에 대한 누적반응률 그래프를 그려 각 모형을 비교해보았다. 이 예제에서는 신경망3, 4, 5 모형이 비슷한 수행능력을 보이는 것으로 나타난다. 또한 분석용자료에서는 자동신경망이 다른 세 개의 신경망3, 4, 5 모형보다 더 좋은 결과를 보이지만, 검증용자료에서 불안정한 모습을 보이는 것으로 나타나므로 좋은 모형이라고 할 수 없다.

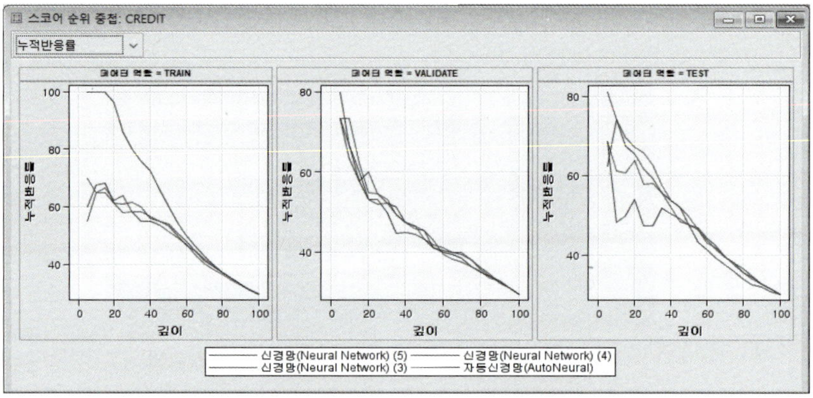

[그림 8-45] 스코어 순위 중첩 창의 누적반응률 그래프

연습문제

1 **신경망분석으로부터 다음과 같은 연결강도를 얻었다. 단, 선형 결합함수를 사용하였다.**

From	To	Estimate
X1	H11	1
X1	H12	−1
X2	H11	0
X2	H12	1
Bias	H11	−1
Bias	H12	1
H11	Y	0
H12	Y	1
Bias	Y	0

(1) 연결강도를 포함하여 신경망의 구조를 그려라.

(2) X1=1, X2=2일 때 Y에 대한 예측값은 얼마인가? 단, 활성함수는 ReLU를 사용하여라.

(3) 계단 활성함수를 사용하여 (2)에 답하여라.

2 **German_credit 데이터를 이용하여 분석하여라. Credit을 목표변수(이진, 목표값=1)로 하고, 데이터는 훈련용(train, 40%), 평가용(validation, 30%), 검증용(test, 30%)으로 분할하시오. 입력변수는 연속형인 amount, duration이고 범주형인 check_a이다. 언급되지 않은 변수는 사용하지 않고 문제에서 주어지지 않은 옵션은 default로 하여라.**

(1) 은닉층의 노드수가 3, 4, 5 인 신경망모형 중에서 검증용자료의 오분류율이 가장 작은 신경망모형을 선택하여라.

(2) (1)에서 선택된 모형에서 훈련용 자료의 1번째 관측값에 대한 목표변수의 예측값(score)은?

(3) 입력변수 amount와 duration을 군집화하여 (1)과 같은 비교하여라.

(4) (1)과 (3)에서 얻은 모형 중에서 가장 우수한 모형은 어떤 모형인가?

3 **Fatliv 데이터를 이용하여 분석하여라. Fatliver를 목표변수(이진, 목표값=1(지방간))로, 데이터는 훈련용(train, 40%), 평가용(validation, 30%), 검증용(test, 30%)으로 분할하여라. 입력변수는 연속형인 BMI, GPT이고 범주형(nominal)인 smoking(1=금연, 2=과거흡연, 3=흡연)이다. 언급되지 않은 변수는 사용하지 않고 주어지지 않은 option은 default로 하여라.**

(1) 은닉층의 노드수가 3, 4, 5 인 신경망모형 중에서 검증용자료의 오분류율이 가장 작은 신경망모형을 선택하여라.

(2) (1)에서 선택된 모형에서 훈련용 자료의 첫번째 관측값에 대한 목표변수의 예측값(score)은?

(3) 은닉층의 노드수가 10인 신경망모형을 만들어 (1)과 비교하여라.

IX

k-최근접 이웃분류법

이 장에서는 k-최근접 이웃분류법의 개념과 최근접 이웃분류법이 분류에 어떻게 사용될 수 있는지에 대해 알아본다. 그리고 최근접 이웃분류법의 이웃 수를 결정하는 교차타당성 방법에 대해 자세히 설명한다.

9.1 k-최근접 이웃 분류법

k-NN(k-최근접 이웃, k-Nearest Neighborhood)분류법은 난어가 의미하는 것과 같이 가장 가까운 k개와 유사하게 분류하는 방법이다. 예를 들어 (가상자료), 새로운 환자의 종양을 분석용 자료 (양성환자 8명, 음성환자 8명)로 간단히 예측하는 방법을 생각해보자. 이는 조직검사로 확정하기 전에 간단히 알아보고자 함이다. 경험적으로 환자의 나이(세) 종양의 크기(반지름, mm)가 종양을 분류하는데 가장 중요한 변수라는 것을 알고 있다고 한다. 아래와 같은 [그림 9-1]로 분석용 자료를 나타내었다.

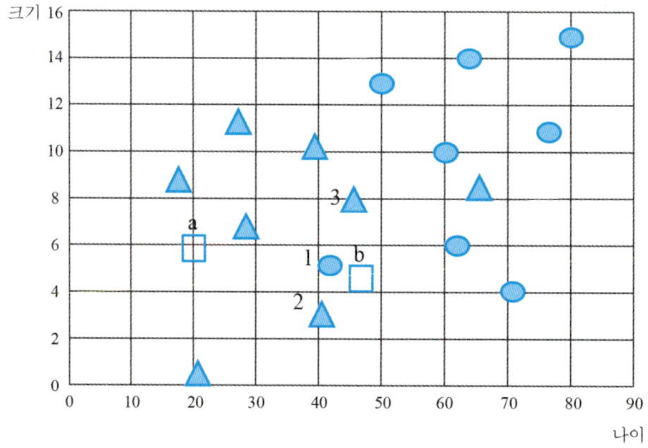

[그림 9-1] 환자의 나이와 종양크기(● : 양성, ▲ : 음성)

새로운 환자 2명(a 와 b)을 나이와 종양 크기를 이용하여 위 그림에서 네모로 표시하였다. a 환자는 이웃에 음성이 많으므로 a 환자는 음성이라고 쉽게 예측할 수 있다(정밀검사 결과는 논외로 한다). 이에 반해 b 환자 이웃은 양성과 음성이 같이 있으므로 좀 더 신중한 예측을 요구한다. 가장 가까운 이웃과 같은 값으로 결정 ($k=1$)한다면 b는 양성으로 분류된다. 그렇지만 좀 더 객관적인 결정을 위해 참고하는 이웃의 수를 늘릴 수 있다. 여기에서 가장 가까운 이웃 3개를 참고한다면 ($k=3$) 양성이 1개, 음성이 2개 이므로 음성으로 판단할 수 있을 것이다. 혹은 각각에 대한 확률을 1/3, 2/3 로 판단할 수도 있다.

이와 같이 가까이 있는 이웃에 따라 결정하는 분류법을 k-NN 이라 한다. 여기에서 가깝다는 것은 나이와 종양크기의 거리를 의미하는 것인데, 양적변수의 거리는 유클리드거리로 쉽게 구할 수 있다. 그러나 성별, 학력 그리고 혈액형 등과 같은 질적변수의 거리를 객관적으로 정의하는 것은 어렵다.

위의 예에서 환자 b는 $k=1$일 때와 $k=3$일 때 다르게 분류됨을 보았다. 이처럼 k-NN에서는 k의 선택이 중요한데, k를 선택하는 방법 중 하나인 LOO (한 개는 시험용, 나머지는 분석용으로 학습, leave-one-out) 방법에 대해 간단한 예를 통해 알아본다. 이 방법은 자료를 훈련용과 시험용 그리고 검증용으로 나눌 만큼 크지 않을 때 사용한다. 아래의 〈표 9-1〉은 6명 (a, b, c, d, e, f)의 가상환자의 종양자료를 정리하여 각 환자간 거리를 계산한 표다 (괄호안의 1 : 양성, 0: 음성).

〈표 9-1〉 **가상환자간의 거리**

	a(1)	b(1)	c(1)	d(0)	e(0)	f(0)
a(1)	0					
b(1)	4	0				
c(1)	1	6	0			
d(0)	5	8	7	0		
e(0)	2	3.5	6.8	2.5	0	
f(0)	6.5	7.5	9	4.5	2.8	0

$k=1$인 k-NN으로 분류한다면, a를 분류할 때 a가 시험용 자료가 되고 나머지는 분석용 자료가 된다. 분석용 자료 5개 중에서 a와 가장 가까운 c의 목표값이 1 이므로 a는 1로 분류된다. 같은 방법으로 b는 e 와 가장 가까우므로 0, c는 a 와 가장 가까우므로 1, d는 e 와 가장 가까우므로 0로, e는 a 와 가장 가까우므로 1, f는 e 와 가장 가까우므로 0 로 분류된다. 이를 정리하면 〈표 9-2〉와 같다.

〈표 9-2〉 **$k=1$일 때 가상환자의 LOO 분류결과**

	a(1)	b(1)	c(1)	d(0)	e(0)	f(0)	정분류율
분류결과	1	0	1	0	1	0	4/6

같은 방법으로 $k=2$인 분류를 하면, a와 가장 가까운 2개는 c와 e 이므로 1과 0으로 확률 1/2로 분류된다. 그러므로 이와 같이 1과 0이 같은 수이면 1/2로 표기하자. b와 가장 가까운 2개는 a와 e 이므로 1/2로 분류된다. c와 가장 가까운 2개는 a와 b 이므로 1로 분류된다. d와 가장 가까운 2개는 e와 f 이므로 0으로 분류된다. 이를 정리하면 다음의 〈표 9-3〉와 같다. 1/2은 정분류율 계산에서도 1/2로 계산한다.

〈표 9-3〉 다양한 k에서 가상환자의 LOO 분류결과

k	a(1)	b(1)	c(1)	d(0)	e(0)	f(0)	정분류율
2	1/2	1/2	1	0	1/2	0	4.5/6
3	1	1	1	0	0	0	6/6
4	1/2	1/2	1/2	1/2	1/2	1/2	3/6
5	0	0	0	1	1	1	0/6

$k=3$, $k=4$ 그리고 $k=5$ 일 때의 결과도 〈표 9-3〉에 나타나있다. 이 표에 의하면 $k=3$일 때 가장 큰 정분류율을 가지므로 $k=3$으로 결정된다. $k=5$일 때는 모든 분석용 자료 중 더 많은 쪽으로 분류하는 것으로 과소적합(underfitting)된다.

k-NN은 간단한 알고리즘이지만 좋은 결과를 보이는 것으로 알려져 있다. 이러한 장점 때문에 이미지에서 개체를 인식하는 컴퓨터비전과 고객 추천시스템 등 많은 곳에서 활용하고 있다. 그렇지만 모형을 만들지 않기 때문에 분류하는데 많은 시간이 요구되고, 질적변수와 결측치에 대한 거리를 정의하는데 어려움이 있다는 단점을 가지고 있다.

9.2 German Credit 데이터를 이용한 k-NN분석

① K-NN 분석을 위해 사용하는 노드는 MBR노드이다. k-NN모형의 분석흐름도는 다음과 같다. 데이터 분할노드의 값은 기본으로 한다.

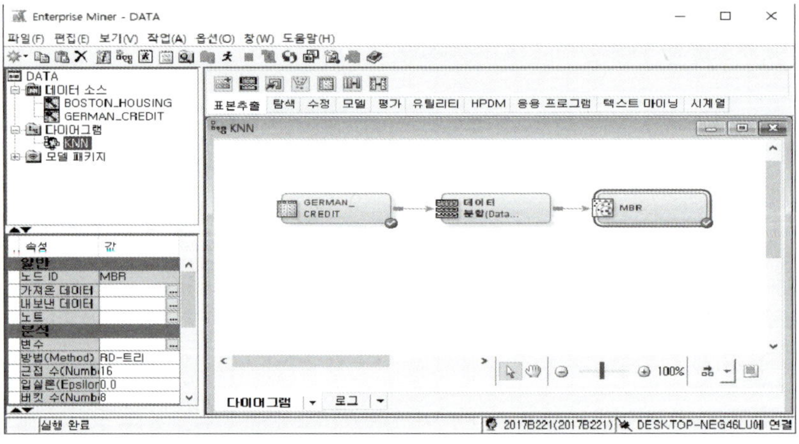

[그림 9-2] German credit data kNN 분석흐름도

② German credit 노드의 변수 편집을 클릭한다. 여기에서는 목표변수(Target; BINARY)를 Credit으로 하고 나머지는 모두 Input으로 설정한다.

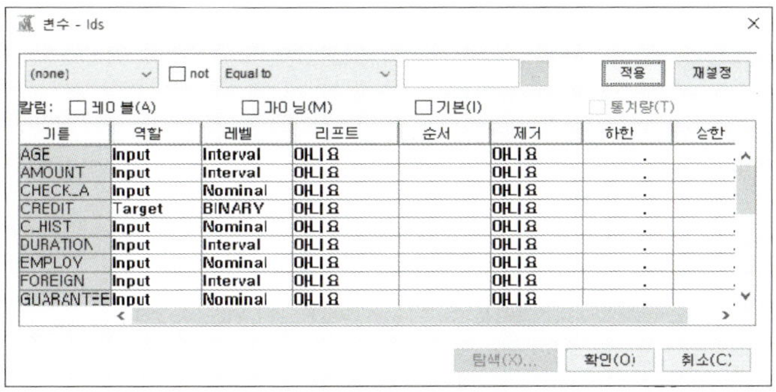

[그림 9-3] German credit data **변수 창**

③ MBR노드의 속성창은 다음과 같다. 속성창의 값들은 기본 지정사항으로 한다.

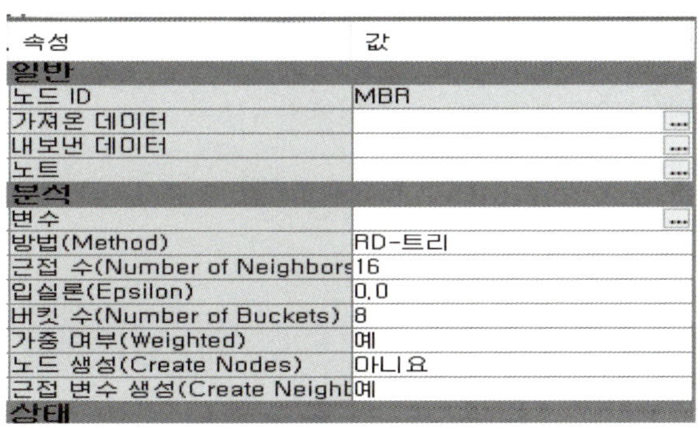

[그림 9-4] **MBR노드의 속성창**

속성창의 선택사항에 대한 설명은 다음과 같다.

- 방법(Method) : memory에 저장하는 방식인데 RD-tree(reduced dimensionality tree)와 Scan 방법이 있다. RD-tree는 데이터 집합을 반복적으로 이원 분할하여 저장한다. 이 방법은 일반적으로 100차원까지 Scan방식보다 더 좋은 결과를 보인다. 차원이 높은 데이터에는 Epsilon을 사용하면 계산 시간을 절약할 수 있다. Scan 방법은 단순하게 가장 가까운 이웃을 검색한다.
- 근접 수(Number of Neighbors)

  분류하거나 예측하는데 사용할 최근접 이웃 수 (k)로 1보다 큰 정수 값을 사용함. 기본은

16이지만 동점을 피하기 위해 홀 수 사용 권장.

- 최소거리(Epsilon)

  최소 Epsilon 보다 멀리 있는 이웃만을 탐색한다. 적절한 엡실론은 고차원의 데이터에서 모형의 유의성을 향상 시키신다. 기본은 0이다.

- 버킷 수(Number of buckets)

  RD-tree를 사용할 때 잎이 분할되기 위한 최소 관측값의 수를 의미한다. 최소값이 2, 기본값이 8인 정수이다.

- 가중치(Weight)

  목표변수가 양적이면 입력변수는 목표변수와의 상관계수의 절대값만큼의 가중치를 부여한다. 기본은 가중치부여다.

- 노드생성(create nodes)

  _NNODES_이라는 변수가 메모리 기반 추론 노드 출력 데이터 세트에 추가할 수 있다. _NNODES_ 변수는 노드 계산 중 수행된 포인트 비교 수를 표시한다. _NNODES_ 정보는 종종 비교 지점으로 유용하다. 노드 만들기 속성의 기본 설정은 No이다.

- 이웃변수 생성(create neighbor variables)

  메모리 기반 추론 노드 출력 스코어 데이터 세트에 각 관측치 에서 가장 가까운 이웃을 기록한다. 가장 가까운 이웃에 대한 입력은 변수(_N1, _N2, ..., _Nk)로 저장이 된다.

④ k-NN모형을 실행 후 결과의 적합통계량을 보면 다음과 같다. 분석용자료의 오분류율은 0.2675, 평가용자료는 0.2946 그리고 검증용자료는 0.3189를 보이는 것을 알 수 있다.

적합통계량

타겟	타겟 레이블	적합통계량	통계량 레이블	분석	평가	검증
CREDIT	CREDIT	_SUMW_	Sum of Case ...	800	598	602
CREDIT	CREDIT	_DFT_	Total Degree...	400	.	.
CREDIT	CREDIT	_DFM_	Model Degree...	9	.	.
CREDIT	CREDIT	_DFE_	Degrees of Fr...	391	.	.
CREDIT	CREDIT	_ASE_	Average Squa...	0.184951	0.205829	0.219425
CREDIT	CREDIT	_RASE_	Root Average ...	0.430059	0.453684	0.468428
CREDIT	CREDIT	_DIV_	Divisor for ASE	800	598	602
CREDIT	CREDIT	_SSE_	Sum of Squar...	147.9609	123.0859	132.0938
CREDIT	CREDIT	_MSE_	Mean Square...	0.189208	0.205829	0.219425
CREDIT	CREDIT	_RMSE_	Root Mean Sq...	0.434981	0.453684	0.468428
CREDIT	CREDIT	_AVERR_	Average Error ...	0.54715	0.616674	0.664107
CREDIT	CREDIT	_ERR_	Error Function	437.7196	368.771	399.7923
CREDIT	CREDIT	_MAX_	Maximum Abs...	0.875	1	1
CREDIT	CREDIT	_FPE_	Final Predicti...	0.193466	.	.
CREDIT	CREDIT	_RFPE_	Root Final Pr...	0.439847	.	.
CREDIT	CREDIT	_AIC_	Akaike's Infor...	455.7196	.	.
CREDIT	CREDIT	_SBC_	Schwarz's Ba...	491.6428	.	.
CREDIT	CREDIT	_MISC_	Misclassificati...	0.2675	0.294314	0.318937
CREDIT	CREDIT	_WRONG_	Number of Wr...	107	88	96

[그림 9-5] MBR노드의 적합통계량

⑤ 스코어 순위 중첩은 다음 [그림 9-6]과 같다. 이 그림에서 분석용자료에서 스코어가 상위 40%이내인 자료는 1의 가능성이 전체자료보다 1.5배가 된다. 그렇지만 시험용자료는 약 1.25배되는 것으로 나타난다. 분석용자료에서 스코어가 높은 상위 15%이내의 자료는 1이 될 가능성이 전체의 2배가 되는 것을 알 수 있다.

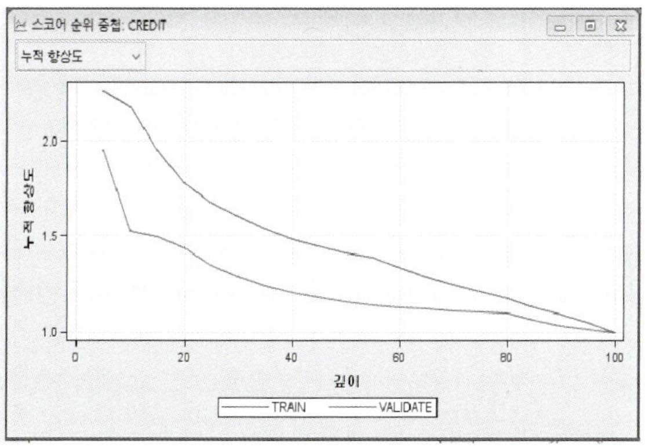

[그림 9-6] MBR노드의 스코어 순위 중첩

다음은 k-NN모형에서 적당한 k값을 찾기 위해 모형비교노드를 사용한다.

① 모형비교를 위한 분석흐름도는 다음과 같다.

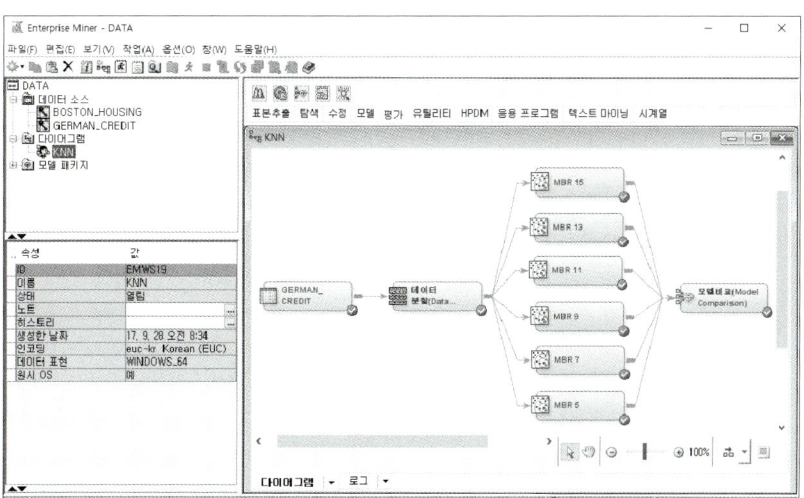

[그림 9-7] k-NN분석의 모형비교 분석흐름도

② MBR노드의 근접 수는 각각 5, 7, 9, 11, 13, 15로 한다.

속성	값
일반	
노드 ID	MBR
가져온 데이터	...
내보낸 데이터	...
노트	...
분석	
변수	...
방법(Method)	RD-트리
근접 수(Number of Nei	15
입실론(Epsilon)	0.0
버킷 수(Number of Buc	8
가중 여부(Weighted)	예
노드 생성(Create Node	아니요
근접 변수 생성(Create	예
상태	
생성 시간	
실행 ID	150ca92d-e02a-4853-b

[그림 9-8] MBR노드의 속성

③ 모형비교노드의 속성에서 통계량 선택기준은 오분류 비율로 선택 테이블은 검증용으로 설정한다.

속성	값
일반	
노드 ID	MdlComp
가져온 데이터	...
내보낸 데이터	...
노트	...
분석	
변수	...
⊟평가 리포트	
범주 수(Number of Bin	20
ROC 그래프(ROC Char	예
재계산(Recompute)	아니요
⊟모델 선택	
데이터 선택(Selection I	기본
통계량 선택(Selection :	오분류 비율
그리드 선택 통계량(Gri	기본
선택 테이블(Selection	검증용(Test)
깊이 선택(Selection De	10

[그림 9-9] 모형비교노드의 속성

④ 모형비교노드 결과창의 적합통계량에서 MBR 9노드, 즉 근접수가 9인 모델의 검증자료 오분류율이 0.30897로 가장 낮고 근접수가 5인 모델은 오분류율이 0.348837로 가장 높은 것을 알 수 있다.

적합통계량

선택된 모델	모델 설명	선택 기준: Test Misclassification Rate	Train: Misclassification Rate	Valid: Misclassification Rate	Train: Number of Estimated Weights	Train: Sum of Frequencies	Train: Sum of Case Weights Times Freq	Train: Total Degre of Fre
Y	MBR 9	0.30897	0.265	0.294314	9	400	800	
	MBR 11	0.312292	0.2725	0.297659	9	400	800	
	MBR 13	0.315615	0.2675	0.301003	9	400	800	
	MBR 15	0.315615	0.265	0.304348	9	400	800	
	MBR 7	0.332226	0.26	0.327759	9	400	800	
	MBR 5	0.348837	0.2325	0.307692	9	400	800	

[그림 9-10] 모형비교노드 결과창의 적합통계량

⑤ 모형비교노드 결과창의 ROC 그래프는 다음과 같다. 모든 모형이 검증용자료에서는 큰 차이를 보이지 않고 랜덤하게 결정하는 것 보다 많이 우수하다고 할 수 없는 결과를 보이고 있다. 반면 분석용자료에서는 더 나은 결과를 보이는데, 모형간의 확연한 차이는 보이지 않지만 MBR 5(파란선) 와 7(빨간선) 모형이 좀 더 좋은 것은 약간의 과적합으로 인한 결과라고 해석된다.

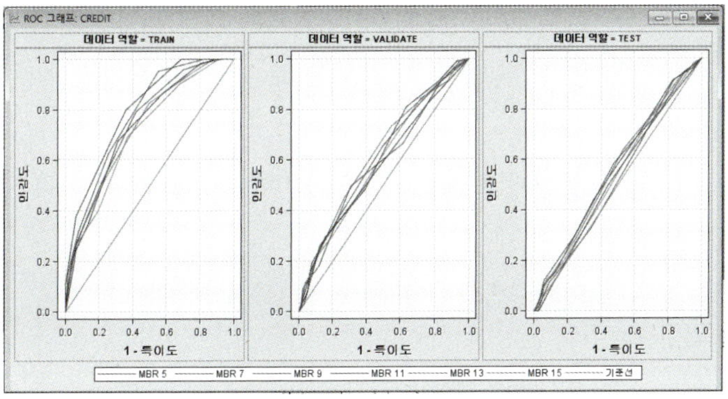

[그림 9–11] 모형비교노드 결과창의 ROC 그래프

연습문제

1 German_credit 데이터를 이용하여 분석하여라. Credit을 목표변수(이진, 목표값=1)로 하고, 데이터는 훈련용(train, 40%), 평가용(validation, 30%), 검증용(test, 30%)으로 분할하시오. 입력변수는 연속형인 amount, duration이고 범주형인 check_a이다. 언급되지 않은 변수는 사용하지 않고 문제에서 주어지지 않은 option은 default로 하여라.

1) 근접수가 5, 9, 13, 17 인 $k-NN$ 모형 중에서 검증용자료의 오분류율이 가장 작은 모형은?

2) (1)에서 선택된 모형에서 훈련용 자료의 1번째 관측값에 대한 목표변수의 예측값(score)은?

3) 입력변수 amount를 군집화하여 (1)과 (2)를 반복하여라.

2 Fatliv 데이터를 이용하여 분석하시오. Fatliver를 목표변수(이진, 목표값=1(지방간))로, 데이터는 훈련용(train, 40%), 평가용(validation, 30%), 검증용(test, 30%)으로 분할하시오. 입력변수는 연속형인 BMI, GPT이고 범주형(nominal)인 smoking(1=금연, 2=과거 흡연, 3=흡연)이다. 언급되지 않은 변수는 사용하지 않고 주어지지 않은 옵션은 default로 하여라.

1) 근접수가 5, 7, 9 인 $k-NN$ 모형 중에서 검증용자료의 오분류율이 가장 작은 모형은?

2) 범주형(nominal)인 smoking(1=금연, 2=과거 흡연, 3=흡연)변수를 연속형으로 간주하여 (1)과 같은 작업을 하고, 결과에 대해 논하여라.

3) BMI를 군집화하여 (1)을 반복하여라.

X

모형 평가 및 비교

이 장에서는 모형을 평가하는 측도들을 알아보고 여러 모형들 중에서 최상의 모형을 선택하기 위해 모형들을 비교하는 방법들을 알아본다.

10.1 모형 평가 및 비교의 개념

모형 평가는 구축된 모형이 얼마나 우수한지를 여러 측도들을 사용하여 평가하는 것이다. 모형 평가를 두 가지 관점에서 바라보는 것이 일반적이다. 하나는 모형이 얼마나 예측과 분류에서 뛰어난 성능을 보이는가, 즉 설명력이 얼마인가를 보는 것이다. 이것은 동전던지기와 같은 방식으로 예측하는 랜덤 모형보다 얼마나 좋은 가를 살펴봄으로써 평가할 수 있다. 랜덤 모형에서도 어느 정도의 설명력은 가질 수 있다.

또 다른 관점은 구축된 모형을 일반화를 할 수 있는가를 보는 것이다. 분석용 자료와 평가용 자료에서는 성능이 우수하지만 모형 구축에는 사용되지 않은 새로운 자료인 검증용 자료에서 우수하지 않다면 그 모형은 일반화할 수 없다. 모형을 구축하는 것은 새로운 자료에 대해 예측 또는 분류를 잘 하기 위한 것이고 새로운 자료에 모형을 적용했을 때 적용이 잘 될 것이란 확신이 들지 않는다면 좋은 모형이라 할 수 없다. 분석용 자료와 평가용 자료에서는 성능이 우수하지만 검증용 자료에서는 우수하지 않는 것을 과적합(overfitting)이라 하며 입력변수가 많거나 구조가 복잡하여 모수가 많은 경우에 생길 수 있는 현상이다. 결론적으로 검증용 자료에서의 결과를 기반으로 모형 평가와 비교를 하는 것이 좋다.

모형 비교는 여러 모형들 중에서 최적 또는 최상의 모형을 선택하기 위해 여러 측도들을 사용하여 모형들을 비교하는 것이다. 모형 평가에서 사용하는 측도들의 대부분은 모형 비교에서도 사용할 수 있으며 모형 평가와 모형 비교를 비슷한 것으로 인식해도 좋을 것이다. 모형 평가에서 고려하였던 설명력과 일반화의 두 가지 관점에서 모형들을 비교할 수 있다. 같은 자료로부터 구축된 여러 모형들(또는 방법들)을 비교하는 경우도 있을 것이고 전혀 다른 자료에 대한 모형들을 비교하는 경우도 있을 것이다. 특히 후자의 경우에는 같은 랜덤 모형임에도 자료에 따라 값이 달라지는 측도들이 있기 때문에 모형들을 비교할 때에는 공정한 조건에서 비교하도록 적절한 측도를 선정하는 것이 필요하다.

모형 평가 또는 비교에 사용되는 측도들은 목표변수가 구간형(interval)인 경우와 명목형(nominal)인 경우에 따라 달라진다. 명목형 중에서 변수가 가질 수 있는 값이 0 또는 1과 같이 두 개인 경우 그 변수를 이진형 또는 이진변수라 한다. 본 교재에서는 목표변수가 구간형인 경우와 이진형인 경우에 대해서만 다루겠다.

10.2 목표변수가 구간형인 경우

목표변수가 구간형인 경우에는 입력변수들로부터 목표변수의 값을 예측하는 것이 목적이다. 자료 $\{(x_i, y_i), i=1,...,n\}$에 대해서 목표값 y_i와 예측값 $\hat{y}_i$의 차이인

$$e_i = y_i - \hat{y}_i\ ,\quad i = 1,\ 2,\ \cdots,\ n$$

를 잔차(residual) 또는 오차(error)라고 하며 잔차들의 제곱합인

$$SSE = \sum_{i=1}^{n} e_i^2$$

를 잔차(오차)제곱합이라 한다. 잔차제곱합에 기반한 여러 가지 측도들이 만들어졌으며 대표적인 것들은 다음과 같다.

- ASE(average squared error): SSE/n
- MSE(mean squared error): $SSE/(n-p)$
- AIC(Akaike's Information Criterion): $n\log(SSE/n)+2p$
- SBC(Schwarz's Information Criterion): $n\log(SSE/n)+p\log(n)$

이 외에도 ASE와 MSE에 제곱근을 취한 RASE(root average squared error)와 RMSE(root mean squared error)가 있다. 여기서 p는 회귀모형인 경우 '입력변수의 개수+1' 또는 '절편을 포함한 회귀계수의 개수'이며, 신경망모형에서는 연결강도(weight)의 개수이다. 의사결정나무모형에서는 p와 관련된 MSE, AIC, SBC 등은 구할 수 없다.

위에 언급된 ASE 등의 측도들은 모두 작을수록 좋은 모형이다. AIC와 SBC를 비교하면 $\log(n) > 2$인 경우($n > 7$)에 p가 증가함에 따라 SBC의 값이 AIC보다 더 빠르게 증가함을 알 수 있다. 즉 AIC에 비해 SBC는 p의 증가에 대해 더 많은 벌점(penalty)을 주며 간단한 모형을 선호한다.

10.3 목표변수가 이진형인 경우

목표변수가 이진형인 경우에 그 변수가 가질 수 있는 값을 0과 1로 표현하는 것이 일반적이다.

신용 불량이나 특정 질환에 걸린 것과 같이 관심 있거나 사건이 일어났다고 여겨지는 경우에 해당하는 값을 흔히 1로 표기한다. 이진변수에 대한 모형을 구축하면 1에 대한 확률인 스코어($\hat{p}$)가 계산되며, 최종적으로는 스코어가 적절한 임계치(cutoff, threshold) 이상이면 1로 그렇지 않으면 0으로 하는 예측값($\hat{y}$)을 얻을 수 있다. 즉 스코어($\hat{p}$)은 0과 1 사이의 실수값이며 예측값($\hat{y}$)은 0 또는 1이다.

목표변수가 이진형인 경우의 모형 평가와 비교는 크게 세 가지 방법에 의해 이루어진다. 첫 번째 방법은 목표변수가 구간형인 경우와 유사하게 목표값과 스코어의 차이를 이용하는 방법으로 RASE가 대표적인 측도이다. 두 번째 방법은 목표값(0 또는 1)과 고정된 임계치에 따른 예측값(0 또는 1)으로 구성되는 이차원 분할표인 정오분류표(confusion matrix)를 기반으로 만들어진 측도들을 이용하는 방법이다. 그리고 세 번째 방법은 다양한 임계치에 따라 만들어지는 측도들로부터 만들어지는 그래프를 이용하는 방법이다. 여기서는 주로 두 번째와 세 번째 방법에 대해 설명하겠다.

10.3.1 정오분류표에 따른 모형 평가 측도

목표값(y)과 예측값($\hat{y}$)의 범주에 따라 〈표 10-1〉과 같은 정오분류표를 만들 수 있으며 이 표를 이용하여 다양한 측도들을 계산할 수 있다. 1을 양성으로 하고 0을 음성으로 표현하여 다음과 같은 약자들을 쓰기도 한다.

- TN(True Negative): 음성을 음성으로 맞게 예측하는 자료 수
- FP(False Positive): 음성을 양성으로 틀리게 예측하는 자료 수
- FN(False Negative): 양성을 음성으로 틀리게 예측하는 자료 수
- TP(True Positive): 양성을 양성으로 맞게 예측하는 자료 수

〈표 10-1〉 정오분류표

		예측값		
		0	1	계
목표값	0	a (TN)	b (FP)	$t_0 = a+b$
	1	c (FN)	d (TP)	$t_1 = c+d$
	계	$f_0 = a+c$	$f_1 = b+d$	$n = a+b+c+d$

아래 그림들에서 ⊞ 표시는 분모와 분자에 모두 들어가는 부분을 나타내고 ☰ 표시는 분모에만 들어가는 부분을 나타낸다.

(1) 정분류율(accuracy)

정분류율은 전체 자료에 대해서 맞게 분류되는 자료의 비율이며 정확도 또는 전체 분류 비율(overall classification rate)이라 한다. 클수록 좋다.

$$정분류율 = \frac{(a+d)}{n}$$

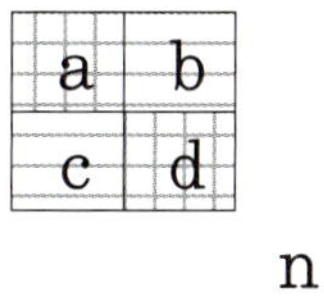

(2) 오분류율(misclassification rate)

오분류율은 전체 자료에 대해서 틀리게 분류되는 자료의 비율인데 작을수록 좋다.

$$오분류율 = 1-정분류율 = \frac{(b+c)}{n}$$

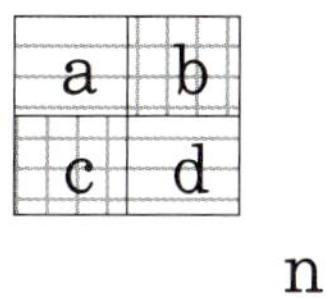

(3) 민감도(sensitivity)

민감도는 실제 1인 자료 중에서 1로 맞게 예측되는 자료의 비율이며 TP 비율, 이익도표, 반응검출률(captured response), recall이라고도 한다. 클수록 좋다.

$$민감도 = \frac{d}{t_1}$$

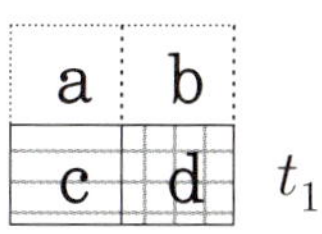

(4) 특이도(specificity)

특이도는 실제 0인 자료 중에서 0으로 맞게 예측되는 자료의 비율이며 TN 비율이라고도 한다. 클수록 좋다.

$$특이도 = \frac{a}{t_0}$$

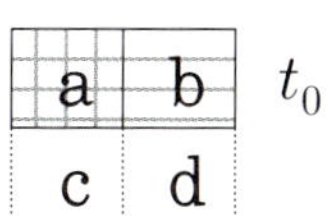

(5) FP 비율

FP 비율은 실제 0인 자료 중에서 1로 틀리게 예측하는 자료의 비율이다. 작을수록 좋다.

$$\text{False Positive rate} = 1-\text{특이도} = \frac{b}{t_0} = 1-\frac{a}{t_0}$$

a	b	t_0
c	d	

(6) 이벤트 정밀도(event precision rate)

이벤트 정밀도는 1로 예측하는 자료 중에서 실제로 1인 자료의 비율이며 정밀도(precision), 양성 예측도(positive predict value), 반응률(response)이라고도 한다. 클수록 좋다.

$$\text{이벤트 정밀도} = \frac{d}{f_1}$$

a	b
c	d
	f_1

(7) 비이벤트 정밀도(non-event precision rate)

비이벤트 정밀도는 0으로 예측하는 자료 중에서 실제로 0인 자료의 비율이며 음성 예측도(negative predict value)라고도 한다. 클수록 좋다.

$$\text{비이벤트 정밀도} = \frac{a}{f_0}$$

a	b
c	d
f_0	

(8) 전체 정밀도(overall precision rate)

전체 정밀도는 이벤트 정밀도와 비이벤트 정밀도의 단순 평균이며 클수록 좋다.

$$\text{전체 정밀도} = (\text{이벤트 정밀도} + \text{비이벤트 정밀도})/2$$

$$= \frac{(a/f_0 + d/f_1)}{2}$$

(9) 비교비(comparability ratio)

비교비는 실제 1인 자료에 대한 1로 예측하는 자료의 비율이다. 1에 가까울수록 좋다.

$$\text{비교비} = \frac{f_1}{t_1} = \frac{\text{민감도}}{\text{양성예측도}}$$

(10) 향상도(lift)

향상도는 실제 1의 비율에 대한 양성 예측도의 비이다. 랜덤모형인 경우에는 1의 값을 가지며 클수록 좋다.

$$\text{향상도} = \frac{d/f_1}{t_1/n}$$

(11) 이득(gain)

이득은 랜덤으로 예측하는 모형에 비해 고려하는 모형에 의해서 실제 1을 추가로 검출하는 능력을 의미한다. 이득이 0이면 모형은 랜덤모형과 차이가 없는 것이고, 이득이 2이면 랜덤모형에 비해 1로 예측하는 자료 중에 실제 1인 자료의 비율이 3배(기대도수의 3배)라는 것이다. 클수록 좋다.

$$\text{이득} = \text{향상도} - 1 = \frac{n \times d}{f_1 \times t_1} - 1$$

(12) F-값

F-값은 민감도와 정밀도의 조화평균이다. 클수록 좋다.

$$F-\text{값} = \frac{2(\text{민감도} \times \text{정밀도})}{\text{민감도} + \text{정밀도}} = \frac{2d}{t_1 + f_1}$$

(13) HSS(Heidke's skill score)

HSS는 고려하는 모형이 랜덤으로 예측하는 모형에 비해 얼마나 나은 지를 보여주는 측도이다.

$$HSS = \frac{PCM - PCR}{1 - PCR}$$

여기서 $PCM = (a+d)/n$은 고려하는 예측모형에서의 정분류율이고 $PCR = (t_0 \times f_0 + t_1 \times f_1)/n^2$은 랜덤모형에서의 정분류율이다. HSS는 $(-\infty, 1]$ 범위의 값을 가지며 클수록 좋다. HSS는 예측모형의 정분류율이 랜덤모형과 같을 때 0이 되고 랜덤모형보다 나쁠 때 음이 되며, 예측모형이 랜덤모형보다 좋을 때 양의 값을 가지며 완벽한 예측을 할 때 1이 된다.

[예제 10.1]
모형1과 모형1에 의한 정오분류표가 아래와 같을 때 평가 척도들의 값을 구하고 비교하여 보자.

모형1의 정오분류표

		예측값		
		0	1	계
목표값	0	56	24	80
	1	14	6	20
	계	70	30	100

모형2의 정오분류표

		예측값		
		0	1	계
목표값	0	64	16	80
	1	6	14	20
	계	70	30	100

풀이) 두 모형에 대한 평가 척도들을 구하면 다음과 같다.

평가척도	모형1	모형2
정분류율	0.62	0.78
오분류율	0.38	0.22
민감도	0.30	0.70
특이도	0.70	0.80
FP 비율	0.30	0.20
이벤트 정밀도	0.20	0.47
비이벤트 정밀도	0.80	0.91
전체 정밀도	0.50	0.69
비교비	1.5	1.5
향상도	1.00	2.33
이득	0.00	1.33
F-값	0.24	0.56
HSS	0.00	0.42

모형1은 랜덤모형과 같은 성능을 가지는 모형이고, 모형2는 랜덤모형보다 성능이 우수한 모형이다. 각 척도들은 모형2가 모형1보다 우수하다는 것을 보여주고 있다. 모형1과 같은 랜덤모형에서는 이득과 HSS의 값이 0이 됨을 확인할 수 있다.■

10.3.2 이진모형 평가 그래프

모형이 구축되면 스코어가 계산되며 임계치가 정해지면 0 또는 1의 예측값이 결정된다. 통상적으로 임계치는 0.5를 많이 사용한다. [그림 10-1]은 정오분류표의 값들이 임계치가 커짐에 따라 어떻게 변하는 지 보여주고 있다. 목표값이 0 또는 1인 자료 수는 고정되어 있지만 임계치가 커짐에 따라 임계치 이상의 스코어를 가지는 자료는 줄어들게 되므로 b가 줄어드는 만큼 a가 늘어나고 d가 줄어드는 만큼 c가 늘어난다. 임계치가 낮아지면 반대의 현상이 일어난다. 랜덤모형보다 좋은 모형의 경우 임계치가 커짐에 따라 1로 예측되는 자료 중에 실제 1인 자료의 비율인 정밀도(d/f_1)가 증가하지만, 실제 1인 자료 중에 1로 예측되는 비율인 민감도(d/t_1)는 감소한다. 반면에 임계치가 낮아지면 정밀도는 감소하고 민감도는 증가한다. 정밀도와 민감도는 반대 방향으로 움직인다는 것을 알 수 있다. 불량고객(1)을 판별하는 것이 목적인 경우 임계치가 지나치게 낮으면 우량고객들임에도 불량고객으로 분류하는 경우가 많을 것이고, 임계치가 지나치게 높으면 불량고객임에도 우량고객으로 분류하는 경우가 많을 것이다. 실제의 문제에서는 적절한 임계치를 설정하는 것이 중요하다.

		예측값		
		0	1	계
목표값	0	a ←	b	$t_0 = a+b$
	1	c ←	d	$t_1 = c+d$
	계	$f_0 = a+c$	$f_1 = b+d$	$n = a+b+c+d$

[그림 10-1] **임계치가 커짐에 따른 정오분류표의 변화**

[예제 10.2] 다음의 표와 같이 11개의 자료에 대해 목표값과 스코어가 주어졌다. 임계치를 0.5로 할 때와 0.65로 할 때의 정오분류표를 만들어 보자. 임계치와 스코어가 같으면 1로 예측하는 것으로 한다. 편의상 자료는 스코어에 따라 정렬하였다.

목표값	0	0	0	1	0	0	1	1	0	1	1
스코어	0.1	0.2	0.3	0.4	0.45	0.5	0.5	0.6	0.7	0.8	0.9

풀이) 임계치에 따른 정오분류표는 다음과 같다.

임계치= 0.5

		예측값		
		0	1	**계**
목표값	0	4	2	6
	1	1	4	5
	계	5	6	11

임계치=0.65

		예측값		
		0	1	**계**
목표값	0	5	1	6
	1	3	2	5
	계	8	3	11

임계치에 따라 만들어지는 정오분류표를 기반으로 모형 비교를 위한 다양한 그래프들이 만들어진다. 여기서는 SAS의 E-miner에서 많이 사용하는 누적향상도, ROC(receiver operation characteristics), Precision Recall 곡선에 대해 설명하겠다.

누적 향상도는 가로축을 깊이로 하고 세로축을 누적향상도로 하는 그림이다. 여기서 깊이는 1로 예측하는 자료의 비율(f_1/n)을 의미하며 임계치가 낮아질수록 깊이는 커진다. 누적향상도는 실제 1의 비율에 대한 1로 예측하는 것 중 실제 1의 비율($\frac{d/f_1}{t_1/n}$)로 주어진다. 누적향상도의 곡선이 높을수록 성능이 우수하다고 할 수 있고 깊이가 100%(전부 1로 예측)일 때 1이 된다.

ROC 곡선은 판별분석 분야에서 모형의 성능을 평가하기 위해 많이 사용하는 그림으로 가로축을 '1-특이도'로 하고 세로축을 민감도로 하는 그림이다. 곡선 아래의 면적은 ROC 인덱스라 하는데 AUC(area under curve)로 불리기도 한다. 이는 모형의 성능을 측정하는 측도로 사용되고 있다. ROC 인덱스는 0과 1 사이의 값을 가진다. 랜덤모형인 경우 ROC 곡선은 (0,0)과 (1,1)을 지나는 직선이 되며 ROC 인덱스는 0.5가 된다. ROC 인덱스가 0.5 근처이면 랜덤모형과 비슷하고 0.5보다 작으면 랜덤모형보다 못하며 0.5보다 클수록 성능이 좋은 모형이라 할 수 있다.

Precision Recall 곡선은 가로축을 민감도로 하고 세로축을 정밀도(이벤트 정밀도)로 하는 그림으로 곡선이 높은 값을 가질수록 성능이 좋은 모형이라 할 수 있다.

〈표 10.2〉는 [예제 10.2]의 자료에 대해 세 가지 곡선을 그리기 위해 사용된 측도들을 계산한 결과이다.

〈표 10.2〉 임계치에 따른 평가 측도들

임계치	깊이(%)	b	d	정밀도	누적 향상도	1-특이도	민감도
1.0	0.0	0	0	.	.	0.000	0.000
0.9	9.1	0	1	1.000	2.200	0.000	0.200
0.8	18.2	0	2	1.000	2.200	0.000	0.400
0.7	27.3	1	2	0.667	1.467	0.167	0.400
0.6	36.4	1	3	0.750	1.650	0.167	0.600
0.5	54.5	2	4	0.667	1.467	0.333	0.800
0.45	63.6	3	4	0.571	1.257	0.500	0.800
0.4	72.7	3	5	0.625	1.375	0.500	1.000
0.3	81.8	4	5	0.556	1.222	0.667	1.000
0.2	90.9	5	5	0.500	1.100	0.833	1.000
0.1	100.0	6	5	0.455	1.000	1.000	1.000

[그림 10-2]는 깊이에 따른 누적 향상도를 그린 그림으로 깊이가 커질수록 누적 향상도는 감소하며 1로 수렴하는 것을 볼 수 있다. [그림 10-3]은 가로축을 '1-특이도'로 세로축을 민감도로 하는 ROC 곡선을 그린 그림으로 '1-특이도'가 커짐에 따라 증가하는 것을 볼 수 있다. [그림 10-4]는 가로축을 민감도로 세로축을 정밀도로 하는 Precision Recall 곡선을 그린 그림으로 민감도가 증가함에 따라 정밀도는 대체로 떨어짐을 볼 수 있다.

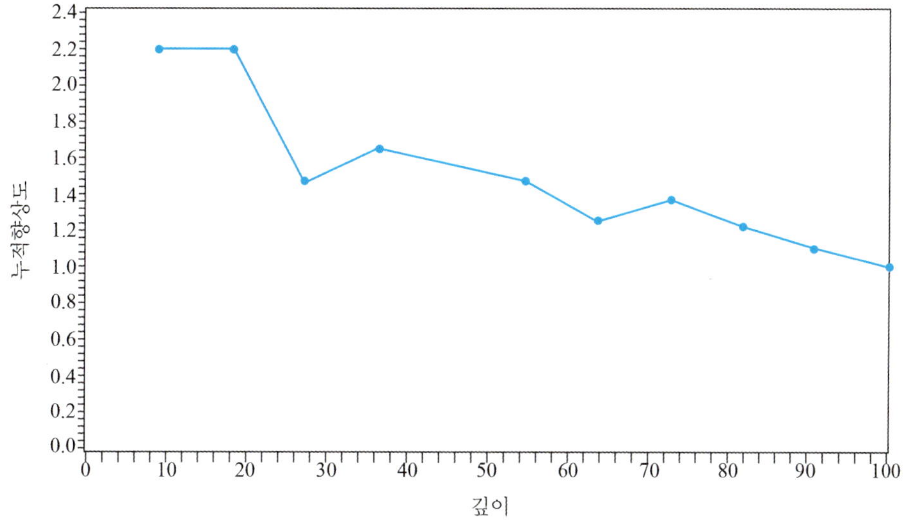

[그림 10-2] 누적 향상도

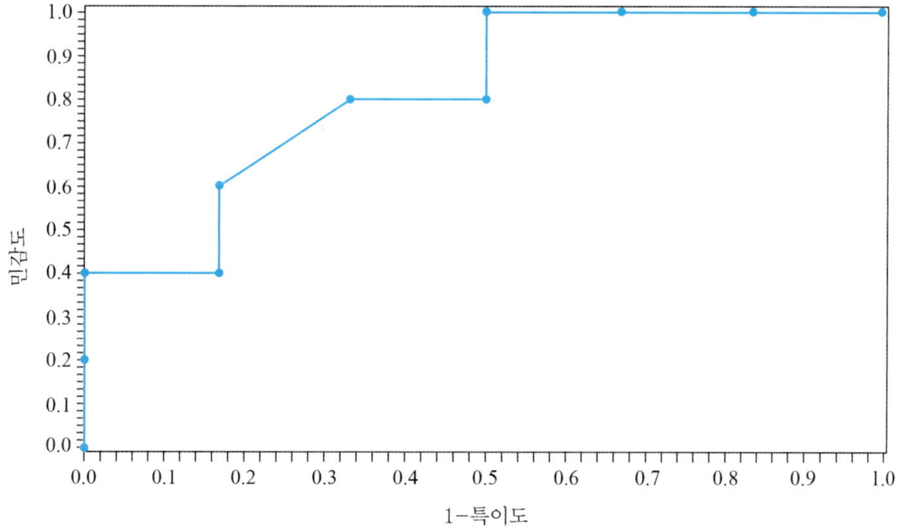

[그림 10-3] ROC 곡선

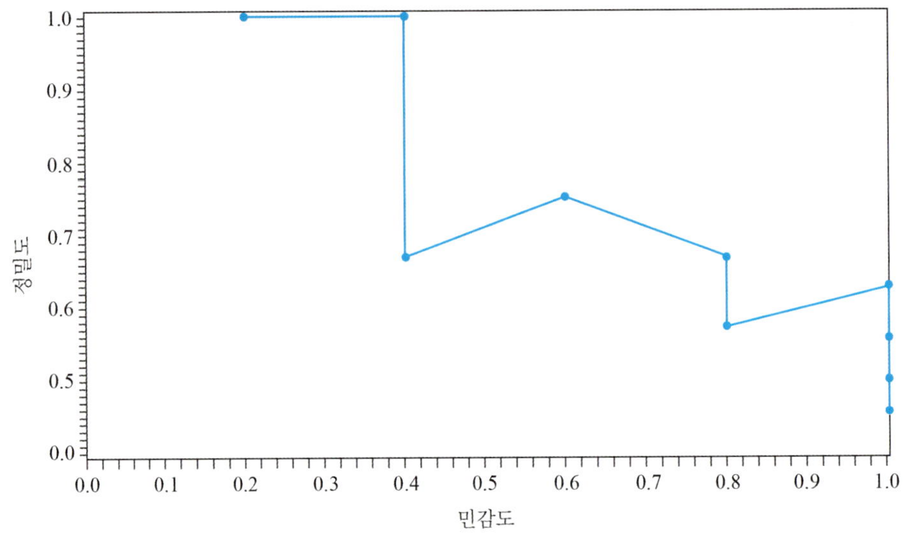

[그림 10-4] Precision Recall 곡선

10.4 사례분석

10.4.1 Boston Housing 데이터를 이용한 모형 비교

이 사례는 목표변수가 구간형인 경우의 모형 비교에 대한 것이다. 사용된 예제자료는 미국 보스턴 근교에 있는 506개 지역의 집값을 조사한 자료이다. 목표변수는 지역 집값들의 중앙값에 로그를 취한 lgmedv이며 입력변수는 노후된 집의 비율인 age, 저소득층의 비율에 대한 로그 값인 lglstat, 방의 평균 개수의 제곱인 rm2이다. 〈표 10-3〉은 분석에 사용할 변수들을 보여주고 있다.

〈표 10-3〉 예제자료의 변수와 설명

변수명	설명	역할
lgmedv	log(지역 집값의 중앙값)	target
age	노후된 집의 비율 (%)	input
lglstat	log(저소득층의 비율)	input
rm2	방의 평균 개수의 제곱	input

• 다이어그램 작성

프로젝트 트리에서 다이어그램을 생성하고 이름을 모형비교로 한다.

• 데이터 소스 작성

분석에 사용할 자료를 선택하고 변수의 역할을 지정하고 자료의 역할을 지정한다.

① 프로젝트 트리 → 데이터 소스 → 데이터 소스 생성을 눌러 데이터 소스 마법사를 띄운다. [그림 10-5]와 같이 2번째 단계에서 테이블을 Boston_Housing으로 설정한다.

[그림 10-5] 데이터 소스 마법사의 테이블 선택 대화상자

② [그림 10-6]과 같이 age, lglstat, lgmedv, rm2를 제외한 모든 변수들을 제거한다. lgmedv의 역할은 Target으로 한다.

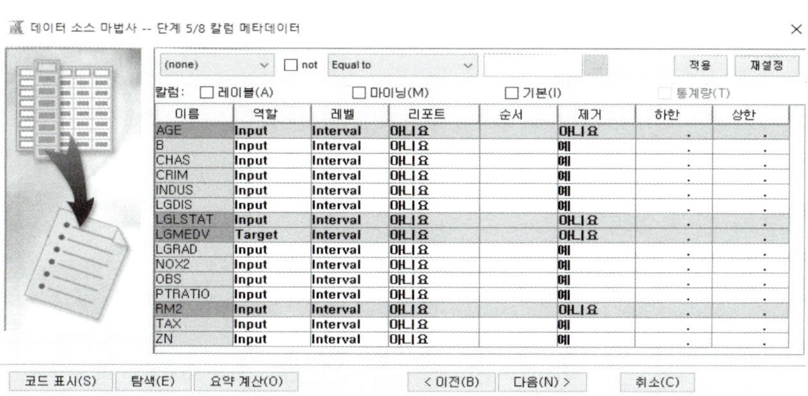

[그림 10-6] 변수 지정 과정

③ 데이터 소스에 있는 Boston_Housing을 다이어그램에 넣는다.

• 분석흐름도 작성

[그림 10-7]과 같이 분석흐름도를 작성한다.

① 표본추출에 있는 데이터 분할 노드를 추가한다.

② 모델에 있는 의사결정트리, 회귀, 신경망 노드를 추가한다.

③ 평가에 있는 모델비교 노드를 추가한다.

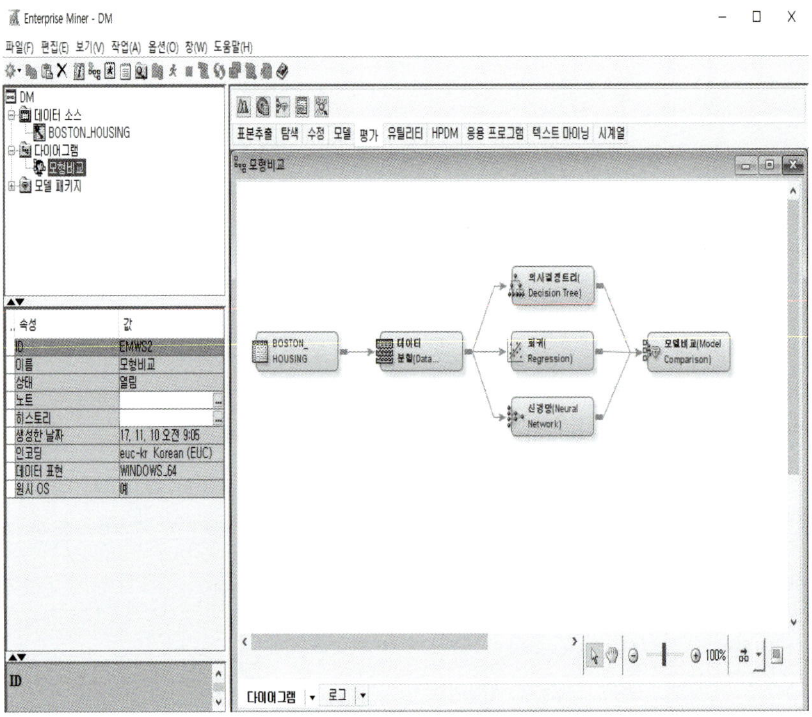

[그림 10-7] **모형 비교 분석흐름도**

• 각 노드의 옵션 설정

① 데이터 분할 노드, 의사결정트리, 회귀, 신경망 노드의 옵션은 모두 초기값으로 설정한다.

② [그림 10-8]과 같이 모델비교 노드의 속성에서 모델 선택의 통계량 선택을 '평균(Average) 제곱오차'로 하고 선택 테이블을 '검증용(Test)'으로 한다. 이 옵션은 검증용 자료에 대해서 최소의 평균제곱오차를 가지는 모형을 최적의 모형으로 선택하기 위한 것이다.

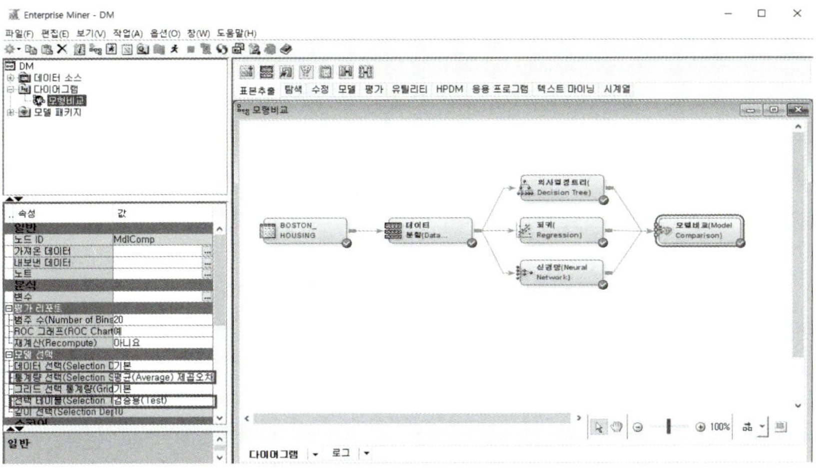

[그림 10-8] 모델비교의 속성 지정

- 모델비교 결과 보기

(1) 결과 창

모델비교 노드를 실행하면 [그림 10-9]와 같이 4개의 창으로 이루어진 결과를 볼 수 있다. 적합통계량 창은 모델적합에 대한 통계량을 보여주는 테이블이며 사용된 모형들에 대해 분석용, 평가용, 검증용 자료에 대해서 각각 통계량들을 보여준다. 출력 창은 적합통계량의 내용을 리스트 형태로 표현한 것이다.

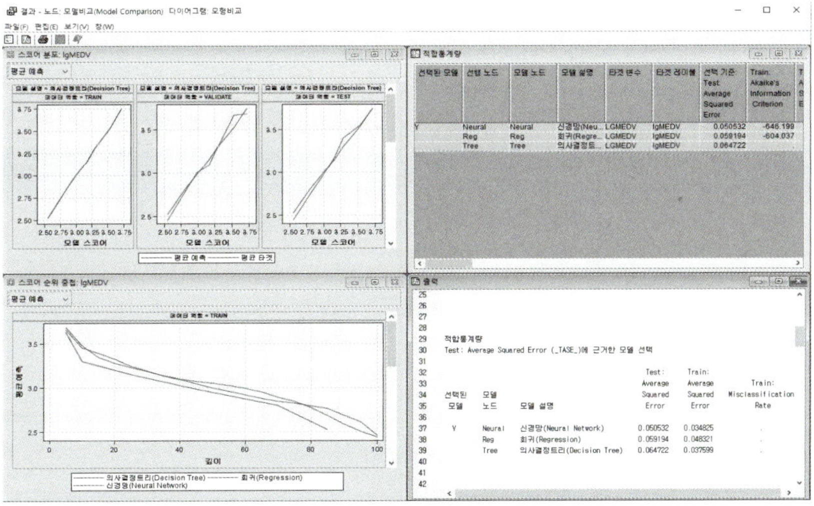

[그림 10-9] 모델비교 결과 창

적합통계량 창에서 선택된 모델에 Y 표시가 있는 것은 그 모형이 최적의 모형이라는 것으로 이 예제에서는 검증용 자료에 대해 평균제곱오차를 비교하였고 최종적으로 신경망모형이 선택되었다는 것을 볼 수 있다. 목표 변수가 구간형인 경우에 모형비교를 위해 가장 널리 사용되는 평균제곱오차(average squared error)를 비교하면 〈표 10-4〉와 같다. 분석용〈평가용〈검증용의 순으로 평균제곱오차가 커지는 것을 볼 수 있으며, 회귀모형과 의사결정나무에 비해서 신경망모형이 분석용과 평가용에서도 평균제곱오차가 가장 작다는 것을 볼 수 있다.

〈표 10-4〉 **평균제곱오차**

	분석용(train)	평가용(valid)	검증용(test)
신경망모형	0.0348	0.0442	0.0505
회귀모형	0.0483	0.0537	0.0592
의사결정나무	0.0376	0.0446	0.0647

10.4.2 German Credit 자료를 이용한 모형 비교

이 사례는 목표변수가 이진형인 경우의 모형 비교에 대한 것이다. 사용된 예제자료는 독일 은행에서 신용상태에 영향을 주는 변수들을 찾고 신용불량자를 판별하기 위해 1,000명을 조사한 자료이다. 목표변수는 신용상태를 나타내는 credit이며 입력변수는 대출액인 amount, 직불카드 구좌상태인 check_a, 대출 존속기간인 duration이다. 〈표 10-5〉는 분석에 사용할 변수들을 보여주고 있다.

〈표 10-5〉 **예제자료의 변수와 설명**

변수명	설명	역할
credit	신용상태 0:신용 양호 1: 신용 불량	target
amount	대출액	input
check_a	직불카드 구좌상태 CA0: 구좌없음 CA1: 〈0 CA2: 0~200 CA3: ≥200	input
duration	존속기간	input

• 데이터 소스 작성

분석에 사용할 자료를 선택하고 변수의 역할을 지정하고 자료의 역할을 지정한다.

① 프로젝트 트리 → 데이터 소스 → 데이터 소스 생성을 눌러 데이터 소스 마법사를 띄운다. [그림 10-10]과 같이 2번째 단계에서 테이블을 German_Credit으로 설정한다.

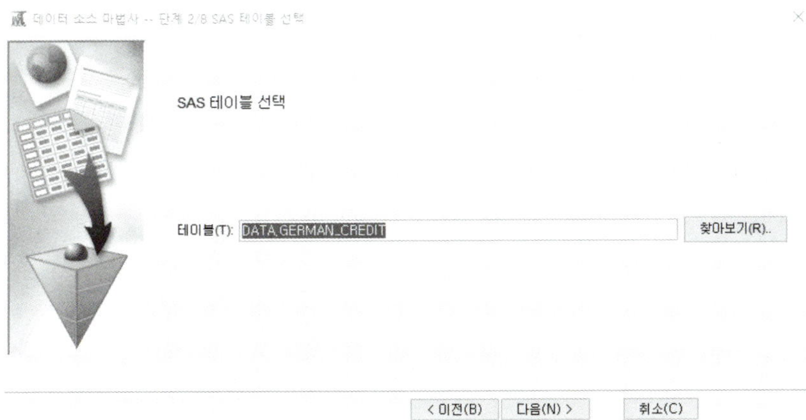

[그림 10-10] **데이터 소스 마법사의 테이블 선택 대화상자**

② [그림 10-11]과 같이 amount, check_a, credit, duration을 제외한 모든 변수들을 제거한다. credit의 역할을 Target으로 지정한다.

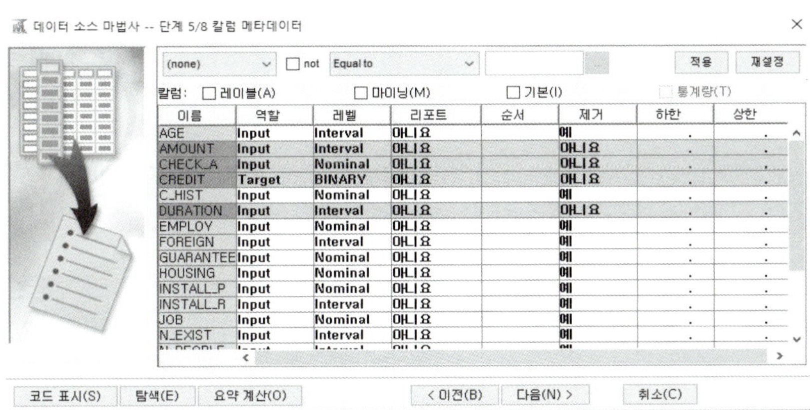

[그림 10-11] **변수 지정 과정**

③ 데이터 소스에 있는 German_Credit을 다이어그램에 넣는다.

• 분석흐름도 작성

[그림 10-12]와 같이 분석흐름도를 작성한다.

① 표본추출에 있는 데이터 분할 노드를 추가한다.

② 모델에 있는 의사결정트리, 회귀, 신경망 노드를 추가한다.

③ 평가에 있는 모델비교 노드를 추가한다.

④ 평가에 있는 임계치(Cutoff) 노드를 추가한다.

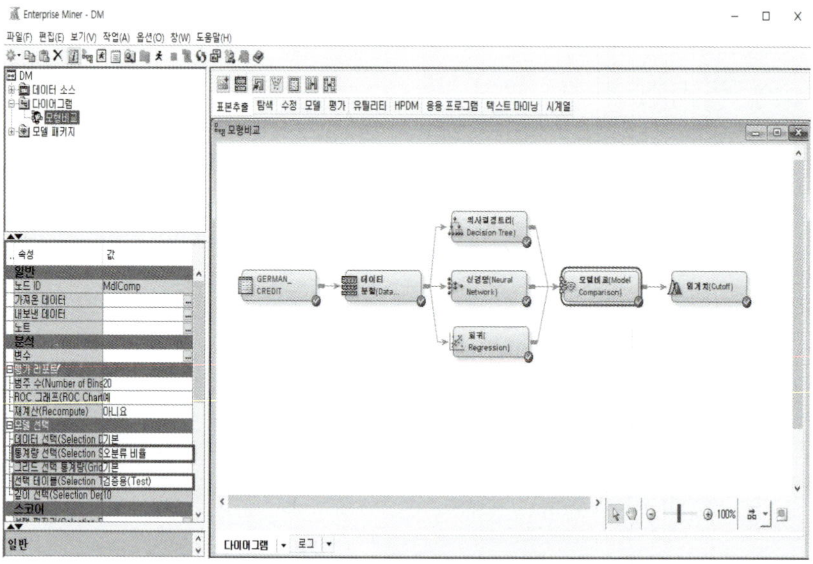

[그림 10-12] **모형 비교 분석흐름도**

• 각 노드의 옵션 설정

① 데이터 분할 노드, 의사결정트리, 회귀, 신경망 노드의 옵션은 모두 초기값으로 설정한다.

② [그림 10-12]와 같이 모델비교 노드의 속성에서 모델 선택의 통계량 선택을 '오분류 비율'로 하고 선택 테이블을 '검증용(Test)'으로 한다. 이 옵션은 검증용 자료에 대해서 최소의 오분류비율을 가지는 모형을 최적의 모형으로 선택하기 위한 것이다.

• 모델비교 노드 결과 보기

(1) 결과 창

모델비교 노드를 실행하면 [그림 10-13]과 같이 4개의 창으로 이루어진 결과를 볼 수 있다. ROC 그래프 창은 분석용, 평가용, 검증용 자료 각각에 대해 ROC 그래프를 보여주는 창이며 스코어 순위 중첩 창은 스코어에 따른 누적향상도 등을 보여주는 창이다. 적합통계량 창은 모델적합에 대한 통계량을 보여주는 테이블이며 출력 창은 적합통계량의 내용을 리스트 형태로 표현한 것이다.

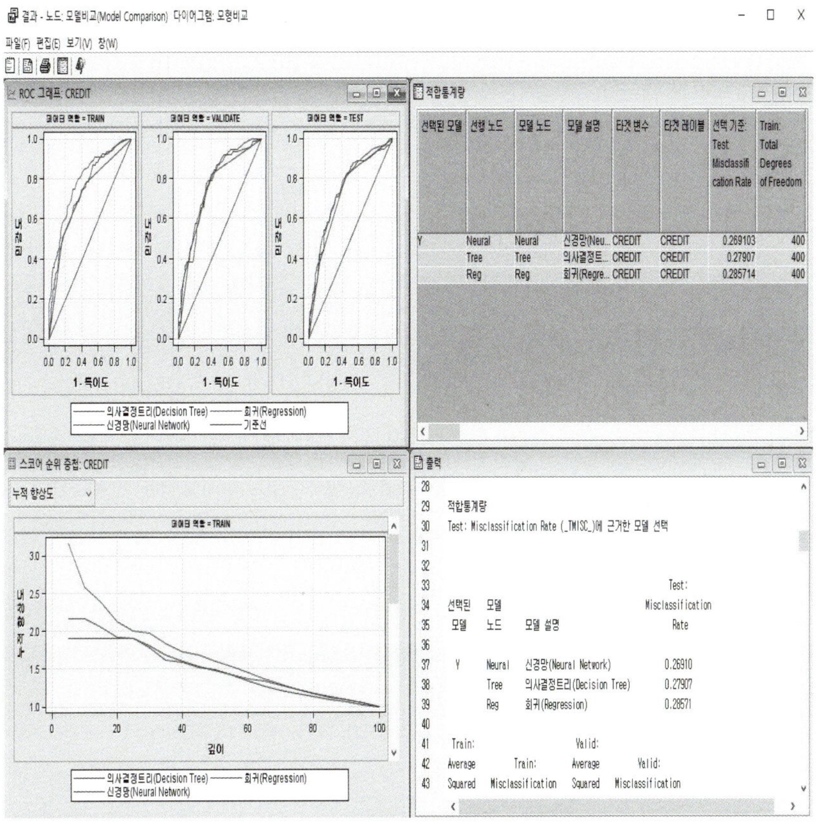

[그림 10-13] **모델비교 결과 창**

[그림 10-14]는 가로축을 '1-특이도'로 세로축을 민감도로 하는 ROC 곡선을 그린 그림으로 '1-특이도'가 커짐에 따라 민감도가 처음에는 빠르게 증가하다가 나중에는 서서히 증가하는 모양을 볼 수 있다. 대각선의 직선은 기준선으로 랜덤모형에서의 ROC 곡선을 나타내며 이 곡선보다 높은 모형이 좋은 모형이라 볼 수 있다. 분석용 자료에서는 신경망모형이 다른 모형에 비해서 곡선이 높게 나타나고 있어 잘 적합되고 있고, 평가용과 검증용 자료에서는 비슷한 곡선을 가지고 있어 세 모형이 비슷하다고 볼 수 있다.

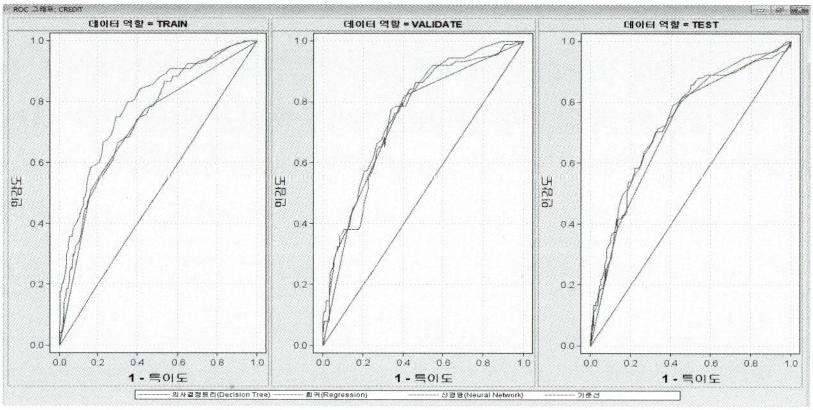

[그림 10-14] ROC 그래프

[그림 10-15]의 스코어 순위 중첩 창은 깊이에 따라 누적향상도, 향상도, 이득, 반응률, 누적반응률, 반응검출률, 누적반응검출률을 보여주는 창이다. 깊이는 스코어에 따라 1로 예측되는 자료의 백분율이며, 깊이가 20이라는 것은 임계치 이상인 자료의 비율이 0.20이라는 것이다. 깊이가 작을 때 누적향상도의 값은 크며 깊이가 100으로 갈수록 1로 수렴하는 것을 볼 수 있다. 누적향상도의 값은 클수록 좋으며 분석용인 경우 신경망모형이 좋고, 평가용과 검증용에서는 큰 차이를 보이지 않고 있다.

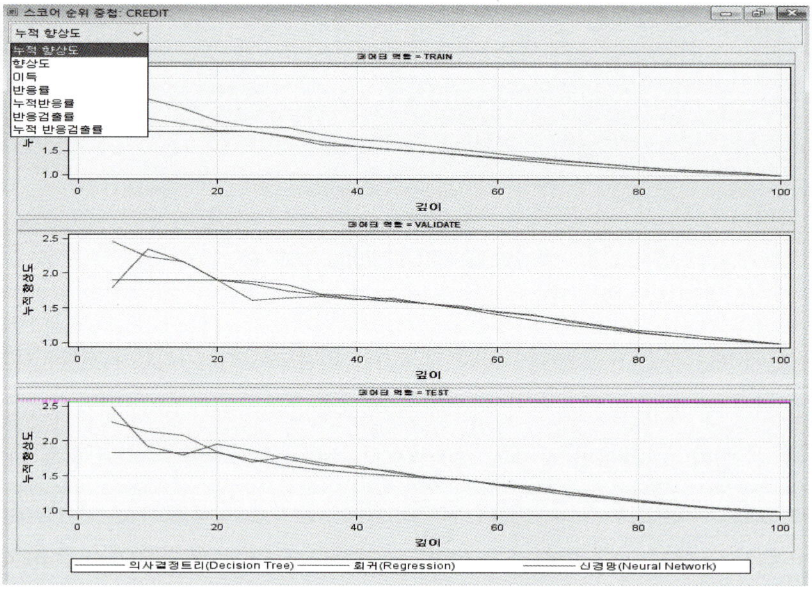

[그림 10-15] 의 스코어 순위 중첩 창

[그림 10-13]의 적합통계량 창에서 선택된 모델에 Y 표시가 있는 것은 그 모형이 최적의 모형이라는 것으로 이 예제에서는 검증용 자료에 대해 오분류율을 비교하였고 최종적으로 신경망모형이 선택되었다. 목표 변수가 이진형인 경우에 모형비교를 위해 많이 사용되는 측도들을 비교하면 〈표 10-6〉과 같다. 오분류율은 임계치를 0.5로 하여 구하였으며 분석용〈평가용〈검증용의 순으로 커지는 것을 볼 수 있으며, 신경망모형이 세 자료 모두에서 가장 작은 오분류율을 가지고 있다. 분석 자료에서 1의 비율인 30%를 기준으로 한 누적 향상도를 보면, 평가용에서는 회귀모형이 가장 높고, 분석용과 검증용에서는 신경망모형이 가장 높게 나왔다. Roc 인덱스를 보면, 분석용에서는 신경망모형이 가장 좋고 평가용과 검증용에서는 회귀모형이 가장 좋으며 세 자료 모두에서 의사결정나무가 가장 낮게 나왔다.

〈표 10-6〉 **모형비교 측도**

		분석용	평가용	검증용
오분류율	신경망모형	0.245	0.251	**0.269**
	의사결정나무	0.263	0.268	0.279
	회귀모형	0.263	0.264	0.286
상위 30% 누적 향상도	신경망모형	1.972	1.642	**1.781**
	의사결정나무	1.800	1.749	1.647
	회귀모형	1.778	1.829	1.745
Roc 인덱스	신경망모형	0.787	0.750	0.729
	의사결정나무	0.716	0.738	0.713
	회귀모형	0.739	0.768	**0.739**

- 임계치 노드 결과 보기

(1) 결과 창

임계치 노드를 실행하면 [그림 10-16]과 같이 4개의 창으로 이루어진 결과를 볼 수 있다. 임계치 노드에서 사용된 모형은 앞 단계인 모델비교의 결과인 신경망모형이고 사용된 자료는 분석용이다. Precision Recall 곡선은 가로축을 민감도로 하고 세로축을 정밀도로 하는 그림으로 곡선이 높은 값을 갖는 것이 좋다. ROC 곡선은 가로축을 '1-특이도'로 하고 세로축을 민감도로 하는 그림으로 곡선이 높은 값을 갖는 것이 좋다. 전체 비율 창은 전체 분류 비율(정분류율), True Positive 비율(민감도), False Positive 비율(1-특이도), True Negative 비율(특이도)를 임계치에 따라 그린 그림을 보여 준다. 출력 창은 임계치를 결정하기 위한 여러 과정들의 결과를 보여 준다.

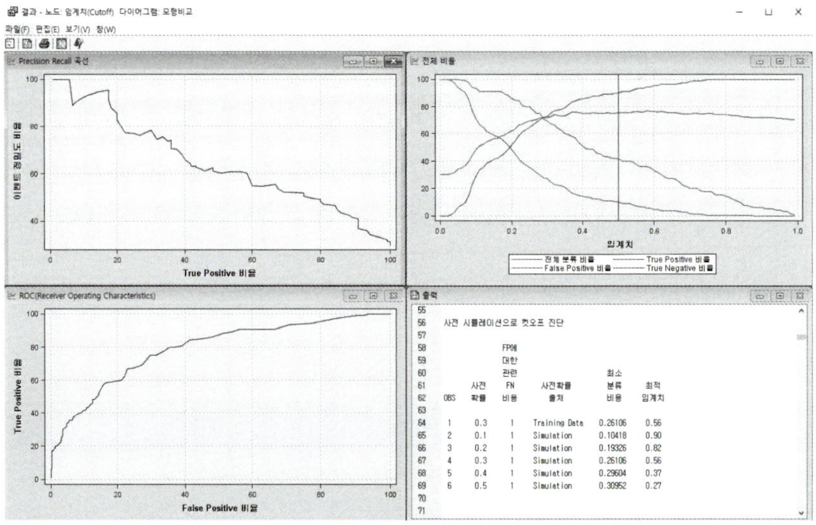

[그림 10-16] **임계치 노드의 결과**

임계치 노드에서 임계치를 설정하는 방법을 선택할 수 있는데, [그림 10-17]과 같이 '컷오프(임계치) 설정 방법'에서 옵션을 지정할 수 있다. 각 옵션을 설명하면 다음과 같다.

- User Input: 디폴트이며 사용자 입력 임계값(Cutoff User Input)에 임계치를 설정할 수 있다. 초기 임계치는 0.5이다.
- Maximum KS Statisticer: 분석용자료에서 1의 비율인 사전확률을 임계치로 설정한다.
- Minimum Misclassification Cost Training Prior: FP 비율(1−특이도)과 FN 비율(1−민감도)의 비용이 같다는 가정을 하고, 주어진 사전확률 p에 대해서

$$FP \text{ 비율}*(1-p)+FN \text{ 비율}*p$$

  를 최소화하는 임계치를 설정한다. p가 자료에서의 1의 비율이면 위 식은 오분류율과 같으며, 오분류율이 최소가 되도록 임계치를 정하는 방법이다.
- Maximum True Pos Rate: 민감도가 최대가 되도록 임계치를 정하는 방법이다.
- Maximum Event Precision From Training Prior: (이벤트) 정밀도가 최대가 되도록 임계치를 정하는 방법이다.

- Event Precision Equal Recall: (이벤트) 정밀도와 민감도가 같아지도록 임계치를 정하는 방법이다.
- Maximum Cumulative Profit: 누적 이득이 최대가 되도록 임계치를 정하는 방법이다.

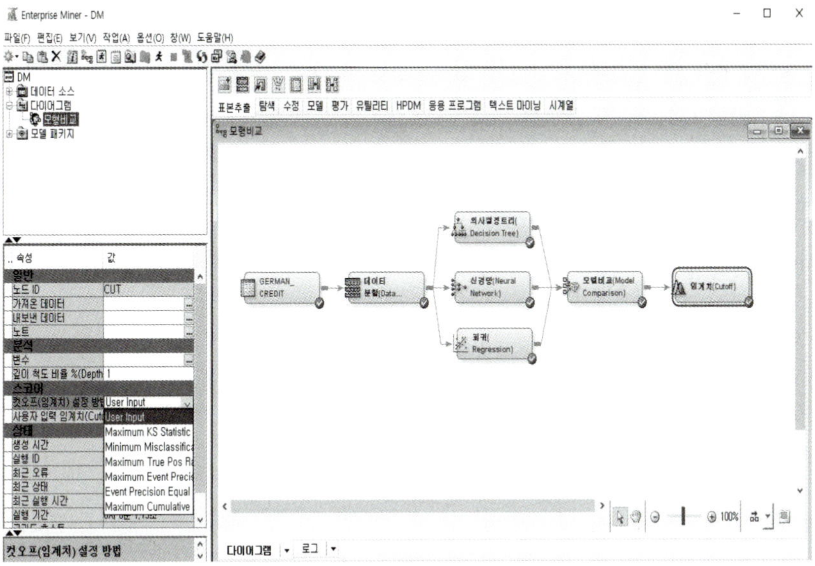

[그림 10-17] **임계치 설정 방법**

연습문제

1 0과 1로 이루어진 목표변수에 대한 예측의 문제에 대해 답하시오. 1에 대한 예측에 관심이 있다고 가정한다.

1) 다음 12개의 예측값(스코어)에서 임계치를 0.45로 하였을 때의 정오분류표와 정분류율을 구하여라.

실제값	0	0	0	0	0	0	0	1	1	1	1	1
예측값	0.1	0.2	0.4	0.3	0.2	0.5	0.6	0.3	0.4	0.5	0.6	0.7

2) 예측 결과와 분계점이 (1)과 같을 때 다음을 각각 구하여라(분수로 표현).

1) 정분류율　　2) 민감도　　3) 특이도　　4) Lift

3) 통상적인(좋은) 모형의 경우에 임계치가 높아짐에 따라 민감도와 특이도는 어떻게 변하는 지 설명하여라.

4) 정분류율만 가지고 모형을 비교하는 것이 좋지 않은 경우를 예를 들어 설명하여라.

2 1에 대한 예측에 관심이 있는 이진변수의 예측에서, 예측 결과가 분계점에 따라 다음과 같을 때 물음에 답하여라.

빈도		예측		총계
		0	1	
관측값	0	60	10	70
	1	10	20	30
총계		70	30	100

(a)

빈도		예측		총계
		0	1	
관측값	0	62	8	70
	1	13	17	30
총계		75	25	100

(b)

1) 분계점이 큰 경우는 (a)와 (b) 중에서 무엇인가?

2) 예측 결과가 (b)와 같을 때 ① 정분류율, ② 오분류율, ③ 민감도(captured response) ④ Lift, ⑤ 비교비, ⑥ 특이도를 각각 구하여라. (분수로 표현)

3) 통상적인(좋은) 모형의 경우에 분계점과 Lift의 관계를 설명하여라.

4) (a)와 (b)에서 HSS를 구하고 비교하여라.

3 **주어진 Fatliv 데이터를 이용하여 분석을 하시오. Fatliver를 목표변수(이진, 목표값=1=지방간)로 하고, 데이터는 분석용(train, 40%), 평가용(validation, 30%), 검증용(test, 30%)으로 분할하시오. 입력변수는 연속형으로 BMI, GPT이고 범주형(nominal)으로 smoking이다. 언급 안 된 변수는 전부 reject. 문제에서 주어지지 않은 option은 default로 하시오.**
smoking: 1=금연, 2=과거 흡연, 3=흡연

1) 의사결정나무분석을 하고 임계치를 0.5로 하였을 때 분석용자료와 평가용자료의 오분류율을 비교하여라.
2) 변수선택방법을 사용하지 않는 로지스틱회귀분석을 하고 임계치를 0.6으로 하였을 때 분석용자료에 대한 정오분류표와 정분류율을 구하여라.
3) 은닉노드의 수를 3으로 하는 신경망분석을 하였을 때 분석용 자료의 1번째 관측값에 대한 목표변수의 예측값(score)은?
4) 임계치를 0.5로 하였을 때 1), 2), 3)의 모형들을 자세히 비교하여라.
5) 3)의 신경망모형에서 가장 적절한 임계치를 선정하여라.

4 **주어진 German_credit 데이터를 이용하여 분석을 하시오. Credit을 목표변수(이진, 목표값=1)로 하고, 데이터는 분석용(train, 40%), 평가용(validation, 30%), 검증용(test, 30%)으로 분할하시오. 입력변수는 연속형으로 amount, duration이고 범주형으로 check_a이다. 언급 안 된 변수는 전부 reject. 문제에서 주어지지 않은 option은 default로 하여라.**

(1) 의사결정나무분석을 하고 임계치를 0.5로 하였을 때 분석용자료와 평가용자료의 오분류율을 비교하여라.
(2) 단계적선택법으로 변수 선택을 하는 로지스틱회귀분석을 하고 임계치를 0.6으로 하였을 때 분석용자료에 대한 정오분류표와 정분류율을 구하여라.
(3) 은닉노드의 수를 4로 하는 신경망분석을 하였을 때 분석용 자료의 1번째 관측값에 대한 목표변수의 예측값(score)은?
(4) 임계치를 0.5로 하였을 때 (1), (2), (3)의 모형들을 자세히 비교하여라.
(5) (3)의 신경망모형에서 가장 적절한 임계치를 선정하여라.

부록

실습 데이터

각 장에서 사용한 실습데이터에 대한 자료출처와 변수의 속성 그리고 변수의 의미 등을 설명한다.

실습에 사용된 모든 자료는 Excel 워크시트와 Sas-data-set 양식으로 저장되어 있다. 따라서 사용자는 Excel 혹은 Sas-data-set 중 편리한 것을 사용할 수 있다. 만약 Excel 자료를 이용하고자 한다면, SAS 확장편집기 창을 활성화하여 라이브러리(DMDATA)를 생성한 다음, File 메뉴에서 "데이터 가져오기"를 이용하여 Sas-data-set을 생성하여야 한다. 변수에 대한 자세한 정보는 변수설명 폴더를 열어서 확인하기 바란다.

1 Boston Housing 데이터

(1) 목 적

1978년 미국의 보스턴 근교의 집의 가격과 이들 가격에 영향을 주는 변수를 찾아내어 변수의 특성을 분석하고 이러한 변수들에 따른 집의 가치에 대한 규칙을 발견하는 것을 목적으로 한다.

(2) 출 처

D. Harrison & D.L. Rubinfield : Hedonic prices & the demand for clean air J. Environ : Economics & Management vol.5, 81−102, 1978

(3) 관측값의 개수

① 자료개수 : N=506

② 변수개수 : 14

(4) 변수설명(알파벳 순)

① AGE : 노후화된 집의 비율(%)

② B : 1000(Bk−0.63)2 (Bk는 흑인비율)

③ CHAS : 강변 유무

1 : 강변 有　　0 : 강변 無

④ CRIM : 범죄 발생률(%)

⑤ INDUS : 상업지역의 비율(%)

⑥ lgDIS : 도심까지의 평균거리의 log변환

⑦ lgLSTAT : 저소득층 비율의 log변환(%)

⑧ lgMEDV : 지역 집값의 중앙값의 log변환

⑨ lgRAD : 고속도로 접근성의 지표의 log변환

⑩ NOX2 : 질소산화물 농도의 자승(1/10,000,000)

⑪ PTRATIO : 학생과 교사 비율(학생/교사) (%)

⑫ RM2 : 방의 평균개수의 제곱

⑬ TAX : 재산세 비율($10,000당) (%)

⑭ ZN : 주거지역의 비율(%)

2 Fatty Liver(지방간) 데이터

(1) 목 적

지방간에 영향을 주는 주요 변수를 선택하고, 각 변수에 따른 지방간 유병자에 대한 특성을 파악함으로써 지방간 유병자가 될 가능성이 높은 사람을 조기에 발견하여 질병을 예방하고자 하는 것을 목적으로 한다.

(2) 출 처

부산의 S병원 건강검진센터를 2003년 03월~2003년 11월 사이 내원하여 검진을 받은 수검자들을 대상으로 지방간과 관계를 갖는 변인을 찾기 위하여 조사한 자료이다.

(3) 관측값의 개수

① 자료개수 : N=511

② 변수개수 : 18

(4) 변수설명(알파벳 순)

① AGE : 연령

② ALB : 알부민 수치

③ BMI : 비만도 측정지수

④ DIABP : 이완기 혈압

⑤ DRINK : 음주여부

1 = 금주 2 - 가끔 3 = 자주

⑥ GENDER : 성별

1 = 남 2 = 여

⑦ GLUCO : 당뇨검사

⑧ GOT : 간기능검사 수치

⑨ GPT : 간기능검사 수치

⑩ FATLIVER (Rawfatliver를 재분류)

0 = 정상 1 = 지방간

⑪ HB : 혈색소

⑪ HDLC : HDL 콜레스테롤

⑬ LDLC : LDL 콜레스테롤

⑭ Rawfatliver

0 = 정상 1 = 약

2 = 심각 3 = 매우 심각

⑮ SMOKING : 흡연여부

1 = 금연 2 = 과거흡연 3 = 흡연

⑯ SYSBP : 수축기 혈압

⑰ TCHOL : 콜레스테롤 수치

⑱ TG : 중성지방

3 German Credit 데이터

(1) 목 적

독일 은행에서 신용상태에 영향을 주는 변수를 선택하고, 각 변수들에 대한 특성을 파악하여 신용불량자를 조기에 선별하는데 도움을 줄 수 있는 규칙을 발견하는 것을 목적으로 한다.

(2) 출 처

Professor Dr. Hans Hofmann : Institute f'ur Statistik und "Okonometrie Universit" at Hamburg

(3) 관측값의 개수

① 자료개수 : N=1,000

② 변수개수 : 21

(4) 변수설명(알파벳 순)

① AGE : 나이

② AMOUNT : 대출액

③ C_HIST : 신용경력

CH0 : 대출(연체) 無　　CH1 : 당행 연체 無　　CH2 : 현재 대출연체 無

CH3: 과거 연체기록 有　　CH4 : 타행 대출 또는 당행 불량

④ CHECK_A : 직불카드 구좌상태 (단위: DM)

CA0 : 구좌 없음　　CA1 : 〈0

CA2 : ≥0, 〈200　　CA3 : ≥200

⑤ CREDIT : 신용상태

0 : 신용 양호　　1 : 신용 불량

⑥ DURATION : 존속기간

⑦ EMPLOY : 재직기간(단위 : 년)

EP0 : 무직　　EP1 : 〈1　　EP2 : ≥1, 〈4

EP3 : ≥4, 〈7　　EP4 : ≥7

⑧ FOREIGN : 외국인 여부

1 : 외국인　　0 : 내국인

⑨ GUARANTEE : 보증상태

GT0 : 無 보증　　GT1 : 연대 보증　　GT2 : 보증인 有

⑩ HOUSING : 주거상태

HS0 : 타가 / 주거지無　　HS1 : 임대　　HS2 : 자가 주택

⑪ INSTALL_P : 할부내용

IS0 : 할부 無 IS2 : 가계 (신용카드 할부) IS1 : 은행 (분할 상환)

⑫ INSTALL_R : 수익 중 할부금비율

⑬ JOB : 직업

JB0 : 무직 / 비기술직 JB1 : 비기술직 / 실습생

JB2 : 기술직 / 사무직 JB3 : 경영자 / 자영업 등

⑭ N_EXIST : 현 대출건수

⑮ N_PEOPLE : 보증인의 수

⑯ PERSONAL : 성별 및 결혼상태

PS1 : 男 이혼/별거 PS2 : 女 이혼/별거/기혼 PS3 : 男 미혼

PS4 : 男 기혼/별세 PS5 : 女 미혼

⑰ PROPERTY : 자산 (담보)

PR1 : 부동산 PR2 : 연금 / 생명보험

PR3 : 자동차 or 기타 PR4 : 결측 / 담보 無

⑱ PURPOSE : 대출목적

PU1 : 새 차 구입 PU2 : 중고차 구입 PU3 : 가구/설비 구입

PU4 : 라디오/TV 구입 PU5 : 가내용품 구입 PU6 : 보수/수리

PU7 : 교육비 PU8 : 재교육비

⑲ RESIDENCE : 주거기간

⑳ SAVE_A : 저축액(단위 : DM)

SA0 : 결측 / 예금 無 SA1 : 〈100 SA2 : ≥100, 〈500

SA3 : ≥500, 〈1,000 SA4 : ≥1,000

㉑ TEL : 전화보유상태

1 : 전화 有 0 : 전화 無

4 High Speed 데이터

(1) 목적

부산시에 인접한 3개의 경부고속도로 구간에 대한 주행 속도 자료이다. 15분 간격으로 측정되었고 2014년 1월의 한 달간의 자료이다.

(2) 출처

한국도로공사

(3) 관측치의 개수

① 자료 개수: 2,976

② 변수 개수: 4

(4) 변수설명

① s1: 구서IC-영락IC 구간의 주행 속도

② s2: 영락IC-부산TG 구간의 주행 속도

③ s3: 부산TG-노포 구간의 주행 속도

④ time: 15분 간격의 시간 (1,2,...,2976)

5 Home Price 데이터

(1) 목 적

주택가격과 관계가 있는 변수를 찾고 이를 이용하여 주택가격을 결정하는 모형 구축을 목적으로 한다.

(2) 출 처

The data are a random sample of records of resales of homes from Feb 15 to Apr 30, 1993 from the files maintained by the Albuquerque Board of Realtors. This type of data is collected by multiple listing agencies in many cities and is used by realtors as an information base.

(3) 관측값의 개수

① 자료개수 : N=117

② 변수개수 : 9

(4) 변수설명(알파벳 순)

① AGE : 사용기간(단위 : year)

② CUST

1 = 맞춤형　　　　　　　　0 = 기타

③ COR : 집의 위치

1 = 우수　　　　　　　　0 = 기타

④ FEATS : 편의시설개수(11개 편의시설 : 냉장고, 식기세척기, 전자레인지, 세탁기, 전조기, 싱크대분쇄기, 인터폰, 천장채광창, 장애인시설, 쓰레기압축기, 케이블 TV 시설)

⑤ NE

1 = 남향　　　　　　　　0 = 기타

⑥ PRICE : 판매가격(단위 : $100)

⑦ SQFT : 전용면적(단위 : Square feet)

⑧ TAX : 연간세금(단위 : $)

6 KOSPI200 데이터

(1) 목 적

한국거래소에서 제공하는 KOSPI200 종목의 일일 거래량과 연관성이 있는 변인을 통계적 모형을 이용하여 탐색·분석한다.

(2) 출 처

2013년도 1월 한국거래소에서 거래된 KOSPI200 자료 중 일부를 이용하며 양적자료는 자료값의 안정화를 위하여 1주일 평균값을 사용하였다.

(3) 관측값의 개수

① 자료의 개수:N=180

② 변수 개수:9

(4) 변수설명

① var2 : 종목명(기업이름)

② var3 : 종가(단위 : 천원)

③ var4 : 거래량(단위 : 10,000주)

④ var5 : 거래대금(단위 : 백만원)

⑤ var6 : 액면가(단위 : 원)

⑥ var8 : 업종구분(18개 업종)

⑦ var9 : 상장주식수(단위 : 백만주)

⑧ var11 : 주가수익비율(PER = 주가 / EPS(주당순이익)

⑨ var12 : 배당수익률(배당금 / 시장가격(주가) × 100(%))

7 Microsoft 홈페이지 방문 데이터

(1) 목 적

컴퓨터업계에서 유명한 Microsoft사의 홈페이지 방문자의 웹로그를 이용하여 방문자들이 이용하는 웹페이지 사이의 시차연관성을 분석하는 것이 목적이다.

(2) 출 처

This dataset records which areas (Vroots) of www.microsoft.com each user visited in a one week time frame in February 1998.

(3) 관측값의 개수

① 자료개수 : N=98,654

② 변수개수 : 3

(4) 변수설명(알파벳 순)

① ID : 방문자 순번

② Seq : 웹페이지 방문 순서

③ Website : 웹페이지 ID

8 Organics 데이터

(1) 목 적

어느 슈퍼마켓은 새로운 유기농 제품을 제공하고자한다. 슈퍼마켓의 경영진은 어느 고객들이 이러한 제품들을 구매할 가능성이 있는지를 알아보고자 한다.

(2) 관측값의 개수

① 자료개수 : N=22,223

② 변수개수 : 13

(3) 변수설명(알파벳 순)

① ID : 고객 식별 번호

② DemAffl : 부유한 정도(1~30)

③ Demage : 나이(연수)

④ DemCluster : 거주지역 형태

⑤ DemClusterGroup : 근린 집단

⑥ DemGender

M = 남 F = 여 U = 모름

⑦ DemReg : 지역

⑧ Dem TVReg : TV 지역

⑨ PromClass : 충성도 정도

tin = 동 silver = 은 gold = 금 platinum = 백금

⑩ PromSpend : 사용 총 금액

⑪ PromTime : 충성카드기간

⑫ TargetAmt . 구매 유기농제품 수

⑬ TargetBuy : 구매여부

1 =예 0 = 아니오

9 PVA97NK 데이터

(1) 목 적

재향 군인회에서 기부에 영향을 미치는 변수를 분석하기 위한 SAS 내장자료다.

(2) 관측값의 개수

① 자료개수 : N=9,686

② 변수개수 : 28

(3) 변수설명(알파벳 순)

① ID : 일련번호

② DEMAGE : 나이

③ DEMCLUSTER : 인구통계학적 군집(Demographic Cluster)

④ DEMGENDER : 성별

F : 여성 M : 남성 U : 알 수 없음

⑤ DEMHOMEOWNER : 주택 소유(U or H)

⑥ DEMMEDHOMEVALUE : 지역 주택가격 중앙값(Median Home Value Region)

⑦ DEMMEDINCOME : 지역 소득 중앙값(Median Income Region)

⑧ DEMPCTVETERANS : 지역 재향군인 비율(Percent Veterans Region)

⑨ GIFTAVGLAST : 마지막 기부금액(Gift Amount Last)

⑩ GIFTAVGALL : 월 평균 기부금액(Gift Amount Average All Months)

⑪ GIFTAVGCARD36 : 36개월간의 카드 평균기부금액(Gift Amount Average Card 36 Months)

⑫ GIFTAVG36 : 최근 36개월 월 평균 기부금(Gift Amount Average 36Months)

⑬ GIFTCNTALL : 총 기부 횟수(Gift Count All Months)

⑭ GIFTCNT36 : 최근 36개월 기부횟수(Gift Count 36 Months)

⑮ GIFTCNTCARDALL : 총 카드 기부횟수(Gift Count Card All Months)

⑯ GIFTCNTCARD36 : 36개월 카드 기부횟수(Gift Count Card 36 Months)

⑰ GIFTTIMEFIRST : 첫 기부로 부터의 기간

⑱ GIFTTIMELAST : 마지막 기부로 부터의 기간

⑲ PROMCNTALL : 홍보 회수(Promotion Count All Months)

⑳ PROMCNTCARDALL : 총 카드 홍보 횟수(Promotion Count Card All Months)

㉑ PROMCNTCARD12 : 12개월간의 카드 홍보 횟수(Promotion Count Card 12 Months)

㉒ PROMCNTCARD36 : 최근 36개월간의 카드 홍보 횟수(Promotion Count Card 36 Months)

㉓ PROMCNT12 : 최근 12개월간의 홍보 횟수(Promotion Count 12Months)

㉔ PROMCNT36 : 최근 36개월간의 홍보 횟수(Promotion Count 36Months)

㉕ STATUSCATSTARALL : Status Category Star All Months(0 or 1)

㉖ STATUSCAT96NK : 96NK의 상태 범주(Status Category 96NK(A, S, E, F, N, L))

㉗ TARGETB : 기부 유무(0 or 1)

㉘ TARGETD : 목표 기부금액(Target Gift Amount)

10 Transactions 데이터

(1) 목 적

건강미용 매장과 학용품 매장에서 구입한 품목사이의 연관성을 분석하고자 한다.

(2) 관측값의 개수

① 자료개수 : N=489,258

② 변수개수 : 4

(3) 변수설명(알파벳 순)

① PRODUCT : 구입 제품

② QUANTITY : 구입 제품 수량

③ STORE : 매장 식별 번호

④ TRANSACTION : 거래 번호

찾아보기

ㄱ

가상 품목 74
가상변수 260
가우스 혼합모형 112
가중치 113, 237
가지 135
가지치기 75, 139, 146, 149
가지치기 규칙 146
각도 101
검증용자료 137
결정계수 190, 192, 196
경사하강법 252
과적합 255
과표본법 257
교차엔트로피 244
교호작용 214
구간형변수 100
군집분석 98
군집화 4, 5, 6
기울기 소멸 238
깊이 135
끝노드 135
끝마디 135

ㄴ

노드 15
능형회귀 249

ㄷ

다이어그램 15
다중공선성 195
다중선형회귀모형 187
다층신경망 239
단순선형회귀 186
단위변환 113
단층퍼셉트론 237
데이터마이닝 2
덴드로그램 102
델타학습규칙 251
동시구매표 67
뒤로부터 제거법 195

ㄹ

로짓변한 197
리프트 71

ㅁ

마케팅 8
모멘텀 255
모형 복잡도 247
모형선택 246
목적함수 244
목표값 237
목표변수 187

ㅂ

벌점화 246
범주형자료 259
벡터 101
변수변환 258
변수선택 방법 195
병합 102
부모노드 135
부모마디 135
분류 4
분리기준 139
분산분석 F–통계량 143
분산분석의 F–검정 190
분산의 감소량 144
분석용자료 13, 137
분석흐름도 203
분할 102
불순도 148
비계층적 군집분석 109
비용함수 150
비율형변수 100
뿌리노드 135
뿌리마디 135

ㅅ

사후확률 198
산포행렬 112
상이함수 109
상자놀이 게임 136
소프트군집화 113
수정결정계수 196
순서형 196
스무고개 게임 136
스코어 147
시간 창 78
시계열자료 77
시그모이드 함수 242
시차 연관규칙 77

신경망 5
신경망 구조 239
신뢰도 68
실제값 237

ㅇ

엔트로피지수 140
역전파 알고리즘 253
역전파알고리즘 252
연결강도 237
연결함수 197
연관성 9
연속형변수 257
예측 5
예측값 237
오분류율 147
오즈(Odds) 199
오즈비(Odds Ratio) 199
오차제곱합 192, 244
온도계코드 변환 259
원핫코딩 245
유사성 행렬 102
유사집단화 5
유의확률 139, 189
음의 연관규칙 76
의사결정나무 134
의사결정나무분석 133
이상치 257
이지분리 148
이진형 196
인공신경망 234
일반화 오류 246
임계치 261
입력변수 187
입력층 237
잎마디 135

ㅈ

자식노드 135
자식마디 135
절단값(cutoff value) 198
정분류율 146
정지규칙 146
중간노드 135
중간마디 135
지니지수 139
지지도 68

ㅊ

총제곱합 192
최근접 이웃 분류법 284
최소제곱법 188, 191
최소지지도 가지치기 75
최우추정법 188, 191
최적분리 군집분석 109
최적화 250
추정 5
추정값 237
출력값 237
출력층 237

ㅋ

카이제곱통계량 139

ㅍ

판별분석 198
퍼셉트론 235
평가용자료 13, 137
평균제곱오차 147
표준화 114
표준화 회귀계수 194
품목 66
프로빗(probit)함수 197
프로젝트 15

ㅎ

학습률 256
학습용자료 237
향상도 68, 71
활성함수 238
회귀모수 187
회귀제곱합 192

A

activation function 238
agglomeration 102
AIC 207
Applications 노드 19
argmax 함수 238
artificial neural network 234
Assessment 12
Assessment 노드 18
average square error 147

B

backpropagation 253

C

CART 134
CHAID 134
chi-square statistics 139
child node 135
cloglog 197
co-occurrence table 67
combination function 237
complexity 246
confidence 68
correct classification rate 146
CRM 8
cross entropy 244
Cross-Validation Error 208

D

Data Partition 노드 213
dendrogram 102
depth 135
Deviation 206
deviation coding 260
deviation 코딩 260
dispersion matrix 112
diversity function 109
division 102
dummy variable 260

E

entropy index 140
Exploration 12
Explore 노드 16

F

F-검정법 192

G

Gaussian mixture models 112
GENMODE 201
Gini index 139
GLM 206
GLM coding 260
GLM 코딩 260
gradient descent method 252
GUI 12

H

HPDM(High-Performance Data Mining) 노드 19

I

input layer 237
internal node 135
item 66

K

k-Nearest Neighborhood 284
K-평균 방법 109

L

LASSO 249
learning rate 256
leave-one-out 285
lift 68
Link Function 206

M

Minimum Support Pruning 75
misclassification rate 147
Model 노드 17
Modeling 12
Modification 12
modified newton method 251
Modify 노드 17
momentum 255

O

output layer 237
overfitting 255
oversampling 257

P

parent node 135
Profit/Loss 208
pruning 75, 146, 246

Q

quickprop method 251

R

rectified linear unit 238
regularization 246
ReLU 238
root node 135

S

Sample 노드 15
Sampling 12
SBC 208
SEMMA 12
Sequential 208
sigmoid 238
similarity matrix 102
single layer 237
soft clustering 113
softmax 함수 238
standardization 114
stopping rule 146
support 68

T

T-score 189
t-통계량 189
terminal node 135
Text mining 노드 20
threshold 261
Time Series 노드 20
training data set 237
Type 206

U

Utility 노드 18

V

Validation Error 208
Validation Misclassification 208

W

weight 237

김병수 서울대학교 계산통계학과 (이학박사)
현 : 인제대학교 통계학과 교수
e-mail : statkbs@inje.ac.kr

배화수 University of Wisconsin-Madison (이학박사)
현 : 인제대학교 통계학과 교수
e-mail : statwbae@inje.ac.kr

석경하 서울대학교 계산통계학과 (이학박사)
현 : 인제대학교 통계학과 교수
e-mail : statskh@inje.ac.kr

조대현 서울대학교 계산통계학과 (이학박사)
현 : 인제대학교 통계학과 교수
e-mail : statcho@inje.ac.kr

최국렬 서울대학교 계산통계학과 (이학박사)
현 : 인제대학교 통계학과 교수
e-mail : statchoi@inje.ac.kr

SAS EM 14.1
데이터마이닝 기초와 활용

초판 발행 2018년 2월 20일
지은이 김병수·배화수·석경하·조대현·최국렬 펴낸이 오판근
펴낸곳 (주) 교우
주 소 서울시 동대문구 약령시로 8 교우빌딩 2층 (주)교우
전 화 02-925-2861 / 팩 스 02-925-2860. 편집부 02-925-2825
홈페이지&북스토어 www.kyowoo.co.kr / 이메일 kyowoo@kyowoo.co.kr
등 록 1994년 3월 24일 제1994-000013호
ISBN 979-11-251-0235-9 (93310)

Published by Kyowoo Co., Ltd. Printed in Korea

값 23,000원

교우미디어는 (주) 교우의 Imprint 사입니다.
수학정원·과학정원은 (주) 교우의 새로운 브랜드명입니다.

잘못된 책은 구입하신 서점에서 교환해 드립니다.